하루 만에 혼자서 배우는
언리얼 엔진 4
한 시간씩 단계별로 배우는 언리얼 엔진 4 마스터 과정

하루 만에 혼자서 배우는
언리얼 엔진 4

한 시간씩 단계별로 배우는 언리얼 엔진 4 마스터 과정

아람 쿡슨, 라이언 도울링소카, 클린턴 크럼플러 지음 | 문기영 옮김

i!i
에이콘

트리샤, 나야, 엘르, 모두 사랑합니다.

— 아람

밥 할아버지께, 제가 발전할 수 있도록 꾸준히 도와주시지 않았다면
저는 오늘 이 자리에 없었을 겁니다. 가슴 깊이 감사합니다.

— 라이언

아만다에게, 내가 저술하는 동안 사막을 가로질러 운전해줘서 고마워.

— 클린턴

지은이 소개

아람 쿡슨 Aram Cookson

SCADSavannah College of Art and Design의 ITGMInteractive Design and Game Development 교수다. 조소과 학사, 컴퓨터 아트 석사 과정을 마친 후 ITGM 프로그램을 시작했고 9년간 대학원 코디네이터로 일했다. 지난 15년 동안 언리얼 엔진 기술을 활용해 온·오프라인을 가리지 않고 다양한 게임 아트 및 디자인 과정을 개발하고 가르쳤다.

라이언 도울링소카 Ryan DowlingSoka

브리티시 컬럼비아 주 밴쿠버에 위치한 마이크로소프트 스튜디오 더 콜리션The Coalition의 기어즈 오브 워Gears of War 팀에서 일하고 있는 테크니컬 아티스트다. 팀에서 콘텐츠 기능 작업을 주로 하고 있으며, 언리얼 엔진 4의 디스트럭션, 폴리지foliage, 비주얼 이펙트, 후처리, 사용자 인터페이스를 위한 시스템을 제작한다. 이전에는 마이크로소프트에서 근무하며 유니티5Unity5의 마이크로소프트 홀로렌즈Microsoft HoloLens 개발을 경험했다. 마야Maya, 후디니Houdini, 서브스탠스 디자이너Substance Designer, 포토샵Photoshop, 누크Nuke, 애프터 이펙트After Effects를 비롯한 다양한 엔터테인먼트 소프트웨어 제작 패키지의 전문가다. 학사 학위를 보유하고 있으며 SCAD에서 비주얼 이펙트Visual Effects로 옮겼다. 1990년대 콘솔 롤플레잉 게임(〈발더스 게이트 IIBaldur 's Gate II〉와 〈플레인스케이프: 토먼트Planescape: Torment〉)을 기반으로 하는 대화형 스토리텔링에 대한 열정을 바탕으로 현대 게임의 어려운 문제를 해결하기 위해 대화식 기술 솔루션을 적용하는 데 주력하고 있다. 비디오 게임을 하지 않는 저녁에는 아내와 멀리 춤을 추곤 한다.

클린턴 크럼플러^{Clinton Crumpler}

마이크로소프트 스튜디오 더 콜리션에서 선임 환경 아티스트로 일하고 있다. 베세즈다^{Bethesda}의 배틀크라이 스튜디오^{Battlecry Studios}, KIXEYE, 아미 게임 스튜디오^{Army Game Studio}와 기타 독립 스튜디오 등에서 아티스트로 근무했으며 환경 기술, 셰이더 개발, 예술 감독이 주요 관심 분야다. 디지털 튜터스^{Digital Tutors}와 공동으로 언리얼 엔진을 위한 게임 아트 개발에 중점을 둔 여러 비디오 튜토리얼을 출간했다. 조지아 주 사나바에 위치한 SCAD에서 인터랙티브와 게임 디자인으로 학사 및 석사 과정을 마쳤고, 애니메이션 분야의 석사 학위도 받았다. SCAD에 입학하기 전에는 버지니아 팜빌에 위치한 롱우드 대학교^{Longwood University}에서 그래픽 디자인을 전공했다. 그의 디지털 작품을 비롯한 더 많은 정보는 www.clintoncrumpler.com에서 확인할 수 있다.

감사의 글

나의 가족에게, 내가 이 일을 끝내는 동안 인내심을 갖고 이해해줘서 고맙습니다.

엄마와 아빠, 첫 번째 컴퓨터(TRS-80)를 사주셔서 감사합니다.

멋진 학과장 루이스, 저를 생각해주셔서 감사합니다.

로라, 셰리, 올리비아를 비롯한 모든 감수자 분께, 여러분의 노고에 감사합니다.

에픽 게임즈, 이렇게 놀라운 기술과 게임을 개발하고 발전시켜주서 감사합니다.

– 아람

키보드 앞에서 주말을 모두 보내는 것을 지켜봐준 사만다에게 깊이 감사합니다.

– 라이언

나의 가장 좋은 친구 브라이언, 내가 더 나은 글을 쓰고 작품을 편집할 수 있도록 항상 자신감을 불어넣어준 형제에게 무한한 감사를 전합니다. 국토 종단을 하는 동안 이 책을 쓸 수 있도록 지원해준 아만다와 그녀의 가족에게도 감사합니다. 이해해주고 도와줘서 언제나 감사하고 있습니다.

– 클린턴

옮긴이 소개

문기영(progc@naver.com)

1999년부터 게임 산업에서 일을 시작했으며, 나모인터랙티브에서 프리랜서로 모바일 게임을 개발했다. 소노브이에서 테크니컬 프로그래머로 일하며 인공지능 시스템, 망토 물리 시뮬레이션, 텍스처 셰이딩 시스템을 개발했다. 이후 EA 캐나다로 이직한 후 AI 프로그래머로서 Xbox 360, PS3용 〈FIFA08~12〉 게임들을 개발하고 Practice Mode, CPU AI, Referee Rule System을 만들었으며, 애니메이션 프로그래머로서 User celebration을 개발했다.

EA 캐나다를 그만둔 후에는 한국으로 돌아와 해머 게임 스튜디오를 창업하고 아이폰 게임 〈Attack of the Pig〉를 개발했으며, 3대 플랫폼인 PC, 아이폰, 안드로이드를 모두 지원하는 자체 엔진 DeadEngine을 제작했다. 이후 〈팔라독〉을 개발한 페이즈캣에서 테크니컬 디렉터로 일했으며 캡콤코리아, EA 코리아를 거쳐 현재는 엔드림에서 근무하고 있다.

저서로는 고등학교 3학년 때 저술한 『비주얼 베이직 6 게임 만들기』(피씨북, 2000)를 비롯해 『게임 개발 테크닉』(정보문화사, 2002), 『게임 프로그래밍으로 배우는 C#』, 『유니티 2D 모바일 게임 개발』(에이콘, 2014)이 있으며, 번역서로는 에이콘출판사에서 출간한 『언리얼 게임 엔진 UDK 3』(2012), 『언리얼 UDK 게임 개발』(2014), 『유니티 2D 플랫포머 게임 개발』(2015), 『언리얼 엔진 4 블루프린트 비주얼 스크립팅』(2016)이 있다.

옮긴이의 말

이 책은 하루 24시간을 장별로 구성해서 한 시간씩 강의 내용을 따라 예제를 실습해볼 수 있는 책입니다. 언리얼 엔진 4와 같이 매우 복잡한 소프트웨어는 처음 다뤄야 하는 분들에게 부담이 될 수밖에 없는데, 이 책은 한 시간씩 투자하는 것으로 결국에는 언리얼 엔진 4의 기능을 대부분 다룰 수 있게 구성돼 있습니다. 언리얼 엔진 4의 설치에서부터 시작해 액터의 배치, 지형 생성, 머티리얼 에디터를 사용한 머티리얼 제작, 오디오 재생, 블루프린트 스크립팅, 스켈레탈 애니메이션, UMG를 다루고, 마지막으로 이 모든 것들을 사용해 간단한 슈터 게임을 만들어봅니다.

이 책을 번역하면서 블루프린트 스크립팅뿐만 아니라 C++를 사용해 언리얼 엔진의 밑바닥 부분까지 다뤘으면 어땠을까라는 생각에 아쉬운 마음이 들기도 했지만, 이 부분은 게임 개발을 업으로 삼고 있는 사람들에게도 어려운 작업이므로 24시간 만에 학습하기에는 거의 불가능하지 않았을까라는 결론에 이르렀습니다.

다행이라면, 전문적인 개발자를 제외한 대부분의 경우 블루프린트 스크립트만으로 게임 개발이 가능하며, 현재 그렇게 게임 개발이 이뤄지는 추세이기도 하다는 점입니다. 아무쪼록 이 책이 언리얼 엔진 4를 처음 접하는 분들에게 많은 도움이 되길 바랍니다.

제 개인적인 사정으로 인해 중간에 이 책의 번역을 포기하고 싶은 생각도 들었지만 주변 분들께서 많이 도와주셔서 온전히 마칠 수 있었습니다. 우리말 문장을 잘못 사용한 부분에 대해 교정해주신 이혜령 님, 좋은 책을 번역할 수 있게 도와주신 에이콘출판사 권성준 대표님과 끝까지 포기하지 않게 도와주신 편집자분들께 감사합니다. 마지막으로 키보드 앞에서 많은 시간을 보낼 수 있도록 허락해준 아내와 같이 놀아주지 못해도 언제나 밝은 웃음으로 행복을 주는 딸 채현이와 아들 준서에게 사랑한다고 전하고 싶습니다.

독자 의견

여러분은 이 책의 독자로서, 가장 중요한 비평가이자 평론가다. 여러분의 의견이 무척 소중하다. 어떻게 하면 더 잘할 수 있는지, 더 궁금한 분야가 있는지, 앞으로 개척해나가야 할 곳은 어디인지에 대한 여러분의 지혜를 듣고 싶다. 앞으로 더 좋은 책을 만들 수 있도록 이 책에 대한 생각과 경험을 이메일을 통해 알려주길 바란다.

무엇보다 우리가 이 책의 주제와 관련된 기술적인 문제들을 도와줄 수 없다는 점에 유의하자.

이메일(feedback@samspublishing.com)을 보낼 때는 이 책의 제목과 저자 이름을 비롯해 여러분의 이름과 이메일 주소도 함께 적어주길 바란다. 여러분의 의견을 신중하게 검토하고 책의 저자 및 편집자와 공유할 것이다.

한국어판에 관한 질문은 이 책의 옮긴이나 에이콘출판사 편집 팀(editor@acornpub.co.kr)으로 문의할 수 있다.

오탈자

이 책을 informit.com에 등록하면 업데이트 및 수정 사항을 볼 수 있다.

등록하려면 informit.com/register에 로그인하거나 계정을 만들어야 한다. 제품의 ISBN, 9780672337628을 입력하고 **Submit**을 클릭하면 InformIT 및 그 계열의 브랜드 제품과 이 제품의 향후 버전에 대한 독점 할인 혜택을 받을 수 있다.

한국어판의 정오표는 에이콘출판사의 도서정보 페이지 http://www.acornpub.co.kr/book/unreal-engine-4-24hours에서 찾아볼 수 있다.

차례

들어가며

언리얼 엔진 4는 많은 전문 개발자나 인디 개발자들이 사용하고 있는 강력한 게임 엔진이다. 언리얼 엔진과 같은 도구를 처음 사용할 때 어디서부터 시작해야 하는지 알아내는 것은 어려울 수 있다. 이 책은 언리얼 엔진 4에서 제공하는 인터페이스, 워크플로우, 에디터들을 소개함으로써 출발점을 제공한다. 이것은 이후에 게임을 만들 수 있는 강력한 기반 기술을 얻는 데 도움이 되며 언리얼 엔진과 게임 디자인을 흥미롭게 탐구할 수 있도록 해준다. 각 장은 핵심 분야들을 빠르게 익힐 수 있도록 구성됐다.

이 책의 대상 독자

게임, 애플리케이션, 인터랙티브 경험을 만들고 싶지만 어디서부터 시작해야 할지 모른다면, 이 책과 언리얼 엔진이 해답이 될 것이다. 이 책은 언리얼 엔진의 기초를 이해하는 데 관심이 있는 모든 사람들을 대상으로 하고 있으며, 게임 개발에 익숙하지 않은 개발자나 애호가 또는 전문가를 꿈꾸는 학생이라면 이 책에서 유용한 것들을 찾을 수 있다.

이 책에서 다루는 내용

샘즈출판사의 혼자 배우기^{Teach Yourself} 접근법을 따라 이 책은 24개 장으로 나뉘어 있으며 대략 하나의 장당 1시간 정도의 분량으로 구성돼 있다.

- ▶ Hour 1. 언리얼 엔진 4 소개 언리얼 엔진 4를 다운로드하고 설치하는 방법을 보여주며 에디터 인터페이스를 소개한다.

- ▶ Hour 2. 게임플레이 프레임워크 이해하기 UE4에서 생성된 모든 프로젝트의 핵심 컴포넌트인 게임플레이 프레임워크의 개념을 소개한다.

- ▶ Hour 3. 좌표계, 트랜스폼, 유닛 그리고 구조 UE4에서 측정, 제어, 구성 시스템이 어떻게 작동하는지 알려준다.

- ▶ Hour 4. 스태틱 메시 액터 작업하기 3D 모델을 가져오는 방법과 스태틱 메시 에디터

의 사용법을 배운다.

- ▶ Hour 5. **라이팅과 렌더링 적용하기**   레벨에 라이트를 배치하는 방법과 속성을 변경하는 방법을 배운다.

- ▶ Hour 6. **머티리얼 사용하기**   UE4에서 텍스처와 머티리얼을 사용하는 방법을 배운다.

- ▶ Hour 7. **오디오 시스템 사용하기**   오디오 파일 가져오기, 사운드 큐 애셋 만들기, 앰비언트 사운드 액터를 레벨에 배치하기 등을 배운다.

- ▶ Hour 8. **랜드스케이프와 폴리지 만들기**   UE4의 랜드스케이프 시스템을 사용해 우리만의 랜드스케이프를 만들고 폴리지 시스템을 사용하는 방법을 배운다.

- ▶ Hour 9. **월드 만들기**   이전 시간에 배운 내용을 활용해 레벨을 만들어본다.

- ▶ Hour 10. **파티클 시스템을 활용한 이펙트 만들기**   동적인 파티클 이펙트를 만드는 데 사용되는 캐스케이드의 기초적인 방법들을 배운다.

- ▶ Hour 11. **스켈레탈 메시 액터 사용하기**   캐릭터와 생명체에 생명을 불어넣는 데 필요한 다양한 애셋 유형과 페르소나 에디터에 대해 알아본다.

- ▶ Hour 12. **마티네와 시네마틱**   마티네 에디터를 사용해 카메라와 메시를 애니메이션하는 방법을 배운다.

- ▶ Hour 13. **물리 사용 방법 배우기**   액터가 주변 세계에 반응하기 위해 물리 시뮬레이션을 하는 방법과 제약을 사용하는 방법을 배운다.

- ▶ Hour 14. **블루프린트 비주얼 스크립팅 시스템 소개**   기본적인 스크립팅 개념과 레벨 블루프린트 에디터를 사용하는 방법을 배운다.

- ▶ Hour 15. **레벨 블루프린트 작업하기**   블루프린트 이벤트 시퀀스에 대해 배우고 플레이어의 액션에 응답하는 충돌 이벤트를 만든다.

- ▶ Hour 16. **블루프린트 클래스 작업하기**   블루프린트 클래스를 만들고 타임라인을 사용해 간단한 픽업 액터를 만들어본다.

- ▶ Hour 17. **편집 가능한 변수와 컨스트럭션 스크립트 사용하기**   컨스트럭션 스크립트와 수

정 가능한 액터를 만들기 위해 편집 가능한 변수를 사용하는 방법을 배운다.

▶ **Hour 18. 키 입력 이벤트와 액터 스폰하기**   게임플레이 중간에 키보드 입력 이벤트를 사용해 액터를 생성하는 방법을 배운다.

▶ **Hour 19. 액션 엔카운터 만들기**   기존 게임 모드와 블루프린트 클래스를 사용해 1인 칭 또는 3인칭 액션 기반 장애물 코스를 설계하고 제작해본다.

▶ **Hour 20. 아케이드 슈터 만들기: 입력 시스템과 폰**   90년대 아케이드 스타일의 스페이 스 슈터 게임 프로젝트를 시작한다. 입력 시스템과 조작 가능한 액터인 폰을 만들 어본다.

▶ **Hour 21. 아케이드 슈터 만들기: 장애물과 픽업**   아케이드 슈터 게임을 계속해서 개발 한다. 소행성 장애물을 만들고 체력 회복을 위한 픽업 아이템을 만든다. 그리고 블 루프린트 클래스 상속에 대해 배워본다.

▶ **Hour 22. UMG 작업하기**   언리얼 모션 그래픽스^{Unreal Motion Graphics} UI 디자이너를 사 용해 시작 메뉴를 만들어본다.

▶ **Hour 23. 실행 파일 만들기**   프로젝트를 다른 기기로 배포하는 방법을 배워본다.

▶ **Hour 24. 모바일 작업하기**   모바일 기기 작업을 위한 최적화 지침과 기술, 터치 및 모 션 센서를 사용하는 몇 가지 간단한 방법을 배워본다.

이 책을 즐기고 혜택을 얻길 바란다. UE4 게임 엔진으로 여행을 떠나보자!

예제 파일: 이 책에서 제공된 예제 파일들을 다운로드하려면 www.sty-ue4.com을 방문하길 바란다.

HOUR 1
언리얼 엔진 4 소개

이번 시간에 배우는 것들

- ▶ 에픽 게임즈 런처 설치
- ▶ 언리얼 엔진 설치
- ▶ 새로운 프로젝트 생성
- ▶ 언리얼 엔진 에디터 인터페이스 사용

언리얼 엔진에 온 걸 환영한다! 언리얼 엔진 4^{UE4, Unreal Engine 4}는 AAA 콘솔 마켓에서부터 인디 게임 개발을 아우르는 게임 및 응용프로그램을 만들기 위해 에픽 게임즈에서 개발한 게임 엔진 및 에디터다. 언리얼 엔진은 윈도우와 맥 운영체제에서 동작하며 윈도우, 맥, 플레이스테이션 4, Xbox One, iOS, 안드로이드, HTML5, 리눅스 플랫폼을 지원한다. 간단하게 말해 언리얼 엔진 4는 다양한 게임 또는 일반 응용프로그램을 만들기 위한 에디터 모음집이라고 할 수 있다.

지금부터 언리얼 엔진을 다운로드하고 설치하는 방법, 새로운 프로젝트를 만들어 에디터 인터페이스에 친숙해지는 시간을 가질 것이다. 먼저 새로운 사용자 계정을 만들고 에픽 게임즈 런처^{Epic Games Launcher}를 다운로드하고 설치해보자. 거기서 UE4 역시 다운로드할 것이다. 이 작업이 모두 끝나면 새로운 프로젝트를 만들고 에디터 인터페이스를 어떻게 다루는지 알아본 후 기본적으로 만들어진 레벨을 돌아다니고 게임 테스트를 어떻게 하는지 배울 것이다.

___노트___

언리얼 엔진은 무료다!

그렇다. 언리얼 엔진 4는 완전히 무료다! 모든 것을 무료로 사용할 수 있다. 그렇다면 왜 에픽은 게임을 무료로 개발할 수 있게 했을까? 여러분이 게임을 출시해서 돈을 벌기 전까지는 관련 없겠지만, 게임을 출시하고 나면 에픽에 5%의 로열티를 지급해야 한다. 더 자세한 사항은 에픽 웹사이트에서 찾을 수 있다. 에픽은 마켓플레이스(Marketplace) 또한 가지고 있는데 이곳에서 프로젝트를 위한 콘텐츠를 다운로드하거나 돈을 주고 살 수 있다. 물론 꼭 구매해야 할 필요는 없다. 어떠한 것이라도 스스로 만들 수 있기 때문이다. 하지만 '바퀴'를 재발명하는 것을 피하면 개발 기간을 더 단축할 수 있을 것이다.

언리얼 설치

언리얼 엔진을 설치하려면 다음 세 가지 단계가 필요하다.

1. 새로운 사용자 계정 만들기
2. 에픽 게임즈 런처 다운로드 및 설치
3. 언리얼 엔진 다운로드

런처 다운로드 및 설치

런처는 컴퓨터에 설치한 다양한 언리얼 엔진 버전을 관리할 수 있게 해준다. 여기서 프로젝트를 관리하고 무료 샘플 프로젝트를 볼 수 있으며, 마켓플레이스를 통해 프로젝트를 위한 콘텐츠를 구매하거나 다운로드할 수 있다. 또한 언리얼 엔진의 최신 커뮤니티 소식과 온라인 학습 자료 및 문서를 확인할 수 있다.

___노트___

운영체제 및 하드웨어 요구 사항

언리얼 엔진을 효과적으로 사용하고자 아래 요구 사항을 갖춘 윈도우 PC 또는 맥이 필요하다.

- ▶ 운영체제: 윈도우 7, 8의 64비트 버전 또는 맥 OS X 10.9.2
- ▶ 프로세서: 쿼드 코어 인텔 또는 AMD 2.5GHz 또는 그 이상
- ▶ 그래픽 카드: 엔비디아 지포스 470 GTX 또는 AMD 라데온 6870 시리즈 카드 또는 그 이상
- ▶ 메모리: 8기가 이상의 램

다음 단계를 따라 에픽 게임즈 런처를 다운로드 및 설치하자.

1. 그림 1.1과 같이 언리얼 엔진 웹사이트(www.unrealengine.com)를 방문하자.

2. Get Unreal 버튼을 클릭한다.

3. 메시지가 나타나면 새로운 계정을 만든다.

4. 운영체제를 선택하고(윈도우 또는 맥) 설치 파일을 다운로드한다(윈도우는 msi 확장
   자를 가지고 맥은 dmg 확장자를 가진다).

5. 인스톨러를 실행한 후, 설치할 경로를 설정한다. 그리고 화면에 차례로 나타나는
   화면들을 따라간다.

그림 1.1 언리얼 엔진 웹사이트

팁

하드 드라이브 용량

게임 엔진은 매우 많은 하드 드라이브 용량이 필요하다. 새로운 버전의 UE4를 다운로드하면 런처가 설치된 경로에
엔진이 설치될 것이다. 런처는 최소한 20GB의 용량을 요구한다. 초기 설치 버전은 그렇게 크지 않겠지만, 예제를
다운로드한다거나 마켓플레이스에서 새로운 애셋을 구매하면 용량은 더 늘어나게 된다. 다행히 프로젝트를 새로
만들 때 원하는 경로에 프로젝트를 생성할 수 있다.

언리얼 엔진 다운로드 및 설치

런처가 설치되면, 런처를 통해 UE4를 다운로드하고 설치할 수 있다. UE4는 런처보다 용량이 더 크기 때문에 다운로드하는 데 더 오랜 시간이 걸린다. 에픽은 언제나 엔진을 업그레이드하기 때문에 그 결과 매우 다양한 버전의 UE4가 있다. 처음 언리얼 엔진을 다룰 때는 가장 최신 버전을 다운로드하자.

주의

프리뷰 버전

에픽은 새로운 버전의 엔진을 버그 테스트하기 위해 프리뷰 버전(Preview Version)을 올리는데, 최신 버전을 받되 프리뷰 버전을 받지 말자. 프리뷰 버전이 안정화되고 나면 언제나 새로운 엔진으로 업그레이드할 수 있다.

에픽 게임즈 런처를 통해 언리얼 엔진을 다운로드하고 설치하는 단계들은 다음과 같다.

1. 런처를 실행하고 그림 1.2와 같이 라이브러리 링크를 클릭한다.

2. 언리얼 엔진 버전 섹션으로 간 후 **Add Version**을 선택해 새로운 버전 슬롯을 추가한다.

3. 새롭게 만들어진 엔진 슬롯으로 간 후 드롭다운 화살표를 클릭하자. 그리고 원하는 버전을 선택한다.

4. 인스톨을 선택하고 나면 언리얼 엔진을 다운로드하고 설치하게 된다. UE4는 용량이 크기 때문에 다운로드하는 데 시간이 좀 걸릴 것이다.

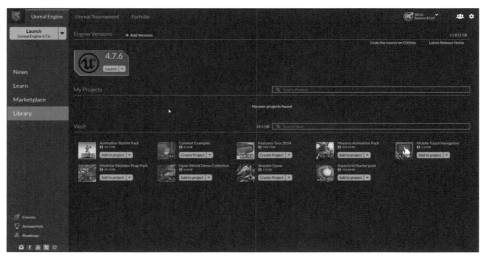

그림 1.2 런처 라이브러리 탭

첫 번째 프로젝트 만들기

UE4가 다운로드되고 나면 이제 첫 번째 프로젝트를 만들어볼 시간이다. UE4를 처음 실행하면 프로젝트 브라우저^{Project Browser}가 나타난다. 프로젝트 브라우저는 프로젝트 탭을 가지고 있으며 여기서 작업하는 모든 프로젝트를 볼 수 있다. 새로운 프로젝트 탭은 이미 만들어져 있는 게임 모드 템플릿을 기반으로 새로운 프로젝트를 만들 수 있다.

▶ 프로젝트에 대한 더 자세한 내용은 **Hour 2, '게임플레이 프레임워크 이해하기'**에서 다룰 것이다.

프로젝트 브라우저

프로젝트 브라우저에서 새로운 프로젝트를 시작하려면 몇 가지 선택을 해줘야 한다.

먼저, 블루프린트 기반으로 프로젝트를 만들 것인지 C++를 기반으로 프로젝트를 만들 것인지 선택한다. 이 책은 블루프린트 기반으로 프로젝트를 만드는 것만 다룰 것이다. 또한 목표로 하는 하드웨어를 설정해줘야 한다. 가령 데스크톱/콘솔인지 모바일/태블릿인지 결정해야 한다. 그리고 목표로 하는 그래픽스 설정도 해줘야 한다. 예를 들어 최대 품질과 2D 또는 3D 확장 같은 설정들이 있다. 이러한 옵션들은 프로젝트의 기본 설정에서 바꿀 수 있다. 마지막으로 기본적으로 제공하는 아트^{Art} 콘텐츠를 사용할 것인지 아닌지 결정한다. 만일 With Starter Content^{스타터 콘텐츠 포함}를 사용하면 기본적으로 제공하는 애셋들을 사용할 수 있다.

> **노트**
>
> **블루프린트와 C++ 프로젝트**
>
> 블루프린트는 게임 프로젝트를 위해 비주얼 스크립팅이 가능하게 해준다. 반면에 C++ 기반 프로젝트는 사용자가 스크립트 기능을 위해 예전에 하던 방식대로 코드를 작성해야 한다. C++ 기반 프로젝트는 비주얼 스튜디오 2013과 같은 컴파일러가 필요하다. 이러한 코드를 다뤄본 적이 없거나 UE4를 한 번도 사용해보지 않았다면 C++ 기반의 프로젝트를 알아보기 전에 먼저 에디터와 워크플로우에 친숙해지는 것을 추천한다.

> **주의**
>
> **프로젝트 크기**
>
> 프로젝트를 처음 만들고 나면 크기가 그다지 크지 않을 것이다. 하지만 프로젝트의 크기는 어떠한 콘텐츠를 담느냐에 따라 매우 빠르게 커질 수 있다. 가령 모델의 품질이 매우 높거나 텍스처 사이즈가 크다면 크기가 커질 수 있다. 또한 UE4는 작업할 때 자동 저장 혹은 백업을 하는데 이러한 파일들 역시 프로젝트의 크기를 크게 만들 수 있다. 물론 이러한 파일들은 뭔가 잘못된 것을 했을 때 되돌릴 수 있으므로 많은 도움이 된다.

▼ 직접 해보기

프로젝트 만들기

충분한 하드 드라이브 용량이 있다면 아무 곳에나 프로젝트를 만들 수 있다. 최소 2GB의 용량이 남아있는 위치를 선택하자. 그림 1.3에 첫 번째 프로젝트를 위한 기본적인 설정들이 나타나 있다. 그리고 그 순서는 다음과 같다.

1. 런처에서 **Launch**를 클릭한다.

2. **New Project** 탭을 선택한다.

3. **Blueprint** 탭을 선택한다.

4. **First Person** 템플릿을 선택한다.

5. 목표 하드웨어로 **Desktop/Console**을 선택한다.

6. 목표로 하는 그래픽 품질을 **Scalable 3D or 2D**로 선택한다.

7. **With Starter Content**를 선택한다.

8. 최소한 몇 GB 이상이 남아있는 경로를 선택한다.

9. 프로젝트의 이름을 설정한다.

10. **Create Project**를 클릭한다.

그림 1.3 새로운 프로젝트를 위해 사용된 설정

프로젝트 설정 수정하기

프로젝트를 생성한 후에도 목표로 하는 하드웨어나 그래픽스 품질 같은 프로젝트 설정을 변경할 수 있다. 메인 메뉴의 **Edit** 탭에 있는 프로젝트 설정(Project Settings)에서 프로젝트 설정을 수정할 수 있다.

인터페이스 학습

UE4를 설치하고 첫 번째 프로젝트를 만들어봤다. 이제 본격적으로 작업을 시작해볼까 한다. 이전에 설명했듯이 UE4는 다양한 게임 및 프로그램 개발을 위한 에디터 및 툴의 모음집이라고 했다. 지금은 메인 인터페이스의 핵심 영역에 집중해 레벨을 돌아다니는 방법을 학습할 것이다. 레벨 에디터^{Level Editor}라고 불리는 메인 인터페이스는 월드와 레벨을 만들고 애셋을 배치할 수 있게 해주는 아주 기본적인 인터페이스다.

에디터의 메인 인터페이스는 일곱 개의 패널인 메뉴 바, 모드 패널, 아웃 라이너 패널, 디테일 패널, 콘텐츠 브라우저 패널, 레벨 에디터 툴바, 뷰포트 패널을 가지고 있다(그림 1.4를 보자). 다음 절에서 각각의 패널들에 대해 알아볼 것이다.

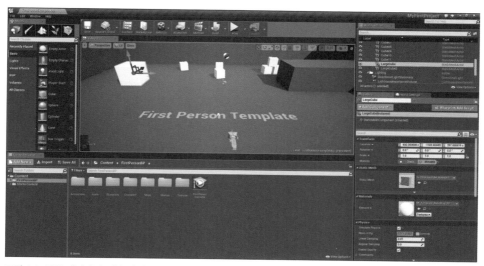

그림 1.4 UE4 에디터의 기본 메인 인터페이스

인터페이스 레이아웃

에디터 인터페이스의 레이아웃은 변경할 수 있다. 패널, 윈도우의 위치를 바꿔서 워크플로우를 개선할 수 있다. 이 책에서 모든 인터페이스는 일관성을 위해 기본 레이아웃을 사용했다. 하지만 개발 경험이 많다면 여러분이 원하는 대로 레이아웃을 바꿔 생산력을 높이자.

메뉴 바

메뉴 바^menu bar^는 최근 컴퓨터 프로그램에서 가장 일반적으로 사용되는 인터페이스로서 File^파일^, Edit^수정^, Window^창^, Help^도움^ 같은 메뉴로 이뤄진 인터페이스다. 파일은 프로젝트와 레벨을 저장하거나 로딩하는 데 사용되는 조작을 담고 있으며 수정, 복사, 붙여넣기 또는 프로젝트 설정이나 환경 설정 같은 항목을 담고 있다. 창의 경우 뷰포트 혹은 다른 패널들을 여는 기능을 찾고 있는데 어떠한 윈도우나 패널을 여러분이 닫아서 찾아볼 수 없다면 창 메뉴에 들어가서 해당 윈도우를 다시 열 수 있다. 마지막으로 도움 메뉴는 외부 리소스의 링크, 예를 들어 도움말이나 튜토리얼과 같은 문서의 링크를 담고 있다.

모드 패널

모드 패널^Modes panel^은 레벨 에디터의 다양한 에디팅 모드를 보여준다(그림 1.5 참고). 모드 패널에서 특정 타입의 액터나 지오메트리를 수정할 수 있게 해준다.

액터란 무엇인가?

새로운 소프트웨어를 학습할 때 핵심은 인터페이스, 워크플로우, 용어를 학습하는 것이다. 언리얼은 매우 많은 용어들이 있는데 이 책을 통해 차근차근 알아볼 것이다. 먼저 액터(Actor)가 있는데 이것은 레벨에 배치할 수 있는 애셋이다. 예를 들어 콘텐츠 브라우저 패널에서 스태틱 메시(Static Mesh) 애셋과 같은 3D 모델이 있는데 이것이 레벨에 배치가 되면 스태틱 메시 액터(Static Mesh Actor)라고 부른다.

모드 패널은 레벨 에디터를 위한 다양한 툴 모드로 이뤄져 있다. 여기에서 새로운 애셋을 월드에 배치하고자 작업을 하거나 지형을 그리거나 브러시^Brush^를 사용해 지오메트리를 생성하고 볼륨을 만들어낼 수 있다. 또한 폴리지^Foliage^(잎), 메시에 그리기와 같은 작업을 할 수 있다. 표 1.1에 에디터 모드와 그 효과를 나타냈다.

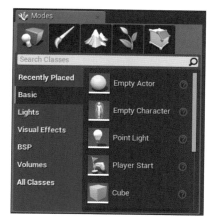

그림 1.5 모드 패널

표 1.1 에디터 모드

동작	효과
Place mode(배치 모드)	씬에 액터를 배치할 수 있다.
Paint mode(그리기 모드)	스태틱 메시 액터에 버텍스 색상을 그릴 수 있다.
Landscape mode(랜드스케이프 모드)	랜드스케이프 지형 액터를 수정할 수 있다.
Foliage mode(폴리지 모드)	레벨에 있는 인스턴싱된 폴리지를 그릴 수 있다.
Geometry Editing mode(지오메트리 수정 모드)	버텍스 에지 페이스 수준에서 BSP 브러시 액터를 수정할 수 있다.

월드 아웃라이너 패널

월드 아웃라이너 패널World Outliner panel은 계층 트리hierarchical tree(그림 1.6 참고) 뷰 안에 있는 현재 레벨의 모든 액터들을 보여준다. 월드 아웃 라이너 패널에서 이름을 선택해 액터를 선택할 수 있고 디테일 패널Detail panel에서 속성들을 볼 수 있다. 이름을 더블 클릭하면 뷰포트 패널Viewport panel에서 해당 애셋을 포커싱해준다.

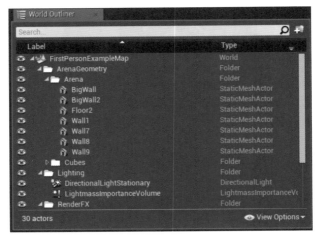

그림 1.6 월드 아웃라이너 패널

디테일 패널

디테일 패널Details panel은 언리얼 엔진을 다루면서 가장 많이 사용하게 될 부분이다. 모든 에디터에는 디테일 패널이 있는데 디테일 패널은 뷰포트에서 선택된 액터들의 수정 가능한 모든 속성을 보여준다. 속성들은 선택된 액터에 따라 다르게 나타나는데, 공통으로 사용되는 속성들도 볼 수 있다(그림 1.7 참고). 일반적인 속성은 액터의 이름과 이동, 회전, 스케일하기 위한 트랜스폼 에디트박스Transform Edit Box와 렌더링에 관련된 속성들이 있다.

노트

액터 선택하기

액터를 선택하려면 뷰포트에서 액터를 선택하거나 월드 아웃라이너 패널에서 선택한다. 그러고 나면 액터가 하이라이트되고 이것의 기본 정보들이 디테일 패널에 나타난다. 물론 하나 이상의 액터를 선택할 수도 있다.

▶ 뷰포트와 월드 아웃라이너 패널에서 Ctrl 또는 Shift 키를 누른 채로 액터를 선택해 하나 이상의 액터를 선택하거나 비선택할 수 있다.

▶ 뷰포트에서 Ctrl + Alt 키를 누른 채로 클릭한 후 드래그해서 움직이면 바운딩 박스가 나타나는데 이렇게 해서 바운딩 박스 안에 들어간 다수의 액터를 동시에 선택할 수 있다.

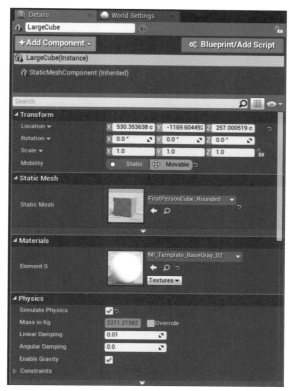

그림 1.7 메인 에디터 디테일 패널

콘텐츠 브라우저 패널

콘텐츠 브라우저 패널^{Content Browser panel}은 프로젝트의 애셋들을 관리하는 영역이다(그림 1.8 참조). 이곳에서 콘텐츠에 관련된 일반적인 태스크들, 예를 들어 애셋 만들기, 보기, 수정하기, 불러오기, 관리 등을 할 수 있다. 콘텐츠 브라우저에서 애셋들을 관리하기 위한 폴더를 만든다거나 기본적인 동작들, 예를 들어 참조 보기, 이동, 복사, 이름 바꾸기와 같은 작업을 할 수 있다. 콘텐츠 브라우저 패널 역시 검색 바와 특정 필터를 빠르게 찾기 위한 플래그를 가지고 있다. 콘텐츠 브라우저를 애셋에 관련된 장난감 박스라고 생각하는 것이 도움이 될지 모르겠다. 언제나 장난감 박스에서 원하는 애셋을 꺼내 레벨에 배치할 수 있다. 레벨에 배치돼 애셋이 인스턴스화되면 이것은 액터가 된다. 이것은 애셋의 복사본이며 액터가 만들어진 후 디테일 패널에서 속성을 수정할 경우 이것은 오직 해당 인스턴스에만 적용된다. 콘텐츠 브라우저의 왼쪽에 있는 것을 소스 패널이라고 하는데 여기에서 콘텐츠의 폴더 구조를 볼 수 있다. 소스 패널은 초록색으로 보이는 **Add New** 버튼 아래쪽에 있는 왼쪽 상단 아이콘을 클릭해 확장하거나 축소시킬 수 있다. 콘텐츠 브라우저의 오른쪽은 애셋 관리 영역인데, 여기서 소스 패널에서 선택된 폴더 안에 있는 애셋들을 볼 수 있다.

그림 1.8 콘텐츠 브라우저 패널. 왼쪽에는 소스 뷰, 오른쪽에는 애셋 관리 영역이 나타나 있다.

💡 **팁**

폴더 구조

프로젝트는 매우 빠른 속도로 복잡해질 수 있으므로 파일들을 잘 조직화해서 효과적으로 관리하는 것이 매우 중요하다. 경험상 애셋들은 타입으로 구별해 각각의 개별 폴더로 분리하는 것이 좋다. 폴더는 내부적으로 다른 폴더를 다시 포함할 수 있으므로 이것을 이용해 프로젝트 구조를 잘 유지하자.

뷰포트 패널

뷰포트는 만들어내는 가상의 세계를 보여주며 뷰포트를 통해 현재 레벨을 돌아다닐 수 있다. 뷰포트 패널^{Viewport panel}은 매우 다양한 모드, 레이아웃, 설정들을 가지고 있는데, 이 모든 것들은 레벨을 만들거나 수정하거나 관리하는 데 도움을 준다(그림 1.9 참조).

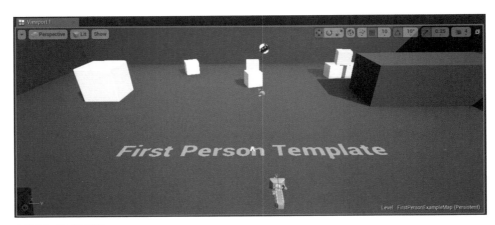

그림 1.9 뷰포트 패널

뷰포트 패널 레이아웃

기본적으로 뷰포트 패널은 하나의 퍼스펙티브 뷰(원근 뷰)만 보여준다. 하지만 언제든지 둘 혹은 그 이상으로 레이아웃을 바꿀 수 있다. 뷰포트 드롭다운 메뉴에서 레이아웃^{Layout}을 선택한 후 원하는 포맷을 선택하면 된다(그림 1.10 참조). 뷰포트에서 각 패널은 다른 뷰 모드로 변경할 수 있다.

뷰포트 타입

뷰포트 타입(종류)에는 원근^{Perspective}과 직교^{Orthographic}라는 두 가지가 있다(그림 1.11 참조). 원근 뷰포트는 월드를 표현할 때 소실점을 사용하고 직교 뷰포트는 월드를 표현할 때 도식으로 표현한다. 작업할 때는 보통 원근 뷰를 사용할 것이고, 직교 뷰는 액터를 미세 조정할 때 좋다.

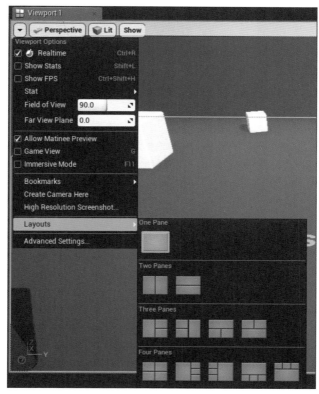

그림 1.10 뷰포트 패널 레이아웃 옵션들

그림 1.11 뷰포트 뷰 타입 설정들

뷰 모드와 비주얼라이저

뷰 모드(그림 1.12 참조)는 뷰포트에서 뷰 타입에 상관없이 월드의 표현법을 바꾸며 레벨의 상태에 관한 중요한 피드백을 제공한다. 표 1.2에 일반적으로 사용하는 뷰 모드를 나타냈다.

그림 1.12 뷰 모드들

표 1.2 뷰포트의 일반적인 뷰 모드들

모드	효과
Lit	머티리얼과 라이트가 적용된 최종적인 씬(Scene)을 보여준다.
Unlit	씬에서 라이트를 모두 없애고 머티리얼에 설정된 기본 색상만 보여준다.
Wireframe	씬에 있는 모든 액터들의 폴리곤을 보여준다.
Detail Lighting	머티리얼에 적용된 노말맵(normal map)을 사용한 전체 씬을 보여준다.
Lighting Only	노말맵 데이터를 사용하지 않고 라이팅만 적용된 씬을 보여준다.

노트

시각화

13개 이상의 다양한 뷰 모드가 있고 다른 시각화(Visualization) 도구도 사용 가능하다. 레벨의 피드백을 얻고 디버그 및 문제 해결을 위해 이러한 도구를 사용할 수 있다.

표시 플래그

뷰 모드와 마찬가지로 표시 플래그^{show flag}는 레벨 뷰포트에 직접적으로 관련된 정보들을 보여준다. 예를 들면 액터의 충돌 박스와 같은 것들이다.

원근 뷰포트에서 씬 둘러보기

메인 인터페이스의 핵심 영역들을 알아봤으니 이제 뷰포트를 사용해 레벨을 돌아다니면서 친숙해지자. 표 1.3과 1.4는 뷰포트에서 사용할 수 있는 일반적인 컨트롤을 보여준다.

표 1.3 뷰포트에서 조작하는 방법

컨트롤	동작
원근 뷰	
클릭 + 드래그	뷰포트 카메라를 앞, 뒤로 움직이거나 왼쪽, 오른쪽으로 회전한다.
오른쪽 클릭 + 드래그	앞, 뒤로 움직이지 않은 상태로 카메라를 회전한다.
마우스 왼쪽, 오른쪽 버튼 동시 누름 + 드래그	뷰포트 카메라를 위, 아래로 움직인다.
직교 뷰(탑, 앞, 옆)	
클릭 + 드래그	선택 박스를 만든다.
오른쪽 클릭 + 드래그	직교 뷰를 왼쪽, 오른쪽으로 이동한다.
마우스 왼쪽, 오른쪽 버튼 동시 누름 + 드래그	직교 뷰를 확대, 축소한다.

노트

레벨 내비게이션

3D 모델링 애플리케이션과는 다르게 하나의 애셋을 만들면서 해당 오브젝트를 주위로 움직이는 것이 아니라 언리얼 엔진의 뷰포트에서 움직임은 레벨 전체를 디자인하기 편하게 동작한다. 즉, 매우 큰 영역(레벨)을 쉽게 이동하는 것이 핵심이다.

표 1.4 궤도(Orbiting), 달리(Dolly), 트랙(Track) 뷰포트 컨트롤

컨트롤	동작
F	F 키를 누르면 뷰포트에서 선택된 액터로 뷰포트 카메라를 포커싱한다.
Alt + LMB(마우스 왼쪽 버튼) + 드래그	단일 피벗 또는 관심 지점을 중심으로 뷰포트를 회전한다.
Alt + RMB(마우스 오른쪽 버튼) + 드래그	단일 피벗 또는 관심 지점을 향해 카메라를 돌리거나 줌한다.
Alt + MMB(마우스 가운데 버튼) + 드래그	마우스 움직임 방향으로 카메라를 왼쪽, 오른쪽, 위, 아래로 이동한다.

팁

게임 스타일 내비게이션

원근 뷰에서 작업할 때, 마우스 오른쪽 버튼을 누른 채로 W, A, S, D 키를 누르면 1인칭 슈터 게임에서 캐릭터를 움직이는 방식으로 레벨을 돌아다닐 수 있다.

레벨 에디터 툴바

레벨 에디터 툴바는 일반적으로 사용되는 도구 및 작업들, 예를 들어 현재 레벨 저장, 스태틱 액터들을 위한 미리 계산된 라이팅 굽기, 에디터 속성 변경, 레벨 플레이 테스트와 같은 기능들에 빠르게 접근할 수 있게 해준다. 그림 1.13에 레벨 에디터 툴바의 모습을 나타냈다.

그림 1.13 레벨 에디터 툴바

레벨 플레이 테스트

새로운 프로젝트를 만들었을 때 기본적으로 레벨이 만들어져 있으며, 이것은 에디터를 처음 실행했을 때 화면에서 볼 수 있다. 레벨을 플레이 테스트하게 되면 화면을 돌아다닐 플레이어를 위해 입력 시스템^{Input System}을 사용하게 된다. 레벨 플레이 테스트에는 여러 모드들이 존재하는데(그림 1.14 참조) 현재는 PIE^{Play in Editor}(에디터 내부에서 플레이) 모드를 사용하자. 이때 PIE 모드에는 Selected Viewport(선택된 뷰포트)와 New Editor Window(새로운 에디터 윈도우)가 있으며 Play 아이콘을 클릭해서 레벨을 플레이 테스트하거나 Play 아이콘의 오른쪽에 화살표가 그려진 드롭다운 메뉴 버튼을 클릭해 원하는 플레이 모드를 선택할 수 있다.

그림 1.14 플레이 모드

팁

레벨의 플레이 테스트

기본 플레이 모드는 마지막으로 플레이 테스트했던 모드로 설정되는데, 다른 플레이 모드로 게임을 테스트하려면 Play 아이콘의 오른쪽에 있는 드롭다운 버튼을 선택해 다른 플레이 모드를 직접 선택해줘야 한다.

요약

지금까지 언리얼 엔진을 다운로드해 설치해봤고 메인 인터페이스를 다뤄보며 익숙해지는 시간을 가졌다. 다음으로 새로운 프로젝트를 만들고 뷰포트에서 레벨을 둘러보거나 테스트해봤다. 이 기능들에 익숙해질수록 실력이 향상될 것이다.

질문 및 답변

질문. 에픽 게임 런처는 무슨 용도인가?

답변. 에픽 게임 런처는 프로젝트를 관리하고 마켓플레이스를 활용해 콘텐츠를 다운로드하거나 지속해서 UE4를 업데이트할 수 있도록 해준다.

질문. UE4는 어디에 설치되는가?

답변. UE4는 런처가 설치된 위치와 같은 곳에 설치된다.

질문. 프로젝트는 어디에 저장해야 하는가?

답변. 프로젝트는 충분한 공간이 있고 접근하기 쉬운 하드 드라이브 아무 곳에나 저장할 수 있다.

연구

이번 시간을 마쳤으니 다음 질문들에 답할 수 있는지 확인해보자.

퀴즈

1. 참 또는 거짓: 모드 패널에서 다양한 에디팅 모드를 변경할 수 있다.

2. 뷰포트의 선택된 액터를 포커싱하려면 무슨 키 또는 키 조합을 사용해야 하는가?

3. 참 또는 거짓: 레벨에 배치된 모든 애셋은 액터다.

4. _____에서 새로운 프로젝트를 만들거나 관리한다.

5. 참 또는 거짓: 메인 인터페이스의 레이아웃은 원하는 대로 변경 가능하다.

6. 참 또는 거짓: PIE는 Play In Editor의 약자다.

해답

1. 참. 모드 패널에서 액터 배치, 지형 생성, 폴리지 생성과 같이 에디팅 모드를 변경할 수 있다.

2. F 키를 누르면 뷰포트의 선택된 액터를 포커싱한다.

3. 참. 타입에 관계없이 애셋이 레벨에 배치되고 나면 원본 애셋의 인스턴스는 액터다.

4. 프로젝트 브라우저^{Project Browser}. 다수의 프로젝트를 한 번에 작업할 수 있다. 프로젝트 브라우저를 사용하면 프로젝트 간에 전환할 수 있다.

5. 참. 패널의 탭을 클릭하고 드래그해 원하는 위치로 이동할 수 있다.

6. 참. PIE는 Play In Editor의 약자다. 레벨은 독립된 윈도우나 선택된 뷰포트에서 미리보기 가능하다.

연습

UE4의 인터페이스에 더 친숙해지도록 시간을 투자해보자. 이번 연습을 통해 새로운 레벨을 만들고 액터를 배치하고 레벨을 저장하는 연습을 해보자. 이것은 매우 간단하지만 아주 기본적인 기술이며 기본에 충실할수록 더 성공적으로 언리얼 엔진을 사용할 수 있을 것이다.

1. File ❯ New Level 또는 Ctrl + N 키를 눌러 새로운 기본 레벨을 만든다.

2. 라이트 액터를 레벨에 배치한다. 모드 패널의 Place 탭으로 가면 된다.

3. 레벨에 스태틱 메시 애셋을 배치한다. 콘텐츠 브라우저에서 StarterContent 폴더 안에 있는 애셋을 찾을 수 있다.

4. 레벨을 저장하고 콘텐츠 브라우저에서 마우스 오른쪽 버튼을 누른 후 Add New Folder를 선택해 새로운 폴더를 만든다. 그리고 이름은 Maps로 설정한다.

5. 방금 작업한 레벨을 Maps 폴더에 저장한다. File ❯ Save를 선택하면 된다.

HOUR 2
게임플레이 프레임워크 이해하기

이번 시간에 배우는 것들

▶ 콘텐츠 예제 프로젝트 다운로드 및 설정

▶ 애셋 가져오기

▶ 다른 프로젝트의 콘텐츠 가져오기

▶ 게임플레이 프레임워크 소개

언리얼 엔진 4^{UE4}는 2D 인디 게임에서부터 3D AAA 게임 타이틀, 인터랙티브 애플리케이션, 건축 시각화, VR 경험에 이르기까지 이러한 모두를 개발하는 데 사용될 수 있는 매우 강력한 애플리케이션이다. UE4는 PC, 콘솔, 모바일, HTML5와 같은 매우 다양한 플랫폼에서 동작하는 콘텐츠를 제작할 수 있게 해준다. UE4 에디터는 게임 개발의 매우 복잡한 작업을 처리하지만, 개발자가 쉽게 사용할 수 있는 환경을 제공한다. 다른 컴퓨터 프로그램들과 마찬가지로 UE4는 학습 곡선$^{Learning\ Curve}$이 존재한다. 이번 시간에는 몇 가지 기술과 프로젝트의 구조, UE4를 위한 기본적인 게임플레이 프레임워크에 대해 알아보자.

사용 가능한 리소스들

에픽이 언리얼 엔진 4를 출시하면서 잘했던 것 중의 하나는 바로 높은 퀄리티의 온라인 문서와 프로젝트 예제들을 제공하는 것이다. 에픽 게임즈 런처를 보면 커뮤니티^{Community} 섹션이 있는데 여기에서 뉴스, 프로젝트 스포트라이트, 포럼 링크, 블로그, 엔진 개발 로드맵과 같은 정보들을 볼 수 있다. 학습^{Learn} 섹션에서는 온라인 문서, 비디오 튜토리얼, 다양한 주제의 샘플 프로젝트를 볼 수 있다. 이곳에서 엔진의 기능에 관련된 카테고리를 볼 수 있는데 일반적으로 게임플레이 예제, 완성된 게임 프로젝트, 언리얼 커뮤니티 혹은 에픽 파트너사가 제공하는 샘플 프로젝트들을 볼 수 있다. UE4의 워크플로우와 인터페이스에 친숙해진 후라면 학습을 위한 가장 좋은 방법은 기존에 있는 프로젝트를 분석해 보는 것이다.

▼ 직접 해보기

콘텐츠 예제 프로젝트 다운로드

언리얼 엔진 4로 할 수 있는 것들을 보는 방법은 에픽 게임즈 런처의 학습 섹션으로 간 후 엔진 기능 샘플(Engine Feature Samples) 카테고리에 안에 있는 콘텐츠 예제 프로젝트(Content Examples Project)를 살펴보는 것이다. 샘플 콘텐츠를 다운로드하고 설정하는 방법은 다음과 같다.

1. 에픽 게임즈 런처에서 학습(Learn) 탭으로 이동한다.

2. 엔진 기능 샘플(Engine Feature Samples) 아래에서 콘텐츠 예제 프로젝트(Content Examples Project)를 선택하고 연다.

3. Download 단어 옆에 있는 버전이 여러분이 사용하고 있는 엔진과 매치되는지 확인한 후 **Download**를 클릭해 다운로드하자. 콘텐츠 예제 프로젝트가 설치되고 나면 런처의 라이브러리(Library) 탭 안에 있는 저장소(Vault) 섹션에서 이것을 볼 수 있다.

4. 런처에서 라이브러리 탭으로 이동하고 저장소 섹션으로 간 후 콘텐츠 예제 항목의 아래에 있는 **Create Project**를 클릭한다.

5. 원하는 프로젝트 이름을 설정하거나 기본값을 사용한다.

6. 원하는 프로젝트의 경로를 설정하거나 기본값을 사용한다.

7. 사용하고 있는 엔진 버전과 같은지 체크하고 선택한다.

8. **Create**를 클릭한 후 몇 초가 지나면 런처가 기능 콘텐츠를 포함한 새로운 프로젝트를 만든다.

9. 에디터에서 프로젝트를 열고 **My Projects** 아래에 있는 새롭게 생성된 프로젝트를 더블 클릭한다.

10. 프로젝트가 모두 열리고 나면 File ➤ Open Level(레벨 열기)을 선택한다.

11. 아무 레벨을 선택한 후 더블 클릭해서 연다. 또는 **Open**을 선택해도 된다.

12. 레벨이 열리고 나면 메인 에디터 툴바에서 플레이(Play) 버튼을 눌러 예제를 살펴보자.

13. 나머지 레벨들을 하나하나 살펴보면서 프로젝트가 보여주는 모든 엔진 기능들을 살펴보자.

에디터에서 실행하기

에디터에서 실행하기^{PIE, Play in Editor}는 콘텐츠를 컴파일하거나 패키징하지 않고 레벨을 플레이 테스트해볼 수 있게 해주는 옵션이다. PIE 미리보기 옵션은 레벨 에디터 메인 툴바의 Play 버튼(그림 2.1 참조) 아래에서 볼 수 있다. Play 버튼 오른쪽에 아래로 늬어진 삼각형을 클릭하면 레벨을 미리보기하기 위한 많은 옵션을 볼 수 있다. 기본적으로 UE4는 기능을 테스트하기에 좋은 선택된 뷰포트^{Selected Viewport} 옵션을 사용한다. 어느 시점에서 여러분은 아마 목표 플랫폼의 해상도^{Resolution}나 화면 종횡비^{Aspect ratio}를 바꾸고 싶을지도 모른다.

New Editor Window 옵션을 선택하면 미리보기 플레이^{Preview Play} 아이콘의 모습이 바뀌고 새로운 윈도우가 열리면서 게임 테스트가 가능해진다. 미리보기 옵션의 가장 아래쪽을 보면 Advanced Settings^{고급 설정}가 있는데 이곳에서 에디터 환경 설정을 열 수 있다. 새롭게 열린 창의 Play 섹션을 클릭하면 화면 오른쪽에서 해상도를 변경할 수 있다. 또한 윈도우의 시작 위치(기본적으로는 0, 0으로 설정돼 있으며 모니터 왼쪽 상단을 의미한다.)를 수정할 수 있다.[1] Always Center Window to Screen 옵션을 체크하면 미리보기 윈도우가 항상 모니터 가운데에 나타나도록 설정된다.

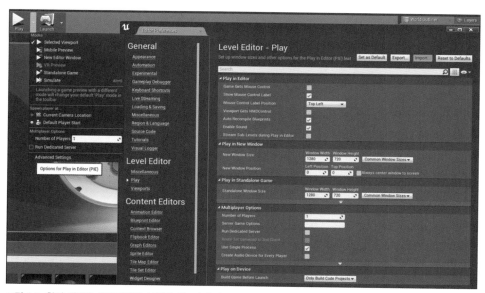

그림 2.1 환경 설정의 에디터에서 실행하기(PIE) 옵션

---

1 엔진 4.10에서는 기본적으로 모니터 가운데에 윈도우가 나타나게 바뀌었다. - 옮긴이

프로젝트 폴더 구조

에픽 게임즈 런처를 통해 블루프린트 기반의 프로젝트를 처음 만들 때, 프로젝트를 위한 경로를 설정해줘야 한다. 그 이후에 에디터는 기본적으로 사용되는 폴더들을 프로젝트로 복사하는데 프로젝트가 만들어진 후에 이 프로젝트 폴더를 보면 Config, Content, Intermediate, Saved 폴더들과 .uproject 파일을 볼 수 있다.

▶ Config(설정): 이 폴더에는 에디터, 프로젝트, 환경 설정들의 값들을 담고 있는 .ini 파일들이 들어있다.

▶ Content(콘텐츠): 이 폴더는 프로젝트를 위한 모든 애셋 파일들을 담고 있다.

▶ Intermediate(중간 단계): 이 폴더는 프로젝트의 실행을 위한 ini 파일들(환경 설정 파일 같은)과 CachedAssetRegistry.bin 파일을 담고 있다.

▶ Saved: 이 폴더는 에디터의 자동 저장^{Autosave} 및 백업^{backup} 파일들, 콘텐츠 브라우저에서 애셋들을 조직화하기 위해 사용하는 컬렉션을 담고 있는 컬렉션 폴더, 목표 플랫폼을 위한 프로젝트 Config 설정들, 에디터 로그 파일, 런처에서 볼 수 있는 프로젝트 섬네일 이미지와 같은 것들을 담고 있다.

프로젝트를 진행할수록 더 많은 파일, 폴더들이 추가될 것이다.

▼ 직접 해보기

스타터 콘텐츠 없이 빈 프로젝트 만들기

프로젝트 폴더 구조에 익숙해지기 위해 직접 빈 프로젝트를 만들어보자.

1. 런처에서 라이브러리 탭으로 간 후 설치된 엔진 버전에서 **Launch**를 클릭한다.
2. 언리얼 프로젝트 브라우저에서 New Project 탭을 선택한다.
3. 블루프린트 아래에 있는 Blank Project 템플릿을 선택한다.
4. **Desktop/Console** 설정이 선택된 것을 확인한다.
5. 하드웨어가 지원할 수 있는 그래픽스 설정을 한다.
6. **No Starter Content**를 선택한다.
7. 프로젝트 경로를 설정한다.
8. 프로젝트의 이름은 MyHour02로 하고 이때 프로젝트 이름에는 빈 공간이 없도록 한다.
9. **Create Project**를 클릭한다. 프로젝트가 만들어지고 나면 자동으로 열린다.
10. 프로젝트를 저장한 후 프로젝트를 최소화한다.

모든 폴더 구조를 살펴보면 몇 가지 파일들이 이미 생성돼 있는 것을 볼 수 있다. 예를 들어 설정Config 파일과 같은 것들 말이다. 확장자가 ini로 돼 있는 것들이 설정 파일인데 에디터, 엔진, 게임에서 모두 사용된다. 프로젝트 혹은 에디터의 환경 설정을 변경하면 이것들이 설정 파일에 반영돼 파일이 업데이트된 것을 확인할 수 있다.

노트

에디터 환경 설정 및 프로젝트 설정

에디터, 프로젝트 설정은 레벨 에디터 메뉴 바에서 **Edit**를 선택하면 찾을 수 있다.

콘텐츠 폴더

콘텐츠 폴더Content folder는 프로젝트를 위해 사용되는 모든 애셋들을 담고 있다(그림 2.2 참조). 여기에서 일반적으로 두 개의 파일 타입을 볼 수 있는데 .uasset과 .umap이다. 외부 애셋을 프로젝트로 가져오고 나면 이것이 .uasset 파일로 저장된다. 새로운 맵을 만든 후 저장하면 이것은 .umap 파일로 저장되며 콘텐츠로서 관리된다. 에디터에서 콘텐츠 브라우저를 사용할 때, 콘텐츠 폴더의 구조를 볼 수 있다.

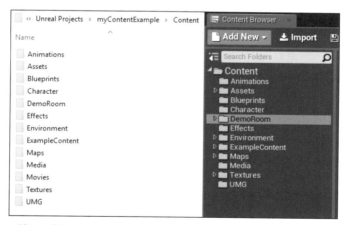

그림 2.2 왼쪽에 프로젝트 콘텐츠 폴더, 오른쪽에 콘텐츠 브라우저 소스 뷰

콘텐츠 가져오기

언리얼 엔진 4는 다양한 가져오기 가능한 파일 종류들을 지원한다. 표 2.1에 가장 일반적으로 사용하는 파일 종류들을 나타냈다.

표 2.1 에디터로 가져올 수 있는 일반적인 외부 파일들 종류

애셋 타입	파일 확장자
3D 모델, 스켈레탈 메시 리그, 애니메이션 데이터	.fbx, .obj
텍스처, 이미지	.bmp, .jpeg, .pcx, .png, .psd, .tga, .hdr
폰트	.otf, .ttf
오디오	.wav
비디오, 멀티미디어	.wmv
PhysX	.apb, .apx
기타	.csv

팁

파일 타입 식별하기

운영체제는 기본적으로 파일의 확장자를 감춘다. 프로젝트에 많은 파일을 사용하고 있다면 어떤 파일이 어떤 확장자를 가지고 있는지 추적하기가 쉽지 않을 것이다. 운영체제의 옵션을 변경해 파일 확장자가 나타나도록 바꿈으로써 파일의 확장자를 구별하기 쉽게 하자.

프로젝트로 콘텐츠를 가져오는 방법은 여러 가지가 있다. 외부에서 만들어진 콘텐츠, 예를 들어 3D 맥스나 마야에서 만든 모델, 포토샵에서 그린 텍스처, 어다시티^{Audacity}로 만든 사운드를 불러올 수 있다.

외부 프로그램에서 만들어진 콘텐츠를 가져오는 방법에는 두 가지가 있는데, 첫 번째 방법은 '직접 해보기'에서 해봤던 대로 콘텐츠 브라우저를 이용하는 방법이고 두 번째 방법은 운영체제의 파일 관리자(탐색기)를 사용해 불러오는 방법이다. 가져오길 원하는 파일을 탐색기에서 선택한 후 마우스로 클릭하고 드래그해 콘텐츠 브라우저 안에 있는 애셋 관리 영역^{Asset Management Area}으로 드롭해 불러올 수 있다(그림 2.3 참조).

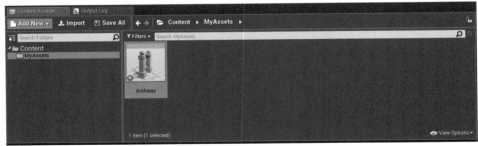

그림 2.3 왼쪽은 소스 뷰를 나타낸 콘텐츠 브라우저, 오른쪽은 애셋 관리 영역

콘텐츠 브라우저에서 폴더 생성하기와 외부 애셋 가져오기

애셋을 불러오는 작업은 가장 자주 하게 될 작업 중 하나다. 이번 '직접 해보기'에서는 프로젝트로 애셋을 가져오는 일반적인 방법을 배워볼 것이다.

1. 이전에 만들었던 MyHour02 프로젝트를 연다.

2. 콘텐츠 브라우저의 소스 뷰를 보이게 하기 위해 초록색 **Add New** 버튼 아래에 있는 **Show, Hide Source** 뷰 패널 아이콘을 클릭한다.

3. 콘텐츠 브라우저의 소스 패널에서 Content 폴더를 마우스 오른쪽 버튼으로 누른다. 그리고 **Add New Folder**를 선택한 후 이름은 MyAssets로 설정하자.

4. 콘텐츠 브라우저의 소스 패널에서 MyAssets 폴더가 선택된 상태로, 애셋 관리 영역(Asset Management Area)에서 마우스 오른쪽 버튼을 클릭해 **Import Asset > Import To**를 선택한다. 애셋 대화 상자가 나타날 것이다.

5. 애셋 대화 상자에서 Hour_02 폴더의 RawAssets 폴더 안에 있는 아무 파일이나 선택해서 추가하는 데 이 파일은 www.sty-ue4.com에서 다운로드할 수 있다. 이 작업을 끝내면 파일이 콘텐츠 폴더에 추가될 것이다.

6. 애셋 섬네일에서 마우스 오른쪽 버튼을 누른 후 **Save**를 눌러 불러온 애셋을 저장하자.

팁

애셋 아이콘

콘텐츠 브라우저의 애셋 아이콘은 미리보기를 제공해 애셋을 열어볼 필요가 없게 해준다. 아이콘 위에 마우스 커서를 올려보면 애셋에 관련된 정보가 나타난다. 예를 들어 애셋 아이콘의 왼쪽 상단에 작은 별표 모양이 나타나면 이는 애셋이 수정됐다는 의미고 저장된 상태가 아니라는 뜻이다. 애셋을 처음으로 가져오고 나면 항상 별표 모양이 나타나는데, 즉 저장할 필요가 있다는 뜻이다. 애셋을 저장하지 않고 에디터를 종료하면 작업했던 부분 혹은 애셋을 잃어버릴 수 있다. **Ctrl + S** 키를 누르거나 애셋 위에서 마우스 오른쪽 버튼을 눌러 **Save**를 선택하면 애셋을 저장할 수 있다.

이미 존재하는 프로젝트에서 콘텐츠 이주하기

프로젝트에 콘텐츠를 추가하는 다른 방법은 이미 존재하는 프로젝트에서 콘텐츠를 이주하는 것이다. 모든 프로젝트는 프로젝트의 모든 애셋을 담고 있는 Content 폴더를 가지고 있다. 이주 기능은 이미 존재하는 프로젝트에서 다른 프로젝트로 애셋들을 옮길 수 있게 해준다. 애셋을 이주할 때 애셋에 의존 관계가 있으면 의존 관계와 폴더 구조를 모두 유지한다.

▼ 직접 해보기

콘텐츠 이주

다음은 이미 존재하는 프로젝트의 애셋들을 다른 프로젝트로 이주하는 과정을 나타냈다.

1. 이번 시간의 처음에 알아봤던 콘텐츠 예제(Content Examples) 프로젝트를 열자.

2. 콘텐츠 브라우저의 소스 뷰에서 Content 폴더를 선택한다(디렉터리의 가장 상단에 있다).

3. 애셋 관리 영역의 검색 바 왼쪽을 보면 **Filters**(필터)가 있는데 이것을 클릭하고 파티클 시스템 (Particle System)을 토글한다. 이제 애셋 관리 영역을 보면 이 프로젝트에 있는 모든 파티클 시스템 들을 볼 수 있다.

4. **Ctrl**을 누른 채로 이주하고 싶은 파티클 시스템들을 선택한다.

5. 3~4개의 파티클 시스템들을 선택한 후 하이라이트된 파티클 시스템들 중 하나에서 마우스 오른쪽 버튼을 누른 후 **Asset Action ➤ Migrate**를 선택한다(그림 2.4 참조).

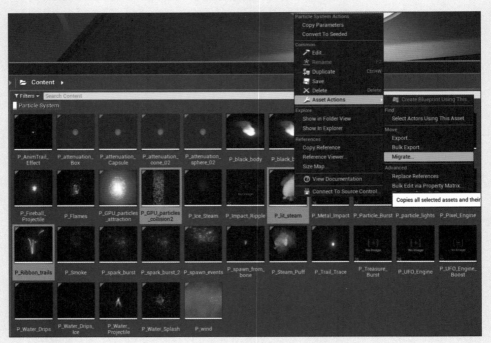

그림 2.4 콘텐츠 이주

6. 애셋 리포트 윈도우에 파티클 시스템뿐만 아니라 모든 의존 관계들도 보여준다. **OK**를 클릭한다.

7. 이주하려는 애셋들을 복사할 프로젝트의 콘텐츠 폴더를 찾아야 하는데 MyHour02의 콘텐츠 폴더로 설정한 후 **OK**를 클릭한다.

노트

콘텐츠 브라우저 필터

프로젝트에 콘텐츠가 많아지면 많아질수록 찾고자 하는 콘텐츠를 찾기가 어려워질 것이다. 그러므로 폴더 구조와 이름 규칙이 매우 중요하다. 콘텐츠 브라우저의 애셋 뷰 위쪽을 보면 검색 바가 있고 필터 도구가 있는데, 두 가지 모두 소스 패널에서 선택된 폴더에 관련돼 있다. 현재 선택된 폴더와 서브 폴더에 관해 검색 바와 필터 도구가 동작한다. 예를 들어 콘텐츠 폴더를 선택하고 검색 바와 필터 툴을 적용하면 콘텐츠 폴더와 그 내부 폴더들에만 적용된다.

다른 애셋 타입들

많은 애셋들은 외부에서 가져온 것이 아니라 에디터 내부에서 직접 만들어진다(예를 들어 블루프린트 클래스, 파티클 시스템, 카메라 애니메이션 데이터). Hour 22 이후가 지나면 여러분은 이러한 애셋 타입들을 만들고 추가하는 방법을 배우게 될 것이다.

팁

프로젝트를 위한 로우 애셋 폴더 만들기

매우 큰 그룹에 속해 있고 일정 규모 이상의 프로젝트에서 일하고 있다면, 프로젝트를 조직화하기 위해 아마 프로젝트 관리 소프트웨어가 필요할 것이다. 먼저 프로젝트의 루트 디렉터리에서 폴더를 추가하는 것으로 시작해, 에디터 바깥에 있는 외부 파일들을 관리해야 한다.

다음은 프로젝트로 불러오기 이전의 일반적인 외부 애셋들을 관리하기 위한 예제 디렉터리 구조를 나타낸 것이다.

- ▶ 로우 애셋 폴더(Raw Asset folder)
  - ▶ 모델 내부 폴더
  - ▶ 오디오 내부 폴더
  - ▶ 텍스처 내부 폴더

애셋 레퍼런스와 레퍼런스 뷰어

아마 .uasset 파일들을 한 프로젝트에서 다른 프로젝트로 직접 복사하거나 이동시켜봤을 것이다. 기술적으로 이 방식도 동작은 하겠지만 의존 관계가 있기 때문에 좋은 방법은 아니다.

위치 또는 폴더의 구조를 바꿀 때는 항상 콘텐츠 브라우저 안에서 해주는 것이 좋다. 그렇게 해야 에디터가 의존 관계를 파악하고 올바르게 업데이트할 수 있다. 레퍼런스 뷰어는 애셋의 의존 관계를 보여주는데(그림 2.5 참조), 예를 들어 스태틱 메시 에디터에서 스태틱 메시에 머티리얼을 적용할 때 스태틱 메시는 콘텐츠 브라우저에서 머티리얼의 위치를 알아야 한다. 차례로 머티리얼 역시 의존하고 있는 텍스처의 위치를 알아야 한다. 콘텐츠 브라우저에서 머티리얼의 위치를 다른 폴더로 이동하면 에디터는 자동으로 스태틱 메시 애셋의 레퍼런스(참조)를 업데이트한다. 애셋의 애셋 레퍼런스를 보려면 콘텐츠 브라우저의 애셋 위에서 마우스 오른쪽 버튼을 눌러 Reference > Reference Viewer를 선택하면 된다.

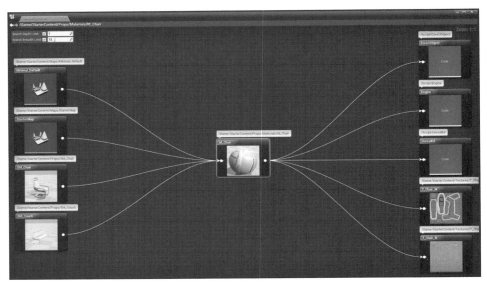

그림 2.5 레퍼런스 뷰어. M_Chair 머티리얼 애셋의 의존 관계들을 보여준다.

Saved 폴더

Saved 폴더는 네 개의 폴더인 AutoSaves, Backup, Config, Logs를 내부 폴더로 가지고 있다. 에디터는 AutoSaves와 Backup 폴더를 백업 및 임시 작업용 파일들을 저장하는 데 사용한다. 이 파일들은 에디터가 작업 중 중단됐을 때 복원하는 데 사용한다. 하지만 이 기능으로 인해 프로젝트의 사이즈가 더 커질 수 있으며 어떤 시점에서 이 폴더의 내용을 지워 프로젝트 사이즈를 줄일 필요가 있다. Config 폴더는 프로젝트 설정 정보들을 담고 있는 .ini를 가지고 있다.

게임플레이 프레임워크

게임플레이 프레임워크^{Gameplay Framework}는 모든 프로젝트에 있는 게임의 룰, 플레이어 입력, 아바타, 카메라, 플레이어 HUD를 관리하기 위한 C++ 또는 블루프린트 클래스 컬렉션이다.

노트

게임 그 이상

용어에 속지 말자. 비록 UE4는 게임을 개발하기 위해 사용됐고 게임에 많은 것들이 관련돼 있지만, 이 엔진은 매우 다양한 컴퓨터 프로그램을 위해 사용될 수 있다. 예를 들어 3D 아티스트가 자신이 만든 모델을 웹사이트에서 보여주기 위한 포트폴리오를 만드는 데 사용될 수도 있다.

게임 모드 클래스

게임플레이 프레임워크에는 게임 모드 클래스^{GameMode class}가 있는데 이것은 게임의 규칙을 설정하는 데 사용되며 게임의 핵심 기능들을 정의하기 위한 클래스들을 담고 있다. 예를 들어, 게임 모드 클래스는 1인칭 슈팅 게임에서 적 생성 로직이 들어있는 시스템을 가지고 있거나 레이싱 게임에서 시간을 체크하는 로직을 담고 있을 만한 공간이다. 다음은 게임 모드 클래스에 붙어있는 게임플레이 프레임워크 리스트를 나타냈다.

- ▶ DefaultPawn 클래스
- ▶ HUD 클래스
- ▶ PlayerController 클래스
- ▶ Spectator 클래스
- ▶ ReplaySpectator 클래스
- ▶ PlayerState 클래스
- ▶ GameState 클래스

게임 모드와 의존 관계들이 생성되고 나면, 게임 모드를 프로젝트에 할당하거나 프로젝트 안의 레벨별로 모드를 설정할 수 있다. 프로젝트는 대부분 2~3개 정도의 게임 모드들을 가지고 있는데 이때 기본으로 설정될 수 있는 게임 모드는 오직 한 개다. 기본 게임 모드는 프로젝트 설정으로 간 후 Maps & Modes ❯ Default Modes에서 설정할 수 있다. 게임 모드가 기본 모드로 설정되고 나면 모든 레벨이 시작될 때 기본적으로 이 모드를 사용한다. 물론 에디터의 World Settings 탭에 있는 GameMode Override 속성을 바꿔서 게임 모드를 변경할 수 있다.

컨트롤러 클래스

컨트롤러 클래스는 게임 내 폰^{Pawn}을 제어한다. PlayerController 클래스는 플레이어로부터 입력을 받고 플레이어의 폰을 조정한다. 컨트롤러 클래스에는 두 가지 기본 타입이 있는데 바로 PlayerController와 AIController다. PlayerController 클래스는 플레이어의 입력을 관리하고 게임 내 폰에 빙의^{Possess}해 조종한다. 플레이어 입력은 마우스, 키보드, 게임패드, 터치, 엑스박스 키넥트와 같이 다양하다. PlayerController 클래스는 마우스 커서의 표시성에도 관여하며 마우스 클릭 이벤트에 어떻게 반응하는지도 처리한다. 게임 내 모든 사람 플레이어는 PlayerController 클래스를 가지고 있으며 캐릭터에 할당된다. 예를 들어, 게이머가 멀티플레이어 게임에 입장하면 PlayerController 클래스가 게임 모드 클래스 내에서 생성되며 게임 세션이 종료할 때까지 플레이어에 할당된다. 중요한 점은 PlayerController 클래스는 게임 월드에서 물리적으로 표현되지 않는다는 점이다.

폰, 캐릭터 클래스

언리얼 엔진에서 폰^{Pawn}은 플레이어 아바타를 뜻하는 용어다. 폰 클래스는 PlayerController 클래스로부터 입력을 취하고 게임 내 플레이어의 물리적인 표현을 담당한다. 이것은 레벨 안에 있는 플레이어의 위치를 의미하기도 하며 충돌 박스를 가진 복잡한 스켈레탈 메시를 뜻하기도 한다. 게임 모드에는 DefaultPawn 클래스 속성에 할당될 수 있는 여러 가지 클래스들이 있는데, 예를 들어 Pawn, Character, Vehicle 클래스들이 있다. Pawn 클래스는 다양한 폰 타입들을 생성할 수 있는 일반^{Generic} 클래스며 Character나 Vehicle 클래스들은 특정 목적을 위해 사용되는 클래스들이다. 보통 대부분 게임에서는 일반적인 폰이 사용되는 것을 볼 수 있다. 폰이 컨트롤러 클래스로부터 방향을 얻기 때문에 폰은 PlayerController나 AIController 클래스에 의해 제어된다.

허드 클래스

허드^{HUD} 클래스는 2D 인터페이스를 플레이어 스크린에 보여주고 인게임 HUD$^{Head-up}$ ^{Display}를 만든다. 게임의 전체 HUD 시스템은 HUD 클래스 안에서 작성될 수 있다. 에픽은 또한 인터페이스를 제작할 수 있게 해주는 에디터인 UMG^{Unreal Motion Graphics}를 제공한다. UMG는 복잡한 인터페이스와 HUD를 제작할 수 있도록 도구와 클래스들을 제공한다(Hour 22, 'UMG 작업하기'에서 더 자세히 다룬다).

에픽에서 제공하는 프로젝트 템플릿은 일반적인 게임 타입들을 위해 게임 모드가 설정돼 있다. 보통 새로운 프로젝트를 만들 때 게임 모드 템플릿을 선택한다.

프로젝트에 게임 모드 추가

이번 시간에는 새롭게 빈 프로젝트를 만들었고 이제 게임 모드를 추가해볼 것이다. 빈 프로젝트 MyHour02에 게임 모드를 추가하는 단계는 다음과 같다.

1. 이전에 만들었던 MyHour02 프로젝트를 연다.

2. 콘텐츠 브라우저에서 소스 패널 상단에 위치한 초록색 **Add New** 버튼을 클릭한다.

3. 윈도우가 화면에 나타나면 **Add Feature** 또는 **Content Pack**을 선택한다. 그러면 프로젝트에 콘텐츠 추가하기(Add Content to the Project) 윈도우가 나타난다(그림 2.6 참조).

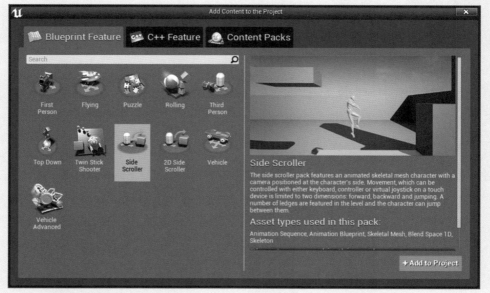

그림 2.6 프로젝트에 콘텐츠 추가 윈도우

4. 블루프린트 기능(Blueprint Features) 탭에서 **Side Scroller**를 선택하고 초록색 **+Add to Project** 버튼을 눌러 프로젝트에 추가한다.

5. 콘텐츠 팩(Content Packs) 탭에서 스타터 콘텐츠를 선택하고 초록색 **+Add to Project** 버튼을 눌러 프로젝트에 추가한다.

6. 프로젝트에 콘텐츠 추가하기 윈도우를 닫는다.

이제 콘텐츠 브라우저를 살펴보면 바로 전에 추가한 새로운 폴더들을 볼 수 있다. SideScrollerBP/Maps 폴더로 이동한 후 SideScrollerExampleMap 레벨을 더블 클릭해 연다. 레벨 에디터 툴바에서 Play 버튼을 눌러 레벨을 테스트해보자. 보다시피 사이드 스크롤 게임이 시작될 것이다. 하지만 다른 레벨을 열면 다른 게임 모드를 사용하고 있을 것이다. StarterContent/Maps 폴더로 이동해 Minimal_Default 레벨을 열자. 이제 사이드 스크롤 게임 모드가 동작하지 않는 것을 볼 수 있다. 프로젝트를 위해 기본 게임 모드를 설정할 필요가 있다.

▼ 직접 해보기

프로젝트에 기본 게임 모드 설정

프로젝트에 기본 게임 모드를 설정하는 방법은 다음과 같다.

1. 이전에 만들었던 MyHour02 프로젝트를 연다.

2. 콘텐츠 브라우저에서 소스 패널의 상단에 있는 초록색 **Add New** 버튼을 클릭한다.

3. 레벨 에디터 메뉴 바에서 **Edit ➤ Project Settings**를 선택한다.

4. 프로젝트 설정 윈도우의 왼쪽에 있는 **Project** 항목의 아래에서 **Maps & Modes**를 선택한다(그림 2.7 참조).

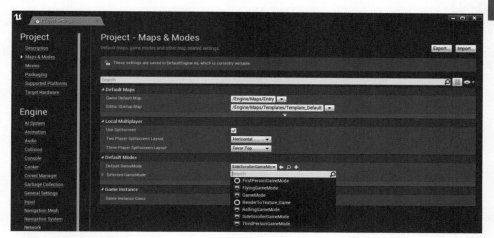

그림 2.7 프로젝트 설정

5. 오른편에 있는 **Default GameMode** 드롭다운 리스트를 클릭해 **SideScrollerGameMode**를 선택한
   다.

6. 프로젝트 설정 윈도우를 닫고 Minimal_Default 레벨을 다시 미리보기한다.

에디터의 World Settings 탭에 있는 GameMode Override 속성을 변경해 프로젝트에 추가
된 게임 모드들을 레벨마다 다른 게임 모드들로 설정할 수 있다.

요약

이번 시간에는 애셋을 불러오는 방법, 다른 프로젝트로부터 콘텐츠를 이주하는 방법, 프로젝트에 다양한 기능들을 추가하는 방법에 대해 학습했다. 또한 게임 모드의 개념과 프로젝트에 기본 게임 모드를 설정하는 방법도 다뤄봤다.

질문 및 답변

질문. 레벨을 만들 때마다 게임 모드를 설정해줘야 하는가?

답변. 아니다. 레벨이 특별히 필요로 하는 게임 모드가 아닐 경우에는 그대로 둬도 된다. 게임 모드가 프로젝트 설정에서 설정되면 모든 레벨은 기본적으로 같은 게임 모드를 사용한다.

질문. 콘텐츠를 이주할 때, 기존에 있던 콘텐츠를 덮어 쓰려고 하면 에디터가 묻는다.

답변. 콘텐츠를 이주할 때, 어떤 애셋들은 다른 애셋과 같은 의존 관계를 가질 수 있으며 이러한 애셋들이 개별적으로 이주될 경우, 에디터는 원본 애셋이 덮어 써질 수 있다는 것을 경고한다. 이주 작업을 끝낸 후 수동으로 직접 의존 관계를 수정해야 한다.

질문. .ini 파일은 무엇인가?

답변. .ini 파일은 간단한 텍스트 파일로서 에디터와 프로젝트의 환경 설정이나 세팅을 저장하고 있다. .ini 파일은 간단한 텍스트 에디터에서 열거나 수정할 수 있는데 UE4 에디터에서 따로 관리 가능하므로 직접 수정할 필요는 거의 없을 것이다.

연구

이번 시간을 끝냈으니 다음 질문에 답해보자.

퀴즈

1. 참 또는 거짓: 하나의 프로젝트에서 다른 프로젝트로 콘텐츠를 옮기는 가장 좋은 방법은 .uasset 파일을 복사하는 것이다.

2. 참 또는 거짓: 애셋을 불러오거나 수정한 후에 콘텐츠 브라우저에서 애셋을 저장할 필요가 없다.

3. 참 또는 거짓: 레퍼런스 뷰어는 다른 애셋에 의존 관계가 있는 것들을 보여준다.

해답

1. 거짓: 한 프로젝트에서 다른 프로젝트로 콘텐츠를 이동하는 올바른 방법은 콘텐츠를 이주하는 것이다.

2. 거짓: 처음으로 애셋을 불러오거나 기존에 있던 애셋을 수정하면 저장할 필요가 있다.

3. 참: 레퍼런스 뷰어는 애셋의 의존 관계를 볼 수 있게 해준다.

연습

빈 프로젝트를 만들고 외부 애셋을 불러온다. 두 개의 게임 모드를 추가하고 모바일 스타터 콘텐츠Mobile Starter Content를 추가한다. 다음으로 게임 모드 하나를 기본 게임 모드로 설정한 후 레벨에도 설정한다.

1. 빈 프로젝트를 만든다.

2. 콘텐츠 브라우저에서 Third Person 게임 모드를 추가한다.

3. 콘텐츠 브라우저에서 Flying 게임 모드를 추가한다.

4. 콘텐츠 브라우저에서 Mobile Starter Content를 추가한다.

5. 콘텐츠 브라우저에서 새로운 폴더를 하나 만들고 이름은 MyContent로 한다. 그리고 책 예제인 Hour_02 폴더에서 외부 콘텐츠를 불러온다.

6. Third Person 게임 모드를 프로젝트의 기본 게임 모드로 설정한다.

7. 새로운 레벨을 만들고 에디터의 World Settings 탭에서 GameMode Override를 FlyingGameMode로 설정한다.

HOUR 3
좌표계, 트랜스폼, 유닛 그리고 구조

이번 시간에 배우는 것들

▶ 카테시안 좌표계에 대한 이해와 UE4 트랜스폼과의 연관성

▶ 이동(Move), 회전(Rotation), 크기(Scale)

▶ 액터(Actor)를 위한 그리드 시스템과 측정

▶ 씬 구성과 구조

▶ 액터 그룹화, 레이어, 부착하기

이번 시간에는 좌표계와 트랜스폼에 대해 학습하고 3D 공간에서 콘텐츠를 만들기 위해 그리드를 어떻게 사용하는지 배운다. 에디터에서 특정 액터를 제어하기 위해 어떠한 트랜스폼 종류를 사용해야 하는지 알아볼 것이며 이러한 트랜스폼들을 어떻게 사용해야 하는지 알아본다. 다음으로 외부 소프트웨어에서 만든 애셋을 올바르게 UE4로 가져오기 위해 그리드 시스템과 측정에 대해 알아본다. 마지막으로 UE4에서 사용되고 있는 구성 체계를 사용해 어떻게 프로젝트를 깔끔하고 읽기 쉽게 유지하는지 배워보자.

카테시안 좌표계 이해

어떠한 3D 콘텐츠 제작 도구를 사용하더라도 3차원 좌표계에 대한 이해는 필수인데, 이 것을 카테시안 좌표계^{Cartesian coordinates}라고 한다. 카테시안 좌표계는 주어진 필드 혹은 공 간에서 점 또는 파생돼 나오는 정보를 얻기 위한 계산 시스템을 말한다. 만약 기하학 혹 은 미적분학을 공부했다면 카테시안 좌표계를 이미 사용하고 있었을 것이다. 2D 평면에 점을 배치할 때 그림 3.1과 같이 두 개의 숫자가 필요하다. 하나는 X축을 위한 것이고 나 머지 하나는 Y축을 위한 것이다. 이 두 숫자를 이용해 만나는 점을 찾을 수 있고 이것이 좌표 혹은 공간에서의 위치다. 이러한 과정은 3D 공간에서도 정확히 똑같은데 차이점이

라면 하나의 축을 더 사용한다는 점이다. 3D 평면은 X, Y, Z가 필요하다. 각 문자는 축을 의미하며 Z는 위/아래를, Y는 왼쪽/오른쪽을, X는 앞/뒤를 의미한다. 모든 3D 그래픽은 특정 값에 상대적인 하나의 점으로 표현돼 생성되며 이러한 점들을 연결해 모양이나 볼륨을 만들어낸다. 이러한 점들을 조작해 3D 공간의 오브젝트를 이동하거나 스케일할 수 있다.

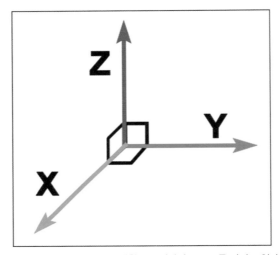

그림 3.1 3D 좌표계에서 각 방향으로 연관된 X, Y, Z를 가지고 있다.

트랜스폼 다루기

이번 절에서는 UE4 에디터의 트랜스폼 도구를 사용해 이동, 크기 조정, 회전을 어떻게 하는지 알아본다.

변환 도구들

변환 도구는 3D 공간에서 오브젝트를 조작 또는 이동하는 데 사용된다. 변환 도구의 종류는 다음과 같다(그림 3.2 참조).

▶ 이동

▶ 크기

▶ 회전

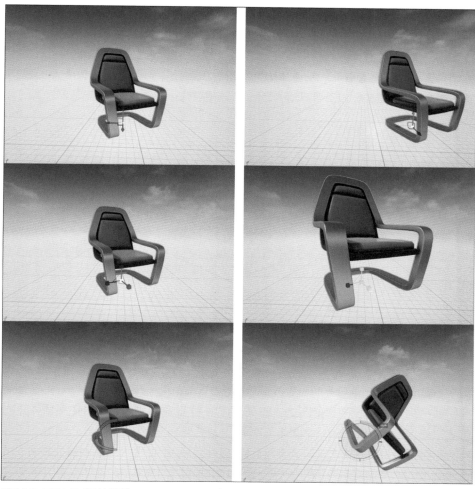

그림 3.2 트랜스포메이션 위젯(transformation widget)은 변환 타입의 종류를 표현한다. 가장 위쪽에 있는 것은 이동 변환이고 다음으로 각각 크기, 회전 변환이다. 그리고 변환 종류에 대응하는 위젯들을 보여준다.

이동 변환

이동 변환Move transformation은 UE4에서 일반적으로 가장 많이 사용되는 변환 도구다. 이 변환은 3D 공간에서 액터를 한 위치에서 다른 위치로 이동하게 해준다. 알다시피 액터는 장면에서 자신의 위치를 표현하기 위해 X, Y, Z축의 값들을 가지고 있으며 각각의 액터는 UE4로 애셋을 가져올 때 피벗pivot 또는 원점을 기준으로 위치를 가지고 있다. 장면에

서 액터를 이동시키려면 이동시키고자 하는 액터를 선택한 후 이동 변환 도구를 선택하
거나 키보드 W 키를 누른다. 다음에 왼쪽 버튼을 클릭하고 원하고자 하는 방향의 화살표
를 드래그해 액터를 이동시킬 수 있다. 추가로 피벗 포인트에 있는 두 방향 사이의 색상
이 입혀진 사각형을 클릭하고 드래그하면 두 방향으로 동시에 움직일 수 있다. UE4는 작
업을 쉽게 할 수 있도록 각각의 축을 색상으로 구별한다.

▶ X = red

▶ Y = green

▶ Z = blue

> **노트**
>
> **색상 관련성**
>
> 색상은 트랜스포메이션 위젯 도구만 관련된 것은 아니며 디테일, 컨텍스트 메뉴와 같은 다양한 곳에서 관련성을 찾
> 을 수 있다. 예를 들어 디테일 패널에서 수동 트랜스포메이션 옵션을 보면 같은 색상으로 연관성을 가지고 있다는
> 것을 확인할 수 있다.

크기 변환

스케일은 액터의 사이즈를 비균등하게 X, Y, Z 각각의 축으로 크게 혹은 작게 만들 수 있
으며 혹은 모든 축을 동시에 변환할 수도 있다. 콘텐츠 브라우저에서 액터를 끌어와 씬에
직접 배치할 때 모든 축의 스케일은 1로 설정된다. 이 값을 바꾸려면 액터를 선택하고 스
케일 변환 도구를 선택하거나 키보드 R 키를 누르면 된다. 방향성 중심의 스케일 핸들을
이동해 액터를 어느 방향으로도 스케일할 수 있다. 가운데 흰색 박스를 선택하고 움직이
면 모든 방향으로 균등하게 크기를 변경할 수 있다. 마지막으로, 두 방향에 연결돼 있는
바를 선택하고 움직이면 두 방향으로 동시에 크기 변환Scale transformation할 수 있다.

회전 변환

회전Rotate은 변환의 마지막 타입이며 액터를 회전시킬 수 있다. 회전은 다른 3D 콘텐츠
제작 도구와 비슷한 방식으로 처리된다. 각 축으로 회전의 양을 설정해 회전하며 360도
가 회전 한 바퀴를 의미한다.

▶ 피치Pitch: X

- ▶ 요Yaw: Y

- ▶ 롤Roll: Z

회전 각도 스냅핑 도구는 다른 스냅핑 도구들 옆에 배치돼 있다. 회전 도구를 선택해 스냅핑을 켜거나 끌 수 있고 스냅핑 각도를 설정할 수 있다. 예를 들어 액터가 회전할 때 5도 또는 30도씩 회전을 원하면 스냅핑 각도를 5 또는 30으로 설정하면 된다. 이것은 특정 치수의 회전수를 제어하는 모듈 세트를 사용하는 경우에 도움이 될 수 있다.

팁

대화형 변환 도구 사용

뷰포트에서 스페이스바를 누르면 변환 도구가 차례대로 바뀐다. 예를 들어 이동에서 회전, 회전에서 크기 변환, 크기 변환에서 다시 이동으로 바뀐다.

대화형 및 수동 변환

변환Transformation은 두 가지 방법이 있다. 바로 대화형 변환과 수동 변환이다.

대화형 변환은 월드 공간에 있는 변환 위젯인 이동, 회전, 크기 변환 도구를 사용해 덜 정확한 방식으로 변환하는 방식을 말한다. 위젯widget이라는 용어는 에디터에서 액션을 제어하기 위해 사용되는 도구를 뜻한다. 이 도구들을 사용해 월드 공간에 있는 액터를 조정해 숫자 값을 사용하지 않고 원하는 시각적 품질을 얻을 수 있다.

반면에 수동 변환은 디테일 패널에서 직접 숫자 값을 입력해 액터의 트랜스폼을 설정할 수 있다. 이 방법을 사용하면 매우 정확하게 값을 입력할 수 있으므로 정확성이 있어야 하는 경우에 이 방법을 사용하면 된다.

월드 및 로컬 변환

액터에 변화를 줄 수 있는 변환 시스템에는 두 가지 종류가 존재하는데 월드World와 로컬Local이 있다.

월드 변환 시스템World Transform System은 전체 월드를 사용한다. 즉, 위는 위, 아래는 아래, 앞은 앞이다. 따라서 액터가 찌그러지거나 조정되거나 바뀌어도 이 월드 시스템 규칙을 따르게 된다.

그 반대인 로컬 시스템은 참조하고 있는 액터가 시스템 규칙을 설정한다. 액터를 씬에 처음으로 배치할 때, 월드 좌표계 시스템과 정확히 똑같다. 하지만 액터를 오른쪽으로 15도 정도 회전하게 되면 로컬 좌표계 시스템에서 액터는 모든 변환을 15도가 바뀐 것에 상대적으로 새로운 규칙을 적용한다.

단위와 측정

단위와 비율 측정은 게임 월드에서 스타일, 컨텍스트, 연속성을 설정하는 데 도움이 된다. 기본적으로 1 언리얼 단위^{uu, Unreal Unit}는 현실 세계에서 1cm와 같다. 이것은 매우 중요하기 때문에 기억하고 있어야 하며 월드를 디자인하거나 올바른 게임 환경, 캐릭터, 이펙트와 같은 것들을 개발할 때 똑같이 적용돼야 한다. 기본 설정으로 보통의 캐릭터는 게임 월드에서 6피트로 표현되며 이것은 약 180cm 혹은 180uu로 표현된다. 이 값을 개발하고 있는 프로젝트에 맞게 바꿀 수 있지만, 기본값에 상관없이 이 값을 모든 액터의 사이즈에 대한 관계를 설정하는 기준값으로 사용할 수 있다.

만약 캐릭터가 180uu로 설정돼 있고 캐릭터가 사용할 문이 높이 220uu, 넓이 130uu라면 여유 있게 문을 통과해 캐릭터가 레벨을 돌아다닐 수 있을 것이다. 창문도 180uu 높이에 110uu 넓이 정도면 충분할 것이라고 예상할 수 있다. 다른 액터들의 크기도 상대적인 측정으로 얻어낼 수 있다. 이러한 크기의 상관관계는 생성된 모든 액터에 걸쳐 연속성을 유지하고 게임플레이를 위한 레벨 디자인이 올바르게 작동하는지 확인하는 데 도움이 된다. 액터를 만들기 이전에 크기를 미리 결정해야 할 중요한 액터들이 있는데 계단, 창문, 문, 천장, 벽, 램프가 있다. 액터를 실제로 만들기 이전에, 앞서 나열한 구조물의 크기들을 미리 결정해 놓으면 이후 게임 개발 중간에 다시 구조물을 만들어야 하거나 크기 오류와 같은 문제들을 방지할 수 있다.[1]

이러한 레벨 디자인 지침들은 레벨을 만들 때 도움이 되겠지만, 한편으로 반드시 따라야만 하는 것은 아니다. 그러므로 창의적으로 레벨을 만들어보길 바란다. 크기 규칙과 비율들을 이해하는 것은 흥미로운 분위기나 스토리를 만들어내기 위해 이러한 규칙들을 깨는 데 도움이 되기도 한다. 이러한 지침들이 연속성과 게임플레이 가능성을 어떻게 유지하는지 알 필요가 있지만, 프로젝트의 필요에 따라 창의성을 발휘해 언제든지 지침은 깨질 수 있다는 점을 명심하자.

---

1   역자가 레벨 디자이너는 아니지만, 실제 현업 레벨 디자이너들의 작업 방식을 보면 이러한 크기들을 미리 설정하고 레벨 디자인해 개발 중간에 다시 레벨을 만들어야 하는 큰 고통을 미리 예방하고 있다. – 옮긴이

격자 단위

UE4에서 액터를 격자 단위$^{Grid Unit}$로 움직일 수 있다. UE4의 격자는 특정 값의 선택 종류 또는 맵의 일부분을 의미한다. 격자를 사용하면 수치 측정을 이용해 3차원 공간에 대한 실세계 상황을 설정할 수 있게 해준다. 격자의 각 공간은 설정된 숫자 혹은 값과 같다(그림 3.3 참조). 격자는 항상 존재하며 가끔 보이지 않을 때도 있는데 스냅핑 옵션이 켜져 있는 한 UE4는 모든 움직임, 예를 들어 회전, 스케일, 이동에 격자를 사용한다.

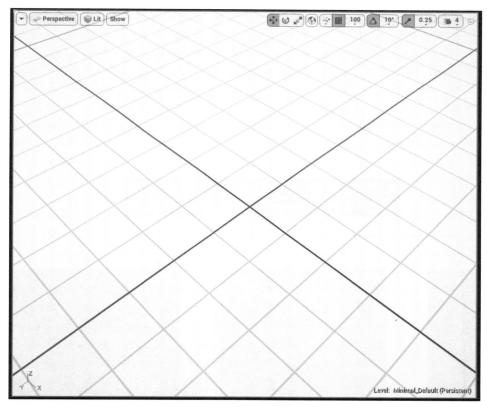

그림 3.3 UE4에서 그리드는 항상 제공되며 월드를 만들 때 필수적이다.

UE4에서 각 격자 공간의 기본 단위는 5의 배수다. 쉽게 계산할 수 있으므로 액터의 스케일을 이해하기 쉽다. 만약 여러분이 100 단위를 사용하는 격자를 사용하고 액터가 3 격자 단위로 늘어져 있다면 전체 액터는 300과 같다. 격자 단위를 바꾸려면 뷰포트의 오른쪽 상단 격자 기호 옆에 위치한 것을 클릭하면 된다(그림 3.3 참조). 현재 격자 값을 클릭하면 드롭다운 메뉴가 나타나고 사용할 수 있는 격자 단위 크기가 나타난다.

격자에 스냅핑

격자를 사용하는 것은 액터를 특정 좌표, 단위에 스냅핑할 때 중요하다. 액터를 생성할 때 게임 내 격자 시스템은 재사용할 수 있고 조립식 액터를 만들 때 매우 중요하다. 변환 스냅 종류에는 세 가지가 있으며 각각 이동^{Move}, 회전^{Rotate}, 크기 조정^{Scale}이다(그림 3.4 참조). 각 격자 시스템은 각각의 고유한 스칼라 파라미터 또는 뷰포트 화면의 상단에서 변환 타입에 따라 설정할 수 있는 스냅핑 측정 값이 있다(그림 3.4 참조).

▶ **드래그 격자**^{Drag Grid}: 이동 격자는 5의 배수를 사용하며 이전에 설명한 대로 UE4 격자 공간에 대응한다.

▶ **회전 격자**^{Rotation Grid}: 회전은 5의 배수인 도 단위로 움직인다. 보통 5, 10, 15, 30, 45, 60, 90, 120을 사용한다. 두 번째 메뉴에는 360을 도 단위로 나눈 목록을 나타낸다. 2.812로 시작해 오름차순으로 5.625, 11.25, 22.5도를 표시한다.

▶ **크기 격자**^{Scale Grid}: 절반씩 크기를 줄여나가는데 10에서 시작해 1부터 절반씩 0.5, 0.25, 0.125로 줄어든다.

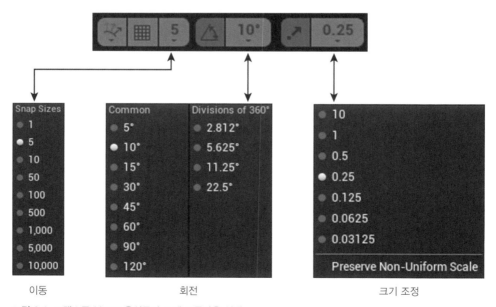

이동   회전   크기 조정

그림 3.4 트랜스폼 뷰포트 옵션들과 스냅 드롭다운 선택

연관된 기호 옆에 위치한 텍스트를 선택해 숫자 값을 바꿔서 스케일 값을 조정할 수 있다. 드롭다운 리스트는 선택된 값의 배수를 보여준다. 또한 이러한 스냅핑 기능을 켜거나 끌 수 있는데 변환 기호를 선택하면 된다. 기호는 기능이 활성화되면 오렌지색으로 하이라이트되고 비활성화되면 회색으로 표시된다. 기능이 비활성화되면 액터를 변환할 때 어떠한 제한 없이 스칼라 값을 적용할 수 있다.

노트

스냅 설정 사용자 정의

Preferences ➤ Level Editor를 선택해 추가적인 스냅 도구를 활성화함으로써 스냅 섹션(Snap section)에서 적절한 설정 값들을 설정할 수 있다.

씬 구성하기

프로젝트 작업을 할 때, 액터의 개수는 상당히 짧은 시간에 증가한다. 그러므로 혼자 작업하거나 팀 작업을 할 때, 씬 구성은 프로젝트의 구조와 액터의 계층을 이해하는 데 핵심이다. 또한 씬 혹은 레벨에서 원하는 액터를 쉽고 편리하게 찾는 데 필수적이다. 다음 절에서 UE4가 프로젝트를 만들어나가며 씬 구성을 유지하는 데 어떻게 도움을 주는지 알아볼 것이다.

월드 아웃라이너

액터를 관리하기 위한 주요한 UE4 도구는 월드 아웃라이너World Outliner다. 월드 아웃라이너를 통해 씬에 관련된 모든 것들을 읽기 쉬운 메뉴를 통해 관리할 수 있다(그림 3.5 참조). 기본적으로 프로젝트를 열고 나면 오른쪽 상단에 월드 아웃라이너가 배치돼 있고 Window ➤ World Outliner 메뉴를 선택해 월드 아웃라이너를 열 수도 있다. 월드 아웃라이너에 있는 각 액터들은 이름 혹은 라벨을 가지고 있다. 기본적으로 액터가 생성될 때 이름을 가질 수 있고 씬에 배치된 이후에 이름을 수정할 수 있다. 추가로 액터의 옆에 아이콘이 표시돼 액터의 타입을 쉽게 알아볼 수 있다.

월드 아웃라이너

그림 3.5 기본적으로 월드 아웃라이너는 화면의 오른쪽 상단에 위치해 있다.

월드 아웃라이너에서 가장 중요한 기능 중 하나는 씬에 배치된 액터를 찾는 것이다. 씬에 배치된 모든 액터는 아웃 라이너에서 목록화되며 패널의 상단에 있는 검색 바로 검색할 수 있다. 이 검색 바를 이용해 씬 안에 있는 특정 타입의 액터를 찾을 수 있고 특정 단어를 제외해 검색할 수도 있다. 예를 들어 두 개의 지역을 만들고 있으며 각 지역의 이름을 area1_ground, area2_ground라 했다고 가정하자. 그리고 ground라는 이름을 가진 액터를 찾고 싶을 때 area1이라는 글자가 들어간 것은 제외하고 싶다. 이럴 때 검색 바에서 ground -area1이라고 입력하면 된다. 이 결과로 ground라는 이름을 포함한 모든 액터들은 검색되지만 area1이라는 글자가 포함된 것은 제외된다.

폴더

월드 아웃라이너는 컴퓨터에 있는 파일 브라우저(탐색기)와 같은 방식으로 액터를 구성한다. 폴더 안에 파일 그룹과 개별적인 파일들이 있고 폴더는 내부적으로 다른 폴더를 가질 수 있다. 이 시스템은 대다수의 디지털 구조화 시스템에서 사용돼 일관성, 사용 편의성을 제공한다. 이 시스템을 사용하면 쉽게 폴더들을 관리할 수 있는데 월드 아웃라이너의 오른쪽 상단을 보면 작은 폴더 아이콘 위에 + 기호가 그려져 있는 것을 볼 수 있다. 이것을 클릭해 새로운 월드 아웃라이너 내부에 새로운 폴더를 추가할 수 있다.

직접 해보기 ▼

새로운 폴더 생성과 액터 이동

여기서는 새로운 폴더를 만들어보고 액터들을 이동하는 것을 연습해볼 것이다. 언리얼 에디터가 열린 상태에서 다음 단계들을 따라 해보자.

1. 월드 아웃라이너 패널로 간다.

2. 오른쪽 상단에 있는 **Create a New Folder**(새로운 폴더 생성) 옵션을 선택한다.

3. 새로운 폴더의 이름을 설정한다.

4. 뷰포트로 간 후 레벨에 배치돼 있는 액터 하나를 선택하면 해당 액터가 월드 아웃라이너에서 하이라이트된다.

5. 월드 아웃라이너로 되돌아가 해당 액터를 조금 전에 생성한 폴더에 이동시킨다.

노트

새로운 폴더 생성하기

월드 아웃라이너에서 이미 액터가 선택된 상태라면, 새로운 폴더를 만들 때 자동으로 액터가 새로운 폴더로 이동하게 된다.

그림 3.6에서 볼 수 있듯이 월드 아웃라이너에서 각 폴더는 눈 모양의 기호 아이콘을 가지고 있다. 이것을 선택하면 씬에서 액터를 표시/비표시할 수 있다. 이것은 씬 작업을 할 때 특정 그룹의 액터 또는 액터를 숨길 때 유용하게 사용된다. 예를 들어 모든 액터를 선택해서 이동하려고 할 때 씬에 있는 다른 액터들, 예를 들어 라이트를 선택하고 싶지 않다면 모든 라이트를 숨김 처리한 후 나머지 액터들을 선택하고 이동해 실수로 다른 라이트 액터를 움직이지 않도록 할 수 있다.

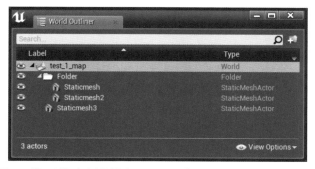

그림 3.6 월드 아웃라이너와 폴더. Staticmesh와 Staticmesh2는 폴더 안에 들어가 있지만 Staticmesh3는 폴더 외부에 배치돼 있다. 이것을 눈여겨보자.

그룹화

그룹화grouping는 씬을 쉽고 빠르게 조직화하는 방법이기도 하다. 그룹화는 폴더를 사용하는 방식과 유사한데 아웃 라이너에 개별적으로 배치된 액터를 동시에 선택할 수 있다. 그룹화 방식은 우선 액터를 하나 선택하고 Ctrl 키를 누른 상태에서 그룹화를 원하는 액터를 선택한다. 그리고 마우스 오른쪽 버튼을 눌러 컨텍스트 메뉴에서 Group을 선택하거나 단축키 Ctrl + G 키를 누르면 된다.

그룹화된 액터 집합은 이동, 크기, 회전을 동시에 할 수 있다. 그룹을 이동, 크기, 회전 변환할 때 알아둬야 할 점은 액터 그룹의 중심을 기준으로 액션이 수행된다는 점이다. 그룹화돼 있는 액터들의 거리가 서로 먼 경우에 변환의 중심이 어디를 기준으로 수행될 것인지 미리 생각해두자.

노트

액터 그룹화

액터는 오직 하나의 그룹에만 속할 수 있다. 즉 액터는 여러 그룹에 속할 수 없다는 뜻이다.

그룹이 설정되는 방식을 바꿀 수 있는 몇 안 되는 옵션이 있다. 각 그룹은 잠금/비잠금 처리할 수 있는데 기본적으로 모든 그룹은 잠겨Locked 있다. 잠겨 있다는 의미는 그룹 내 모든 오브젝트의 변환이 하나의 단위로 처리된다는 뜻이다. 그룹 내 각 부분을 조정하려면 그룹 위에서 마우스 오른쪽 버튼을 눌러 컨텍스트 메뉴를 띄운 후 Groups ➤ Unlock을 선택한다. 그룹이 열려 있으면Unlocked 그룹 내 액터들을 개별적으로 조정할 수 있다. 변경을 모두 완료하면 그룹을 다시 잠그기 위해 마우스 오른쪽 버튼을 눌러 Lock Group을 선택한다. 그룹을 잠그고 나면 다시 원래대로 모든 액터들이 하나의 그룹으로 인식돼 변환 처리된다.

레이어

프로젝트를 유지하기 위한 또 다른 방법이 있는데 바로 레이어 시스템layer system이다. UE4에서 레이어 시스템은 3D 모델 저작 도구인 마야나 맥스에서 사용하는 방법과 비슷하다. 레이어 패널을 사용하려면 간단히 메인 메뉴에서 Window ➤ Layers를 선택한다. 이 패널에서 그룹화된 씬 내의 일부분을 레이어로 만들고 켜거나 끌 수 있다. 레이어 패널에서 마우스 오른쪽 버튼을 누르면 사용 가능한 모든 옵션을 볼 수 있다. 예를 들어 New Layer(새로운 레이어 생성)와 같은 것들을 볼 수 있다(그림 3.7 참조).

씬 안에 있는 액터를 레이어에 추가하는 다양한 방법들이 있다. 한 가지 방법은 월드 아웃라이너에서 액터의 이름을 클릭한 후 드래그해 레이어 패널에 있는 추가하고자 하는 레이어에 드롭해 추가하는 것이다. 또 다른 방법은 추가하고자 하는 모든 액터를 선택한 후 레이어 패널에서 마우스 오른쪽 버튼을 눌러 컨텍스트 메뉴에 있는 Actors to Layer를 선택하는 것이다. 레이어에 이미 추가돼 있는 액터를 삭제하려면 해당 액터에서 마우스 오른쪽 버튼을 눌러 컨텍스트 메뉴에서 Remove Selected Actors를 선택하면 된다.

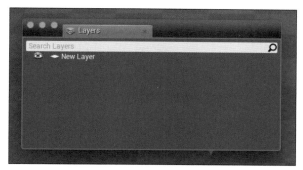

그림 3.7 레이어 패널

레이어에 있는 모든 액터들을 선택하려면 레이어에서 마우스 오른쪽 버튼을 누르고 컨텍스트 메뉴에서 Select Actors를 선택하면 된다. 이것은 씬 내 액터들을 관리하는 것과 비슷한 방법으로 모든 액터들을 한 번에 선택하기 위한 강력한 방법이다. 예를 들어 레이어를 사용해 씬에 있는 모든 라이트를 하나의 레이어에 넣고, 모든 스태틱 메시를 다른 레이어에 넣어 놓는다. 그리고 모든 포스트 프로세싱 이펙트나 파티클들을 하나의 레이어에 넣어 놓을 수 있다. 이제 월드 아웃라이너에서 액터들을 제어하듯이 레이어 패널에서 레이어 이름 옆에 있는 눈 아이콘을 선택해 레이어를 켜거나 끌 수 있다.

노트

그룹과 레이어의 차이점

그룹과 레이어에는 몇 가지 차이점이 존재하는데 그중 가장 큰 차이점은 하나의 액터를 여러 레이어에 넣어 둘 수 있다는 점이다. 반면에 그룹의 경우 하나의 액터는 반드시 하나의 그룹에만 속할 수 있다. 이러한 차이점은 액터 선택/비선택에 대한 유연성을 극대화할 수 있다.

붙이기

붙이기attaching를 사용해 액터를 다른 액터에 붙임으로써 부모-자식 관계를 만들 수 있다. 두 액터가 붙게 되면(그림 3.8 참조) 하나는 부모가 되고 나머지 하나는 자식이 된다. 자식 액터의 트랜스폼(변환)은 부모에 상대적으로 동작한다. 이 의미는 부모가 이동, 크기 조정, 회전할 때 자식 역시 그 영향을 받는다는 것이다. 반면에 자식의 변환은 부모에게 영향을 주지 않는다. 부모는 하나 이상의 자식을 가질 수 있고 자식은 오직 하나의 부모만 가질 수 있다. 액터를 다른 액터에 붙이는 방법은 자식이 될 액터를 월드 아웃라이너에서 선택한 후 부모가 될 액터에 드래그 앤 드롭해 자식으로 만들 수 있다. 부모에서 떼어내려면 월드 아웃라이너에서 자식을 선택한 후 드래그해 부모의 이름에 드롭한다.

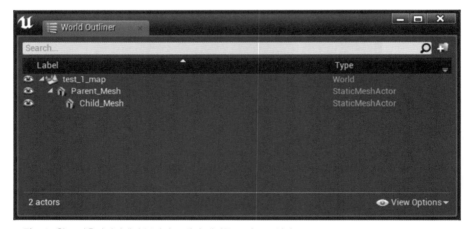

그림 3.8   월드 아웃라이너에서 붙여진 스태틱 메시를 보여주고 있다.

액터를 위한 위치, 회전, 크기 변환은 기본적으로 상대적으로 설정돼 있으며 자식은 부모의 변환에 영향받는다. 이러한 위치, 회전, 크기를 각각 개별적으로 설정할 수 있는데, 예를 들어 어떤 자식 액터는 부모의 위치에는 상대적으로 움직이지만 회전이나 크기는 부모의 영향을 받고 싶지 않은 경우 위치는 상대적Relative으로 설정하고 회전이나 크기는 월드World로 설정할 수 있다. 변환 타입을 설정하려면 액터를 선택한 후 디테일 패널의 Transform 아래에 있는 Location, Rotation, Scale 옆의 삼각형 아이콘을 선택해서 변환 타입을 설정할 수 있다(그림 3.9 참조).

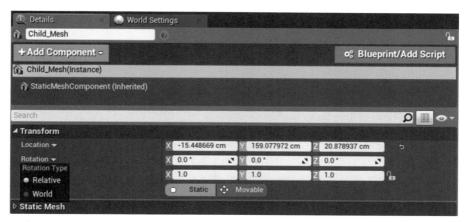

그림 3.9 디테일 패널에서 회전 타입을 보여주고 있다.

요약

이번 시간에 씬 내 액터들의 상태들을 변경하기 위한 변환 도구들을 사용하는 방법을 알아봤다. 작업하고 있는 프로젝트를 위해 변경해야 할 설정들과 UE4에서 액터들을 조작하고 측정할 때 사용되는 그리드 시스템, 스냅을 알아봤다. 마지막으로 액터들을 효과적으로 관리하고 조직화하기 위해 레이어와 그룹들을 어떻게 사용하는지 알아봤다. 이러한 도구들을 사용함으로써 UE4의 좌표계, 변환, 유닛, 구조화에 친숙해졌을 것이다.

질문 및 답변

질문. 예전 UDK에서 사용됐던 오래된 언리얼 측정 시스템인 2, 4, 8, 16, 32, 64와 같은 것들을 사용할 수 있는가?

답변. 사용할 수 있다. 메인 메뉴에서 Edit ➤ Editor Preferences ➤ Grid Snapping을 선택하고 Use Power of Two Snap Size를 사용하도록 체크하면 된다.

질문. 이미 이동한 액터를 그리드에 맞게 이동하려면 어떻게 해야 하는가?

답변. 액터에서 마우스 오른쪽 버튼을 누른 후 컨텍스트 메뉴에서 Transform ➤ Snap/Align ➤ Snap Origin to Grid를 선택한다.

질문. 월드 아웃라이너에서 찾은 액터를 씬에서 찾으려면 어떻게 해야 하는가?

답변. 월드 아웃라이너에서 액터를 선택한 상태에서 메인 씬^{Main Scene} 패널로 간 후 키보드 F 키를 누르면 해당 액터로 포커싱된다.

질문. 그룹에 하나의 액터만 있으면 어떤 일이 벌어지는가?

답변. 그룹은 사라지며 자동으로 하나의 액터로 분리된다.

연구

이번 시간을 끝냈으니 다음 질문에 답해보자.

퀴즈

1. 변환 도구 세 가지는 무엇인가?
2. 언리얼의 1uu는 실세계의 수치로 얼마나 되는가?
3. 그리드 뷰^{grid view}를 껐을 때, 액터는 여전히 격자 단위로 움직이는가?
4. 이미 존재하는 레이어에 새로운 라이트를 추가할 수 있는가?
5. 그룹 내에서 이미 선택돼 있는 액터를 그룹에서 삭제할 수 있는가?

해답

1. Move^{이동}, Rotate^{회전}, Scale^{크기}이 변환 도구의 세 가지다.

2. 1uu는 1cm와 같다.

3. 그렇다. 그리드가 꺼져 있다고 하더라도 액터는 여전히 그리드에 스냅핑된다.

4. 그렇다. 새로운 라이트를 레이어에 추가할 수 있다. 액터를 먼저 선택한 상태에서 마우스 오른쪽 버튼을 누른 후 Add to Layer를 선택하면 된다.

5. 그렇다. 그룹에서 마우스 오른쪽 버튼을 누른 후 Unlock을 선택한다. 그리고 삭제하고자 하는 액터를 그룹 내에서 선택한 후 액터를 삭제한다. 마지막으로 그룹을 다시 잠근다.

연습

이번 실습을 위해 에디터를 열고 액터의 스칼라 파라미터를 제어해 몇 가지 변화를 시도해보자. 그리고 액터를 다양한 레이어에 할당해 가시성을 어떻게 제어하는지 알아본다. 이러한 과정을 통해 에디터 내 액터의 모든 변환을 어떻게 제어하는지 알게 될 것이다. 또한 그룹과 레이어를 사용해 액터들을 정리하고 프로젝트를 일관된 모습으로 구조화하는 것은 매우 중요하다.

1. 액터를 레벨에 가져온다.

2. X축으로 15만큼 크게 한다.

3. 오른쪽으로 25도 회전한다.

4. Y축으로 12uu 단위만큼 이동한다.

5. Z축으로 액터를 140uu 단위만큼 이동한다.

6. 두 번째 액터를 레벨에 가져온다.

7. 두 액터를 그룹화한다.

8. 그룹을 언락하고 두 번째 액터를 선택한 후 삭제한다.

9. 남아있는 액터를 새로운 레이어로 이동한다.

10. 새로운 레이어의 이름을 Newtestlayer로 설정한다.

HOUR 4
스태틱 메시 액터 작업하기

이번 시간에 배우는 것들

▶ 스태틱 메시 에디터(Static Mesh Editor)와 친숙해지기

▶ 3D 모델 가져오기

▶ 머티리얼 및 콜리전 헐(collision hull)을 스태틱 메시 애셋에 적용하기

▶ 스태틱 메시 액터 배치

▶ 스태틱 메시 액터의 메시 및 머티리얼 참조 바꾸기

▶ 스태틱 메시 액터의 충돌 반응(collision response) 설정하기

스태틱 메시Static Mesh는 언리얼 엔진 4에서 볼 수 있는 가장 흔한 아트 애셋 및 액터 타입이다. 스태틱 메시는 3DS 맥스3DS Max나 마야Maya와 같은 프로그램에서 제작된 3D 모델이다. 이것은 월드를 제작할 때 기본적으로 사용되는 애셋이며 레벨을 만들 때 항상 필요로 한다. 이번 시간에는 3D 모델을 가져오는 방법과 스태틱 메시 에디터의 사용법, 콜리전 헐의 수정, 스태틱 메시 애셋, 액터를 다룰 때 가장 중요하게 알아야 할 핵심 요소들을 배울 것이며 마지막으로는 머티리얼을 적용하는 방법을 배울 것이다.

노트

Hour 4 설정

3인칭 템플릿과 스터터 콘텐츠를 이용해 새로운 프로젝트를 만든다.

스태틱 메시 애셋

스태틱 메시 애셋Static Mesh assets은 피벗 포인트pivot point를 로컬 좌표계로 가지고 있다. 또한 정점(버텍스Vertex), 변(에지Edge), 모델의 외관을 정의하는 폴리곤을 가지고 있으며 레벨 오브 디테일LOD, Level of Detail도 가지고 있다. 스태틱 메시 애셋은 또한 콜리전 헐, 소켓, 머

티리얼을 위한 UV들, 텍스처, 라이트 맵도 가지고 있다. 스태틱 메시 애셋을 다루면서 이러한 요소들에 대해 친숙해질 것이며 이러한 요소들은 이후에 더 자세히 알아볼 것이다.

노트

LOD

LOD는 간단히 말해 단계별로 메시의 해상도를 다르게 표현하는 방법이다. 카메라로부터 먼 거리에 있는 메시는 모델을 표현하기 위해 더 적은 폴리곤을 필요로 한다. 이것은 게임플레이를 할 때 렌더링 프레임 레이트를 높게 유지할 수 있게 해주는 효율적인 기법이다.

스태틱 메시 에디터

스태틱 메시 에디터Static Mesh Editor는 콘텐츠 브라우저에 있는 스태틱 메시 애셋을 수정하고 기본적인 속성들을 설정할 수 있게 해준다. 스태틱 메시 에디터는 메뉴 바, 화면에 보일 요소들의 표시를 켜거나 끌 수 있게 하는 툴바, 메시의 모습을 확인할 수 있는 뷰포트 윈도우, 메시의 속성들을 수정할 수 있는 디테일 패널, 소켓Socket을 추가하거나 수정할 수 있는 소켓 매니저Socket Manager, 콜리전 헐을 만들 수 있는 컨벡스 디컴포지션 헐Convex Decomposition Hull 패널로 이뤄져 있다(그림 4.1 참조).

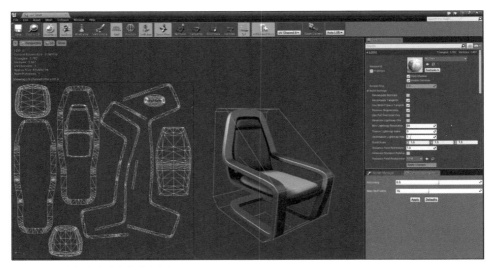

그림 4.1 스태틱 메시 에디터 인터페이스

스태틱 메시 에디터 윈도우 열기

스태틱 메시 에디터에서 스태틱 메시를 보려면 콘텐츠 브라우저에서 스태틱 메시 애셋을 더블 클릭한다. 그러면 스태틱 메시 에디터가 새로운 윈도우에서 열린다. 스태틱 메시 애셋을 더블 클릭해서 열면 스태틱 메시 에디터 윈도우가 각각 새롭게 열린다.

직접 해보기 ▼

스태틱 메시 에디터를 사용해 스태틱 메시 애셋 보기

스태틱 메시 에디터를 사용해 스태틱 메시 애셋을 보는 방법은 다음과 같다.

1. 런처에서 첫 번째 시간에 만든 프로젝트 'Introducing Unreal Engine 4'를 연다.

2. 콘텐츠 브라우저에서 StarterContent 폴더로 간다. 만약 첫 번째 시간에 스타터 콘텐츠를 추가하지 않았다면 초록색 **Add New** 버튼을 선택한 후 **Add New Feature or Content Pack**을 선택한다. 팝업 윈도우에서 **Content Pack** 탭을 선택하면 스타터 콘텐츠가 하이라이트된다. 이어서 **Add to Project**를 선택한다.

3. StarterContent 폴더에서 Props 폴더로 가자(그림 4.2 참조).

그림 4.2 콘텐츠 브라우저에서 스태틱 메시 애셋 찾기. 왼쪽 창은 소스 뷰고 오른쪽 창은 애셋 관리 영역(Asset Management Area)이다.

4. 애셋 관리 영역에서(콘텐츠 브라우저의 오른쪽 창) 스태틱 메시 애셋을 더블 클릭하면 스태틱 메시 에디터가 열린다.

5. 스태틱 메시 에디터 뷰포트에서 기능을 살펴보고 툴바에 있는 디스플레이 옵션을 켜거나 꺼보자.

노트

스태틱 메시 에디터 뷰포트 사용하기

스태틱 메시 에디터 뷰포트 윈도우는 메인 에디터 뷰포트와 같은 방식으로 동작한다. F 키를 누르면 메시를 포커스하고, Alt 키를 누른 채로 드래그하면 해당 메시를 중심으로 회전한다.

스태틱 메시 가져오기

에디터로 가져올 때 두 가지 파일 타입이 일반적으로 사용되는데 바로 .obj와 .fbx다. 이 파일들을 가져오기하면 많은 옵션을 제공하는 FBX Import Options 윈도우가 나타난다. 3D 모델에 대한 지식이 많지 않다면 일단 Auto Generate Collision, Import Materials, Import Textures에 집중하자. 이 세 가지 옵션은 기본적으로 선택돼 있다. 자동으로 콜리전 헐과 라이트맵 UV$^{lightmap\ UV}$를 만들면 가져오기 작업을 더 빠르게 수행할 수 있는데 이후에 스태틱 메시 에디터에서 이것들을 다시 수정할 수 있다.

▼ 직접 해보기

스태틱 메시 애셋 가져오기

지금까지 애셋을 위해 스태틱 메시 에디터를 어떻게 화면에 띄우는지 배워봤다. 다음 단계들은 스태틱 메시를 프로젝트로 가져오는 방법이다.

1. 첫 번째 시간에 만든 프로젝트를 불러온다.

2. 콘텐츠 브라우저로 간 후 스태틱 메시를 담고 있을 폴더를 선택하거나 새로 생성한다.

3. 콘텐츠 폴더의 애셋 관리 화면에서 마우스 오른쪽 버튼을 누른 후 **Import To**를 선택하거나 콘텐츠 브라우저의 상단에 위치한 내비게이션 바에서 **import**를 선택한다.

4. 파일 열기 대화 상자에서 Hour_04 모델 폴더(www.sty-ue4.com에서 이용할 수 있다.)에 있는 Archway(아치형 입구) 애셋 .obj 또는 .fbx를 선택한다. 가져온 후 애셋을 더블 클릭하거나 **Open**을 클릭한다(운영체제 파일 메뉴에서 파일을 드래그해 콘텐츠 브라우저의 애셋 뷰에 바로 복사하면 이 과정을 생략할 수 있다). 파일이 선택된 후 열리면 **FBX Import Options** 메뉴가 화면에 나타난다.

5. FBX Import Options 윈도우에서 **Auto Generate Collision**이 선택된 것을 확인하자.

그림 4.3 FBX Import Options 윈도우

6. Import를 선택한다.

7. 메시를 성공적으로 가져오면 저장하는 것을 잊지 말자. 콘텐츠 브라우저의 애셋 섬네일에서 마우스 오른쪽 버튼을 누르고 **Save**를 클릭하면 된다.

팁

피벗 포인트

메시 애셋을 가져올 때 스태틱 메시의 피벗 포인트는 모델의 로컬 축이 아닌 모델을 내보내기(Export)할 때 사용됐던 3D 프로그램의 월드에 상대적인 모델 위치로 결정된다. FBX Import Options 윈도우에서 Transform 항목 아래를 보면 피벗 포인트에 상대적인 메시의 위치, 회전, 스케일 값들을 변경할 수 있다.

UV 레이아웃 보기

모델의 표면을 올바르게 보이게 하기 위한 머티리얼을 적용하기 전에 필요한 작업이 있는데 바로 UV 맵^{UV map} 레이아웃이다. 이것은 UV 채널이라고 부르기도 한다. 모델이 3D 저작 도구에서 올바르게 만들어졌다면 최소한 하나의 UV 채널이 설정돼 있다. 스태틱 메시는 하나 이상의 UV 채널을 가질 수 있다. 일반적으로 머티리얼을 위해 하나의 UV 채널이 있고(UV Channel 0) 다른 채널은 라이트 맵 데이터(UV Channel 1)로 사용된다. 스태틱 메시의 UV 채널을 보려면 툴바에 있는 UV 버튼을 클릭해서 UV 채널을 보기 위한 옵션을 켜거나 끌 수 있다. 현재 뷰포트에 나타난 UV 채널은 툴바에 있는 드롭다운 메뉴를 클릭해 변경할 수 있다(그림 4.4 참조).

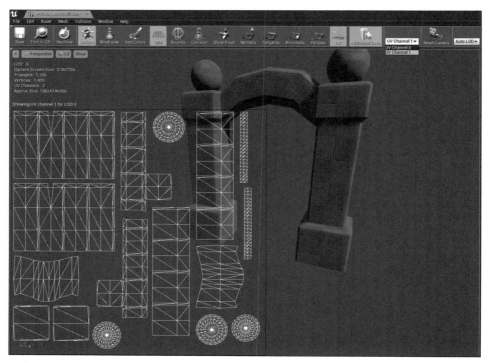

그림 4.4 메시의 UV 채널을 스태틱 메시 에디터 뷰포트에서 보여주고 있다.

노트

라이트맵 UV 채널

라이트맵 UV 채널(lightmap UV channel)은 메시의 표면에 입혀질 라이트와 섀도우 정보를 가지고 있다. 에디터는 메시를 가져올 때 자동으로 라이트맵을 위한 UV를 생성하는데 메시를 가져온 이후에 직접 스태틱 메시 에디터 디테일 패널 옵션에서 생성할 수도 있다. 기본적인 라이트맵 UV 채널은 1이다. 0번은 메시의 UV 채널로 쓰이기 때문이다. 라이트맵을 위해 어떠한 UV 채널이라도 설정해서 사용할 수 있지만, 지금은 우선 기본적인 설정을 바꾸지 말자.

스태틱 메시 애셋에 머티리얼 할당하기

스태틱 메시 애셋은 기본적으로 자주 사용하는 애셋이기 때문에 지속적으로 사용하기 쉽도록 기본 머티리얼을 설정해두는 것이 편하다. 기본 머티리얼을 설정해두면 메시를 스태틱 메시 액터로 레벨에 배치할 때 머티리얼을 다시 설정하지 않아도 된다.

스태틱 메시 애셋에 머티리얼 할당하기

스태틱 메시 애셋에 머티리얼을 할당하기 위한 단계들은 다음과 같다.

1. 스태틱 메시 에디터에서 스태틱 메시를 하나 연다.

2. **Detail** 패널을 선택하고 LOD0 바를 찾는다.

3. element 0 아래쪽의 **Material** 섬네일 오른쪽에 있는 드롭다운 화살표를 클릭한 후 할당할 머티리얼을 선택한다. 다른 방법으로 콘텐츠 브라우저에서 머티리얼을 선택한 후 드래그해 머티리얼 섬네일에 드롭해도 된다.

4. 스태틱 메시 에디터 툴바에 있는 **Save**를 클릭해 변경 사항을 저장한다.

콜리전 헐

콜리전 헐collision hull은 메시를 감싸고 있는 간단한 도형이며 충돌을 체크하는 데 사용된다. 충돌 이벤트collision event는 두 액터의 콜리전 헐이 부딪히거나 닿거나 겹치면 발생한다. 3D 모델을 가져올 때 에디터는 콜리전 헐을 간단한 형태로 자동으로 생성한다.

콜리전 헐 보기

스태틱 메시 에디터에서 콜리전 헐을 보려면 스태틱 메시 에디터 툴바에 있는 Collision 아이콘을 클릭하면 된다(그림 4.5 참조).

그림 4.5　스태틱 메시 에디터 툴바에서 활성화된 콜리전 아이콘을 보여주고 있다.

콜리전 헐의 변을 클릭한 후 이동, 확대, 축소, 회전시킬 수 있다. 키보드의 스페이스바를 누르면 트랜스폼 기즈모transform gizmos를 변경할 수 있다(그림 4.6 참조). Delete 키를 누르면 콜리전 헐을 삭제한다.

| 이동 변환 기즈모 | 크기 조정 변환 기즈모 | 회전 변환 기즈모 |

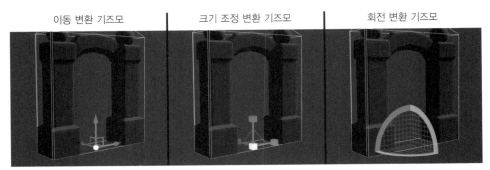

그림 4.6 이동, 스케일, 회전 트랜스폼 기즈모. X축은 빨간색, Y축은 초록색, Z축은 파란색이다.

콜리전 헐 수정하기

자동으로 생성된 콜리전 헐은 작업 시간을 단축해주지만 메시의 생김새에 따라 수정이 필요한 경우도 있다. 그림 4.7을 보면 아치형 문을 모두 감싸고 있는 콜리전 헐을 볼 수 있는데 이렇게 되면 액터가 문을 통과할 수 없게 된다. 이 경우 콜리전 헐은 수정이 필요하다.

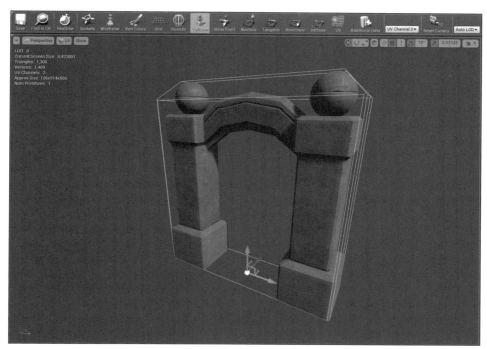

그림 4.7 자동으로 생성된 콜리전 헐의 모습

노트

콜리전 간략화하기

스태틱 메시에 하나 이상의 콜리전 헐을 추가할 수 있다. 메뉴 바에서 **Collision**을 클릭하고 **Add collision you want to add**를 선택한다. 특정 콜리전 헐을 삭제하고 싶다면 뷰포트에서 해당 콜리전 헐을 선택한 후 **Delete** 키를 누르면 된다. 모든 콜리전 헐을 삭제하고 싶다면 **Collision ➤ Remove Collision**을 선택하면 된다.

▼ 직접 해보기

콜리전 헐 작업하기

콜리전 헐 작업을 하면서 더 자세히 알아보자. Hour_04 폴더(www.sty-ue4.com에서 찾을 수 있다.)에서 찾은 Archway 애셋을 수정해보자.

1. Archway 메시를 스태틱 메시 에디터에서 열도록 한다(이전에 불러온 애셋을 사용해도 되고 이전에 만든 애셋을 복제해서 사용해도 된다. 또는 완전히 새로운 애셋을 불러와도 된다).

2. Collision ▶ Remove Collision을 선택한다.

3. Collision ▶ Add Box Simplified Collision을 선택한다(그림 4.8 참조).

4. 뷰포트에서 콜리전 헐을 선택하고 스페이스바를 눌러 이동, 스케일, 회전을 번갈아가면서 Archway를 뒤덮는 콜리전 헐을 만들어보자.

그림 4.8 스태틱 메시 에디터 메뉴 바에서 Collision ▶ Add Box Simplified Collision 선택하기

5. 3, 4단계를 반복해서 아치의 기둥도 감싸는 콜리전 헐을 만들어준다.

6. 툴바에서 **Save**를 눌러 변경 사항을 저장한다. 모든 작업이 끝나면 콜리전 모양은 그림 4.9와 같을 것이다.

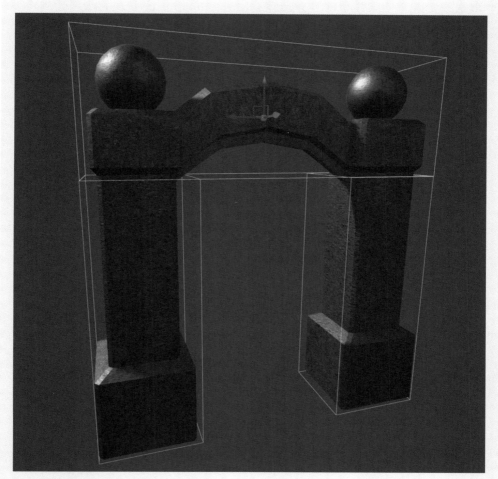

그림 4.9 수동으로 콜리전 헐을 배치한 모습

컨벡스 디컴포지션

콜리전 헐은 간략화된 버전으로 볼록 도형을 만들어주는데 스태틱 메시 에디터는 컨벡스 디컴포지션^{convex decomposition}(볼록 분해)도 지원한다. 이것은 콜리전 헐을 메시의 모양에 최대한 들어맞게 볼록한 형태로 생성해준다(그림 4.10 참조). 컨벡스 디컴포지션 패널은 Collision ➤ Auto Convex Collision을 선택하면 된다.

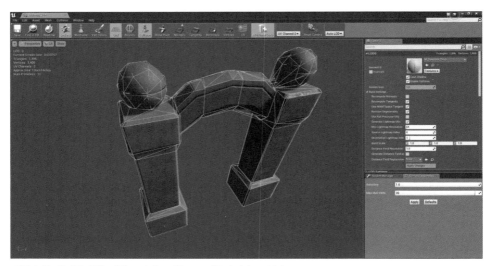

그림 4.10 콜리전 헐은 컨벡스 디컴포지션으로 만들어질 수도 있다.

폴리별 콜리전

폴리별 콜리전^{per-poly collision}을 스태틱 메시에 적용할 수도 있다. 이것은 가장 정교한 콜리전 체크를 하므로 충돌 계산에 사용되는 비용 역시 비싸다. 그러므로 특정 상황에서 정교한 충돌이 필요한 경우에만 선택적으로 사용해야 한다. 스태틱 메시 설정으로 가서 디테일 패널을 보면 Collision Complexity를 Use Complex Collision as Simple(그림 4.11 참조)로 설정한다. 이렇게 하면 에디터가 간단한 볼록 도형을 사용하지 않고 폴리별 콜리전을 사용해 복잡한 콜리전을 사용하게 해준다.

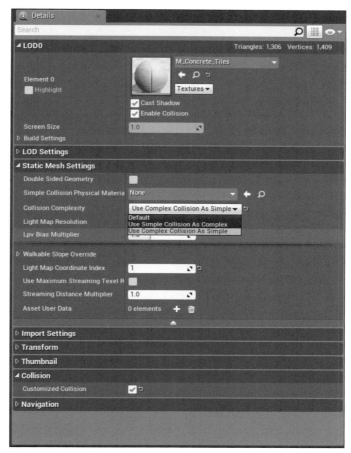

그림 4.11 폴리별 콜리전을 위한 스태틱 메시 설정

주의

폴리별 콜리전 감지

만약 모든 메시가 폴리별 콜리전을 사용할 경우 매우 많은 프로세싱 파워를 사용하게 되고 게임플레이 시 프레임 레이트가 급격하게 감소하는 원인이 될 수 있다.

스태틱 메시 액터

이제 나머지 시간은 스태틱 메시 액터^{Static Mesh Actor}에 대해 알아볼 것이다. 스태틱 메시 액터는 레벨에 배치된 스태틱 메시의 인스턴스를 말한다. 레벨에 배치된 스태틱 메시 액터들은 각각 독립적인 속성들을 가지고 있다. 스태틱 메시 애셋의 속성을 바꾸면 이것은 참조하고 있는 모든 스태틱 메시 액터들에게 영향을 미친다. 예를 들어 메시 애셋의 콜리전 헐을 삭제하게 되면 이 메시 애셋을 사용하고 있는 모든 액터가 충돌에 반응하지 않게 된다. 반면에 스태틱 메시 액터의 속성들에 대한 변경은 참조하고 있는 스태틱 메시 애셋에 영향을 미치지 않는다.

스태틱 메시 액터 레벨에 배치하기

지금까지 스태틱 메시 애셋을 가져오는 방법과 콜리전 헐을 자동 생성하는 방법에 대해 알아봤다. 이제 가져온 스태틱 메시를 레벨에 배치하는 방법을 연습해보자. 콘텐츠 브라우저에 있는 스태틱 메시를 레벨에 배치하려면(이전에 가져온 메시 혹은 배치하는 데 필요한 메시를 새로 가져와도 된다.) 콘텐츠 브라우저에서 스태틱 메시를 선택하고 드래그해 레벨 에디터 뷰포트에 드롭하면 된다.

스태틱 메시를 레벨에 드래그하고 나면 스태틱 메시 애셋을 참조하고 있는 스태틱 메시 액터가 생성된다. 생성된 스태틱 메시 액터를 선택하면 외곽 실루엣이 생기며 액터 피벗 포인트에 트랜스폼 기즈모가 나타난다. 레벨 에디터 디테일 패널에서 위치, 회전, 스케일과 같은 트랜스폼 속성들을 볼 수 있다(그림 4.12 참조).

그림 4.12 메인 에디터 디테일 패널에서 스태틱 메시 액터 트랜스폼 설정들을 볼 수 있다.

팁

스태틱 메시 액터 복제하기
만약 배치된 스태틱 메시 액터를 복제하고 싶다면 Alt 키를 누른 채로 해당 액터를 이동하거나 회전하면 된다.

모빌리티 설정

디테일 패널의 트랜스폼 섹션에서 스태틱 메시 액터의 두 가지 모빌리티 설정인 Static과 Movable을 볼 수 있다. 모빌리티 설정은 엔진이 액터를 다룰 때 라이트와 섀도우(그림자)를 어떻게 계산할지 결정한다. Static은 엔진이 라이팅을 계산할 때 미리 계산된 것을 사용하고 Movable은 라이팅을 실시간으로 다루겠다고 하는 것과 같다. 만약 스태틱 메시 액터가 움직이거나 물리 계산으로 인해 움직인다면 모빌리티 설정을 Movable로 해야 한다. 스태틱 메시 액터의 모빌리티를 설정하는 방법은 간단히 트랜스폼 설정 아래에 있는 Static 또는 Movable을 선택하는 것이다.

노트

스태틱 메시: 움직일 것인가 말 것인가, 그것이 문제로다

스태틱 메시라는 용어는 약간 헷갈릴 수 있다. 여기서 스태틱(Static, 정적)이라는 의미는 상태를 의미한다. 기본적으로 스태틱 메시는 게임플레이 중간에 움직이지 않는다. 만약 메시가 움직이지 않는다면 미리 계산된 라이팅 데이터를 사용할 수 있고 속도를 잃지 않으면서 더 사실적인 표면을 표현할 수 있다.

스태틱 메시 액터의 메시 참조 변경하기

그림 4.13에서 볼 수 있듯이 스태틱 메시 액터는 레벨에 배치될 때 사용됐던 스태틱 메시 애셋을 사용한다. 이것은 간단히 변경 가능한데 콘텐츠 브라우저에서 스태틱 메시 애셋을 선택하고 드래그해 선택된 스태틱 메시 액터의 디테일 패널에 있는 스태틱 메시 애셋 참조 섬네일에 드롭하면 된다. 또는 현재 할당돼 있는 애셋 참조에 드롭다운 메뉴를 선택해 새로운 메시를 설정해도 된다. 메시 참조가 변경되면 이것이 업데이트된 것을 레벨 뷰포트에서 확인할 수 있고 스태틱 메시 액터는 월드 변환 데이터를 스스로 가지고 있으므로 새로 할당된 메시가 이러한 속성들을 그대로 사용한다.

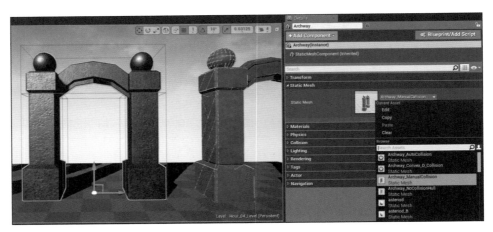

그림 4.13 스태틱 메시 액터 메시 참조

스태틱 메시 액터의 머티리얼 교체하기

스태틱 메시 액터는 최초에 메시 애셋으로부터 설정된 머티리얼 참조도 가지고 있는데 이것 역시 변경할 수 있다. 그림 4.14를 보면 메인 에디터 디테일 패널에서 현재 설정된 머티리얼을 볼 수 있다. 콘텐츠 브라우저에서 새로운 머티리얼을 드래그해 디테일 패널에 있는 머티리얼 섬네일에 드롭함으로써 머티리얼을 설정하거나 현재 설정된 머티리얼 오른쪽에 있는 드롭다운 메뉴를 선택해 새로운 머티리얼을 설정할 수 있다.

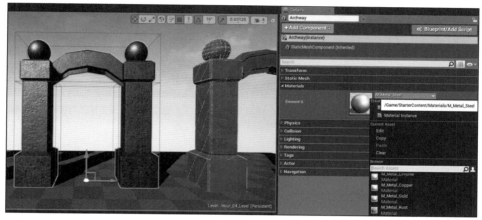

그림 4.14 스태틱 메시 액터 머티리얼 참조

스태틱 메시 액터의 콜리전 반응 수정하기

이미 우리는 스태틱 메시 애셋에 설정돼 있는 콜리전 헐을 어떻게 수정하는지 배워봤다. 이제 레벨에 배치된 스태틱 메시 액터의 콜리전 반응collision responses을 수정해보자. 스태틱 메시 액터가 선택된 상태에서 메인 에디터의 디테일 패널에 있는 콜리전 설정을 찾아보자. 현재는 콜리전 프리셋collision preset, 콜리전 반응, 오브젝트 타입만 집중해서 보자. 레벨 에디터에서 액터의 콜리전 헐을 보기 위해 Alt + C 키를 눌러 콜리전 헐을 표시/비표시할 수 있다. 그림 4.15는 레벨 뷰포트에서 콜리전 헐을 보여주고 있다.

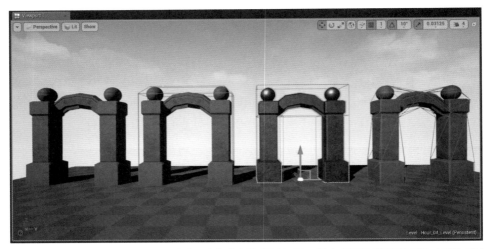

그림 4.15 레벨 에디터 뷰포트에서 네 개의 스태틱 메시 액터를 보여주고 있다. 각각의 액터들은 다른 스태틱 메시 애셋을 참조하고 있으며 각기 다른 콜리전 헐 모양을 가지고 있다.

콜리전 프리셋

메인 에디터 디테일 패널에서 콜리전 프리셋Collision Preset의 왼쪽에 있는 삼각형 아이콘을 클릭하면 더 많은 옵션을 볼 수 있다. 콜리전 프리셋을 선택하게 되면 콜리전 반응 옵션들이 회색 처리되면서 수정할 수 없게 된다. 프리셋은 액터의 타입에 따라 콜리전 반응을 위해 일반적으로 사용되는 설정들을 가지고 있다. 옵션들을 잠금 해제하려면 Custom Preset을 선택해야 한다. 그림 4.16에 콜리전 설정이 나타나 있다.

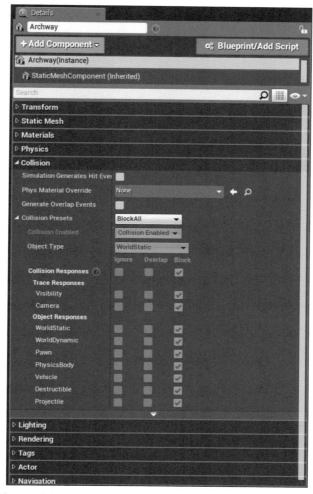

그림 4.16 메인 에디터 디테일 패널에서 볼 수 있는 스태틱 메시 액터 콜리전 설정

팁

커스텀 콜리전 프리셋

레벨 에디터 메인 메뉴에 있는 **Edit ➤ Project Settings**를 선택해서 여러분만의 콜리전 프리셋을 만들 수도 있다.
하지만 직접 처음부터 커스텀 콜리전 프리셋(custom collision presets)을 만들기보다는 커스텀 프리셋을 선택한 후
수정이 필요한 부분을 수정해서 사용하는 것이 쉽다.

콜리전 활성화

디테일 패널에서 콜리전 활성화^{Collision Enabled} 설정은 선택된 액터의 콜리전 활성화를 켜거나 끌 수 있게 해준다. 이것이 꺼져 있으면 참조로 하고 있는 스태틱 메시 애셋에 콜리전 헐이 있다고 하더라도 액터는 충돌 처리를 하지 않으며 이벤트도 처리하지 않는다.

오브젝트 타입

디테일 패널에서 오브젝트 타입^{Object Type} 설정은 해당 액터가 어떤 타입인지 말해주며 액터가 충돌됐을 때 어떻게 반응하는지 결정한다. 예를 들어 스태틱 메시 액터가 Static으로 설정되면 오브젝트 타입은 WorldStatic으로 설정해야 한다. 만약 Movable로 돼 있다면 오브젝트 타입은 WorldDynamic으로 설정돼야 한다.

노트

오브젝트 타입

충돌되는 모든 오브젝트들은 오브젝트 타입이 설정돼 있어야 한다. 오브젝트 타입은 일곱 가지며, WorldStatic, WorldDynamic, Pawn, PhysicsBody, Vehicle, Destrutible, Projectile이 있다.

콜리전 반응 플래그

디테일 패널의 콜리전 반응 섹션은 스태틱 메시 액터가 다른 액터에 어떻게 반응할 것인지 결정할 수 있게 해준다. 충돌의 상호작용을 위한 세 가지 타입들이 있다.

▶ Ignore^{무시}: 이 오브젝트 타입을 가진 액터들은 충돌을 무시한다.

▶ Overlap^{오버랩}: 메시의 콜리전 헐이 다른 액터에 겹쳐졌는지 체크한다.

▶ Block^{블록}: 메시의 콜리전 헐을 다른 액터가 뚫고 지나가지 못하게 한다.

노트

애셋에 콜리전 헐이 없다면 충돌 반응도 없다

스태틱 메시 애셋에 콜리전 헐이 없다면 스태틱 메시 애셋에 콜리전 반응 타입이 설정된다 하더라도 충돌 처리를 하지 않으므로 충돌 관련 이벤트가 발생하지 않는다.

요약

이번 시간에는 스태틱 메시와 이것에 관련된 여러 도구를 알아봤다. 3D 모델을 가져오는 방법과 스태틱 메시 에디터를 사용해 콜리전 헐을 생성하고, 레벨에 배치하고, 기본적인 콜리전 속성들을 수정하는 방법들에 대해 알아봤다. 물론 스태틱 메시에 관해 배워야 할 더 많은 부분이 남아있지만, 기본적인 사용법과 지식을 갖췄으니 이것을 기반으로 더 배워나가자.

질문 및 답변

질문. 스태틱 메시를 언리얼 엔진 4로 가져오는 방법을 배웠다. 그렇다면 스태틱 메시 내보내기도 가능한가?

답변. 가능하다. 콘텐츠 브라우저 안에 있는 메시 애셋에서 마우스 오른쪽 버튼을 누른 후 Common ▶ Asset Action을 선택하고 대화 상자가 나타나면 Export를 누르면 된다.

질문. 스태틱 메시 애셋의 피벗 포인트를 수정할 수 있는가?

답변. 수정할 수 없다. 최소한 스태틱 메시 에디터에서는 할 수 없다. 대신 모델을 만들었던 3D 프로그램에서 피벗 포인트를 수정하고 그것을 다시 가져오기하면 된다. 만약 모델의 원본 데이터가 없을 경우에는 메시를 .fbs로 내보내기^{Export}한 후 변경하면 된다.

질문. 소켓 매니저^{Socket Manager} 패널은 무엇이며 어디에 사용되는가?

답변. 소켓 매니저 패널은 부모/자식 관계를 가진 점들을 만들 수 있게 해주며 액터를 부착할 수 있게 해준다. 이 관계는 액터를 움직이거나 할 때 도움이 된다.

연구

이번 시간을 끝냈으니 다음 질문들에 답할 수 있는지 알아보자.

퀴즈

1. 참 또는 거짓: 폴리별 충돌을 사용하는 것은 항상 제일 나은 방법이다.

2. Alt 키를 누른 채로 어떤 키를 누르면 레벨 에디터 뷰포트에서 콜리전 헐을 볼 수 있는가?

3. 참 또는 거짓: 기본적으로 라이트맵 UV 레이아웃은 UV Channel 1에 저장된다.

4. 참 또는 거짓: 스태틱 메시 애셋이 콜리전 헐을 가지고 있지 않더라도 스태틱 메시 액터는 충돌 반응을 한다.

5. 참 또는 거짓: 새로운 머티리얼을 스태틱 메시 액터에 할당하면 스태틱 메시 애셋의 모든 머티리얼이 교체된다.

해답

1. 거짓: 효율을 위해 항상 간단한 형태의 충돌 도형을 사용하는 것이 좋다.

2. Alt + C 키를 누르면 레벨 뷰포트 윈도우에서 콜리전 헐을 표시/비표시할 수 있다.

3. 참: 기본적으로 UE4는 UV Channel 1을 라이트맵을 위해 사용한다.

4. 거짓: 스태틱 메시 애셋이 콜리전 헐을 가지고 있지 않다면 스태틱 메시 애셋이 충돌 반응하지 않는다.

5. 거짓: 스태틱 메시 액터에 새로운 머티리얼을 적용하는 것은 다른 액터에 영향을 주지 않는다.

연습

인터넷에서 .fbx와 .obj 파일을 찾거나 Hour_04(www.sty-ue4.com에서 찾을 수 있다.) 폴더에서 찾아 프로젝트로 가져와보자. 그 이후 콜리전 헐을 수정하거나 레벨에 배치해보자.

1. 콘텐츠 브라우저에서 Maps 폴더를 생성한다.

2. 새로운 기본 맵을 생성하고 Maps 폴더에 저장한다.

3. 콘텐츠 브라우저에서 Mesh 폴더를 생성한다.

4. .obj 파일을 가져온다.

5. .fbs 파일을 가져온다.

6. 새로운 머티리얼을 각 스태틱 메시 애셋에 할당해보자.

7. 프리셋을 사용해 콜리전 헐 속성을 변경하거나 오토 디컴포지션을 사용해보자.

8. 스태틱 메시 액터를 레벨에 하나 이상 배치해보자.

9. 각 메시들을 이동, 스케일, 회전해보자.

10. 스태틱 메시 액터에 고유의 머티리얼을 할당해보자.

11. 레벨을 Maps 폴더에 저장해보자.

HOUR 5
라이팅과 렌더링 적용하기

이번 시간에 배우는 것들

▶ 라이팅 용어 배우기

▶ 다양한 종류의 라이트 사용하기

▶ 라이트 속성 적용하기

▶ 라이팅 만들기

▶ 모빌리티 설정 사용하기

이번 시간에는 라이트 액터^{Light Actor}에 대해 배워본다. 먼저 사용 가능한 라이트 종류들을 알아보고 라이트 액터를 어떻게 레벨에 배치하는지, 속성들을 어떻게 수정하는지, 레벨에 배치된 다른 액터들에 어떤 영향을 미치는지 알아볼 것이다.

라이트는 레벨에 배치할 수 있는 간단한 액터지만 이것들이 동작하는 방식과 다른 액터들에 어떤 영향을 미치는지, 어떻게 렌더링 설정들에 적용되는지 이해하는 것은 어려울 수 있다.

> **노트**
>
> **Hour 5 설정**
> 3인칭 템플릿과 스터터 콘텐츠를 이용해 새로운 프로젝트를 만든다.

라이팅 용어 배우기

라이트 액터를 다룰 때 기본적인 개념들을 배우는 것은 옵션들을 이해하는 데 도움을 준다.

▶ 다이렉트 라이팅^{direct lighting}은 액터의 표면에 바로 닿는 라이트를 말하며 중간에 간섭이 없다. 라이트는 라이트 소스로부터 메시의 표면에 바로 다가간다. 그래서 스태틱 메시 액터는 라이트의 최대 색상 스펙트럼^{color spectrum}을 받게 된다.

▶ 인다이렉트 또는 바운스드 라이팅^{indirect or bounced lighting}은 씬에 있는 다른 액터들의 표면에 반사된 라이트를 말한다. 라이트 웨이브^{light wave}(광파)는 메시의 색상, 표면의 속성에 따라 반사되거나 흡수된다. 반사된 라이트는 지나간 표면의 색상 정보를 가지고 다음 표면에 이르기 위한 경로를 취한다. 인다이렉트 라이팅은 씬의 전체적인 라이트 강도에 영향을 준다.

▶ 스태틱 라이팅^{static Lighting}은 오브젝트와 움직이지 않는 라이트를 위해 존재한다. 예를 들어 어떠한 것이 움직이지 않는다면 라이팅과 섀도우(그림자)는 한 번만 계산돼도 되고 결과적으로 더 빠르고 높은 수준의 렌더링 퀄리티를 보장한다.

▶ 다이내믹 라이팅^{dynamic lighting}은 실시간으로 움직이는 오브젝트나 라이트를 위해 존재한다. 이러한 종류의 라이트는 매 프레임에 라이팅이 계산되고 스태틱 라이팅에 비해 보통 느리거나 품질이 낮다.

▶ 섀도우^{shadow}는 엔진이 라이트의 관점에서 메시의 외곽선을 취할 때 만들어지며 다른 액터의 바깥 표면에 투사된다. 스태틱 메시 액터와 라이트 액터 모두 선택 가능한 섀도우 속성들을 가지고 있다.

라이트 종류 이해하기

언리얼 엔진에는 네 가지 기본 라이트 액터가 존재한다. 포인트 라이트^{Point Light}, 스팟 라이트^{Spot Light}, 다이렉셔널 라이트^{Directional Light}, 스카이 라이트^{Sky Light}가 있다(그림 5.1 참조). 모든 라이트는 비슷한 속성들을 가지고 있으나 각 액터 타입에 따라 고유의 속성들도 가지고 있다.

그림 5.1 모드 패널의 라이트 섹션에서 라이트 액터들을 찾아볼 수 있다.

포인트 라이트 추가하기

포인트 라이트는 현실 세계에서 전구와 같이 라이트의 중심으로부터 모든 방향으로 같은 빛을 내보낸다. 이것은 가장 일반적인 라이트 타입이며 특히 실내에서 자주 사용된다.

직접 해보기 ▼

씬에 포인트 라이트 추가하기

다음 단계들을 따라 라이트가 없는 빈 레벨을 만들고 다양한 종류의 라이팅을 추가해보자.

1. 새로운 빈 레벨을 만든다. 완전히 검은색일 것이다.

2. 모드 패널에서 **Basic**을 선택한 후 큐브 하나를 드래그해서 레벨에 배치한다.

3. 디테일 패널에서 위치를 0,0,0으로 설정하고 스케일을 20,20,1로 설정해 바닥을 만든다.

4. 모드 패널에서 **Lights**를 선택하고 포인트 라이트를 드래그해 레벨에 배치한다.

5. 디테일 패널에서 위치 값을 400,0,200으로 설정한다.

6. 모드 패널에서 **Basic**을 선택하고 큐브를 드래그해 레벨에 배치한다. 이때 포인트 라이트로부터 그림자가 캐스팅되는 것을 볼 수 있다.

7. 디테일 패널에서 위치 값을 500,100,90으로 설정한다.

8. 라이트의 속성들을 변경해가면서 큐브가 어떻게 보이는지 레벨을 테스트해보자.

9. 레벨을 저장하고 이름은 LightStudy로 하자.

▼ 그림 5.2에서 결과 화면을 볼 수 있다.

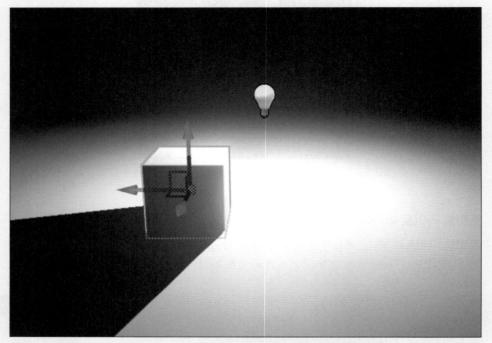

그림 5.2 포인트 라이팅

스팟 라이트 추가하기

UE4에서 스팟 라이트는 하나의 점에서 시작해 콘 모양으로 바뀌면서 특정 방향으로 빛을 발하는 라이트다. 현실 세계에서는 스팟 라이트와 같은 방식으로 동작한다. 스팟 라이트 방향은 스팟 라이트의 회전을 통해 결정할 수 있다. 스팟 라이트의 감쇠Attenuation는 라이트의 거리로 설정된다. 내부 콘Inner Cone과 외부 콘Outer Cone 각도 속성은 콘의 중심에서 빛의 영향력이 없는 변까지의 빛 강도를 표현하는 데 사용된다. 이 두 각도 값이 비슷하게 설정되면 감쇠하는 영역이 좁아지므로 선명한 윤곽의 변이 생기게 된다.

스팟 라이트 추가하기

다음 단계들을 따라 이전에 만든 레벨에 스팟 라이트를 추가해보자.

1. 이전에 만든 LightStudy 레벨을 연다.

2. 씬에서 포인트 라이트를 삭제한다.

3. 모드 패널에서 **Lights**를 선택한 후 스팟 라이트를 레벨에 드래그해 추가한다.

4. 디테일 패널에서 위치 값을 600,60,300으로 설정한다.

5. 색상을 변경해보고 더 많은 라이트를 추가해보자.

그림 5.3에서 결과 화면을 볼 수 있다.

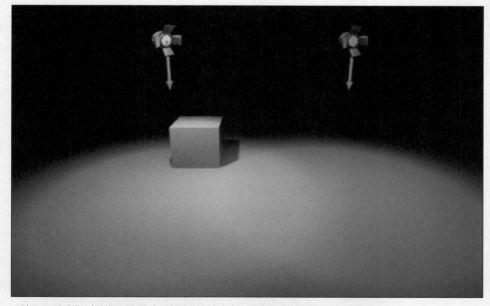

그림 5.3 빨간색, 파란색 스팟 라이트가 겹쳐서 나타나고 결과로 자주색 라이팅이 만들어졌다.

스카이 라이트 추가하기

스카이 라이트는 레벨의 먼 거리에 있는 영역(SkyDistanceThreshold보다 먼 거리에 있는 모든 것들을 위한)을 위해 존재한다. 하늘이 대기로부터 오거나 스카이박스 위에 층을 이룬 구름, 멀리 있는 산에 상관없이 라이팅이 생겨나고 반사된다. 스카이 라이트를 사용하는 것은 레벨의 전체적인 모습을 밝게 해주는 데 좋으며 그림자 색상에 영향을 줄 수 있다.

노트

포그 액터

스카이 라이트 함수의 동작 방식에 의해 씬에 스카이 라이트 효과를 주고자 애트모스페릭 포그(Atmospheric fog)나 익스포넨셜 하이트 포그(Exponential Height Fog)가 필요할 수도 있다.

▼ 직접 해보기

스카이 라이트 추가하기

다음 단계들을 따라 하늘, 스카이 라이트를 씬에 추가해보자.

1. 이전 '직접 해보기'에서 만든 레벨을 열고 다른 라이트들을 지운다.

2. 모드 패널에서 **All Classes**를 선택한 후 Sky Sphere(BP_Sky_Sphere)를 드래그해 레벨에 배치한다. 이것이 하늘이다.

3. 모드 패널에서 **Lights**를 선택한 후 Sky Light를 레벨에 배치한다. 이렇게 하면 씬이 스카이의 색상을 사용하는 것을 볼 수 있다.

4. Sky Sphere와 Sky Light의 속성들을 수정해보고 어떠한 효과가 나타나는지 플레이 테스트해보자.

그림 5.4는 '직접 해보기'의 결과 화면을 보여주고 있다.

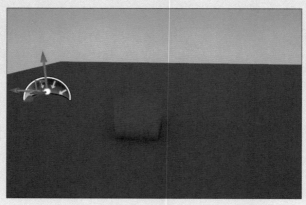

그림 5.4 스카이 라이팅

다이렉셔널 라이트 추가하기

다이렉셔널 라이트는 소스로부터 무한한 거리로 빛을 발하는 라이트를 말하며 모든 그림자는 이 라이트에 평행으로 생겨난다. 다이렉셔널 라이트는 태양광을 시뮬레이션할 때 좋은 선택이다. 다이렉셔널 라이트를 레벨에 사용할 때 위치는 중요하지 않으며, 오직 방향만이 중요하다.

직접 해보기 ▼

다이렉셔널 라이트 추가하기

다음 단계들을 따라 다이렉셔널 라이팅을 씬에 추가해보자.

1. 이전 직접 해보기에서 만든 레벨을 연다.

2. 모드 패널(Modes panel)에서 **Lights**를 선택하고 다이렉셔널 라이트를 레벨에 드래그해 배치한다.

3. Rotate(회전) 툴을 사용해 다이렉셔널 라이트의 방향을 바꾸고 어떤 효과가 나타나는지 살펴보자.

4. 하늘을 만들기 위해 **Sky Sphere**를 아웃라이너 패널(Outliner panel)에서 선택한다.

5. 디테일 패널에서 **Directional Light Actor**를 **Directional Light**로 설정한다. 이제 하늘은 다이렉셔널 라이트를 제어한다.

6. Sky Sphere와 Directional Light의 속성들을 변경하면서 어떤 효과를 만들어내는지 살펴보자.

그림 5.5는 '직접 해보기'의 결과 화면을 보여주고 있다.

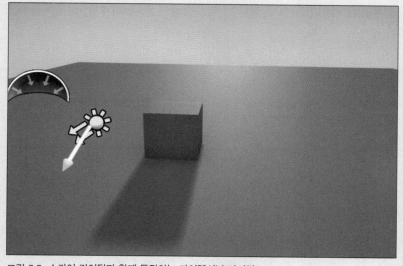

그림 5.5 스카이 라이팅과 함께 동작하는 다이렉셔널 라이팅

라이트 속성 사용하기

각 라이트의 속성 탭Properties tab은 표 5.1과 같은 다양한 속성들을 보여준다.

표 5.1 라이트 속성들

속성	설명
Intensity(강도)	라이트의 밝기를 결정하며 단위는 루멘(lumen)이다. 예를 들어 포인트 라이트와 스팟 라이트의 경우 1700루멘은 100W 전구와 같다.
Light Color(라이트 색상)	라이트의 색상을 결정한다. 색상은 더해지는데, 결과적으로 빨간색 라이트가 파란색 오브젝트를 비추게 되면 자주색으로 나타난다.
Attenuation Radius(감쇠 반경)	라이트가 최대로 다다를 수 있는 거리다. 라이트의 소스에서 반경의 끝부분에 다다르면 빛이 점차 사라진다.
Cast Shadows(그림자 드리우기)	오브젝트가 라이트에 의해 그림자를 만들어내는지 결정한다. 동적인 그림자는 프로세서의 처리 속도를 많이 필요로 한다.
Inside Cone Angle(내부 원뿔 각도)	스팟 라이트의 밝은 영역 각도를 설정한다.
Outside Cone Angle(외부 원뿔 각도)	스팟 라이트의 빛이 사라지는 영역 각도를 설정한다. 이것이 내부 원뿔 각도와 비슷하게 설정되면 스팟 라이트의 영역이 매우 날카롭게 보일 것이다.
Temperature(온도)	켈빈 색상을 기반으로 한 라이트의 색상을 설정할 수 있게 해준다. 실세계 라이트 색상과 비슷하게 매칭하려고 한다면 Use Temperature 속성을 사용할 필요가 있다.

이외에도 게임 내 라이팅을 위한 여러 가지 속성들이 있다. 하지만 이 정도면 시작하기에는 충분한 정보일 것이다.

> 주의
>
> **성능**
>
> 잘못 선택된 라이트 설정은 성능(performance)에 매우 큰 영향을 끼친다. 예를 들어 동적 라이트를 많이 사용하게 되면 심각한 수준으로 성능 저하를 일으킨다. 추가로 라이트 감쇠 반경 역시 성능에 큰 영향을 미친다. 그러므로 큰 반경을 사용하는 것은 주의를 기울일 필요가 있다.

라이팅 만들기

UE4의 라이팅 만들기 도구는 라이트매스Lightmass라고 한다. 라이트매스의 많은 설정에 대한 설명은 이 책의 범위를 벗어난다. 하지만 Window ➤ World Settings에 있는 몇 가지 설정들을 사용하는 방법들을 다루고, 모든 설정 값들은 Lightmass 아래에 있다.

UE4는 레벨에 있는 모든 라이트와 메시를 다이내믹 라이트(동적 라이트)로 그려낼 수 있는데 이것은 성능에 매우 큰 악영향을 끼친다. 만약 UE4가 라이트가 움직이지 않는다는 것을 안다면 이러한 라이트와 그림자는 미리 계산될 수 있으며 월드 내부의 모든 스태틱 액터 역시 마찬가지다. 미리 계산된 라이팅precalculated lighting은 게임플레이 중간에 더 적은 비용으로 계산할 수 있지만 더 많은 메모리를 사용한다.

UE4의 라이트 빌드 툴을 사용해 레벨 내 스태틱 메시, 라이트 액터, BSP들을 위해 미리 계산된 라이팅과 그림자 정보를 사용할 수 있다(Hour 9, '월드 만들기'에서 BSP에 대해 다루고 있다). 이러한 정보들은 이미지로 저장돼 있으며 Window ➤ World Settings ➤ Lightmass ➤ Lightmaps에서 찾아볼 수 있다.

라이트를 모두 빌드하고 나면 에디터가 모든 스태틱 라이트를 위해 미리 계산된 라이팅을 보여준다. 새로운 라이트를 추가하거나 라이트 혹은 메시를 움직이면 라이트는 다시 만들어지기 전까지 동적으로 업데이트되며 렌더링된다.

라이팅을 빌드하려면 툴바에서 Build 버튼에 있는 화살표를 클릭한다(그림 5.6 참조). 그러면 하위 메뉴가 나타나는데 여기서 Lighting Quality ➤ Preview를 선택해 결과물을 미리 볼수 있다. 레벨이 모든 준비를 끝냈다면 Lighting Quality ➤ High를 선택해 최대 품질로 더 정확한 결과물을 만들어낸다. 물론 더 많은 시간이 걸린다.

그림 5.6 빌드 버튼

스웜 에이전트

라이트를 빌드할 때 봤겠지만 스웜 에이전트Swarm Agent가 백그라운드에서 자동으로 실행된다. 스웜 에이전트는 에디터와 라이트매스의 중간에서 동작하는데 이것은 라이트를 빌드할 때 빌드 과정을 화면에 표시해준다. 레벨의 복잡성이 증가함에 따라 라이트를 만드는 데 필요한 계산량이 증가하는데 스웜 에이전트가 네트워크 너머에 있는 컴퓨터와 동작해 프로세싱 파워를 증가시켜 계산 시간을 줄일 수 있게 해준다. 작은 프로젝트, 레벨은 보통 이것이 문제가 되지 않지만 이러한 기능이 있다는 것을 알아두면 좋을 것이다.

노트

라이트 다시 만들기

그림자를 드리우는 라이트 혹은 Static으로 설정된 스태틱 메시 액터를 움직일 때마다 에디터는 라이트를 다시 빌드해야 함을 알려준다. 라이트와 오브젝트가 많아짐에 따라 라이트를 만드는 시간이 더 증가하게 되는데 라이트 작업을 할 때는 중요한 변경점이 있는 경우에만 라이트를 빌드해서 테스트하자. 라이트를 만들지 않더라도 플레이 테스트하는 데는 지장이 없기 때문이다. 물론 라이트가 만들어지지 않으면 보기에 좋지 않을 수 있다.

▼ 직접 해보기

씬을 위한 스태틱 라이팅 만들기

다음 단계들을 따라 씬을 위한 스태틱 라이트를 추가해보자.

1. 새로운 기본 레벨(Default Level)을 만든다.

2. 콘텐츠 브라우저에서 StarterContent/Shapes 폴더에 있는 Shape_Cube 스태틱 메시 애셋을 찾고 레벨의 바닥에 배치하자.

3. 메인 툴바에서 빌드 버튼 옆에 있는 화살표를 클릭해 하위 메뉴를 띄운다.

4. **Lighting Quality > Preview**를 선택한다.

5. 라이트를 만들기 위해 **Build** 아이콘을 클릭한다. 라이트가 만들어지고 나면 스태틱 메시 액터의 그림자가 화면에 나타난다.

6. 이제 미리 계산된 그림자의 품질을 바꿔보자. 우리가 기본 레벨을 만들 때 추가돼 있던 Floor 스태틱 메시 액터를 선택하고 디테일 패널에서 **Lighting** 항목 아래를 보자. 그곳에서 **Overridden Light Map Res**의 값을 1024로 설정한다.

7. 이제 다시 **Build** 아이콘을 클릭해 라이트를 만든다. 그림자의 품질이 어떻게 개선됐는지 살펴보자. 그림 5.7에서 라이트맵 해상도를 바꾼 결과물을 볼 수 있다.

그림 5.7 왼쪽은 기본 라이트맵 해상도를 가진 스태틱 라이팅, 오른쪽은 라이트맵 해상도 1024인 모습

라이트맵 해상도 조정하기

라이트맵 해상도는 액터별로 설정할 수도 있고 스태틱 메시 에디터에서 기본 라이트맵 해상도를 설정할 수도 있다. 해상도를 올리면 품질은 올라가지만, 라이트를 만들어내는 데 들어가는 시간이 증가함을 명심하자.

모빌리티

모든 라이트는 모빌리티[Mobility] 옵션을 가지고 있으며 Static, Movable, Stationary가 있다. 이러한 설정들은 UE4가 라이트를 동적인지 미리 계산돼야 하는지 라이트맵으로 구워져야[1] 하는지 결정하는 데 사용된다.

▶ 스태틱[Static] 라이트는 실시간에 변경될 수 없거나 이동할 수 없는 경우에 사용된다. 라이팅 정보는 미리 만들어져 있고 라이트맵[Lightmap]이라는 특수한 텍스처에 저장된다. 스태틱 라이트는 높은 성능을 가지고 있지만 움직이는 오브젝트와는 궁합이 맞지 않는다. 스태틱을 사용하는 근본적인 이유는 모바일 기기를 위한 성능 향상에 있다.

▶ 무버블[Movable] 라이트는 동적인 라이트와 그림자를 위해 사용된다. 그러므로 실시간에 움직일 수 있으며 회전, 색상, 밝기, 폴오프, 반경 등 모든 것들이 가능하다. 라이트맵에 아무것도 미리 계산되지 않으며, 인다이렉트 라이팅[indirect lighting](간접 광)을 표현할 수 없다. 이러한 라이트들은 보통 매우 비싸고 스태틱과 스테이셔너리 라이트와 같이 품질이 좋지 못하다. 무버블 라이트는 보통 캐릭터가 플래시 라이트를 들고 다니는 것 같은 경우에 사용하면 좋다.

▶ 스테이셔너리[Stationary] 라이트는 스태틱 라이트와 같이 움직일 수 없지만 밝기나 색상은 실시간에 변경할 수 있다. 이것은 매우 유용한데 예를 들어 라이트가 움직이진 않지만, 실시간에 켜거나 꺼지는 데 사용될 수 있다. 스테이셔너리 설정은 중간 성능을 가지고 있지만 품질은 스태틱 라이트와 마찬가지로 높다.

표 5.2에 스태틱 메시 액터를 위해 어떤 모빌리티 설정을 사용하면 좋은지 정리해 놓았다.

---

1   보통 업계에서는 라이팅을 만드는 작업에 대해 '라이트 빌드' 혹은 '굽다'라는 표현을 사용하기 때문에 이 책에서 '빌드', '굽기'라는 표현은 모두 라이팅을 만드는 것을 의미함을 알아두자. – 옮긴이

표 5.2 라이트와 메시를 위한 Static, Movable 설정들

스태틱 메시 설정	라이트 설정		
	Static	Stationary	Movable
Static	구워진 라이팅	구워진 라이팅	구워진 라이팅
Movable	동적인 그림자	동적인 그림자	동적인 그림자

레벨 내 라이트 액터의 모빌리티 설정을 바꾸려면, 라이트를 선택하고 디테일 패널의 Transform 아래에서 모빌리티 설정을 하면 된다. 기본 씬에 있는 다이렉셔널 라이트는 기본적으로 모빌리티 설정이 스테이셔너리로 돼 있다. 이전 '직접 해보기'에서 배치했던 Shape_Cube 스태틱 메시 액터의 모빌리티 설정을 Movable로 바꾸면 액터를 위한 그림자가 에디터에서 어떻게 바뀌는지 보게 될 것이다.

▼ 직접 해보기

다이내믹 섀도우 캐스팅

다음 단계들을 따라 스태틱 메시 액터의 모빌리티 설정을 바꿔 동적인 그림자를 드리우도록 해보자.

1. 이전 '직접 해보기'에서 만든 레벨을 열자.

2. Shape_Cube 스태틱 메시 액터를 선택하고 레벨 디테일 패널(Level Details panel)의 **Transform** 아래에 있는 **Mobility** 설정을 **Moveable**로 바꾼다.

요약

이번 시간에는 기본적인 라이팅 용어부터 시작해 UE4에서 제공하는 다양한 종류의 라이트에 대해 알아봤다. 각기 다른 라이트들의 목적, 배치하는 방법, 설정들을 다루는 방법에 대해 알아보고 라이트 만들기와 모빌리티 설정이 스태틱, 다이내믹 라이팅에 어떤 영향을 주는지 알아봤다. 라이팅은 UE4에서 가장 복잡하고 강력한 기능으로서 배우는 데 부담이 될 수 있다. 하지만 이후에 더 자세히 다룰 시간이 많으므로 현재로서는 기본적인 라이팅 씬을 만들 수 있다는 데 만족하자.

질문 및 답변

질문. 씬에 얼마나 많은 라이트를 추가할 수 있는가?

답변. 이것은 대답하기 어려운 질문이다. 스태틱 라이트가 많은 오브젝트들과 겹치지 않는다면 100여 개 혹은 1,000여 개를 사용할 수 있을 것이다. 다른 한편으로 적은 개수지만 먼 거리의 반경을 가진 동적 라이트(씬의 대부분을 커버하는)도 많다고 볼 수 있다. 가장 좋은 방법은 직접 시도해보고 결과를 보는 것뿐이다.

질문. 왜 내가 만든 그림자와 라이팅은 보기에 정확하지 않은가?

답변. 만약 라이트가 스태틱이라면 툴바의 Build 버튼을 통해 라이트를 다시 만들어야 할 필요가 있을 것이다.

질문. 게임 개발자들이 만든 현실 세계와 같은 씬은 어떻게 만드는가?

답변. UE4에서 제공하고 있는 예제 씬들을 모두 살펴보고 어떻게 라이트들이 설정돼 있는지 살펴보자. 아마 같은 효과를 위한 다양한 방법들이 존재함을 확인할 수 있을 것이다. 예전과 마찬가지로 게임 개발에는 '마법'이 항상 사용되고 있다.

질문. 왜 라이트맵은 라이팅 만들기 과정에서 생성되고 레벨에 포함되는가?

답변. 라이팅과 액터를 레벨에 배치하는 것은 각 레벨에 따라 다르다. 그러므로 라이팅 정보는 오직 해당 레벨에 관련돼 생성된다.

연구

이번 시간을 끝냈으니 다음 질문들에 답할 수 있는지 알아보자.

퀴즈

1. 하나의 라이트로 전체 씬을 밝히려면 어떤 타입의 라이트를 사용해야 하는가?
2. 언제 스태틱 또는 스테이셔너리 라이트를 사용할 것인가?
3. 언제 스테이셔너리 또는 무버블 라이트를 사용할 것인가?
4. 라이트매스Lightmass란?

해답

1. 스카이 라이트^{Sky Light} 또는 다이렉셔널 라이트를 사용

1. 스카이 라이트^{Sky Light} 또는 다이렉셔널 라이트를 사용

해답

1. 스카이 라이트^Sky Light^ 또는 다이렉셔널 라이트를 사용

2. 라이트가 움직이지 않는 것들을 캐스팅할 때 스태틱 또는 스테이셔너리 라이트를 사용한다.

3. 라이트 혹은 액터가 움직이는 것들을 캐스팅할 때 스테이셔너리 혹은 무버블 라이트를 사용한다.

4. 라이트매스는 UE4의 스태틱 라이팅 엔진이다. 라이트를 만들 때 사용된다.

연습

이번 연습에서는 BSP, 스태틱 메시, 다양한 종류의 라이트 타입을 배치해봄으로써 간단한 씬을 만들어보자.

1. 빈 레벨을 만든다.

2. 모드 패널에서 **BSP**를 선택하고 박스를 뷰포트로 드래그해서 가져온다.

3. 박스가 선택된 상태에서 디테일 패널로 간 후 **Brush Settings** 아래의 **X**와 **Y** 값을 1000으로 설정하자 그리고 **Z**는 20으로 설정한다. UE4는 매우 큰 플랫폼을 만들 것이다.

4. 모드 패널에서 **Basic**을 선택하고 Player Start를 플랫폼 중앙으로 가져온 후 표면의 위쪽에 배치한다.

5. 모드 패널에서 **Basic**을 선택하고 두 개의 Cube 스태틱 메시를 드래그해 플랫폼 표면 위에 배치한다.

6. 큐브 스태틱 메시 액터 하나를 선택하고 디테일 패널의 **Physics** 아래에 있는 **Simulate Physics**를 켠다.

7. Directional Light를 추가하고 회전을 0,200,45로 설정한다. 그리고 라이트 색상은 255,205,105로 한다.

8. 포인트 라이트를 씬에 추가하고 플랫폼 위쪽에 배치한다. **Intensity**는 15000으로 설정하고 라이트 색상은 255,0,255로 설정한다. 마지막으로 **Attenuation Radius**(감쇠 반경)는 250으로 설정한다.

9. 스팟 라이트를 씬에 추가하고 플랫폼의 위쪽으로 300유닛만큼 이동해 배치한다. Intensity는 30000으로 설정하고 라이트 색상은 210,255,15, 내부 원뿔 각도는 22, 외부 원뿔 각도는 24로 설정한다.

10. 모드 패널에서 Visual Effects를 선택하고 애트모스페릭 포그^{atmospheric fog}를 씬에 드래그해서 가져온다.

11. Sky Light를 추가하고 Intensity는 10, 라이트 색상은 215,60,15로 설정한다.

12. 툴바의 Build 버튼을 클릭해서 라이트를 만든다.

13. 레벨을 미리보기해 돌아다녀보고 물리^{Physics}가 적용된 큐브와 부딪혀서 라이트가 어떻게 보이는지 살펴보자.

14. 모든 라이트 액터^{Light Actor}들의 속성 값들을 조절해보자. 기억해야 할 것은 변경이 생기면 라이트를 다시 만들어줘야 한다는 점이다.

HOUR 6
머티리얼 사용하기

이번 시간에 배우는 것들

- ▶ 머티리얼의 이해와 사용 예
- ▶ 물리 기반 렌더링의 사용
- ▶ 머티리얼 에디터 사용
- ▶ 텍스처 종류와 사이즈 사용과 텍스처 가져오기
- ▶ 머티리얼 노드와 상수 이해하기
- ▶ 인스턴스 및 파라미터 사용

이번 시간에는 머티리얼이 무엇이고 UE4에서 어떻게 사용되고 있는지 배워볼 것이다. 가장 먼저 물리 기반 렌더링이 어떻게 사용되는지 이해한 후 각 머티리얼의 종류에는 어떤 것들이 있고 실시간에 어떻게 렌더링되는지 알아볼 것이다. 그 이후에 텍스처 크기, 해상도, 설정 그리고 머티리얼 설정에서 어떻게 사용되는지 알아본다. 머티리얼 에디터^{Material Editor}를 사용해 새로운 머티리얼을 생성하는 방법과 머티리얼 사용 및 인스턴스, 노드 파라미터들에 대해 배운다. 마지막으로 머티리얼 설정을 만들어볼 것이다.

> **노트**
>
> **Hour 6 설정**
> 스터터 콘텐츠를 이용해 빈 프로젝트를 생성한다.

머티리얼 이해하기

머티리얼material 또는 셰이더shader는 UE4에서 애셋의 표면을 표현하기 위한 텍스처, 벡터 그리고 다른 수학적 계산의 조합 결과물이다(그림 6.1 참조). 머티리얼은 처음 봤을 때 꽤 복잡해 보일 수 있는데 실제로는 UE4의 가장 간단한 부분이기도 하다. 플레이어의 애셋 표면을 표현하기 위해 머티리얼을 사용할 수 있고 시각적인 문맥과 스타일을 설정할 수 있다. 머티리얼은 본질적으로 UE4에서 라이트가 각 표면에 어떻게 대응해야 하는지 알기 위해 존재한다. UE4에 있는 애셋들은 분명한 목적을 가진 머티리얼들을 가진다. UE4에서 오브젝트들은 기본적으로 다양한 표준 머티리얼들이 적용돼 있는데, 예를 들어 게임 내 돌, 나무, 콘크리트 벽과 같은 것들은 특정 머티리얼들이 적용돼 고유한 물체로 보이게 한다.

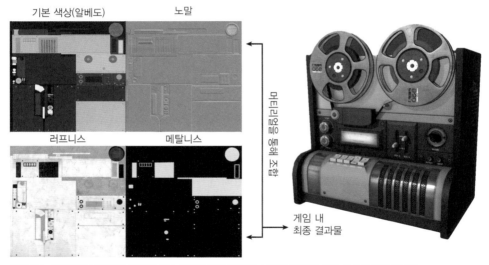

그림 6.1 머티리얼 내부에서 조합된 텍스처들은 게임 내에서 보여질 물체의 최종 모습을 만들어낸다.

물리 기반 렌더링

UE4의 머티리얼 렌더링 시스템은 실시간 렌더링을 위해 물리 기반 렌더링PBR, physics based rendering을 사용한다. PBR은 게임을 위한 텍스처 및 머티리얼을 만드는 새로운 개념인데 이전의 PBR은 라이팅의 디테일을 위해 텍스처에 모양과 표면의 볼륨을 주기 위한 처리 작업의 한 부분이었다. 문제는 애셋이 움직여 라이팅이 보기 좋은 상황을 만족하지 못할 때가 있는데 씬 내부 빛의 각도와 그림자 표현에 있어 불일치가 보인다는 점이었다. 이러한 불일치는 시각적인 환상을 깨뜨리고 게임 월드가 가짜임을 바로 눈치채게 만든다.

시간이 흘러 컴퓨터의 처리 능력이 향상되고 UE4의 기술력이 좋아짐에 따라, 머티리얼 파라미터로 애셋이 라이팅과 섀도우 정보를 만들 수 있게 됐다. 결과적으로 라이팅을 빌드하거나(또는 굽는다거나) 영구적으로 텍스처에 배치될 필요가 없어졌다. 추가로 라이팅을 다시 만들 필요 없이 시간의 변화를 표현할 수 있게 됐다. 이러한 모든 것들이 모두 간단해졌고 게임 애셋을 위한 텍스처 생성 작업이 더 일관성 있게 됐다.

노트

PBR 머티리얼 시스템

PBR은 최근 게임 개발에서 주류가 된 기술이지만 영화나 텔레비전 업계에서는 3D 애니메이션과 렌더링을 위해 간간이 쓰였다. PBR은 다양한 머티리얼이 다양한 라이팅 시나리오에서 더 사실적으로 보인다. 이것은 또한 제품 개발 과정에서 텍스처와 애셋을 재사용해 각 씬들에서 더 사실적으로 보이게 해준다.

머티리얼 입력 종류들

멋진 머티리얼과 텍스처를 만들려면 머티리얼 에디터를 사용해야 한다. 다음 절에서는 머티리얼 에디터에서 가장 일반적으로 사용되는 입력들을 알아볼 것이다.

기본 색상(알베도)

기본 색상$^{base\ color}$은 알베도^{albedo} 또는 디퓨즈^{diffuse}라고 부르며 표면을 설명하기 위한 섀도우와 라이팅 디테일을 뺀 머티리얼을 말한다. 기본적으로 기본 색상 입력은 여러분이 만들 머티리얼의 기본적인 색상인 알베도 텍스처를 사용하며 여기에 섀도우와 라이팅 정보는 없어야 한다. 입력은 텍스처 입력 또는 색상을 표현하는 벡터 값이 될 수 있다.

메탈니스

메탈니스^{metalness} 머티리얼 입력은 머티리얼이 금속성인지 아닌지 설명한다. 이 입력은 머티리얼 에디터를 이해하기 위한 가장 쉬운 부분이기도 하면서 올바르게 렌더링하기 위한 중요한 입력이기도 하다. UE4가 사용하고 있는 메탈니스는 사용자 친화적이며 금속성을 가진 머티리얼을 이해하기 위한 빠른 제어를 가능하게 해준다. 이 텍스처 맵의 각 픽셀은 보통 검정 혹은 흰색으로 표현되며 약간의 회색이 있다. 검정은 머티리얼이 금속성을 가지고 있지 않은 부분이다. 예를 들어 돌, 벽돌, 나무와 같은 데 쓰이며 흰색은 금속성을 갖춘 부분에 사용된다. 예를 들어 쇠, 은, 구리와 같은 것을 표현할 때 사용한다. 보통은 머티리얼이 금속성을 가지고 있지 않은 경우 벡터 값 0으로 설정한다. 값의 범위가 간단하므로 회색grayscale 텍스처를 사용하거나 하나의 채널만 가진 텍스처로 구성한다.

노트

메탈니스와 스펙큘러 기반의 PBR

게임 내 텍스처를 만들기 위한 PBR 기반 시스템은 크게 두 가지 방법이 있다. UE4는 메탈니스 기반 시스템을 사용하는데, 다른 게임 엔진의 경우 스펙큘러 기반 시스템을 사용하는 경우도 있다. 두 시스템 모두 거의 비슷한 결과물을 얻는데 가장 큰 차이점이라면 텍스처를 만드는 방법이다.

러프니스

러프니스roughness(광택 또는 마이크로 서비스 디테일이라고 부르기도 한다.)는 PBR 시스템에서 가장 예술적인 자유도를 가진 부분이기도 하다. 이 텍스처를 러프니스(거칠기)와 표면이 만들어진 이후에 시간이 지나감에 따라 거칠어진 부분을 설명하는 데 사용할 수 있다. 러프니스는 작은 디테일을 묘사할 수 있고 광택 또는 표면이 투영하는 라이트의 크기를 설명한다. 예를 들어, 새로운 금속 머티리얼을 만들고 있다고 생각해보자. 머티리얼의 메탈니스와 알베도는 매우 간단할 것이다. 단순한 색상 혹은 노이즈를 약간만 줘도 충분하다. 반면에 러프니스는 표면에 있는 모든 작은 부분의 디테일을 설명한다(예를 들어 스크래치, 먼지, 흙, 때). 아주 드문 경우에 단일 색상 러프니스를 사용한다. 실세계에서는 표면의 마모나 변화가 없는 것을 찾기는 힘들기 때문이다. 색상 정보가 거칠기를 표현하는 데 사용되지 않으므로 회색 텍스처로 러프니스를 표현해 사이즈를 줄일 수 있다.

노말

노말normal 맵 텍스처를 위해 노말 입력 또는 세 개 값을 가진 벡터(X, Y, Z 좌표 값을 가진)를 사용할 수 있다. 노말 입력은 표면에서 라이트가 어떤 방향과 반응해야 하는지 결정할 수 있게 한다. 노말 맵은 텍스처 맵의 픽셀당 조명에 기반을 둬 라이트를 속이고 높은 수준의 표면과 모양을 만들어낸다. 노말 입력은 다른 3D 저작 도구에서 사용하는 범프 맵과 비슷하며 만드는 데 약간의 차이만 있을 뿐이다.

처음에 노말 입력을 이해하는 것은 어려울 수 있지만, 노말 입력을 색상 채널로 나눠서 처리 과정을 이해하면 더 쉽게 이해할 수 있다. 텍스처 맵의 각 채널(빨강, 초록, 파랑)은 색상당 표면의 방향을 표현한다. 빨강Red 채널은 X축이며 표면에 부딪히는 라이트의 왼쪽, 오른쪽을 표현한다. 초록Green은 Y축이며 방향의 위, 아래를 표현한다. 마지막으로 파랑Blue은 Z축이며 방향의 앞, 뒤를 표현한다(그림 6.2 참조).

노트

초록 채널

초록 채널(green channel)은 사용하고 있는 3D 프로그램의 종류에 따라 바뀔 수 있다. 마야는 그대로 사용하지만, 맥스(Max)나 UE4는 뒤집기(flip) 가능하다. UE4에서 초록 채널을 뒤집으려면 콘텐츠 브라우저에서 텍스처를 열고 **Flip Green Channel** 옵션을 선택하면 된다.

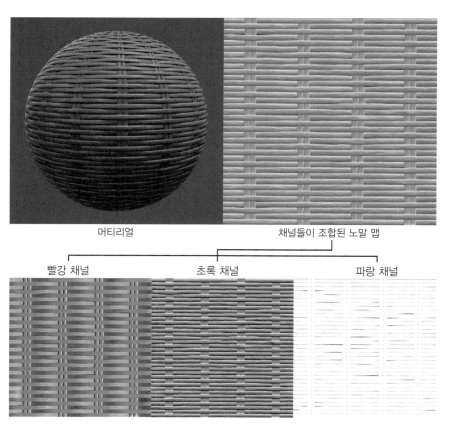

머티리얼   채널들이 조합된 노말 맵

빨강 채널   초록 채널   파랑 채널

그림 6.2 노말 맵의 각 채널은 방향을 가지고 있으며 이 방향 값들은 UE4에서 표면의 볼륨, 모양을 결정하는 데 사용된다.

평평한 폴리곤을 라이트가 비추고 있다고 상상해보자. 라이트가 표면에 부딪히면 폴리곤은 이것에 반응해 평평한 표면으로 보일 것이다. 라이트가 부딪친 표면이 평평하므로 반응하는 방향도 모두 하나의 방향으로 결정될 것이기 때문이다. 이제 벽돌 표면을 만든다고 생각해보자. 벽돌을 위한 수천 개의 폴리곤으로 이뤄진 모델이 없어도 노말 맵을 사용해 벽돌의 디테일을 흉내 낼 수 있다. 노말 맵이 사용되면 라이트가 특정 표면의 머티리얼에 부딪혔을 때 맵 안의 픽셀마다 반응해 처리된다. 라이트가 표면에 부딪히면 노말 맵의 모습에 따라 디테일이 살아나지만 실제로 폴리곤은 없는 것이 된다.

텍스처 생성하기

텍스처는 UE4에서 머티리얼과 애셋에 색상과 외형을 설정하는 방법이다. 다음 절에서 어떻게 텍스처를 만들고 사용하는지 알아보자.

텍스처 사이즈

텍스처 사이즈는 제작 공정에서 중요한 부분이다. 텍스처를 생성할 때 텍스처 사이즈를 고려하지 않으면 텍스처가 비틀어지거나 왜곡돼 화면에 제대로 렌더링되지 않거나 아예 가져오기 불가능할 수도 있다. 최근에 출시되는 게임들의 경우 일반적인 텍스처 사이즈 해상도 패턴 집합을 가지고 있다.

2의 거듭제곱

UE4에서 텍스처가 어떻게 렌더링되는지 이해하는 것이 텍스처 사이즈를 결정하는 데 핵심 포인트다. UE4가 실시간으로 텍스처 사이즈를 처리할 때 모든 텍스처는 플레이어의 카메라 뷰 거리로 렌더링된다. 즉 애셋을 가깝게 바라보고 있다면, 오브젝트에서 사용하고 있는 텍스처의 해상도가 처음에 텍스처를 만들거나 불러올 때와 비슷한 크기로 보일 것이다. 플레이어가 오브젝트로부터 먼 거리에 있으면 텍스처가 더 작게 그려질 것이고 디테일이 사라져 텍스처의 색상, 모양이 중요하지 않게 될 것이다. 그 결과 UE4는 텍스처 사이즈를 거리에 따라 줄이게 된다. 이 처리 과정을 밉핑mipping 또는 밉 매핑mip mapping이라고 한다(그림 6.3).

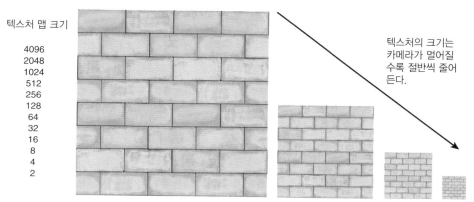

텍스처 맵 크기

4096
2048
1024
512
256
128
64
32
16
8
4
2

텍스처의 크기는 카메라가 멀어질 수록 절반씩 줄어든다.

그림 6.3 텍스처 사이즈는 UE4에서 메모리를 아끼기 위해 텍스처 리사이징을 어떻게 하느냐에 직접적으로 관련돼 있다.

이제 UE4가 어떻게 텍스처를 사용하고 렌더링하는지 이해했다. 이제 종횡비aspect ratio 또는 비율에 대해 알아보자. 텍스처 사이즈는 256픽셀로 시작해 두 배씩 커진다(512, 1024, 2048, 가끔 4096을 쓰는 경우도 있다). 이러한 곱은 매우 중요한데 두 배씩 커지는 것이 UE4에서 사용하기 편하기 때문이다. 텍스처 사이즈는 필요에 따라 128, 64, 32, 16, 8, 4 심지어 2픽셀로도 줄어들 수 있다. 텍스처는 다양한 크기로 높이와 넓이를 가질 수 있는데 반드시 앞서 설명했던 사이즈대로 크기가 결정돼야 한다. 예를 들어 가장 일반적으로 사용되는 텍스처 사이즈는 512×512 또는 1024×1024인데, 높이와 넓이가 반드시 같을 필요는 없다. 높이로 512를, 넓이로 1024를 가질 수도 있으며 비율이 달라질 경우 이것은 256×512 또는 128×256과 같이 사이즈가 변경될 수 있다.

텍스처 파일 타입

여러분이 만든 텍스처로부터 머티리얼을 만들기 위해 텍스처를 콘텐츠 브라우저로 가져와야 한다. 이러한 텍스처들을 머티리얼 에디터로 올바르게 가져오려면 특정 파일 형식 및 설정들이 필요하다. UE4에서 지원하는 파일 타입들은 다음과 같다.

▶ .tga

▶ .psd

▶ .tiff

▶ .bmp

- ▶ .float

- ▶ .pcx

- ▶ .png

- ▶ .jpg

- ▶ .dds

- ▶ .hdr

텍스처 가져오기

이제 텍스처를 만드는 방법과 UE4에서 지원하는 다양한 포맷들에 대해 이해하고 있다. 이제 본격적으로 텍스처를 콘텐츠 브라우저로 가져와보자.

▼ 직접 해보기

콘텐츠 브라우저로 텍스처 가져오기

텍스처를 에디터로 가져오려면 UE4를 열고 다음 단계들을 따라 해보자.

1. 툴바에 있는 **Content Browser**를 클릭해 콘텐츠 브라우저를 열거나 **Ctrl + Shift + F** 키를 누른다.

2. 가져올 텍스처의 위치를 선택한다.

3. 콘텐츠 브라우저의 오른쪽 빈 곳에서 마우스 오른쪽 버튼을 누른 후 **Import Asset/프로젝트가 설치된 위치**를 선택한다.

4. **Windows Folder**를 선택하고 가져올 텍스처로 간다.

5. **Open**을 클릭한다.

___노트___

드래그 앤 드롭

텍스처, 모델, 비디오 파일, 그 외에 애셋들을 UE4로 가져오려면 단순히 컴퓨터에 저장된 로컬 파일을 선택해 드래그한 후 콘텐츠 브라우저로 드롭해서 가져올 수 있다. 예를 들어 바탕화면에 가져올 파일이 있으면 해당 파일을 선택한 후 콘텐츠 브라우저로 드래그 앤 드롭해 가져오면 된다.

머티리얼 만들기

다음 '직접 해보기'를 통해 콘텐츠 브라우저에 새로운 머티리얼을 만들어보자.

콘텐츠 브라우저에서 새로운 머티리얼 만들기

새로운 머티리얼을 만들려면 UE4를 열고 다음 단계들을 따라 해보자.

1. 콘텐츠 브라우저를 연다.

2. 콘텐츠 폴더에서 만들어낼 머티리얼의 위치를 설정한다.

3. 콘텐츠 브라우저의 오른쪽 빈 곳에서 마우스 오른쪽 버튼을 누른 후 Create Basic Asset/Material 을 선택한다.

4. 기본 이름을 가진 머티리얼에 새로운 이름을 설정한다.

머티리얼을 만든 후 머티리얼의 모든 입력을 자유롭게 설정할 수 있다. 콘텐츠 브라우저에서 머티리얼을 더블 클릭하면 머티리얼 에디터(그림 6.4 참조)가 나타난다. 머티리얼 에디터에서는 입력 값들을 변경할 수 있다. 보기와 같이 다양한 옵션들이 있고 실시간 머티리얼 보기도 가능하다.

디테일 패널　　　　　　그래프 패널　　　　　　팔레트 패널

그림 6.4 머티리얼 에디터

머티리얼 에디터에는 메인 툴바와 함께 네 가지 주요한 패널들이 있다.

▶ **뷰포트 패널**Viewport panel: 뷰포트 패널은 머티리얼 에디터의 왼쪽 상단에 있으며 머티리얼의 실시간 미리보기를 제공한다. 여기에서 컴파일된 머티리얼의 최종 모습을 미리 보여준다. Shape 옵션을 설정해 머티리얼이 적용될 모델을 변경할 수 있고 속성들을 변경하면서 미리 머티리얼의 모습을 확인할 수 있다.

▶ **디테일 패널**Details panel: 뷰포트 패널의 아래쪽에 위치한 것이 디테일 패널이다. 디테일 패널은 머티리얼의 속성들을 볼 수 있으며 머티리얼의 고급 설정들을 변경할 수 있다.

▶ **그래프 패널**Graph panel: 화면의 가운데 위치한 것이 그래프 패널이다. 그래프 패널에서 머티리얼의 구성을 시각적으로 변경할 수 있다. 드래그를 통해 머티리얼의 입력을 설정할 수 있고 특별한 노드를 사용해 다양한 효과를 만들어내는 머티리얼을 만들 수 있다. 여기에서 가져온 텍스처를 연결하고 머티리얼의 최종적인 모습을 만들어낸다.

▶ **팔레트 패널**Palette panel: 오른쪽 가장 끝에 있는 것이 팔레트 패널이다. 이곳에는 UE4가 제공하는 특수 목적의 노드들과 머티리얼을 만들어내기 위한 수학 함수들을 제공한다.

머티리얼 에디터의 패널들은 각각 머티리얼의 최종 모습을 만들어내기 위해 존재하며 최적화할 수 있게 해준다.

입력과 출력

그래프 패널을 전류가 왼쪽에서 오른쪽으로 흐르는 것으로 이해할 수 있다. 전류가 마지막 노드, 머티리얼 노드에 도착하면 그래프 패널은 조합된 모든 노드를 모든 머티리얼에 적용해 게임에 나타날 수 있도록 해준다. 머티리얼 노드는 새롭게 생성된 머티리얼과 모든 최종 머티리얼 속성들이 가지고 있는 기본 노드다(그림 6.5 참조).

그래프 패널에서 사용되는 각 노드는 텍스처를 위해 또는 출력을 가진 특정 노드, 가끔은 입력과 최종 머티리얼 노드에 연결돼 사용된다. 노드의 출력은 노드의 오른쪽에 있다. 만약 입력이 있다면 이것은 노드의 왼쪽에 있다. 다양한 효과를 만들어내기 위해 노드들을 연결할 수 있고 최종적인 머티리얼에 영향을 줄 수 있다. 노드를 다른 노드에 연결하려면 간단히 노드의 출력을 드래그해 다른 노드의 입력에 연결하면 된다.

추가 노드들

머티리얼 에디터를 사용할 때 임시로 사용하고 있던 노드들은 그대로 둬도 상관없다. 이것들은 최종 결과물에 영향을 주지 않으며 오직 최종 결과물에 영향을 주는 노드들만이 사용된다. 영향을 주지 않는 노드들은 간단히 무시된다.

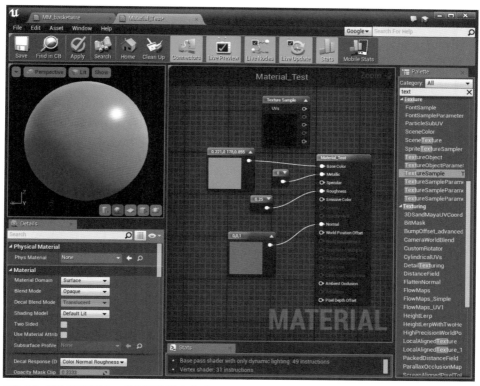

그림 6.5 최종 머티리얼 노드에 연결된 입력, 출력 노드들

값 노드

지금까지 머티리얼 에디터의 일부를 이해했고 상숫값을 사용하는 간단한 머티리얼을 만들어보자. 상숫값^{Constant Value}은 값을 만들거나 값에 의해 색상을 만들 수 있다. 팔레트 패널에서 값 노드^{Value Node}를 가져올 수 있고 머티리얼의 입력으로 사용할 수 있다.

일반적으로 사용되는 두 개의 값 노드가 있는데 Constant node와 Constant3Vector node가 있다. Constant node는 하나의 수치를 표현하는 노드고 Constant3Vector node는 세 개의 값으로 벡터를 표현할 수 있으며 각각 RGB 값으로 연결된다. 예를 들어 Constant3Vector에 1,4,6을 설정하면 1은 red, 4는 green, 6은 blue에 속한다.

머티리얼 에디터에서 가장 일반적으로 사용되는 노드는 작업의 편의성을 위해 단축키를 제공한다. Constant node를 추가하려면 그래프 패널에서 숫자 1 키를 누른 상태에서 마우스 오른쪽 버튼을 누르면 된다. Constant3Vector를 추가하려면 숫자 3 키를 누른 상태에서 마우스 오른쪽 버튼을 누르면 된다. 물론 팔레트 패널에서 이러한 노드들을 드래그해 그래프 노드로 드롭하는 방법으로 추가할 수도 있다. 이러한 노드를 그래프 노드에 추가한 후 노드를 클릭하면 디테일 패널에서 값, 이름과 같은 속성들을 볼 수 있다. 다음에는 벡터 값^{Vector value}을 사용해 머티리얼을 생성하는 방법을 연습해볼 것이다.

▼ 직접 해보기

Vector Value를 사용해 머티리얼 생성하기

벡터 값을 이용해 머티리얼을 생성하기 위해 머티리얼 에디터를 열고 다음 단계들을 따라 해보자.

1. 그래프 패널에서 숫자 1 키를 누른 상태에서 마우스 오른쪽 버튼을 눌러 Constant 값 노드를 추가한다.

2. 새롭게 생성된 상숫값 노드의 출력을 선택해 드래그한 후 머티리얼의 Roughness input에 연결한다.

3. Constant 값 노드를 선택해 디테일 패널에서 속성들을 본다.

4. 디테일 패널에서 기본값 0을 상숫값을 1로 설정한다(뷰포트 패널에서 Roughness가 어떻게 변경되는지 살펴보자).

5. 숫자 3 키를 누른 상태에서 마우스 오른쪽 버튼을 눌러 Constant3Vector 노드를 추가한다.

6. Constant3Vector 값 노드를 선택해 디테일 패널에서 속성들을 본다.

7. 디테일 패널에서 R 값을 1로 설정한다(색상 값이 디테일 패널에 보이지 않는다면 디테일 패널에 있는 **Constant** 옵션 왼쪽의 작은 화살표를 클릭해 R, G, B 옵션이 나타나게 한다).

8. Constant3Vector의 출력을 드래그해 머티리얼 노드의 Base Color에 연결한다(그림 6.6과 같이 머티리얼의 색상이 빨간색으로 변하는 것을 확인할 수 있다).

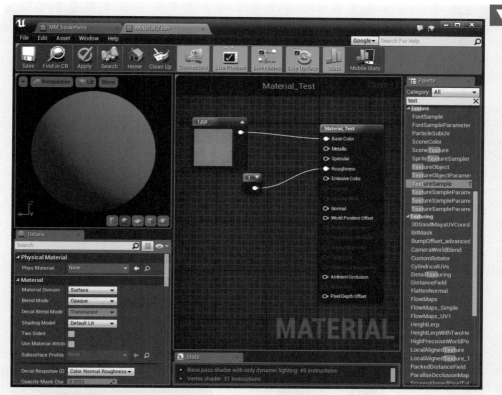

그림 6.6 머티리얼이 새로운 입력을 받아 색상이 변경되는 것을 볼 수 있다.

인스턴스

인스턴스^{instance}는 머티리얼을 재사용하고 계속해서 다시 만들 필요가 없게 해준다. 머티리얼 내 특정 노드를 변경하려면, 동적으로 변경할 수 있게 설정해줘야 한다. 예를 들어 메인 머티리얼이 Constant3Vector 노드로 인해 초록색으로 설정된다면, 이것을 파라미터로 변경해 다른 머티리얼 인스턴스에서 색상을 변경할 수 있게 함으로써 새로운 머티리얼을 다시 만들 필요가 없게 할 수 있다.

인스턴스화 가능하게 하려면 메인 머티리얼 특정 노드를 파라미터 기반 노드로 변경해 동적으로 값을 변경할 수 있도록 해줘야 한다. 머티리얼 에디터의 특정 상수 또는 벡터 노드에서 마우스 오른쪽 버튼을 누른 후 Convert to Parameter를 선택하자(그림 6.7 참조).

노드를 파라미터화하고 나면 디테일 패널에서 이름을 바꾸자. 그리고 이때 설정된 값은 노드의 기본값으로 설정된다. 이제 머티리얼에서 새로운 머티리얼 인스턴스를 만들려면 콘텐츠 브라우저의 머티리얼에서 마우스 오른쪽 버튼을 누른 후 Create Material Instance 를 선택한다. 이제 머티리얼 인스턴스에서 부모로부터 상속된 파라미터들을 수정할 수 있게 된다.

그림 6.7 상수가 파라미터화되고 나면 이름을 바꾸거나 라벨을 지정할 수 있다. 그리고 값 역시 머티리얼 인스턴스에서 변경 가능해진다.

메인 머티리얼로부터 생성한 머티리얼 인스턴스를 더블 클릭하고 나면 디테일 패널의 Parameter Groups 섹션에서 파라미터 설정들을 볼 수 있다. 이곳에서 파라미터 옆에 있는 체크 마크를 클릭해 인스턴스에서 파라미터를 활성화함으로써 값을 변경할 수 있게 한다.

머티리얼 인스턴스 만들기

콘텐츠 브라우저가 열린 상태에서 다음 단계들을 따라 머티리얼 인스턴스(material instance)를 만들어보자.

1. 이전에 만든 메인 머티리얼을 연다.

2. Constant3Vector에서 마우스 오른쪽 버튼을 누른 후 **Convert to Parameter**를 선택한다.

3. 디테일 패널에서 Constant3Vector의 이름을 Color Param으로 변경한다.

4. 저장한 후 머티리얼 에디터를 닫는다.

5. 콘텐츠 브라우저에 있는 메인 머티리얼의 위쪽에서 마우스 오른쪽 버튼을 눌러 **Create Material Instance**를 선택한다.

6. 새로운 머티리얼 인스턴스의 이름을 Mat_inst로 변경하고 콘텐츠 브라우저에서 더블 클릭해 연다.

7. 디테일 패널에서 **Parameter Groups** 섹션으로 간 후 **Color Param** 박스를 선택한다. 이제 파라미터는 활성화됐다.

8. 색상 값을 R은 0, G는 1, B는 0으로 설정한다(그림 6.8과 같이 초록색으로 바뀐 것을 볼 수 있다).

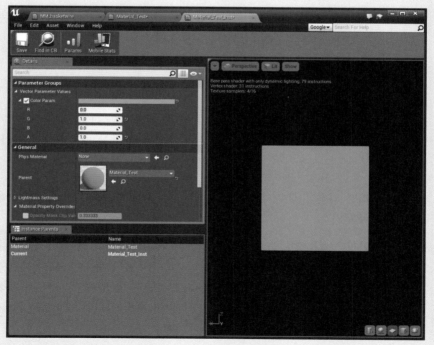

그림 6.8 머티리얼 파라미터에서 색상을 선택할 수 있고 원본 머티리얼을 변경하지 않고도 색상을 바꿀 수 있다.

요약

이제 왜 머티리얼이 게임 개발 공정에서 필수적인 부분인지 이해할 것이고 UE4에서 어떻게 만들어지고 사용되는지 알게 됐다. PBR을 제대로 이해하는 것은 연습이 필요하다. 하지만 이 새로운 시스템을 사용함으로써 더 사실적인 게임 월드, 애셋, 캐릭터들을 구현할 수 있다. 머티리얼 인스턴스와 파라미터를 사용함으로써 제작 속도를 증가시키고 전체 메모리를 효과적으로 관리할 수 있다. 더 똑똑한 인스턴싱과 파라미터들을 사용해 머티리얼 개수를 줄이는 것은 프로젝트를 위해 매우 중요하며, 시간과 에너지 그리고 더 큰 프로젝트를 위한 메모리를 확보할 수 있다. 좋은 아티스트는 머티리얼과 셰이더를 더 쉽게 이해할 수 있고 여러 인스턴스를 사용해 재사용하도록 만들 수 있다.

질문 및 답변

질문. UE4에서 PBR을 반드시 사용해야 하는가? 나는 이전 시스템을 사용해왔고 머티리얼 에디터에 여전히 스펙큘러 입력 노드가 있으므로 헷갈린다.

답변. 그렇다. PBR을 반드시 써야 한다. 거의 모든 함수와 설정이 PBR과 관련돼 만들어져 있다. 스펙큘러 입력은 최종 결과물에 영향을 주지만 이전 시스템에서처럼 많은 영향력을 주진 못한다.

질문. 4096보다 큰 사이즈로 텍스처를 만들고 가져올 수 있는가?

답변. 그렇다. 이것은 가능하지만 추천하고 싶지 않다. 4096보다 큰 사이즈의 텍스처를 렌더링하는 것은 UE4 때문이 아니라 대부분의 컴퓨터 성능 때문이다. 게다가 큰 사이즈의 텍스처를 사용하면 프레임 레이트에도 영향을 준다.

질문. 어떤 머티리얼 입력의 경우 회색으로 처리돼 있는데 그 이유는 무엇인가? 사용할 수 없다는 뜻인가?

답변. 머티리얼 설정은 최종 결과물을 생성하기 위해 특정 입력을 사용한다. 머티리얼 노드의 디테일 패널은 어떠한 입력들이 머티리얼 종류에 연결할 수 있고 보이는지 제어한다. 예를 들어 유리 머티리얼을 만든다고 하면 투명 입력opacity input이 필요할 것이다. 반면에 벽돌 머티리얼을 만들려고 한다면 투명 입력이 필요하지 않을 것이다.

질문. 노드의 입력으로 사용하기 위한 노드의 출력을 하나 이상 사용 가능한가?

답변. 불가능하다. 노드당 오직 하나의 출력만 가질 수 있다. 수학 함수를 위한 노드나 다른 특별한 노드들의 경우 여러 입력이 있어야 하지만 출력은 오직 하나만 가능하다.

질문. 머티리얼 인스턴스에 연결된 부모 머티리얼을 바꿀 수 있는가?

답변. 가능하다. 머티리얼 인스턴스의 디테일 패널에서 부모 머티리얼을 바꿀 수 있다. 기억해둬야 할 것은 새롭게 바뀐 부모 머티리얼에 없는 파라미터 설정들은 잃어버리게 된다는 점이다.

질문. 메인 머티리얼을 지우고 이것과 연결돼 있던 머티리얼 인스턴스들은 유지할 수 있는가?

답변. 유지할 수 없다. 머티리얼 인스턴스는 부모 머티리얼의 정보를 사용하기 때문이다. 물론 부모 머티리얼의 참조를 바꿀 순 있다.

질문. 메인 머티리얼을 변경하면 이것과 연결된 머티리얼 인스턴스에도 변경 사항이 적용되는가?

답변. 이것이 머티리얼 인스턴스를 사용하는 이유다! 모든 인스턴스는 참조하고 있는 부모의 변경 사항이 그대로 적용된다. 메인 머티리얼의 파라미터를 활성화하면 이것을 참조하고 있는 모든 머티리얼 인스턴스들에게 업데이트되며 사용 가능해진다.

질문. 팔레트 패널에 있는 수많은 노드들은 무엇을 위해 존재하는가? 머티리얼을 생성할 때 이 많은 노드들이 사용되는가?

답변. 수많은 노드들은 수학적인 방정식이나 수치, 특수 노드들의 집합이며 머티리얼의 결과물을 만들 때 사용된다. 다양한 노드들의 사용법을 익히고 적용해서 어떠한 결과물을 얻을 수 있는지 연구해보자.

연구

이번 시간을 끝냈으니 다음 질문에 답해보자.

퀴즈

1. PBR의 의미는 무엇인가?

2. 텍스처 사이즈로 512×256은 UE4에서 사용하기에 괜찮은가?

3. 머티리얼의 색상hue을 결정하기 위한 입력은 무엇인가?

4. 머티리얼 에디터에서 머티리얼의 미리보기를 볼 수 있는 패널 이름은 무엇인가?

5. 머티리얼 인스턴싱이 왜 중요한가?

해답

1. PBR은 물리 기반 렌더링phycisally based rendering이다.

2. 그렇다. UE4에서 사용할 수 있는 텍스처 사이즈다. 넓이와 높이가 다르지만 사이즈 규칙을 따르고 있으며 리사이즈될 때도 올바르게 변경된다.

3. 기본 색상base color 입력이 머티리얼의 색상hue을 결정한다.

4. 뷰포트 패널에서 머티리얼의 최종 모습을 미리보기할 수 있다.

5. 머티리얼 인스턴싱은 파라미터 값을 수정함으로써 새로운 머티리얼을 다시 만들지 않아도 되므로 재빠르게 반복 주기를 실행할 수 있다.

연습

이번 연습에서는 기본 머티리얼을 만들어본다. 러프니스, 기본 색상, 메탈니스를 위한 값들을 생성하고 머티리얼 인스턴스를 생성해 머티리얼의 변형을 만들어본다. 머티리얼 및 인스턴스 생성은 씬을 구성할 때 매우 중요한 영역이며 애셋이 라이트에 어떻게 반응하는지 결정하는 데 중요한 역할을 한다. 각 입력이 게임의 외형을 어떻게 변화시키는지 이해하고 마지막으로 인스턴싱과 파라미터를 알아봄으로써 재사용성과 유연성을 어떻게 얻을 수 있는지 이해한다.

1. 콘텐츠 브라우저에서 새로운 머티리얼을 생성한다.

2. 머티리얼의 이름을 설정한다.

3. 머티리얼을 열고 러프니스와 메탈니스를 위한 두 개의 상숫값을 생성한다.

4. 기본 색상을 위해 Constant3Vector를 생성한다.

5. 모든 Constant 노드들과 Constant3Vector 노드들을 파라미터로 변경한다.

6. 변경된 파라미터들에게 기본값과 이름을 설정한다.

7. 메인 머티리얼로부터 머티리얼 인스턴스를 만든다.

8. 머티리얼 인스턴스의 파라미터들을 활성화한다.

HOUR 7
오디오 시스템 사용하기

이번 시간에 배우는 것들

▶ 오디오 기본 이해하기

▶ Sound Actor 사용하기

▶ Sound Cue 만들기

▶ 오디오 볼륨을 통한 사운드 제어하기

이번 시간에는 언리얼 엔진의 오디오에 대해 배워볼 것이다. UE4의 기본적인 오디오 컴포넌트들과 Sound Actor를 이용해 씬에서 어떻게 사운드를 배치하는지 알아본다. 또한 Sound Cue Editor를 통해 Sound Cue의 강력한 기능에 대해 배워보자.

노트

Hour 7 설정

1인칭 템플릿과 스타터 콘텐츠를 이용해 새로운 프로젝트를 만든다.

오디오의 기본 소개

어떤 게임을 만들든 간에 사운드^{Sound}(소리)는 게임 경험에 매우 큰 영향을 끼친다. 예를 들어 캐릭터와 배경음 사이에서 들리는 대화 상자 소리가 게임 경험을 더 좋게 만들거나 혹은 깨버리는 경우가 비일비재하다. 일반적으로 플레이어는 이것을 인지하지 못하지만, 게임플레이에서 사운드는 간과할 수 없는 게임플레이의 큰 영역이다.

오디오 컴포넌트

UE4의 오디오 시스템은 매우 강력하며 다양한 컴포넌트들과 전문 용어들이 있다. 처음에는 너무 많아서 다소 부담이 되겠지만 하나씩 배워나가면 충분히 이해할 수 있을 것이다. 이 장을 진행하는 도중에 다른 장을 먼저 배우고 싶다면 언제든지 다른 장의 내용을 먼저 익힌 후에 다시 돌아와 오디오 부분을 살펴봐도 충분하다.

이번 시간에 알아볼 핵심 컴포넌트들을 나열해보면 다음과 같다.

▶ Sound Wave^{사운드 웨이브} 애셋은 다른 곳에서 가져온 오디오 파일이며 재생에 관련된 설정들과 파일 자체를 담고 있다.

▶ Ambient Sound Actor^{앰비언트 사운드 액터}는 씬에서 오디오 소스를 표현하는 데 사용된다.

▶ Sound Cue^{사운드 큐} 애셋과 Sound Cue Editor^{사운드 큐 에디터}는 사운드를 조합하고 최종적인 결과물을 얻기 위해 수정자를 제공한다.

▶ Sound Attenuation^{사운드 감쇠} 애셋은 사운드 중심으로부터 플레이어까지의 거리에 기반을 둬 소리가 얼마나 들릴지 정의한다.

오디오 파일 가져오기

UE4는 비압축 웨이브^{uncompressed wav} 파일들을 지원한다. 여러분이 가져올 오디오 파일이 .wav 포맷이 아니라면 Audacity Sound 에디터와 같은 무료 소프트웨어를 사용해 웨이브 파일로 컨버팅 가능하다. 에픽의 샘플 프로젝트에서 오디오 콘텐츠를 제공하고 있으며 마켓플레이스에서 오디오를 구할 수도 있다.

노트

어다시티
어다시티(Audacity)는 http://www.audacityteam.org에서 다운로드할 수 있다.

오디오를 가져오는 가장 쉬운 방법은 .wav 파일을 운영체제 시스템 파일 매니저(예를 들어 탐색기)에서 드래그해 콘텐츠 브라우저^{Content Browser}로 드롭하거나 콘텐츠 브라우저에서 Import를 클릭한 후 가져올 오디오 파일을 선택하는 것이다. 가져오기가 완료되면 오디오 애셋을 더블 클릭해 지네릭 애셋 에디터^{Generic Asset Editor}의 디테일 패널에서 속성들을 볼 수 있다. 다음 '직접 해보기'에서 .wav 파일 가져오기를 어떻게 하는지 따라 해보자.

오디오 파일 가져오기

콘텐츠 브라우저에서 새로운 폴더를 만들고 이름은 MyAudio로 설정한다. 그리고 다음 단계들을 따라 .wav 파일을 가져와보자.

1. Hour_07 폴더(www.sty-ue4.com에서 찾을 수 있다.)로 가서 storm.wav를 찾는다.

2. storm.wav를 콘텐츠 브라우저의 MyAudio 폴더로 드래그해 새로운 애셋을 만든다.

3. 1, 2단계를 반복해 thunder.wav도 가져온다. 이것 역시 Hour_07 폴더에서 찾을 수 있다. 그림 7.1을 보면 가져온 애셋들을 볼 수 있다.

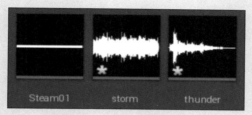

그림 7.1 콘텐츠 브라우저 내 사운드 웨이브 애셋들

사운드 파일을 콘텐츠 브라우저로 가져오고 나면 애셋을 더블 클릭해 지네릭 애셋 에디터를 띄워 속성들을 변경할 수 있다. 여기에서 다양한 속성들을 설정할 수 있는데, 예를 들어 압축 양, 루프 설정, 피치, 심지어 자막과 같은 정보도 추가할 수 있다. 물론 현재는 이러한 속성들을 수정할 필요는 없다. 그림 7.2에 지네릭 애셋 에디터의 디테일 패널 모습이 나타나 있다.

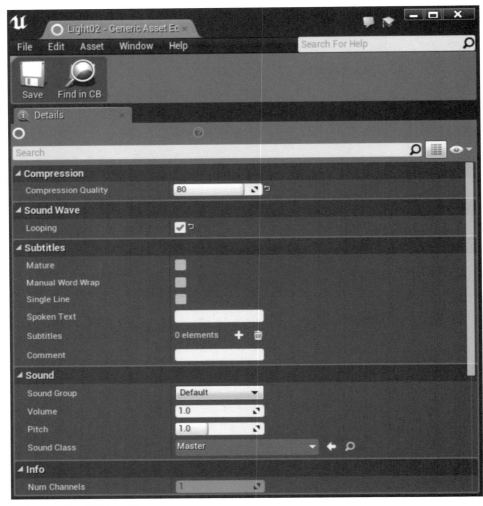

그림 7.2 사운드 웨이브 속성들

사운드 액터 사용하기

사운드 웨이브 애셋은 소스 없이는 재생할 수 없다! 앰비언트 사운드 액터^{Ambient Sound Actor}는 레벨에 배치돼 사운드를 재생하게 해준다. 이것을 만들어내는 가장 쉬운 방법은 사운드 웨이브를 드래그해 레벨에 배치하는 것이다. 다수의 앰비언트 사운드 액터를 씬에 추가할 수 있고 다양한 속성을 줄 수 있다. 표 7.1에 앰비언트 사운드 액터가 선택된 상태에서 사용 가능한 디테일 패널 내 속성들을 나타냈다.

표 7.1 앰비언트 사운드 액터의 속성들

속성	설명
Sound	재생할 사운드 웨이브 애셋 또는 사운드 큐 애셋
Is UI Sound	게임이 일시 정지한 상태에서 사운드 애셋을 재생할 것인지 결정한다.
Volume Multiplier	사운드의 전체적인 볼륨 설정
Pitch Multipiler	사운드의 전체적인 피치 설정
Instance Parameters	사운드에 대한 인스턴스별 파라미터를 추가할 수 있게 해준다.
Sound Class Override	사운드 애셋에 할당시킬 수 있는 옵션 그룹

직접 해보기 ▼

앰비언트 사운드 액터 배치하기

이전 '직접 해보기'에 이어서 오디오 소스를 추가해보자.

1. 콘텐츠 브라우저를 열고 이전에 만든 사운드 웨이브 애셋으로 이동한다.

2. 애셋을 선택하고 씬으로 드래그해 배치한다.

3. 새로운 액터가 월드 아웃라이너(World Outliner)에 추가된 것을 볼 수 있고 디테일 패널에 속성들이 나타난다.

4. **Play**를 클릭하면 사운드를 들을 수 있지만, 어디에서 소리가 나는지 알 수 없을 것이다.

감쇠 설정하기

3D 공간에서 사운드가 나타나려면 감쇠^{Attenuation}를 설정해줘야 한다. 감쇠는 3D 공간에서 소스로부터 거리가 멀어질 때 사운드가 폴오프^{falloff}되게 만든다. 표 7.2에 감쇠 속성들이 나타나 있다.

다음 '직접 해보기'에서는 Override Attenuation 설정을 이용해 배치된 액터로부터 거리에 따라 사운드를 어떻게 제어하는지 알아보자.

표 7.2 감쇠 속성들

속성	설명
Attenuate	감쇠 – 볼륨을 통해 감쇠 사용을 켠다.
Spatialize	공간화 – 소스를 3D 공간에 배치할 수 있도록 한다.
Distance Algorithm	거리 알고리즘 – 감쇠 모델에 사용할 거리 알고리즘에 대한 볼륨 종류
Attenuation Shape	감쇠 모양 – 감쇠 볼륨의 모양을 결정한다. 일반적으로 구를 사용한다.
Radius	반경 – 볼륨의 전체적인 크기. 이 반경 바깥에 있으면 사운드가 들리지 않는다.
Falloff Distance	폴오프 거리 – 폴오프가 발생하는 거리를 결정한다.
Non-Spatialized Radius	비공간화 반경 – 공간화를 시작할 거리

▼ 직접 해보기

감쇠 덮어 쓰기

이전 '직접 해보기'에 이어 감쇠를 설정해보자.

1. 월드 아웃라이너 패널에서 **Ambient Sound Actor**(앰비언트 사운드 액터)를 리스트에서 선택한다.

2. 디테일 패널의 **Attenuation** 카테고리 아래에 있는 **Override Attenuation**을 토글한다. 그러면 레벨에 있는 액터의 주변에 노란색 와이어프레임 구가 생긴다. 이것이 사운드가 도달할 수 있는 거리가 된다.

3. **Override Attenuation**의 왼쪽에 있는 작은 삼각형을 클릭해서 카테고리를 확장한다.

4. **Radius**를 200으로 **Falloff Distance**를 50으로 설정한다.

5. 레벨을 미리보기한다. 감쇠 구 영역 밖에 있으면 사운드가 들리지 않을 것이다.

배치된 각각의 앰비언트 사운드 액터마다 감쇠를 설정할 수 있다. 또한 사운드 감쇠^{Sound} ^{Attenuation} 액터를 만들고 사운드 웨이브 애셋 또는 앰비언트 사운드 액터에 재사용해 적용할 수도 있다.

팁

감쇠 설정 공유하기

프로젝트가 커질수록 사운드 감쇠 애셋을 만들고 다양한 사운드 액터에서 공유해 사용하는 것이 좋을 것이다. 이렇게 하면 다수의 액터를 조정할 필요 없이 공유된 감쇠 설정만 변경하면 된다.

모듈레이션 속성 사용하기

모듈레이션^{modulation}(변조) 효과는 사운드에 모션과 깊이를 추가한다. 모듈레이션 설정은 피치와 볼륨의 최소, 최대 변조 제어는 물론, 고주파 게인 배수도 설정할 수 있게 해준다. 표 7.3에 모듈레이션 속성들이 나타나 있다.

표 7.3 모듈레이션 속성들

속성	설명
Pitch Modulation Min	피치 변조 최솟값 – 피치 배수를 임의로 결정할 때 사용할 하한선
Pitch Modulation Max	피치 변조 최댓값 – 피치 배수를 임의로 결정할 때 사용할 상한선
Volume Modulation Min	볼륨 변조 최솟값 – 볼륨 배수를 임의로 결정할 때 사용할 하한선
Volume Modulation Max	볼륨 변조 최댓값 – 볼륨 배수를 임의로 결정할 때 사용할 상한선
High Frequency Gain Multiplier	고주파 게인 배수 – 컴포넌트에 의해 생성되는 사운드에 적용할 고주파 게인 배수를 결정한다.

사운드 큐 생성하기

지금까지 사운드 웨이브 애셋을 앰비언트 사운드 액터에 어떻게 적용하는지 배워봤는데 웨이브를 사용하는 모든 곳에서 큐^{cue}도 사용할 수 있다. 큐는 오디오의 많은 부분을 제어할 수 있게 해준다. 만약 사운드가 랜덤하게 변하도록 하고 싶다면 어떻까? 예를 들어, 발자국, 바람이 나무 사이를 지나다니는 소리 또는 사운드를 변조하거나 다른 효과를 적용하려면? 이러한 상황에서 사용되는 것이 사운드 큐^{Sound Cue}다. 사운드 큐 에디터^{Sound Cue Editor}는 다음과 같이 패널과 버튼들로 이뤄져 있다(그림 7.3 참조).

▶ **그래프 패널**^{Graph panel}: 이 패널은 오디오의 흐름을 왼쪽에서 오른쪽으로 보여준다. 출력 노드는 스피커 이미지가 그려져 있고 마지막 출력을 의미한다.

▶ **팔레트 패널**^{Palette panel}: 팔레트 패널은 그래프 패널로 가져올 수 있는 다양한 사운드 노드들의 목록을 가지고 있으며 이것들을 조합해서 복잡한 사운드를 만들 수 있다.

▶ **플레이 큐**^{Play Cue}: 이 툴바 버튼은 전체 사운드 큐를 재생하며 출력 노드를 재생하는 것과 같다.

▶ **플레이 노드**^{Play Node}: 이 툴바 버튼은 선택된 노드에서만 출력되는 사운드를 재생한다.

그림 7.3 사운드 큐 에디터

사운드 큐 에디터를 열려면 사운드 큐 애셋을 먼저 만들어야 한다. 다음 '직접 해보기'에 서 새로운 사운드 큐 오브젝트를 만들고 웨이브 플레이어 노드를 추가한다.

▼ 직접 해보기

사운드 큐 만들기

이전 '직접 해보기'에 이어서 사운드 큐에 웨이브 플레이어(Wave Player) 노드를 추가해보자.

1. 콘텐츠 브라우저에서 **Add New** 버튼을 누르거나 애셋 관리 영역에서 마우스 오른쪽 버튼을 눌러 New Asset 대화 상자를 띄운다. **Create Advanced Asset** 아래쪽의 사운드 리스트로부터 **Sound Cue**를 선택한다.

2. 새로운 사운드 큐의 이름을 thunder로 설정한 후 더블 클릭해서 사운드 큐 에디터를 띄운다.

3. thunder 애셋을 추가하기 위해 웨이브 플레이어(Wave Player) 노드를 팔레트 패널에서 드래그해 그래프 뷰포트 패널로 드롭한다.

4. 웨이브 플레이어 노드를 위한 디테일 패널에서 Sound 애셋을 선택하자. 이것의 출력 핀을 드래그해 스피커의 입력 핀에 연결한다. 지금까지의 작업을 끝내면 그림 7.4와 같을 것이다.

5. 사운드 큐 에디터의 툴바에 있는 **Play Cue** 버튼을 눌러 사운드 큐의 소리를 미리 들어볼 수 있다.

6. 콘텐츠 브라우저에서 사운드 큐를 드래그해 씬에 배치한 후 레벨을 미리보기해보자.

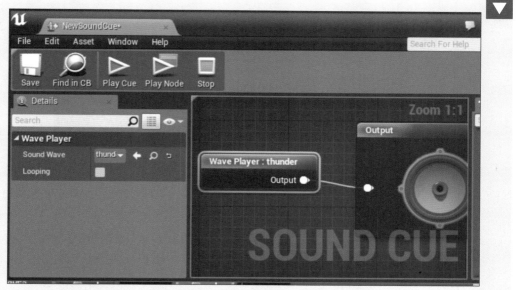

그림 7.4　사운드 큐 에디터가 사운드를 재생하고 있다.

사운드 큐가 재생되고 있을 때, 디버깅에 도움을 주기 위해 현재 활성화된 노드의 선이 빨간색으로 변한다. 이것은 실시간으로 사운드 큐의 제작을 쉽게 만들어준다.

직접 해보기 ▼

사운드 큐에서 사운드 믹스하기

이전 '직접 해보기'에 이어서 믹서 노드로 사운드 큐를 만들어 뇌우의 대기 효과를 만들어보자.

1. 이전 '직접 해보기'에서 만든 사운드 큐를 열고 두 번째 웨이브 플레이어 노드를 추가한다. 그리고 이전에 가져온 Storm.wav 파일을 지정한다.

2. Wave Player 노드의 **Looping**을 설정한다.

3. 믹서 노드(Mixer Node)를 팔레트 패널에서 사운드 큐 에디터로 드래그한다.

4. 웨이브 플레이어의 각 출력 핀을 드래그해 믹서의 입력으로 연결한다.

5. 믹서의 출력 핀을 출력 핀(스피커)에 연결한다.

6. 사운드 큐를 테스트해본다. 모든 작업을 끝내면 사운드 큐의 모습은 그림 7.5와 같을 것이다.

7. 레벨을 미리보기한다.

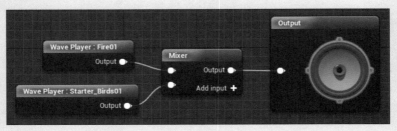

그림 7.5　사운드 큐가 두 개의 사운드를 믹스하고 있다.

고급 사운드 큐

사운드 큐의 동작을 매우 복잡하게 만들 수 있다. 다음 단계는 사용 가능한 모든 노드 유형에 대한 자세한 정보를 담은 에픽 설명서와 예제들을 읽는 것이다. 그림 7.6은 고급 사운드 큐의 예를 보여주고 있다.

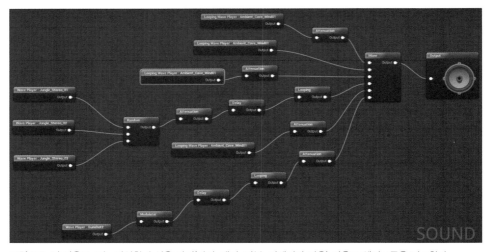

그림 7.6　이 사운드 큐는 다양한 속성을 가진(감쇠, 랜덤, 반복, 딜레이와 같은) 사운드 웨이브들을 믹스한다.

오디오 볼륨을 사용해 사운드 제어하기

오디오 볼륨^{audio volume}은 사운드 애셋이 아니지만 씬 안에 있는 다양한 사운드들을 적용하거나 제어하는 데 사용된다. 볼륨을 사용해 사운드를 들을 수 있는 영역을 제어할 수 있다. 예를 들어 작은 터널의 오디오 볼륨에는 터널에서 들릴 것으로 예상하는 리버브 효과가 있다.

리버브 효과를 사용하면 리버브, 에코, 흡음 및 기타 매개변수와 같은 요소를 제어할 수 있다. 이러한 것들은 레벨에 배치된 모든 오디오 볼륨에 쉽게 조정하고 적용할 수 있다.

직접 해보기 ▼

오디오 볼륨 작업하기

이번 '직접 해보기'에서는 몇 가지 리버브 효과가 포함된 오디오 볼륨을 만들어 밀폐된 공간을 시뮬레이션해보자.

1. 레벨 에디터에서 **Modes ❯ Volumes ❯ Audio Volume**을 선택해 오디오 볼륨을 레벨에 추가한다. 노란색 선은 볼륨의 경계를 나타낸다.

2. 레벨의 오디오 볼륨 액터를 선택한 상태에서 디테일 패널에 있는 **Reverb Effect**를 클릭해 새로운 리버브 효과를 추가한다.

3. 메뉴가 나타나면 **Create Reverb Effect**를 선택하고 이름은 MyEffect로 설정한다. 이렇게 하면 콘텐츠 브라우저에 리버브 효과 애셋이 추가된다.

4. 콘텐츠 브라우저에서 MyEffect Reverb Effect 애셋을 더블 클릭해 지네릭 애셋 에디터를 연다.

5. 리버브 효과의 지네릭 애셋 에디터의 디테일 패널에서 각 파라미터 위로 마우스를 올려 간단한 설명 글들을 읽어보자. 에코/디스토션 효과를 만들려면 **Density**를 매우 낮은 값으로 설정하고 **Reflection Gain**을 매우 높은 값으로 설정한다. 이러한 값들은 테스트해봄으로써 적당한 값을 찾아야 한다. 모든 작업을 끝내면 그림 7.7과 같을 것이며 툴바에서 저장 버튼을 눌러 저장한다.

6. 레벨 에디터 미리보기에서 **Play**를 누르고 천둥소리가 제대로 나오는지 들어본다. 이제 볼륨 안으로 들어가서 어떻게 바뀌는지 확인해본다. 볼륨 안으로 들어가면 오디오 볼륨으로 어떤 것들을 할 수 있는지 알게 될 것이다.

그림 7.7 리버브 파라미터

요약

이번 시간에는 UE4에서 오디오를 사용하는 방법을 배워봤다. 오디오의 기본과 컴포넌트들을 알아봤고 앰비언트 사운드 액터를 사용해봤다. 감쇠를 사용해 오디오를 테스트하는 방법을 배웠고 사운드 큐 에디터와 사운드 볼륨에 대해 배워봤다.

질문 및 답변

질문. UE4는 2D 오디오도 지원하는가?

답변. 당연히 지원한다. 2D 오디오는 감쇠가 없는 사운드고 이번 시간에 배워봤다. 블루프린트에는 특별히 PlaySound2D 노드가 있고 2D UI용 사운드로 사용하기에 좋다.

질문. 감쇠를 사용할 때 구 모양이 아닌 다른 모양을 사용할 수 있는가?

답변. 사용할 수 있다. 앰비언트 사운드 액터의 Override Attenuation 설정을 사용하면 된다. Attenuation Shape 속성에서 선택 가능한 옵션을 선택하면 된다.

질문. 게임 내 사운드의 감쇠 방식이 마음에 들지 않는다. 바꾸는 방법은?

답변. 앰비언트 사운드 액터의 Override Attenuation 설정을 보면 Distance Algorithm이 있다. 이것을 수정하면 된다.

연구

이번 시간을 끝냈으니 다음 질문들에 답해보자.

퀴즈

1. 참 또는 거짓: 사운드 큐 애셋을 통해서만 사운드의 반복 처리를 할 수 있다.

2. 참 또는 거짓: 사운드를 가져올 때 압축되지 않은 웨이브 파일만 가능하다.

3. 참 또는 거짓: 리버브 효과를 추가하고 싶다면 오디오 볼륨을 사용해야 한다.

4. 참 또는 거짓: 사운드 큐를 사용해 사운드를 믹스할 수 있다.

5. 참 또는 거짓: 앰비언트 사운드 액터를 사용해 레벨의 배경 음악을 플레이하고 싶다면 감쇠가 필요하다.

해답

1. 거짓. 지네릭 애셋 에디터에서 사운드 웨이브 애셋을 반복하도록 설정할 수 있다. 콘텐츠 브라우저에서 사운드 웨이브 애셋을 더블 클릭해 지네릭 애셋 에디터를 연다.

2. 참. .wav 파일은 일반적인 오디오 파일 타입이다.

3. 참. 레벨에 필요한 만큼 오디오 볼륨 액터를 배치하고 각각 다른 리버브 효과를 적용할 수 있다.

4. 참. 사운드 큐 애셋과 사운드 큐 에디터는 사운드 웨이브 애셋들을 믹스하고 수정할 수 있도록 해준다.

5. 거짓. 일반적으로 배경 음악은 감쇠 없이 똑같이 들려야 한다. 그러므로 감쇠를 적용하면 안 된다.

연습

이번 시간의 '직접 해보기'에서 두 사운드 웨이브를 믹스하는 사운드 큐 애셋을 만들어봤다. 하지만 반복되는 천둥소리가 그다지 현실적이지 않다. 어떻게 개선할 수 있는가? 이번 연습에서 지연 및 반복 노드를 사용해 품질을 개선해보자.

1. '직접 해보기'(사운드 큐에서 사운드 믹스하기)에서 만든 사운드 큐를 연다.

2. 팔레트 패널에서 Delay 노드를 드래그해 그래프에 추가한다. Wave Player: thunder의 출력 핀을 Delay 노드에 연결한다. 사운드 큐 에디터 디테일 패널에서 **Delay Min**을 1로, **Delay Max**를 5로 설정한다.

3. 팔레트 패널에서 Looping 노드를 드래그해 그래프에 추가한다. Delay 출력 핀을 Looping 노드에 연결한다.

4. Looping 노드의 출력 핀을 이미 그래프에 추가된 믹서 노드에 연결한다. 모든 작업을 끝내면 그림 7.8과 같을 것이다.

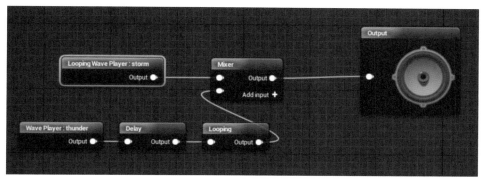

그림 7.8 천둥소리의 중간에 딜레이를 넣고 있다.

5. 레벨을 미리보기한다.

HOUR 8
랜드스케이프와 폴리지 만들기

이번 시간에 배우는 것들

▶ 랜드스케이프(landscapes) 툴과 설정들 알아보기

▶ 하이트맵(height map) 사용하기

▶ 랜드스케이프 머티리얼 사용법 알아보기

▶ 폴리지 툴과 설정 사용법 알아보기

이번 시간에는 랜드스케이프를 만들어보고 어떻게 사용하는지 배워볼 것이다. 사용자 정의 랜드스케이프 머티리얼을 만든 후, 랜드스케이프 툴을 사용해 지형을 그려보고 새롭게 형성된 지형을 얻을 것이다. 그 이후 UE4의 폴리지 툴을 사용해 폴리지 애셋을 만들어 게임에 배치하는 방법을 알아볼 것이다.

노트

Hour 8 설정
1인칭 템플릿과 스타터 콘텐츠를 이용해 새로운 프로젝트를 만든다.

랜드스케이프 작업하기

어떠한 프로젝트라도 작업하다 보면 스태틱 메시로 모든 영역을 커버할 수 없다는 것을 깨닫게 된다. 특히 외부 지형을 만들 때 그렇다. 이럴 때 랜드스케이프 툴을 사용한다. 랜드스케이프 툴은 매우 큰 공간의 월드를 만들 때 사용하며 영역별로 수정 가능한 매우 강력한 툴이다. 영역별로 수정할 수 있으므로 효과적으로 영역을 확장할 수 있고 게임 렌더링 면에서도 좋다.

랜드스케이프 툴

랜드스케이프를 생성하거나 수정하기 위한 매우 많은 도구가 UE4에서 제공된다. 화면의
왼쪽에 있는 모드 패널^{Modes panel}에서 기본적인 랜드스케이프를 제어할 수 있다. 가운데에
위치한 산 모양(그림 8.1 참조)의 버튼을 클릭해 랜드스케이프 패널을 불러올 수 있다. 또
는 Shift + 3 키를 눌러 랜드스케이프 패널을 불러올 수도 있다.

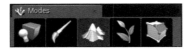

그림 8.1 모드 패널에서 Landscape 버튼을 클릭하거나 Shift + 3 키를 눌러서 랜드스케이프 패널에 접근할 수 있다.

랜드스케이프 패널에는 세 가지 주요한 탭이 있다.

▶ **관리**^{Manage} **탭**: 새로운 랜드스케이프를 생성하거나 컴포넌트를 관리할 수 있다.

▶ **조각**^{Sculpt} **탭**: 전용 도구들을 사용해 랜드스케이프의 모양을 변경할 수 있다.

▶ **페인트**^{Paint} **탭**: 머티리얼을 랜드스케이프 표면에 적용해 랜드스케이프의 겉모습을
변경할 수 있다.

조각 및 페인트 모드는 기본이 되는 랜드스케이프가 없으면 회색 처리돼 선택할 수 없다.

관리 탭

랜드스케이프 패널의 첫 번째는 관리 탭이다. 여기서 새로운 랜드스케이프를 만들거나
기존 랜드스케이프를 관리할 수 있다. 새로운 랜드스케이프를 만드는 방법은 두 가지가
있는데 설정된 파라미터 값으로 랜드스케이프를 만드는 방법과 하이트맵을 가져와서 만
드는 방법이 있다. 이번 시간에는 랜드스케이프를 처음부터 만들어보는 것을 배워본다.

하이트맵

하이트맵^{height map}(높이맵)은 그레이스케일^{Grayscale}(회색)에 기반을 둔 높이 값을 가지고 있
는 텍스처다. 텍스처의 흰색 부분은 지형이 높게 나타나며 검은색은 지형이 낮은 것을 의
미한다. 하이트맵은 다른 3D 프로그램에서 사용하는 범프 맵과 비슷하다. 이러한 텍스처
들은 다른 조각 또는 이미지 수정 프로그램을 통해 만들어진 후 UE4로 가져오거나 UE4
에서 바로 가져올 수도 있다.

하이트맵은 지도상 실제로 존재하는 위치에 있는 것을 다시 만들 때 유용하다. 실세계 랜드스케이프의 볼륨을 그대로 게임 공간에 만들 수 있기 때문이다. 또한 하이트맵은 마스크 용도로 사용해 특정 지역을 폴리지 타입인지 랜드스케이프 머티리얼 타입인지 구분할 수 있게 해준다. 하이트맵을 마스크로 사용하기 위해 에디터에서 내보내기^{export}해야 하며 외부 프로그램(예를 들어 포토샵)에서 적절한 파일 타입으로 다시 저장해야 한다. 그 이후에 텍스처를 다시 가져오기하고 마스크로 사용하면 된다.

이번 시간에는 외부 하이트맵을 사용해 랜드스케이프를 만들지 않고 UE4에서 도구를 사용해 내부 하이트맵을 만들어볼 것이다. 이렇게 만들어진 하이트맵은 외부로 내보내기도 가능하며 외부에서 이것을 수정할 수 있다. 텍스처 포맷은 일반적으로 사용하는 텍스처 타입을 사용하며 약간의 데이터 손실이 있다.

랜드스케이프 만들기

새로운 랜드스케이프를 만들 때, 랜드스케이프의 설정을 위해 사용할 수 있는 몇 가지 옵션이 있다. 첫 번째로 랜드스케이프에서 사용될 머티리얼을 결정하는 것인데, 더 자세한 내용은 '랜드스케이프 머티리얼' 절에서 다루기로 하고 현재는 랜드스케이프에 첨부될 수 있는 머티리얼과 레이어에 대해 알아보자.

머티리얼과 머티리얼 레이어 설정들은 랜드스케이프를 위한 트랜스폼 설정들이다(그림 8.2 참조). 여기서 새로운 랜드스케이프의 위치와 회전, 사이즈를 설정할 수 있다.

다음은 랜드스케이프를 제어하기 위한 LOD^{Level of detail} 기법이다. 이것은 랜드스케이프를 더 빠르고 효과적으로 렌더링할 수 있게 해준다. Section Size^{섹션 크기}, Section per Component^{컴포넌트당 섹션}는 플레이어에게 얼마나 많은 정보가 보일 것인지 제어하는 데 사용된다. 큰 섹션 크기의 의미는 적은 컴포넌트를 사용해 CPU의 비용을 적게 하며, 큰 Section per Component^{컴포넌트당 섹션} 설정은 UE4가 섹션을 나눠 얼마만큼의 렌더링 품질로 섹션을 그릴 것인지 결정할 수 있게 해준다. 랜드스케이프의 품질과 높은 프레임 레이트 사이에서 밸런스를 유지할 필요가 있으며 경험이 가장 중요하기 때문에 프로젝트를 위한 최적화된 숫자는 쉽게 대답하기 어려운 경향이 있다.

다음에는 랜드스케이프를 구성하는 각 랜드스케이프 타일의 밀도와 크기 설정을 바꿀 수 있다. UE4는 기본적으로 나눠진 랜드스케이프의 섹션 또는 평면이 미터당 1 버텍스의 밀도를 가지고 있다. 수직 또는 Z, 스케일은 기본적으로 100으로 설정되고 높이 범위는 256미터 위, 아래로 돼 있다. 이러한 값들은 랜드스케이프의 밀도와 크기를 조절할 때 중요한 측정 기준이 되므로 중요하다. 이러한 측정 단위를 알고 있으면 전체 랜드스케이프의 버텍스 개수를 조절할 수 있고 컴포넌트 설정에 의한 전체 랜드스케이프의 섹션 개수를 알 수 있다. 이러한 값들을 조절해 랜드스케이프 섹션당 버텍스의 밀도 또는 해상도의 밸런스를 맞출 수 있을 것이다.

노트

섹션 크기

좋은 프레임 레이트를 유지하려면 랜드스케이프 패널에서 섹션 크기를 잘 설정해야 한다. 섹션 크기를 증가시키면 프레임 레이트가 급격하게 떨어지고 에디터 역시 처리해야 하므로 속도가 느려지게 된다.

랜드스케이프를 만들기 위한 나머지 두 개 옵션은 Fill World와 Create 버튼이다. Create 버튼은 현재 설정된 값으로 새로운 랜드스케이프를 만들고 Fill World 버튼은 현재 사용 가능한 최대 크기로 랜드스케이프를 만든다.

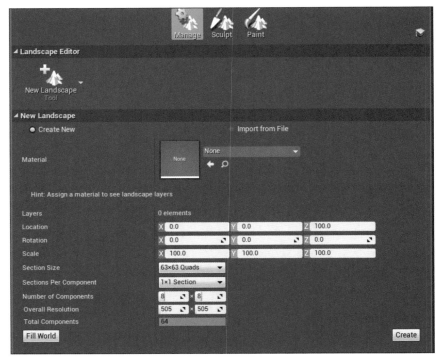

그림 8.2 새로운 랜드스케이프를 만들기 위한 관리 메뉴

새로운 랜드스케이프 만들기

새로운 랜드스케이프를 만들기 위해 랜드스케이프 패널을 열고 다음 단계들을 따른다.

1. **Section Size**를 31×31로 설정한다.

2. **Section per Component**를 2×2로 설정한다.

3. 컴포넌트의 개수를 10×10으로 설정한다.

4. **Create** 버튼을 눌러 새로운 랜드스케이프를 생성한다.

랜드스케이프 관리

새로운 랜드스케이프를 만들었으므로 랜드스케이프를 제어하고 관리하기 위한 새로운 옵션들을 사용할 수 있다. Manage 탭에서 기본 툴인 Selection 버튼을 볼 수 있고, 이것을 사용해 수정할 랜드스케이프 섹션을 선택할 수 있다. Selection 버튼을 클릭하면 드롭다운 메뉴가 나타나고 새롭게 생성된 랜드스케이프를 제어할 수 있는 옵션들이 나타난다. 이 메뉴에 있는 옵션 중에는 삭제와 추가하기가 있는데, 이 옵션을 사용해 기존 랜드스케이프에 새로운 랜드스케이프 섹션을 추가하거나 뺄 수 있다. 다른 옵션인 Change Component Size는 이미 만들어진 랜드스케이프의 컴포넌트 값을 수정할 수 있어 더 높은 해상도를 원하면 이것을 증가시킬 수 있다. 추가로 Move Levels 옵션이 있는데 이것은 섹션을 특정 레벨로 옮긴다. 이것은 고급 기능으로서 스트림 특정 지역 또는 지역이 플레이어 뷰에서 항상 보이지 않아도 될 때 제외시켜 렌더링 파워를 줄일 수 있다. 마지막으로 랜드스케이프 추가를 위한 옵션과 현재 선택된 랜드스케이프에 연결하는 스플라인^{Spline} 링크를 제어하는 옵션이 있다.

노트

스플라인

스플라인은 연결된 점들의 집합이고 랜드스케이프 위에서 동작한다. 스플라인은 랜드스케이프 표면 위의 도로와 다른 구조물들을 만들 때 도움을 준다.

모양, 볼륨 조각하기

새로운 랜드스케이프를 만들었으므로 이제 모양과 볼륨을 랜드스케이프에 추가할 수 있다. 조각Sculpt 탭은 세 개의 드롭다운 메뉴인 툴Tool, 브러시Brush, 폴오프Falloff로 구성돼 있다(그림 8.3 참조).

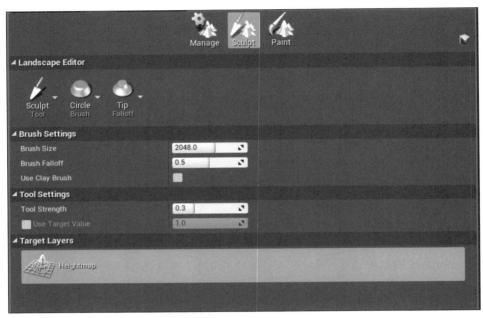

그림 8.3 랜드스케이프 패널의 조각 탭

툴 메뉴

툴 메뉴Tool menu는 랜드스케이프의 표면, 볼륨을 제어하기 위한 도구를 제공한다. 각 도구는 도구의 종류에 따라 특정한 설정들을 가지고 있다.

▶ Sculpt조각: 이 도구는 랜드스케이프 메시를 위아래로 조각한다.

▶ Smooth스무드: 조각 툴에 영향받는 하이트맵을 부드럽게 만든다.

▶ Flatten평탄화: 평탄화 도구는 처음 클릭한 랜드스케이프 지점의 높이를 기준으로 랜드스케이프의 높이를 평탄화시킨다. 선택된 높이 값에 의존해 랜드스케이프가 올라가거나 낮아진다.

- ▶ Ramp^{경사로}: 두 지점을 선택해 그 사이에 평평한 경사로를 만들어준다.

- ▶ Erosion^{침식}: 랜드스케이프에 융해 침식 시뮬레이션을 사용해 하이트맵의 높이를 조절한다. 높은 지대에서 낮은 지대로의 토양 침식 작용을 흉내 낸다.

- ▶ Hydro Erosion^{수성 침식}: 강우로 인한 침식 시뮬레이션을 사용해 하이트맵의 높이를 조절한다. 처음 비를 뿌릴 지역을 결정하기 위해 노이즈 필터가 사용된다. 그 후 계산을 통해 처음 비가 내린 지역에서부터 물이 흘러내리며 융해되고 운반하며 증발하는 과정을 시뮬레이션한다.

- ▶ Noise^{노이즈}: 랜드스케이프에 노이즈를 적용하고 설정 값들을 사용해 양과 강도를 결정한다.

- ▶ Retopologize^{리토폴로지}: 이 도구는 텍스처가 늘어나는 현상을 감소시키기 위해 버텍스 밀도를 개선하는 데 사용한다.

- ▶ Visibility^{표시 여부}: 랜드스케이프 메시의 선택된 표면 일부를 표시/비표시할 수 있다. 이것으로 랜드스케이프에 동굴과 같은 구멍을 만들 수 있다.

- ▶ Selection^{선택}: 랜드스케이프 특정 지역에 특정 동작을 하는 데 사용되는 툴이다.

- ▶ Copy/Paste^{복사/붙여넣기}: 이 도구를 사용해 랜드스케이프 한 영역의 높이 데이터를 다른 랜드스케이프로 복사할 수 있다.

브러시 메뉴

브러시 메뉴^{Brush menu}에서 랜드스케이프에 사용할 도구의 모양을 결정한다. 브러시의 종류는 다음과 같이 네 가지가 있다.

- ▶ Circle^원: 가장 일반적으로 사용하는 기본 브러시다. 원형으로 된 브러시다.

- ▶ Alpha^{알파}: 특정 마스크 텍스처를 브러시로 사용한다. 하이트맵과 비슷하게 그레이스케일로 표현된다.

- ▶ Pattern^{패턴}: 전체 랜드스케이프에 걸쳐 반복되는 패턴을 브러시로 사용한다. 브러시로 칠하는 부분에 따라 텍스처 패턴이 타일링된다.

- ▶ Component^{컴포넌트}: 조각하고 있는 개별 컴포넌트 전체에 영향을 주는 브러시다.

폴오프 메뉴

폴오프 메뉴$^{Falloff menu}$에서는 랜드스케이프를 만들 때 브러시의 강도를 설정할 수 있다. 폴오프에는 다음 네 가지 종류가 있다.

▶ Smooth^{스무드}: 일반적으로 가장 많이 사용하는 감쇠 타입이다. 감쇠가 시작되고 끝나는 지점의 에지를 부드럽게 만들어준다.

▶ Linear^{선형}: 모서리를 둥글게 하지 않은 각진 선형 감쇠다.

▶ Spherical^{구형}: 부드럽게 시작해서 각지게 끝나는 반원형 감쇠다.

▶ Tip^{뾰족}: 급작스럽게 시작해서 부드러운 반원형으로 끝나는 구체형에 반대되는 감쇠다.

페인팅

페인트^{Paint} 탭에서 머티리얼 레이어를 랜드스케이프 메시에 그릴 수 있다. 이 탭은 조각 탭과 같이 같은 설정과 도구들을 제공하며, 세 가지 주요한 도구인 툴, 브러시, 폴오프가 있다. 각각은 조각 탭과 같이 같은 룰을 사용하지만 머티리얼의 페인팅에 적용된다는 점이 다르다.

랜드스케이프 머티리얼

랜드스케이프 머티리얼 설정은 일반적인 머티리얼 설정과 살짝 다르다. 랜드스케이프를 위한 머티리얼을 만들 때는 새로운 머티리얼을 만드는 작업과 똑같다. 하지만 머티리얼 에디터에서 LandscapeLayerBlend 노드를 사용해 레이어들을 블렌딩하는 것이 다르다 (그림 8.4 참조). 이 노드를 사용해, 서로 다른 텍스처들이 랜드스케이프 설정 메뉴에서 분할돼 특정 레이어로 사용될 수 있다. 이 노드를 사용하려면 머티리얼 에디터의 오른쪽에 있는 팔레트 패널에서 가져와 추가할 수 있다. 그 이후에 노드의 + 기호를 선택해 레이어를 추가할 수 있다. 이때 하나 이상의 레이어를 추가할 수 있다.

머티리얼에 배치된 후, 텍스처들은 LandscapeLayerBlend 노드에 일반적인 방법으로 조합되고 블렌드된다. 그 이후 최종 머티리얼의 입력으로 연결된다. 예를 들어 기본 색상 $^{base color}$, 노말^{normal}이다. 이때 레이어들의 이름을 조심스럽게 설정해 UE4가 올바르게 랜드스케이프 내 레이어들을 정의할 수 있도록 해야 한다.

새로운 랜드스케이프 머티리얼 만들기

랜드스케이프 머티리얼을 만들기 위해 사용자 정의 텍스처를 설정하고 다음 단계들을 따라 해보자.

1. 콘텐츠 브라우저에서 새로운 머티리얼을 만들고 이름은 Landscape_Material_Test01로 한다.

2. 이 머티리얼을 랜드스케이프에서 사용하기 위해 디테일 패널에 간 후 **Usage option** 아래에 있는 **Used with Landscape**를 켠다.

3. 팔레트 패널에서 LandscapeLayerBlend 노드를 가져와서 생성한다.

4. 랜드스케이프 머티리얼을 위한 텍스처를 가져온다(Dirt_01, Grass_01을 가져올 것이다). 이 머티리얼 들을 콘텐츠 브라우저에서 드래그하거나 Texture Sample을 생성한다. Grass01과 Dirt_01 기본 색상 텍스처는 Texture Sample이 된다.

5. LandscapeLayerBlend 노드에서 랜드스케이프 머티리얼에서 사용할 레이어 개수를 설정한다. LandscapeLayerBlend 노드를 선택하고 디테일 패널로 간다. 그리고 **Layers** 옵션에 있는 **+** 기호를 선택해 두 개의 레이어를 추가한다.

6. 새롭게 생성된 레이어의 이름을 각각 Dirt, Grass로 설정한다. Grass01의 기본 색상 텍스처를 Grass 레이어에 연결하고 Dirt_01을 Dirt 레이어에 연결한다.

7. LandscapeLayerBlend 노드를 머티리얼의 기본 색상 입력에 연결한다. 노말, 기본 색상, 러프니스와 같은 텍스처 타입들을 위해 방금 만들어놓은 LandscapeLayerBlend 노드를 복제해 일치하는 머티리 얼 입력에 연결한다.

8. 기본적으로 머티리얼 미리보기에 텍스처가 나타나지 않을 것이다. 레이어를 테스트하려면 LandscapeLayerBlend 노드로 가서 Preview Weight 값을 0 이상에서 1 이하로 설정하면 된다.

랜드스케이프 머티리얼은 일반적인 머티리얼과 다르게 레이어드되며 다른 형식의 블렌 딩을 사용한다. 블렌딩 타입은 LandscapeLayerBlend 노드의 디테일에서 볼 수 있다. 랜 드스케이프 레이어 블렌딩 타입은 다음과 같이 세 가지다.

▶ LB_WeightBlend웨이트 블렌드: 랜드스케이프 레이어의 기본 블렌드 타입이다. 레이어 순서 걱정 없이 다른 레이어와 무관하게 어떤 레이어를 칠하고자 할 때 사용한다.

▶ LB_HeightBlend하이트 블렌드: LandscapeLayerBlend 노드의 Height Layer Input에 연결된 하이트맵을 기반으로 블렌드한다.

▶ LB_AlphaBlend^{알파 블렌드}: 알파 블렌드는 버텍스에서 노말 머티리얼을 위한 블렌딩
과 비슷하게 마스크로서 두 레이어 간 텍스처 전이를 나눈다. 특정 맵을 사용해 알
파 맵의 그레이스케일에 기반해 레이어들을 나누고 전이된다.

텍스처를 레이어와 최종 머티리얼에 연결함으로써 머티리얼을 랜드스케이프 머티리얼
레이어로서 사용할 수 있다. 머티리얼은 랜드스케이프의 디테일 패널을 통해 랜드스케이
프에 적용될 수 있다. 텍스처가 레이어에 연결되고 나면 팔레트 패널이 올바른 레이어들
을 보여주고 랜드스케이프에 페인트될 레이어들을 선택할 수 있다.

노트

랜드스케이프 머티리얼 노드

머티리얼 에디터에는 랜드스케이프의 레이어, 텍스처들을 위한 다른 형식의 노드들도 있다. 이러한 노드들이 어떻
게 사용되고 적용될 수 있는지 알아보자.

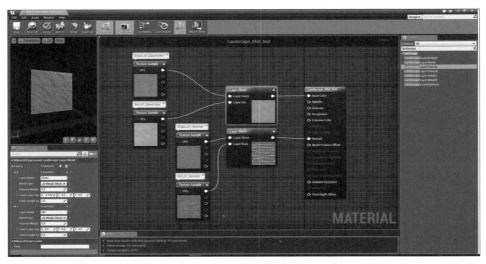

그림 8.4 머티리얼 에디터 내 LandscapeLayerBlend 노드는 다수의 랜드스케이프 레이어들을 제어할 수 있게 해준
다. 여기서 랜드스케이프를 칠하기 위해 두 머티리얼 간 레이어 블렌드 설정을 어떻게 하는지 볼 수 있다.

새로운 머티리얼과 함께 랜드스케이프 설정하기

랜드스케이프와 머티리얼을 생성했으니 다음 단계들을 따라 머티리얼을 랜드스케이프에 적용해보자.

1. 랜드스케이프를 선택하고 디테일 패널로 간다.

2. 랜드스케이프 머티리얼 영역 내 **Landscape** 섹션으로 가서 이전에 만든 머티리얼들을 추가한다.

3. 여러분이 만든 머티리얼에서 레이어를 이용해 페인팅하기 위해 랜드스케이프 레이어를 추가해야 한다. 모드 패널(Modes panel)에서 **Landscape** 버튼을 클릭한다(그림 8.5).

4. 랜드 스케이프 패널에서 **Paint** 탭을 선택한다.

5. **Target Layers** 옵션을 보면 여러분이 만든 레이어들이 연결돼 있는 것을 볼 수 있다. 디테일 패널 안에서 각 레이어의 왼쪽에 있는 **+** 기호를 클릭해 머티리얼 내 각 레이어들을 위한 새로운 랜드스케이프 레이어를 만든다.

6. 페인팅할 대상 레이어를 클릭한 후 드래그해 랜드스케이프에 올린다. 다른 대상 레이어를 선택하면 해당 레이어에 페인팅한다.

7. 브러시 사이즈, 폴오프 또는 다른 페인팅 옵션을 바꾸려면 **Target Layers** 섹션 위에 있는 브러시 설정이나 툴 설정을 바꾼다.

그림 8.5 랜드스케이프 패널에 관리, 조각, 페인트 탭들이 있다.

폴리지 사용하기

폴리지^{Foliage}는 랜드스케이프 메시 위에서 직접적으로 관계돼 있거나 씬 내에 있는 다른 애셋들의 집합이다. 폴리지 애셋은 보통 나무, 돌, 잔디, 관목과 같은 애셋들이다. 폴리지 탭은 매우 많은 개수의 애셋들을 파라미터들을 사용해 씬에 빠르게 배치하는 데 매우 유용하다. 잔디 혹은 나무를 매우 큰 영역에 손으로 일일이 배치하는 것은 시간이 매우 많이 드는 작업에 속한다. 하지만 폴리지를 사용하면 브러시 도구를 사용해 매우 빠르게 애셋들을 배치할 수 있다. 폴리지 액터^{Foliage Actor}는 어떠한 종류의 스태틱 메시도 될 수 있다. 간단하게 메시를 드래그해 폴리지 탭에 드롭하면 폴리지 브러시 애셋^{Foliage Brush asset}이 된다(그림 8.6 참조).

폴리지 탭 왼쪽을 보면 다섯 개 탭을 사용할 수 있다.

▶ Paint^{페인트}: 폴리지에서 가장 일반적으로 사용되는 탭이다. 월드에서 폴리지를 더하거나 빼는 데 사용된다.

▶ Reapply^{재적용}: 현재 설정으로 이미 배치된 모든 폴리지 스태틱 메시^{Foliage Static Mesh}들에게 적용한다. 즉, 월드에 이미 칠해진 인스턴스의 파라미터를 변경하는 데 사용된다.

▶ Select^{선택}: 이동이나 삭제 등의 작업을 위해 개별 인스턴스를 선택하는 데 사용되는 툴이다.

▶ Lasso^{올가미}: 이 탭은 폴리지 스태틱 메시의 특정 그룹을 선택할 수 있도록 한다.

▶ Fill^{채우기}: 원하는 폴리지 스태틱 메시로 씬 내 선택된 영역을 채운다.

페인트 탭에 있는 설정들은 브러시 또는 영향받는 영역을 제어한다. 또한 밀도^{density} 옵션도 있는데 이 도구를 사용해 애셋을 배치할 때 애셋의 밀도를 결정한다. 마지막으로 페인트 탭에 있는 체크박스들은 브러시가 영향력을 행사하는 종류들을 설정한다. 예를 들어 Landscape 옵션을 끄고 나면 오직 BSP와 스태틱 메시만 영향받는다.

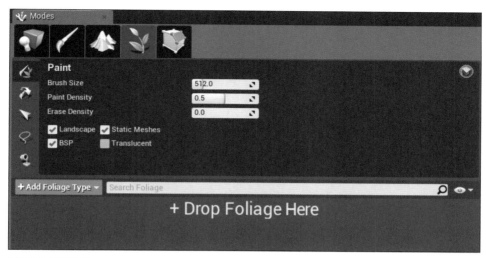

그림 8.6 폴리지 탭

폴리지 배치하기

씬에 폴리지를 배치하려면 반드시 스태틱 메시가 폴리지 탭에 추가돼야 한다(그림 8.7 참조). 그 이후에 그룹 내 스태틱 메시들을 선택해 칠하거나 개별적으로 켜거나 끌 수 있다. 스태틱 메시를 켜려면 애셋의 아이콘을 클릭하고 왼쪽 상단의 체크박스를 선택한다. 또한 체크박스를 선택해서 끌 수도 있다. 체크박스가 켜져 있는 모든 메시들은 폴리지 브러시를 사용해 그릴 때 동시에 그려진다. 각각의 스태틱 메시들을 리스트에 저장할 수 있다. 스태틱 메시의 오른쪽 상단을 보면 저장하기 기호가 있는데 이것을 클릭하면 된다.

이제 리스트 내 각 애셋들은 고유의 파라미터들을 가지고 있고 브러시에서 사용된다. 각 설정들은 기본값이 설정돼 있지만 목록에서 스태틱 메시를 클릭하면 옆에 표시돼 있는 체크박스를 선택해 각각의 옵션들을 변경할 수 있다. 각각의 옵션들은 밀도, 각도, 방향, 스케일과 같은 스태틱 메시가 배치되는 방법에 변화를 줄 수 있다.

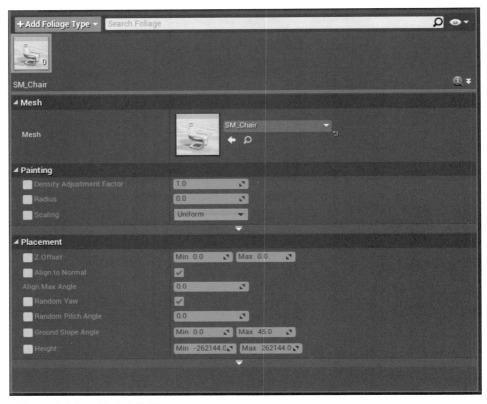

그림 8.7 폴리지 스태틱 메시 설정들

선택된 폴리지로 칠하려면 씬 내의 아무 곳이나 왼쪽 버튼으로 클릭하면 된다. 이렇게 하면 브러시의 설정에 기반을 둬 애셋들이 배치된다. 이미 칠해진 영역을 지우려면 Shift 키를 누른 채로 왼쪽 버튼을 클릭하면 된다. 폴리지 툴에서 스태틱 메시를 모두 지우려면 지우고 싶은 애셋에서 마우스 오른쪽 버튼을 누른 후 Delete를 선택하면 된다. 이렇게 하면 씬에 배치돼 있던 메시의 모든 인스턴스도 함께 지워진다.

폴리지 배치하기

폴리지를 배치하려면 폴리지 탭을 열고 다음 단계들을 따라 해보자.

1. 스태틱 메시 액터를 콘텐츠 브라우저에서 드래그해 폴리지 패널의 **Drop Foliage Here** 영역에 드롭한다.

2. 폴리지 스태틱 메시의 **Density** 값을 50으로 설정한다.

3. **Radius**를 2로 설정한다.

4. 이전에 만든 랜드스케이프에 폴리지를 그린다.

5. **Shift**를 누른 상태로 클릭해서 이미 그려진 폴리지 스태틱 메시들을 지운다.

요약

이번 시간에는 UE4에서 제공하는 랜드스케이프 도구들을 알아봤다. 랜드스케이프의 모양과 표면을 어떻게 만드는지 배워봤고 랜드스케이프 머티리얼 레이어를 만드는 방법과 이러한 레이어들을 랜드스케이프에 어떻게 칠하는지 배워봤다. 그리고 폴리지 툴을 사용해 스태틱 메시들을 씬에 그리는 방법을 알아봤다. 이러한 도구들을 이해하는 것은 여러분이 더 큰 게임 월드를 만들 때 많은 도움이 된다.

질문 및 답변

질문. 스태틱 메시들을 사용하지 않고 랜드스케이프를 사용하는 이유는 무엇인가?

답변. 매우 큰 게임 월드를 만들 때, 랜드스케이프가 더 효과적으로 렌더링 가능하며 개발자가 손쉽게 비주얼을 수정할 수 있다. 스태틱 메시들은 각각 개별적으로 이것들을 수정해야 하며 효율적인 측면에서 랜드스케이프가 제공하는 것들을 지원하지 못한다.

질문. 씬에 이미 폴리지를 그려놓고 폴리지 스태틱 메시들을 선택할 수 있는가?

답변. 그렇다. 폴리지 탭에서 이미 그려진 스태틱 메시들을 독립적으로 선택할 수 있고 트랜스폼을 설정할 수 있다.

질문. 랜드스케이프를 위한 머티리얼에 표준 머티리얼과 같이 기본 색상, 노말, 러프니스, 메탈릭과 같은 설정들을 가질 수 있는가?

답변. 그렇다. 다만 각 입력을 위한 레이어 설정 노드를 만들 때, 이름을 잘 구분하는 것을 잊지 말자. 예를 들어 노말에서 Dirt 레이어, 러프니스, 기본 색상들은 순서대로 올바르게 작동하기 위해 랜드스케이프 레이어링 각 노드에서 같을 필요가 있다.

연구

이번 시간을 끝냈으니 다음 질문에 답해보자.

퀴즈

1. 폴리지 탭에서 애니메이션되는 메시를 사용할 수 있는가?
2. 랜드스케이프를 만들고 이것들의 설정을 바꿀 수 있는가?
3. 랜드스케이프 머티리얼을 레이어링하기 위해 사용되는 노드의 이름은 무엇인가?

답변

1. 없다. 오직 스태틱 메시들만 가능하다. 스태틱 메시들은 버텍스 디포메이션^{vertex} deformation은 가질 수 있지만 스켈레탈 메시들은 사용할 수 없다.

2. 바꿀 수 있다. 랜드스케이프 패널에서 Change Component Size 섹션으로 가서 설정들을 바꿀 수 있다.

3. LandscapeLayerBlend

연습

이번 연습에서는 새로운 설정들을 사용해 새로운 랜드스케이프를 만들어볼 것이다. 그 이후에 랜드스케이프 레이어드 머티리얼을 만들고 랜드스케이프에 연결해 페인트 기능을 사용할 것이다. 마지막으로 스태틱 메시를 폴리지에 등록해 랜드스케이프에 폴리지를 그릴 것이다. 이 연습을 통해 새로운 랜드스케이프를 처음부터 어떻게 만드는지 이해하고 레이어드 머티리얼을 사용해 표면을 그리고 메시를 배치해볼 것이다.

1. 새로운 랜드스케이프를 만든다.

2. Sculpt^{조각} 탭을 사용해 표면을 만든다.

3. Ramp^{경사로} 도구를 사용해 두 영역 사이에 경사로를 만든다.

4. Smooth^{스무드} 도구를 사용해 영역을 부드럽게 만든다.

5. 새로운 레이어드 랜드스케이프 머티리얼을 생성한다.

6. 레이어드 랜드스케이프 머티리얼을 랜드스케이프에 추가한다.

7. 다양한 레이어를 랜드스케이프에 그린다.

8. 다수의 스태틱 메시들을 폴리지 도구에 추가한다.

9. 폴리지 탭에서 각 스태틱 메시들을 선택해 그린다.

10. 모든 스태틱 메시들을 체크해 한 번에 메시들을 그린다.

HOUR 9
월드 만들기

이번 시간에 배우는 것들

▶ 프로젝트에 레벨 추가하기

▶ 레벨을 위해 배치하는 방법

▶ 블루프린트 클래스에 배치된 액터들 조합하기

이번 시간에는 메인 에디터 인터페이스에 친숙해지고 레벨의 구조에 대해 배워볼 것이다. 이전 시간에 배운 것들을 활용해 월드를 만들어가며 오브젝트를 어디에 배치할지 연습해볼 것이다. 월드 만들기는 액터와 아트 애셋을 레벨에 배치하는 과정이다. 월드 만들기에서 레벨 디자이너와 배경 아티스트의 경계가 모호해진다(일부 회사에서는 레벨 디자이너가 월드 만들기를 담당하는 경우도 있다). 이번에는 새로운 프로젝트를 만들고 이미 존재하는 애셋들을 활용해 월드 만들기에 친숙해질 것이다.

노트

Hour 9 설정

1인칭 템플릿과 스타터 콘텐츠를 이용해 새로운 프로젝트를 만든다.

직접 해보기 ▼

프로젝트 설정

이번 시간을 위해 Third Person 프로젝트 템플릿을 기반으로 새로운 프로젝트를 만든 후 다음 단계들을 따라 해보자.

1. 런처를 실행하고 메인 에디터를 띄운다.

2. **New Project**를 선택해 새로운 프로젝트를 만든다.

3. 블루프린트 탭(Blueprint tab)에서 Third Person 게임 템플릿을 선택한다.

4. Desktop/Console을 선택한다.

5. Maximum을 선택한다.

6. With Starter Content를 선택한다.

7. Create Project를 클릭한다.

노트

콘텐츠 팩

이번 시간을 위해 콘텐츠 팩(content pack)을 사용한다. 다른 콘텐츠를 사용하고 싶다면 **Learn** 섹션 아래에 있는 **Launcher** 안에서 다른 무료 콘텐츠를 사용하거나 마켓플레이스에서 무료 Infinity Blade 콘텐츠를 다운로드할 수 있다. 이것을 사용하려면 마켓플레이스 아래에 있는 **Launcher** 안에서 Infinity를 타이핑하고 Infinity Blade를 찾아 다운로드하면 된다. 기존에 있던 프로젝트의 콘텐츠를 사용하려면 해당 콘텐츠를 현재 프로젝트로 이주(migrate)해야 한다. Infinity Blade 콘텐츠를 다운로드하면 Vault에 추가되고 **Launcher**의 **Library** 탭에서 해당 콘텐츠를 프로젝트로 추가할 수 있다.

월드 만들기

월드 만들기는 개발하고자 하는 게임 종류에 의존하지만 대부분의 경우 기본적인 과정은 같다. 현재 우리는 이미 존재하는 애셋으로 작업을 시작할 수 있고 게임플레이나 모델링, 텍스처는 걱정할 필요가 없으므로 월드 만들기와 에디터 사용법에 집중할 수 있다.

좋은 월드를 만들려면 크기, 색상, 라이팅, 사운드, 애셋 배치를 포함한 다양한 요소들이 함께 어우러져 의도한 정서 반응을 플레이어에게 줄 수 있어야 한다. 배치는 단순히 보기 좋은 것으로 끝나지 않고 플레이어가 레벨을 플레이할 때 게임에 몰입할 수 있도록 해야 한다.

환경 묘사 기법

게임을 개발하고 있다면 만들고자 하는 지역에 대한 설명이 이미 있을 것이다. 각 지역을 만들 때 이러한 설명은 시각적인 묘사에 도움이 될 것이다. 레벨을 만들기 이전에 사용할 수 있는 모든 애셋들을 살펴보고 지역을 설명할 수 있는 간단한 묘사를 만들어 플레이어가 그곳에 도착하기 전에 지역에 어떠한 일들이 있었는지 설명할 수 있도록 하자. 이것은 애셋 배치나 라이팅을 적용할 때 의사 결정에 도움이 될 것이다.

기본 레벨 만들기

모든 프로젝트는 기본 맵을 가지고 있으며 매우 빠르게 게임 모드와 플레이어 컨트롤을 테스트해볼 수 있다. 프로젝트를 이미 만들었다면 이제 레벨을 만들어보자.

1. 콘텐츠 브라우저에서 새로운 폴더를 만들고 이름은 Maps로 설정한다.

2. 메인 메뉴에서 File ➤ New Level을 선택한다(단축키는 Ctrl + N이다).

3. 대화 상자가 나타나면 Default Level을 선택한다.

4. 만들어진 레벨을 Maps 폴더에 저장한다.

레벨의 구조

조금 전에 만든 레벨에서 월드 아웃라이너World Outliner 패널을 보면 기본 맵에 배치된 액터들을 볼 수 있다. 시간을 투자해 이미 배치된 액터들의 이름, 종류, 속성들을 디테일 패널에서 눈여겨보자. 바닥을 위해 Floor Static Mesh Actor가 있고 레벨을 플레이할 때 폰Pawn이 생성되는 위치인 Player Start Actor를 볼 수 있다. 두 개의 라이트가 있는데 각각 스카이 라이트Sky Light와 디렉셔널 라이트Directional Light다. 스카이 라이트는 씬 전체에 빛을 표현하는 큐브 맵이며, 디렉셔널 라이트는 해의 방향을 표현한다. 애트모스페릭 포그Atmospheric Fog 액터는 대기의 빛 산란을 표현하며 마지막으로 Sky_Sphere라고 이름을 가진 블루프린트 클래스를 볼 수 있는데 이것은 레벨의 하늘을 동적으로 제어한다. 뷰포트를 탑 뷰로 바꾼 후에 축소하면 스카이 돔이 바닥보다 더 크게 설정돼 있는 것을 볼 수 있다.

노트

디렉셔널 라이트

디렉셔널 라이트의 경우 위치는 중요하지 않고 오직 방향만이 중요하다. 디렉셔널 라이트로부터 시작되는 라이트는 월드의 바깥에서 시작하며, 향하고 있는 방향으로 비친다. 라이트는 매우 멀리 떨어져 있으므로 태양을 모사하는 데 사용되며 폴오프가 없다.

월드 만들기 과정

프로젝트 셋업이 끝났으니 과정에 대해 이야기해보자. 배치하는 동안 다음과 같은 반복 과정을 사용해 단계별로 연습하는 것이 좋다.

1. **크기와 범위**: 프리미티브^{primitive} 오브젝트들을 활용해 크기, 레벨에서 차지하는 공간을 정한다.

2. **셸링과 블로킹**: 이 단계에서는 건물이나 벽과 같은 큰 구조물들을 활용해 건축적이고 구조적인 요구를 처리한다.

3. **프롭^{Prop}(소품)과 애셋 배치**: 이 단계에서는 프로젝트에 관련된 소품과 애셋들(의자, 나무, 쓰레기통과 같은)을 배치한다.

4. **라이팅과 오디오**: 이 단계에서는 라이트와 앰비언트 오디오 액터를 배치한다.

5. **플레이테스트와 개선**: 플레이어의 관점에서 레벨을 테스트하고 지속적인 개선과 이슈들을 고친다.

원하는 결과를 얻을 때까지 3~5단계를 반복한다. 다음 절에서는 이러한 단계들을 더 자세히 알아본다.

크기 정하기

레벨을 만들 때 배경 환경을 위한 적절하고 효과적인 사이즈를 결정하는 것은 레벨의 분위기를 만드는 데 중요한 요소 중 하나다. 이를 위해 캐릭터의 크기를 알 필요가 있다. UE4에서 1 언리얼 유닛^{uu}은 1cm와 같다. 평균적으로 게임 내 캐릭터의 크기는 6피트고 182.88cm(1.82m) 또는 182.88 언리얼 유닛이다. 만약 캐릭터가 준비돼 있지 않더라도 시각적으로 대체할 수 있는 오브젝트를 사용할 수 있다면 크기를 정하는 데 도움이 될 것이다.

▼ 직접 해보기

크기 설정을 위한 참조 배치하기

캐릭터 애셋 또는 캐릭터의 평균 크기를 대변하는 간단한 형태의 도형을 배치하는 것은 레벨의 크기를 정하는 데 도움이 된다. 다음 단계들을 따라 Third Person 게임 템플릿에서 제공하는 스켈레탈 메시를 배치해보자.

1. 이전에 만든 기본 레벨을 불러온다.

2. 콘텐츠 브라우저에서 **ThirdPersonBP ➤ Character ➤ Mesh**에 있는 SK_Mannequin 애셋으로 간다.

3. SK_Mannequin 스켈레탈 애셋을 레벨로 끌어와 Floor Actor의 위에 배치한다.

4. 레벨을 저장한다. 이제 그림 9.1과 같이 크기 참조를 위한 SK_Mannequin을 볼 수 있다.

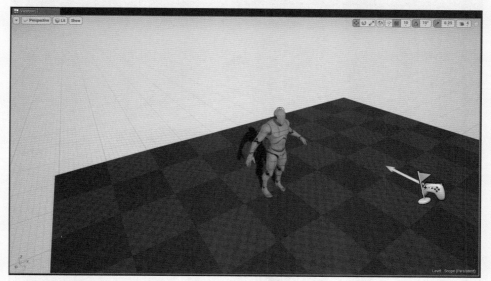

그림 9.1 캐릭터 크기 참조

범위 정하기

이제 레벨의 범위를 정해보자. 큰 것이 항상 좋은 것이 아님에도 레벨 디자이너들은 프로젝트 초반에 MMO 게임 사이즈와 같은 너무 큰 범위를 사용하는 실수를 한다. 이런 실수는 레벨 디자이너들에게 좌절감을 안겨주며 문제를 해결하기 어렵게 만든다. 좋은 경험법칙에 의하면 양보다 품질에 집중하는 것이 좋으며 UE4와 에디터에 익숙해졌을 때 프로젝트의 복잡도를 올리는 것이 좋다.

이번 시간에는 기본 Floor Static Mesh로 시작해서 작은 요소들을 추가하는 방식으로 진행한다. 모드 패널로 간 후 **Place** 탭을 선택한다. 그리고 왼쪽 부분에서 **BSP**를 선택한다. 이제 레벨에서 **BSP** 액터 리스트를 볼 수 있다. BSP 액터 박스를 클릭한 후 드래그해 뷰포트에 드롭한다. 박스 액터가 선택된 상태에서 **Brush Setting**에 있는 **Y** 값을 440으로 설정하고 Z 값을 50으로 설정한다. 이제 BSP 박스의 중심이 Floor Static Mesh의 끝에 위치하며 박스의 밑부분이 바닥 위쪽에 정렬된다. 그림 9.2에 그 결과를 볼 수 있다.

그림 9.2 BSP 박스가 레벨에 배치된 것을 볼 수 있다.

팁

BSP 액터로 작업하기

BSP 액터는 UE4에서 절차적으로 생성된 기본 도형이며, BSP는 Binary Space Partitioning의 약자다. 이 액터는 다른 3D 프로그램에서 메시 가져오기로 가져온 것과 다르게 취급된다. BSP는 레벨을 재빠르게 만들어볼 수 있게 해준다. BSP를 다룰 때 자주 듣는 다른 용어가 있는데 바로 CSG(Constructive Solid Geometry)다. 이것은 인접해 있는 도형들을 의미하는데 불 방식(Boolean) 모델링을 사용해 BSP들을 더하거나 뺌으로써 다른 상태를 만들어낸다. 에디터에서 이러한 도형에 텍스처를 입힐 수 있는데 콘텐츠 브라우저에서 머티리얼을 드래그한 후 폴리곤에 드롭함으로써 텍스처를 입힐 수 있다.

BSP의 모양을 바꾸려면 모드 패널에서 **Geometry Editing**을 선택해 BSP 액터의 모양을 바꿀 수 있다. 하지만 모양이 복잡하면 작업하기가 까다로울 수 있으므로 모델링 프로그램을 사용해 스태틱 메시로서 가져오는 편이 나을 것이다. BSP로 작업할 때 사이즈를 바꾸려면 디테일 패널의 **Brush Settings** 아래에서 수정할 수 있다.

셸링과 블로킹

돌아다닐 수 있는 지역을 만들고 나면 레벨의 막히는 부분들을 만들 필요가 있다. 콘텐츠 브라우저에서 Starter Content 폴더로 이동한 후 폴더명 Architecture로 들어간다. 여기서 원하는 스태틱 메시를 찾자. wall_door_400x300을 선택한 후 드래그해 레벨에 배치한다. 이 메시를 BSP 박스의 위쪽에 배치한다. 그림 9.3과 같이 사이즈를 맞추자.

그림 9.3 BSP 액터를 사용해 레벨 셸링(shelling), 블로킹(blocking)하기

작은 방을 만들고 나면 다른 BSP 액터를 드래그해서 벽을 만들자. 모든 작업을 끝내면 그림 9.4와 같을 것이다.

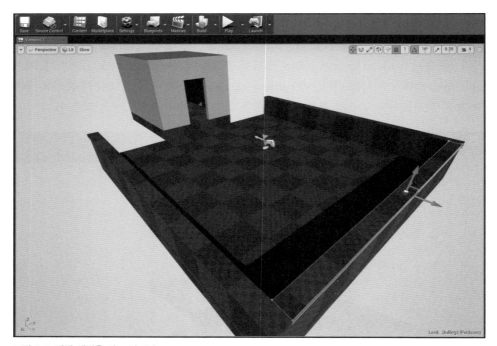

그림 9.4 레벨 셸링을 하고 난 모습

팁

스냅과 쿼드 뷰 작업하기

애셋을 올바르게 배치하고 정렬하는 것은 지루한 작업이 될 수 있다. 이때 스냅(snap) 기능을 활용해 이동, 크기 조정, 회전을 하면 도움이 된다(Hour 3에서 스냅에 관해 배워봤다). 뷰포트를 네 개로 설정해서 작업하는 것도 도움이 되는데 레벨을 Top, Side, Front에서 봄으로써 정렬이 올바르게 된 것을 확인할 수 있다. 뷰포트를 바꾸려면 스냅 설정의 오른쪽 끝에서 **Maximize/Restore**를 선택하면 된다.

그림 9.5 트랜스폼, 그리드 스냅핑, 뷰포트 토글

그림 9.5에서 네 개의 유용한 스냅 설정을 볼 수 있다.

1. 드래그할 때 그리드로 스냅한다.
2. 회전 그리드에 오브젝트를 스냅한다.
3. 스케일 그리드에 오브젝트를 스냅한다.
4. 뷰포트를 최대화/복구한다.

프롭, 애셋 배치하기

레벨의 모양을 다듬고 나면 프롭prop과 애셋을 배치할 수 있다. 콘텐츠 브라우저에서 Starter Content 폴더에 있는 Props로 간 후 레벨에 배치할 프롭들을 찾는다. 가상의 공간을 만들고 있으므로 구조적으로 완벽할 필요는 없다. 물론 플레이어가 커튼의 뒤쪽을 바라보는 것은 막아야 한다. 방의 바깥쪽에 애셋을 배치하고 바닥 주변을 다듬어서 방 주변에 산이 있는 것처럼 꾸미자. 애셋을 배치하고 나면 그림 9.6처럼 머티리얼을 적용해서 공간을 꾸민다. 작업하는 동안 주기적으로 라이트를 빌드하는데, 콘텐츠가 추가될수록 라이트를 빌드하는 데 드는 시간이 늘어나는 것을 볼 수 있다.

시각적 복잡성과 파밍

시각적 복잡성은 시각적인 디테일과 애셋 용법 사이에서 균형을 찾는 개념이다. 다수의 애셋을 랜덤하게 배치하는 것은 디테일은 늘어나지만 잘 설계되지 않고 어수선한 경험을 줄 것이다. 애셋을 배치할 때 내러티브에 기반을 둔 공간의 기능을 고려해야 하고 파밍 가능한 위치에 애셋을 배치해야 한다(그림 9.6). 파밍farming은 게임 월드 내 작은 요소들을 만들어내는 것의 아이디어다. 이러한 영역의 디테일은 플레이어를 집중하게 하고 공간을 돌아다니는 데 가이드 역할을 해준다. 플레이어가 움직여야 하는 지역을 흥미로운 공간이 되도록 만들어보거나 지역 정보를 줄 수 있도록 해보자.

그림 9.6 프롭, 애셋 배치 그리고 머티리얼 적용하기

조립식 애셋으로 작업하기

Starter Content에 있는 많은 스태틱 메시들이 조립식으로 돼 있는 것을 볼 수 있다. 잘 만들어진 조립식 애셋들은 일관된 크기를 가지고 올바르게 피벗이 설정돼 쉽게 스냅 가능하다. 이것은 레벨을 만들 때 많은 도움을 주며 그로 인해 레벨을 반복해서 수정할 수 있게 해준다. 조립식 애셋을 사용하면 레벨을 꾸미는 것이 매우 빠르지만, 비슷한 애셋을 사용해 공간을 만들 때 반복적이지 않도록 주의할 필요가 있다.

팁

그리드와 스냅

조립식 애셋을 사용할 때 단점은 레벨이 너무 균일하거나 격자처럼 딱딱하게 보일 수 있다는 점이다. 그러므로 조립식 애셋을 사용할 때는 약간의 변화를 줘서 가능하면 레벨이 자연스럽게 보이도록 해줄 필요가 있다.

액터를 조합해 하나의 블루프린트 클래스로 만들기

레벨을 꾸밀 때 애셋들을 하나로 묶는 것은 좋은 생각이다. 이것은 여러 방법으로 할 수 있는데 Hour 3에서 알아본 방법은 아웃라이너에서 그룹을 생성하고 액터들을 여기에 넣는 것이다. 비록 이 방법은 매우 빠르지만 그룹의 레벨이 한정될 수 있다. 액터를 조합하는 다른 방법은 여러 액터들을 하나의 블루프린트 클래스로 만드는 것이다. 이렇게 하면 여러 레벨에서 해당 액터를 사용할 수 있고 스크립트 기능도 사용할 수 있다.

팁

액터 조합하기

레벨을 꾸밀 때, 필요로 하는 애셋이나 조립식 애셋이 없을 수도 있다. 이럴 때는 이미 가지고 있는 애셋을 조합해 하나의 블루프린트 클래스로 만들 수 있다. 이러한 애셋을 만들어 레벨에 배치하고 나면 다른 액터처럼 이동, 회전, 크기 조정을 할 수 있다.

▼ 직접 해보기

간단한 블루프린트 클래스 생성하기

블루프린트 클래스들은 이후에 더 자세히 알아보기로 하고 지금은 간단한 방법을 사용해 액터들을 조합함으로써 하나의 재사용 가능한 블루프린트 클래스로 만드는 방법을 알아보자.

1. 콘텐츠 브라우저에서 새로운 폴더를 만들고 이름은 MyBlueprints로 한다.

2. 콘텐츠 브라우저에서 Starter Content 안에 있는 실린더 Static Mesh 애셋을 찾는다.

3. 실린더 매시 애셋을 레벨에 배치하고 원하는 사이즈를 설정한다.

4. 콘텐츠 브라우저에서 실린더에 적용할 머티리얼을 찾고 스태틱 메시 액터에 적용한다.

5. Starter Content에서 Fire01_Cure 사운드 큐 애셋을 찾은 후 레벨에 드래그해 실린더 위쪽에 배치한다.

6. 모드 패널의 **Place** 탭에서 **Point Light Actor**를 선택해 추가한다. 라이트의 위치는 실린더 위쪽에 배치하고 색상, 강도, 감쇠 반경은 여러분이 원하는 대로 설정한다.

7. Starter Content에서 P_Fire 파티클 시스템을 찾아서 레벨에 추가한 후 실린더 위쪽에 배치한다.

8. 2~7단계에서 생성한 모든 액터들을 선택한 후 메인 툴바에서 **Blueprint** 아이콘을 선택한다. 그리고 **Convert Selected Components to Blueprint Class**를 선택한다.

9. 대화 상자가 나타나면(그림 9.7 참조) 경로를 설정하고 블루프린트 클래스의 이름을 P_Fire_Blueprint로 설정한다. 그리고 **Create Blueprint** 버튼을 클릭한다.

그림 9.7 배치된 액터들을 조합해 하나의 재사용 가능한 블루프린트 애셋으로 만들기

10. 레벨 에디터 메인 인터페이스에서 **File ❯ Save All**을 선택한다.

11. 콘텐츠 브라우저에서 방금 만든 블루프린트 애셋으로 간 후 드래그해 원하는 개수만큼 레벨에 배치해보자.

월드의 후경 만들기

월드의 후경은 플레이어가 다다를 수 없는 지역을 말한다. 월드의 후경은 실제 레벨의 크기가 훨씬 더 크다고 상상하게 만든다(그림 9.8 참조). 후경의 일반적인 예는 멀리 떨어진 산맥과 도시 풍경이다. 후경의 콘셉트 자체는 플레이어가 볼 수는 있지만 들어갈 수 없는 공간처럼 더 즉각적인 공간, 예를 들어 빌딩 사이의 울타리로 둘러싸인 부분에도 적용될 수 있다.

레벨을 만들어가면서 이 개념을 적용할 수 있는 다양한 방법을 생각해보자. 다음 절에서 이러한 개념을 적용하기 위한 몇 가지 사항을 제안한다.

그림 9.8 일반적인 월드의 후경

그림 9.8을 보면 공중에 떠있는 큰 바위가 후경으로 배치돼 있다. 플레이어가 바위가 떠있는 것을 볼 수 없도록 한다면 더 좋을 것이다. 레벨에 많은 수의 하이트 포그 액터Height Fog Actor를 배치해 그림 9.9와 같이 플레이어의 시야를 차단하면 도움이 된다.

그림 9.9 많은 수의 하이트 포그 액터를 활용한 모습

라이팅과 오디오 패스

레벨 꾸미기 네 번째 단계는 라이트와 앰비언트 사운드 액터를 배치하는 것이다.

라이팅

라이팅은 레벨 꾸미기에서 가장 중요한 측면 중 하나다. 이것은 시각적으로 일관성 있는 경험을 제공하고 궁극적으로 플레이어가 레벨에 감성적으로 반응하도록 만든다. 초보자의 경우 라이트의 강도에만 관심을 두지 색상을 조절하는 것은 잊어버린다. 이것은 레벨의 분위기를 만드는 데 매우 중요한 요소며 플레이어가 공간들을 이동하는 데 도움을 준다.

라이트 작업을 할 때는 뷰 모드 Lit, Detailed Lighting, Lighting Only를 번갈아가면서 적용할 필요가 있다. 이렇게 하면 레벨에 배치된 애셋들을 회색 표면으로 볼 수 있고 배치된 라이트들의 색상과 강도를 볼 수 있으며 이것들이 함께 어우러져 어떤 분위기를 만드는지 볼 수 있다(그림 9.10 참조). 필요한 만큼 포인트와 스팟 라이트 액터를 레벨에 추가하고 강도, 색상, 감쇠를 설정한다. 필요에 따라 디렉셔널, 스카이 라이트 액터를 배치할 수 있다는 것을 잊지 말자.

▶ 라이트 작업에 대해 알고 싶다면 **Hour 5, '라이팅과 렌더링 적용하기'**를 참고하자

뷰 모드

뷰포트의 뷰 모드를 바꾸려면 다음 단축키를 누르면 된다.

- ▶ Wireframe: **Alt + 2**
- ▶ Unlit: **Alt + 3**
- ▶ Lit: **Alt + 4**
- ▶ Detailed Lighting: **Alt + 5**
- ▶ Lighting Only: **Alt + 6**
- ▶ Lighting Complexity: **Alt + 7**

그림 9.10 뷰포트의 뷰 모드를 Lighting Only로 바꾸면 머티리얼이 적용되지 않고 라이트만 적용된 모습을 볼 수 있다.

실제 액터 없이 라이트만 추가하기

라이트 액터를 배치하는 방법이 너무 쉬우므로 초보자들은 보통 비주얼 소스를 배치하지 않는 경우가 있다. 예를 들어 랜턴, 램프, 횃불을 위한 라이트를 배치했다면 실제 액터도 배치해야 시각적인 불일치를 피할 수 있다.

그림자 색상

레벨에 배치된 라이트의 색상과 강도를 바꾸는 것은 분위기를 만드는 데 도움이 된다. 이때 그림자는 반드시 검은색이어야 한다. 장면에 있는 그림자의 색상을 직접 바꿀 순 없지만 스카이 라이트를 배치해 색상 변경이 가능하다. Sky Light Actor를 레벨에서 선택하고 디테일 패널의 Light 카테고리를 보면 Light Color와 Intensity를 바꿀 수 있다.

라이트매스 임포턴스 볼륨

이 과정을 통해 라이팅을 만들었다면 레벨에 콘텐츠가 추가될수록 라이트를 빌드하는 시간이 늘어나는 사실을 알아차렸을 것이다. 라이트를 빌드할 때 라이트매스는 라이트가 얼마나 튕길 것인지 계산한다(기본적으로 세 번 튕긴다). 예를 들어 라이트가 표면에 부딪히고 나면 튕겨 나온 후 다른 표면에 부딪힐 때까지 다시 빛이 움직인다. 즉, UE4는 라이트가 레벨에서 벗어날 때까지 이것을 처리한다. 이 처리 과정을 최소화하기 위해 라이트매스 임포턴스 볼륨^{Lightmass Importance Volume}을 사용한다. 이것은 라이트를 처리할 때 제외하는 볼륨의 크기를 정의하는데 이것을 사용하면 라이트의 빌드 시간을 크게 줄일 수 있다.

라이트매스 임포턴스 볼륨은 모드 패널 안의 Volume 카테고리에서 찾을 수 있다. 이것을 레벨에 추가하고 나면 디테일 패널의 Brush Settings에서 볼륨의 크기와 모양을 바꿀 수 있다. 볼륨을 배치할 때 레벨의 영역을 모두 감싼 후 작업해보자.

오디오

간단한 환경음은 정적인 레벨에 생명을 불어넣을 수 있다. 오디오는 플레이어의 지각에 매우 큰 영향을 줄 수 있는데 바람, 새의 지저귐, 천둥소리는 정적인 레벨에 생명력을 불어넣는다. 보통 환경음^{Ambient Sound}은 반복된다.

Ambient Sound Actor를 레벨에 추가하려면 콘텐츠 브라우저에서 Sound Wave 애셋을 찾고 이것을 드래그해 레벨에 배치하면 된다. Attenuation 아래에 있는 Override Attenuation의 체크박스를 풀고 Radius와 Fall Distance를 변경하자.

▶ 사운드 액터에 대해 알고 싶다면 **Hour 7, '오디오 시스템 사용하기'**를 참고하자.

플레이 테스트와 개선

스태틱 메시를 배치하고, 레벨을 조각하고, 라이트와 오디오를 배치해 월드 만들기 과정을 모두 끝내고 나면 플레이 테스트와 개선이 남아있다. 레벨을 만들면서 레벨을 테스트해봤을 것으로 생각하는데, 그렇지 않다면 지금 바로 이 순간이 플레이 테스트를 해볼 수 있는 시간이다. 레벨 에디터 툴바에서 Play 버튼을 누른 후 레벨을 돌아다녀보자.

플레이어의 관점으로 레벨을 돌아다녀보면서 문제점들을 찾아보자. 예를 들어 세부 묘사가 부족한 부분, 머티리얼이 잘못 적용됐거나 스태틱 메시가 바닥에 떠있게 배치됐다거나 하는 것들을 찾아보자. 다음으로 애셋 배치가 제대로 돼 있는지 보자. 배치된 소품들이 너무 일정한 패턴을 보이지 않는지, 방안에 소품이 배치돼 있는지, 배치된 애셋들이 대칭형으로 만들어져 있진 않은지, 또는 너무 심하게 애셋들이 배치돼 플레이어의 눈에 혼란을 주진 않는지 알아보자.

레벨을 개선하고 나면 레벨에 최종적으로 몇 가지 액터를 배치해 레벨의 겉모습을 크게 변화시킬 수 있는지 시도해보자. 예를 들어 비주얼 이펙트와 관련된 액터인 구체 반사 캡처Sphere Reflection Capture, 포그Fog, 후처리 볼륨Post Processing Volume과 같은 액터들을 추가해보자. 이러한 액터들을 레벨에 배치하고 난 후 조정하면 게임의 최종적인 모습을 크게 바꿀 수 있다.

반사 캡처 액터

구Sphere 및 상자Box 반사 캡처 액터는 해당 위치에서 레벨의 이미지를 캡처하고 주변의 액터들이 반사와 관련된 속성을 가진 머티리얼을 가지고 있는 경우 다른 액터로 프로젝트를 반사한다. 이러한 액터들은 반사를 정확히 표현하진 않기 때문에 효과적이고 효율적이다. 그러므로 여러분은 원하는 수만큼 레벨에 액터를 배치할 수 있다.

포그 액터

게임 개발자는 안개를 이용해 레벨이 작다는 것을 플레이어로부터 감춰 적은 개수의 애셋들만 사용하거나 먼 거리에 있는 오브젝트를 감춤으로써 렌더링 효율을 올렸다. 하지만 최근의 안개는 미적인 선택 사항으로 바뀌었다. 안개를 사용하면 조명에서 대비가 사라지기 때문에 장면이 쉽게 평평해 보일 수 있으므로 조심해서 사용해야 한다.

포그 액터에는 두 가지 종류가 있다.

▶ 애트모스페릭 포그Atmospheric Fog: 애트모스페릭 포그 액터는 레벨에 배치된 다이렉셔널 라이트와 함께 동작하며 지구의 대기권을 통과하는 빛의 산란 효과를 추정해내는 기법이다. 일반적으로 야외 레벨에 사용된다.

▶ 익스포넨셜 하이트 포그Exponential Height Fog: 익스포넨셜 하이트 포그 액터는 맵의 높이에 따라 레벨 내 안개의 농도를 제어한다. 낮은 지역일수록 농도가 더 높다.

포스트 프로세싱 볼륨 액터

후처리post processing는 씬에 적용할 카메라 이펙트를 사용할 수 있게 해준다. 피사계 심도
Depth of Field, 모션 블러Motion Blur, 씬 색상Scene Color과 같은 속성들을 조정할 수 있다. 포스트
프로세싱 볼륨 액터Post Processing Volume Actor를 사용해 이러한 이펙트를 씬에 적용할 수 있
다. 레벨에 포스트 프로세싱 볼륨 액터를 배치한 후 선택하면 액터의 사이즈, 모양을 디
테일 패널의 Brush Settings에서 변경할 수 있다. 카메라가 포스트 프로세싱 볼륨에 들어
가면 이펙트가 적용된다. 그림 9.11에 볼륨에 들어가지 않은 상태와 들어갔을 때 모습을
나타냈는데 카메라가 볼륨에 들어가면 색상 그레이딩Color Grading, 씬 색상Scene Color, 피사
계 심도Depth Of Field가 적용된 것을 볼 수 있다.

그림 9.11 레벨이 꾸며진 모습. 위쪽은 후처리가 적용되지
않은 모습이고 아래쪽은 후처리가 적용된 모습이다.

씬에는 다수의 포스트 프로세싱 볼륨 액터를 배치할 수 있는데, 모든 레벨을 감싸는 볼륨을 만들고 디테일 패널의 Brush Settings에서 Unbound 설정을 켜서 효과를 전체 씬에 적용할 수 있다. 물론 여기서 다른 속성들도 제어할 수 있다.

요약

이번 시간에는 프로젝트에 새로운 레벨을 추가하고 레벨을 꾸미기 위한 다양한 방법들을 알아봤다. 또한 월드를 만들기 위한 기본적인 콘셉트와 이전 시간에 배웠던 것들을 적용해보는 시간을 가졌다. 좋은 레벨을 만들기 위해 인테리어 디자이너와 랜드스케이프 건축가와 같이 생각하는 방법을 배웠고 동시에 별도의 배경 이야기를 기반으로 흥미로운 지역을 만들어내는 방법을 배웠다.

질문 및 답변

질문. 레벨에 스태틱 메시 액터를 배치할 때 액터가 다른 액터들과 교차하면 왜 가끔 겹쳐진 폴리곤들이 깜빡거리는가?

답변. 보통 스태틱 메시 액터를 배치할 때 메시가 교차하는 것은 문제가 아니다. 하지만 폴리곤이 동일 평면상에 있으면(같은 공간을 공유할 경우) 렌더링 엔진은 어떤 폴리곤을 화면에 표시해야 할지 모른다. 결과적으로 깜빡거리는 문제가 발생하는데 UE4에서 이 문제를 해결하려면 정렬 순서sorting order를 설정하면 된다.

질문. 레벨을 미리보기할 때, 스태틱 메시를 뚫고 지나갈 수 있다. 왜 그런가?

답변. 보통 스태틱 메시 애셋은 충돌이 설정돼 있지 않다. 이것을 수정하려면 콘텐츠 브라우저에서 스태틱 메시를 찾고 스태틱 메시 에디터를 연 후 콜리전 헐collision hull을 생성하면 된다. Hour 4, '스태틱 메시 액터 작업하기'를 참고하자.

질문. Sky_Sphere 액터의 하늘 색상을 변경할 때 변경이 적용되지 않는 경우가 있다. 왜 그런가?

답변. 기본적으로 Sky_Sphere의 색상은 디렉셔널 라이트에 의해 결정된다. 라이트의 방향을 바꾸거나 Sky_Sphere 액터가 선택된 상태에서 디테일 패널로 간 후 Colors

Determined By Sun Position의 체크를 해제하면 Sky_Sphere 액터의 색상을 바꿀 수 있다.

질문. 레벨에 배치된 일부 스태틱 메시를 보면 preview라는 글자가 나타나는데 그 이유는 무엇인가? 또한 조명을 다시 빌드해야 한다고 경고가 나타나는 것은 왜 그런가?

답변. 스태틱 메시와 라이트 액터의 Mobility 설정이 스태틱으로 돼 있으면 라이팅과 그림자 데이터를 만들기 위해 라이트를 반드시 빌드해야 한다. 레벨이 크지 않으면 라이트를 빌드하는 데 오랜 시간이 걸리지 않으므로 주기적으로 라이트를 빌드하자.

질문. 주기적으로 'Lightmass Importance Volume이 없습니다.'라는 메시지가 나타나는데 이유가 무엇인가?

답변. 레벨에 라이트매스 임포턴스 볼륨^{Lightmass Importance Volume}을 추가할 필요가 있다. 사이즈와 위치를 설정해 모든 애셋들이 이 볼륨 안에 들어오게 하자.

질문. 레벨을 막는 용도로 BSP를 반드시 써야만 하는가?

답변. 그렇지 않다. 지역을 막기 위해 스태틱 메시 애셋만 사용해도 된다.

질문. 내 캐릭터는 점프를 사용해 벽을 넘어 레벨 바깥쪽으로 넘어갈 수 있는데 이것을 막으려면 어떻게 해야 하는가?

답변. 이것은 애셋의 스케일에 따라 다르며 캐릭터의 점프 능력이 애셋보다 클 경우에 발생할 수 있다. 이것은 순전히 계획을 어떻게 세우는지에 대한 이슈인데 보통 캐릭터의 최대 능력치에 따라 레벨의 전체적인 꾸미기가 달라질 수 있다. 물론 그 외에 보이지 않는 영역을 만들고 이 영역을 플레이어가 절대로 넘어서지 않게 할 수 있다. 모드 패널의 Volumes 안에 있는 블로킹 볼륨^{blocking Volume}을 사용하면 된다.

연구

이번 시간을 끝냈으니 다음 질문에 답해보자.

퀴즈

1. 레벨의 라이팅을 빌드하는 데 매우 많은 시간이 들 때 라이트의 광선이 정의되지 않은 레벨의 바깥 영역까지 계산하는 데 필요한 시간을 줄이기 위해 어떤 것을 사용하면 되는가?

2. 반사 속성을 가진 머티리얼을 사용할 때 반사가 나타나지 않는다면 어떤 액터 타입을 추가해야 하는가?

3. 폰이 벽 위로 뛰어올라 레벨 밖으로 떨어질 수 있다면 보이지 않는 콜리전 헐을 만들기 위해 어떤 액터를 배치할 수 있는가?

4. 참 또는 거짓: 월드 아웃라이너 패널의 액터를 그룹화하고 연결하는 것이 액터를 결합하는 유일한 방법이다.

5. 참 또는 거짓: 후경이라는 개념은 플레이어가 도달할 수 없는 먼 거리만을 나타낸다.

해답

1. 레벨의 라이팅을 빌드하는 데 많은 시간이 걸리는 경우 라이트매스 임포턴스 볼륨 Lightmass Importance Volume을 추가해 빌드 시간을 단축할 수 있다.

2. 반사 속성을 가진 머티리얼을 사용할 때 반사가 나타나지 않으면 구체/상자 반사 캡처 액터Sphere/Box Reflection Capture Actor를 레벨에 배치해야 한다.

3. 폰이 벽 위로 뛰어올라 레벨 밖으로 떨어질 수 있는 경우 레벨에 블로킹 볼륨 액터를 배치할 수 있다.

4. 거짓. 이미 배치된 액터는 블루프린트 클래스로 결합해 프로젝트의 모든 레벨에서 재사용할 수 있다.

5. 거짓. 후경을 사용하는 가장 일반적인 목적은 먼 거리에 떨어진 플레이어가 갈 수 없는 지역을 나타내기 위함이지만, 플레이어와 가깝고 갈 수 있는 지역을 위해서도 사용할 수 있다.

연습

이 연습에서는 두 번째 레벨을 만들고 꾸며본다. 이를 위해 빈 레벨에서 시작해볼 것이다. 빈 레벨 템플릿은 사전에 배치된 액터가 없다. 기본적인 레벨을 설정하려면 모든 액터에 익숙해지는 것이 좋다. 기본으로 제공되는 애셋이나 머티리얼들을 사용해 작은 환경을 꾸며보자. 이때 중요한 점은 공간에 대한 시각적인 주제와 모든 것을 하나로 모으는 중심적인 객체가 있어야 하며 시각적인 복잡도와 후경을 함께 고려할 필요가 있다는 것이다.

1. 이번 시간을 위해 생성한 프로젝트에서 File ➤ New Level을 선택한다(단축키 Ctrl + N).

2. 대화 상자가 나타나면 Blank Level을 선택한다.

3. 새롭게 만들어진 레벨을 Maps 폴더에 저장한다.

4. BSP 박스를 추가하고 디테일 패널의 Brush Settings에서 X를 2000, Y와 Z는 각각 50으로 설정한다.

5. Player Start 액터를 추가한다.

6. Directional Light를 추가한다.

7. Sky Light를 추가한다.

8. Atmospheric Fog Actor를 추가한다.

9. Sky_Sphere 블루프린트 액터를 추가한다.

10. 스태틱 메시, 머티리얼, 파티클 시스템, 오디오 애셋들을 다른 프로젝트로부터 가져오거나 마켓플레이어에서 가져온다.

11. 레벨을 꾸민다.

12. Exponential Height Fog Actor를 추가한다.

13. Lightmass Importance Volume Actor를 추가한다.

14. Sphere Reflection Capture Actor를 추가한다.

15. Post Processing Volume Actor를 추가한다.

HOUR 10
파티클 시스템을 활용한 이펙트 만들기

이번 시간에 배우는 것들

▶ 파티클과 데이터 타입들 이해하기

▶ 캐스케이드 에디터 작업하기

▶ 이미터와 모듈 사용하기

▶ 커브 에디터 사용하기

▶ 파티클을 위한 머티리얼 설정하기

▶ 파티클 시스템 트리거하기

파티클 시스템Particle System은 게임에서 시각적인 효과를 만들어내기 위한 빌딩 블록이다. 폭발, 총구 섬광, 바람에 떨어지는 나뭇잎, 폭포, 마법 에너지, 번개, 비, 먼지, 불과 같은 효과를 위해 파티클을 사용할 수 있으며 UE4는 파티클 에디터 캐스케이드를 통해 이러한 다양한 효과를 만들 수 있다. 이 실시간 파티클 에디터와 UE4의 조립식 파티클 제작 방식을 사용하면 가장 복잡한 효과도 쉽고 빠르게 디자인할 수 있다. 이번 시간에는 UE4에서 제공하는 여러 유형의 파티클들을 알아볼 것이다. 캐스케이드를 사용해 파티클 동작 방식을 만들고 제어하는 방법, SubUV 텍스처를 사용하는 방법, 레벨 블루프린트Level Blueprint를 사용해 어떻게 파티클 효과를 활용하는지 배워본다.

노트

Hour 10 프로젝트

이번 시간을 위해 Hour_10 폴더를 연다(www.sty-ue4.com에서 다운로드 가능하다). 이 폴더에는 파티클 시스템을 위한 유용한 텍스처 세트와 개념을 이해하기 위한 미리 만들어진 파티클 시스템을 포함하고 있다.

파티클과 데이터 타입들 이해하기

비디오 게임에서 파티클은 공간에서 점으로 표현되고 일련의 규칙을 따라 다양한 비주얼 속성들과 위치를 결정한다. 일반적으로 이러한 점에 부착된 메시가 플레이어에게 보인다. 파티클에는 여러 가지 종류가 있으며 각각 다른 종류의 메시 또는 구조가 점에 부착된다.

UE4에는 다음과 같은 파티클 이미터Particle Emitter 종류가 있으며, 각각의 파티클 이미터는 상황에 따라 다른 이점을 제공한다.

▶ 스프라이트Sprite: 가장 일반적인 유형의 이미터인 스프라이트는 텍스처를 가진 카메라를 향한 쿼드 메시다. 스프라이트는 연기, 불에 가장 많이 사용되는데, 다른 효과에서도 자주 사용되며 이펙트Effect(효과)는 보통 카메라를 향한 스프라이트 이미터로 만들어진다.

▶ 메시 데이터Mesh data: 메시 데이터 이미터는 파티클이 단일 다각형 메시에 붙는다. 이것으로 돌 사태 또는 폭발로 인한 파편과 같은 멋진 효과를 만들어낼 수 있다.

▶ 애님 트레일 데이터Anim-trail data: 애님 트레일 데이터는 스켈레탈 메시와 애니메이션에서만 독점적으로 사용되며 스켈레탈 메시의 소켓을 사용해서 트레일을 만든다. 이것은 칼이나 다른 근접 무기 뒤에 줄무늬를 만들기에 좋다.

▶ 빔 데이터Beam data: 이것은 최근에 만들어진 파티클 사이를 늘어뜨려 만든 카메라를 바라보는 쿼드 집합을 그린다. 이것은 보통 레이저, 번개와 같은 효과를 만들 때 주로 사용한다.

▶ GPU 스프라이트GPU Sprites: 시각적으로 GPU 스프라이트는 스프라이트와 비슷하지만 그래픽 프로세서에서 처리된다는 점이 다르다. 이것은 CPU에 비해 더 많은 개수의 파티클을 처리할 수 있고 렌더링할 수 있음을 의미한다. 물론 CPU에서 처리되는 기본 스프라이트에서 사용할 수 있는 일부 기능이 GPU에서는 제한적이지만 불꽃, 불꽃놀이, 눈, 비와 같이 개별적으로 많은 개수를 처리해야 할 때는 GPU 스프라이트가 유용하다.

▶ 리본 데이터Ribbon data: 이 이미터는 최근에 배치된 각 파티클들 쌍 사이에 쿼드를 그린다. 보통 엔진이나 발사체 흔적을 만드는 데 사용한다.

이번 시간에는 가장 일반적인 파티클 유형인 스프라이트, GPU 스프라이트, 메시 데이터를 집중적으로 알아본다.

캐스케이드 에디터 작업하기

언리얼 엔진 4는 캐스케이드^{Cascade}라는 강력한 파티클 에디터를 가지고 있다. 캐스케이드 인터페이스와 많은 옵션은 처음에 다소 어려울 수 있지만 다양한 기능성 및 모듈 접근 방식은 캐스케이드를 매우 유용한 도구로 만든다.

파티클 시스템은 효과를 만들어내기 위한 하나 이상의 파티클 이미터(잠재적으로 다른 종류들) 집합이다. 각 파티클 이미터는 임의 개수의 파티클을 생성하고 파티클의 동작과 모양을 제어한다. 파티클 이미터에 추가 및 제거할 수 있는 모듈을 통해 이러한 동작을 제어한다.

모듈은 파티클의 크기, 색상, 속도 및 회전과 같은 효과를 제어할 수 있으며 충돌도 처리할 수 있다.

캐스케이드 에디터를 열기 위해 콘텐츠 브라우저에서 파티클 템플릿을 더블 클릭하면 된다. 캐스케이드 에디터는 그림 10.1과 같이 여섯 개의 주요한 영역으로 나뉘어 있으며 각각의 설명은 다음과 같다.

그림 10.1 캐스케이드의 주요한 여섯 개 영역들

각각의 영역들은 1) 툴바, 2) 뷰포트 패널, 3) 이미터 패널, 4) 모듈 패널, 5) 디테일 패널, 6) 커브 에디터로 나눠져 있다. 각 영역의 설명은 다음과 같다.

▶ 툴바^{Toolbar}: UE4의 다른 에디터와 마찬가지로 애셋 저장과 같은 애셋에 관련된 역할을 담당한다. 가장 중요한 것은 Restart Sim과 Restart Level이며 UE4의 파티클 시스템을 재시작하는 데 사용한다.

▶ 뷰포트 패널^{Viewport Panel}: 이 패널에서 파티클 시스템을 미리보기할 수 있으며 기본적인 이동 컨트롤을 사용해서 움직일 수 있다.

▶ 이미터 패널^{Emitters Panel}: 이 패널은 선택된 템플릿의 모든 이미터를 담고 있다. 각 이미터는 효과를 담당하고 있고 칼럼으로 표현돼 있다. 새로운 이미터를 빈 공간에서 마우스 오른쪽 버튼을 눌러 추가할 수 있다.

▶ 모듈 패널^{Modules Panel}: 이 패널은 이미터 패널에서 선택된 이미터의 행동을 제어한다. 각 모듈은 모듈의 이름으로 화면에 행으로 나타나고 체크박스를 이용해 모듈을 켜거나 끌 수 있다. 새로운 모듈을 추가하려면 이 칼럼에서 마우스 오른쪽 버튼을 누른 후 원하는 모듈을 컨텍스트 메뉴에서 선택하면 된다.

▶ 디테일 패널^{Details Panel}: 이 패널은 선택된 모듈의 사용 가능한 속성들을 보여준다. 모듈이나 이미터가 선택되지 않은 상태라면 파티클의 전역 속성들을 보여준다.

▶ 커브 에디터^{Curves Editor}: 이 패널은 속성 값들을 커브로 보여준다. 보통 파티클의 생명 주기에 기반을 둔 채 동작하는 복잡한 파티클들은 커브로 보면 편리하다. 일반적으로 시간이 경과함에 따라 파티클을 페이드인/아웃하거나, 사이즈 및 속도를 변경할 때 주로 사용한다. 각 모듈의 그래프 아이콘을 클릭하고 커브 에디터를 통해 모듈의 커브를 볼 수 있다.

이미터와 모듈 사용하기

캐스케이드를 사용해 파티클 효과를 만드는 방법을 이해하려면 모듈이 이미터 내부의 파티클을 어떻게 조작하는지 먼저 이해해야 한다. 모듈의 수정 및 다양한 동작 범위는 매우 방대하다.

이미터^{emitter}는 파티클 집합이고 파티클은 이미터를 구성하는 모듈에 의해 모든 것이 결정된다는 것을 알아야 한다. 모듈은 이미터의 이동, 동작, 색상 및 모양, 그리는 데이터의 유형, 파티클 수명의 복잡한 이벤트에 영향을 미칠 수 있다.

모듈은 이미터 패널의 이미터 열에 개별적인 행으로 표시된다. 이미터 패널에서 마우스 오른쪽 버튼을 클릭해 모듈을 추가할 수 있으며 디테일 패널을 통해 다양한 속성들과 파라미터들을 수정할 수 있다.

필수 모듈들

각 이미터에는 세 개의 필수 모듈이 제공된다. 첫 번째 모듈은 모듈처럼 보이지 않지만, 이미터의 이름, 품질 정보와 같은 이미터의 특정 정보를 가지고 있다. 이 모듈은 이미터 열의 맨 위에 있으며 이미터의 이름과 이미터 효과의 섬네일을 표시한다. 이미터의 이름 아래에 있는 체크박스를 사용하면 전체 이미터를 사용 불가능하게 만들 수 있다.

최상위 모듈 아래에는 검은색 바가 있는데 이것은 이미터의 타입 데이터를 추가할 수 있는 슬롯을 나타낸다. 이 모듈은 항상 존재하지만 비워둘 수 있고 타입 데이터를 특별히 설정하지 않으면 이미터가 GPU 스프라이트 입자를 생성한다.

다음으로 필요한 모듈은 실제로 파티클 이미터가 동작하는 데 필요한 Required 모듈이다. 적용된 머티리얼, 이미터의 수명, 루프와 같은 것들이 여기에 있다. Required 모듈에 있는 모든 정보를 살펴보면 좋다. 앞으로 이 모듈을 자주 참고할 것이기 때문이다.

마지막으로 필수 모듈은 스폰^{Spawn} 모듈이다. 이 모듈은 파티클의 빈도와 배출률을 사용해 파티클의 개수를 제어한다. 이 모듈이 없으면 아무런 파티클도 생기지 않는다.

모듈 속성

각 모듈에는 해당 모듈이 포함된 파티클에 미치는 영향을 제어하는 속성 집합이 있다. 분포 필드^{Distribution field}는 각 파티클이 주어진 속성에 대해 사용할 값을 결정하는 방법을 제어한다. 사용 가능한 분포들은 몇 가지 타입들로 그룹화된다.

노트

Vector와 Float 분포

각 분포에는 한 개의 Float 값 또는 세 개의 Float 벡터 값을 사용하는 버전이 있다. 이러한 분포 타입(float인지 vector인지)은 속성 자체로 결정되며 사용자가 바꿀 수 없다.

분포에 대한 더 자세한 사항은 http://docs.unrealengine.com/latest/INT/Engine/Basics/Distributions를 참고하자.[1]

---

1   우리말 문서는 https://docs.unrealengine.com/latest/KOR/Engine/Basics/Distributions/index.html을 참고하자. – 옮긴이

▶ 플로트/벡터 분포 상수^{Distribution Float/Vector Constant}: 이미터의 지속 시간과 같은 일부 속성은 하나의 값만 가질 수 있다. 시뮬레이션의 어느 지점에 있더라도 일정한 분포가 같게 돌아온다. 다른 속성들(예를 들어 Lifetime 모듈의 Lifetime 속성)은 상수일 필요는 없지만 그렇게 해석할 수 있다.

▶ 플로트/벡터 분포 상수 커브^{Distribution Float/Vector Constant Curve}: 속성이 파티클 시스템 또는 이미터의 시간에 따라 바뀔 필요가 있다면 이러한 속성들은 커브로 해석될 수 있다. 어느 시점에서 모든 파티클의 수명은 커브로 계산될 수 있고 이것은 보통 색상의 변화 혹은 파티클의 투명도와 같이 예측할 수 있다. 커브는 디테일 패널에서 수작업으로 수정할 수도 있지만 보통 커브 에디터를 사용해서 수정하기가 가장 쉽다.

▶ 플로트/벡터 분포 균일^{Distribution Float/Vector Uniform}: 강제적으로 상수가 아닌 속성은 다양한 분포 방식으로 해석될 수 있다. 가장 단순한 분포 방식은 균일 분포인데 이것은 최솟값과 최댓값을 취하며 이 값들 사이에서 균일하게 임의의 값을 반환한다(그림 10.2 참조). 이러한 분포는 파티클의 초기 상태에 영향을 주는 모듈에 자주 사용된다. 한 가지 예는 모듈의 초기 크기를 설정하는 것인데 파티클이 생성될 때 초기 사이즈가 임의의 크기로 설정될 수 있도록 한다.

▶ 플로트/벡터 분포 균일 커브^{Distribution Float/Vector Uniform Curve}: 균일 커브 분포는 속성을 위한 가장 진보된 분포 설정이다. 이것은 상수 커브와 마찬가지로 시간 기반의 결과에 이점을 제공하며 균일 분포에 의해 제어 가능한 무작위성을 제공한다. 이러한 분포들은 시간에 따라 랜덤하면서 변조돼야 할 때 가장 잘 사용된다. 상수 커브와 마찬가지로 커브 에디터를 사용해서 수정하는 것이 좋다.

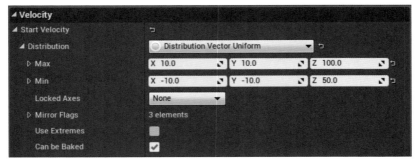

그림 10.2 분포 벡터 균일 설정을 사용하는 예. 각 파티클의 초기 속도를 랜덤하게 설정한다. X와 Y 값은 −10에서 10 사이로 하고 Z는 50.0에서 100.0으로 설정된다.

Initial vs. Over Life

일부 모듈의 이름에는 Initial 또는 Over Life(예: Initial Color, Color over life)가 포함된다. 이 이름은 모듈의 동작을 정확하게 설명하며 모듈의 평가 방법에 따라 측정 가능한 차이가 있다.

모듈 이름에 Initial이 있고 커브 및 균일 커브 분포가 포함된 경우 개별 파티클의 수명 대신에 이미터의 지속 기간이 사용된다. 예를 들어 초기 색상이 빨간색에서 초록색으로 변화하는 커브로 표현돼 있고 이미터가 활성 상태로 유지되면 초기에 만들어진 입자는 빨간색으로 시작돼 초록색으로 변하겠지만, 그 이후에 생성된 파티클들은 초록색으로 시작할 것이다.

반대로 Over Life가 모듈 이름에 있다면 커브와 균일 커브 분포는 각 파티클의 생명 주기에서 계산된다. 예를 들어 Color Over Life가 커브로 표현돼 있고 빨간색에서 초록색으로 변하면 새로운 파티클은 무조건 빨간색으로 시작되고 초록색으로 개별적으로 변화한다.

커브 에디터 사용하기

많은 모듈이 커브 분포와 함께 활용된다. 디테일 패널을 통해 수동으로 커브를 편집할 수도 있지만 다소 직관적이지 않다. 다행스럽게도 캐스케이드에는 커브를 조작하고 생성하는 커브 에디터가 포함돼 있다.

이미터 패널의 개별 모듈에서 그래프 아이콘을 클릭하면 커브 에디터에서 커브를 볼 수 있다. 그림 10.3은 커브 에디터의 가장 중요한 기능 중 일부인 1) 툴바, 2) 채널 비주얼라이저, 3) 속성 비주얼라이저, 4) 키를 보여준다. 이러한 기능들은 다음 목록에서 설명하고 있다.

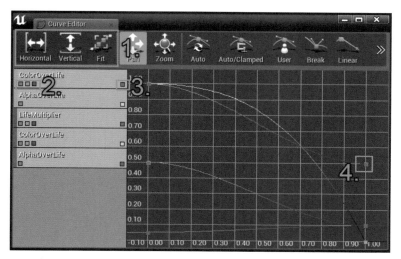

그림 10.3 커브 에디터에서 다양한 커브들을 보여주고 있으며 관심 있는 점들을 하이라이트해주고 있다.

▶ 툴바^{Toolbar}: 툴바는 커브를 처리하고 조작하는 데 필요한 필수적인 버튼들을 가지고 있다. 그림 10.3에서 강조된 세 개의 버튼은 프레임을 조작하는 도구며 커브 뷰포트를 화면에 보이는 커브들의 최솟값, 최댓값들에 매치해 보여준다.

▶ 채널 비주얼라이저$^{Channel\ visualizer}$: 각 커브 분포는 하나의 float 커브이거나 vector 분포를 위한 하나 이상의 커브 집합일 수 있다. vector 분포의 경우 벡터의 세 개 채널 요소가 체크박스를 통해 각각 빨강, 초록, 파랑으로 표현돼 있다. 이 박스를 클릭하면 거기에 부합하는 커브가 에디터 내부에서 활성화되거나 비활성화된다.

▶ 속성 비주얼라이저$^{Property\ visualizer}$: 이 박스는 속성에 연관된 모든 채널을 활성화하거나 비활성화할 수 있다. 한 번의 클릭으로 속성 내 모든 커브의 표시를 끌 수 있다.

▶ 키^{Key}: 다른 많은 커브 또는 애니메이션 에디터와 마찬가지로 커브 에디터는 키를 배치해서 동작한다. 키보드 단축키를 이용하거나 마우스 오른쪽 버튼을 눌러 키를 조작할 수 있고 수동으로 설정된 값들을 수정할 수 있다.

키를 추가하고 뷰포트에서 이것을 움직이려면 사용법에 좀 더 친숙해질 필요가 있다. 표 10.1에 커브 에디터를 효과적으로 사용하기 위한 단축키들을 나타냈다.

표 10.1 커브 에디터 조작

조작	설명
클릭 + 배경에서 드래그	뷰를 움직인다.
마우스 스크롤	확대/축소
키 클릭	키를 선택한다.
Ctrl + 키 클릭	키의 선택을 토글한다.
Ctrl + 커브 클릭	선택된 위치에 새로운 키를 추가한다.
Ctrl + 클릭 + 드래그	현재 선택된 것을 이동한다.
Ctrl + Alt + 클릭 + 드래그	박스 선택
Ctrl + Alt + Shift + 클릭 + 드래그	박스 선택과 현재 선택 부분에 추가

공통 모듈 사용하기

여러분은 많은 모듈을 사용할 수 있다. 그중 몇 가지는 항상 사용되는데 이러한 공통 모듈들은 더 알아볼 필요가 있다. 다음 절에서 이러한 모듈들에 대해 더 자세히 알아보자.

필수 모듈

필수 모듈Required module은 앞서 설명했듯이 이미터에 의해 필요한 필수적인 정보들을 최소한으로 가지고 있는 모듈이다. 이 모듈의 가장 중요한 속성은 아래에 설명하고 있으며 이것들을 간과해서는 안 된다.

Emitter 카테고리는 다음과 같은 중요한 속성들을 포함하고 있다.

▶ Material(머티리얼): 이 속성은 이미터에서 각 파티클들이 사용하는 머티리얼이 어떤 것인지 결정한다(이번 시간의 뒷부분에서 파티클에 사용되는 머티리얼에 대해 더 자세히 배울 것이다).

▶ Use Local Space(로컬 공간 사용하기): 이 속성은 불리언Boolean이며 파티클 시스템이 액터의 위치, 회전, 스케일에 상대적인지 아니면 월드 공간에 기반을 둘 것인지 결정한다. 이 플래그는 기본적으로 false며 이는 이미터가 월드 공간에서 움직인다는 것을 의미한다. 즉, 액터의 회전에 영향을 받지 않는다는 뜻이다. 파티클이 캐릭터에 완전하게 달라붙어서 동작하게 하고 싶다면 이 플래그를 true로 하면 된다. 예를 들면, 총구의 화염이나 엔진의 타오르는 효과 등이 있다.

▶ Kill on Deactivated와 Kill on Completed(비활성화 시 죽이기와 완료 시 죽이기): 이 두 개의 속성들은 효율을 위해 존재한다. 그리고 이 속성들을 사용해 UE4가 자동으로 파티클 시스템을 소멸시킬 수 있게 한다. Kill on Deactivated는 비활성화되면 이미터를 소멸시킨다. 반면에 Kill on Completed는 이미터의 지속 시간duration 설정이 끝남과 동시에 소멸한다.

Duration 카테고리는 이미터의 반복looping에 관련된 속성들을 가지고 있다.

▶ Emitter Duration(이미지 지속 시간): 이 속성은 하나의 float 값을 가지고 있으며 파티클 시스템이 얼마나 반복할 것인지 결정한다. 이 값의 단위는 초며 이것을 5.0으로 설정하면 이미터의 반복이 5초 이후에 끝나게 된다. 한 가지 기억할 점은 파티클의 생명 주기가 이미터의 지속 시간 설정보다 더 길 수 있다는 것이다.

▶ **Emitter Loops**(이미터 반복): 이 속성은 integer 값으로 이미터가 몇 번 반복할 것인 지 결정한다. 이 값이 0으로 설정되면 무한으로 반복된다.

마지막으로 SubUV 카테고리는 SubUV 텍스처를 사용하는 여러 속성의 크기와 컨트롤 을 제어한다. 이 모듈의 일련의 속성들은 SubUV 텍스처가 어떻게 관리되는지 결정한다. SubUV 텍스처는 보통 파티클의 복잡한 다층 이펙트를 만들기 위한 애니메이션을 표현 할 때 사용된다. 이번 시간의 뒷부분에서 SubUV 텍스처를 어떻게 사용하는지 배워볼 것 이다.

스폰 모듈

스폰 모듈^{Spawn module}은 얼마나 많은 파티클이 만들어지는지, 얼마나 자주 일어나는지 결 정한다. 이것은 두 가지 카테고리로 나눠지며, 초당 스폰^{per-second spawn}과 버스트 스폰^{burst spawn}이 있다. 첫 번째 카테고리는 초당 얼마나 많은 파티클들이 생성될 것인지 결정하며 두 번째 카테고리는 특정 시간 동안 기다렸다가 한꺼번에 파티클들을 주어진 개수만큼 터뜨리면서 생성한다.

Spawn 카테고리는 다음 속성들을 포함하고 있다.

▶ **Rate**(속도): 이 속성은 float 분포며 초당 얼마만큼 파티클들을 생성할 것인지 결정 한다.

▶ **Rate Scale**(속도 비율): 이 속성은 두 번째 스칼라며 Rate 속성에 적용돼 파티클의 개 수를 변경한다. 결과적으로 Rate는 Rate Scale에 곱해지며 주어진 프레임에 생성 할 파티클의 개수를 결정한다.

Brust 카테고리는 스폰보다 약간 더 복잡한데 특정 시간 동안 강제로 특정 개수만큼 입 자를 방출할 수 있기 때문이다. 이 카테고리는 다음 속성들을 포함하고 있다.

▶ **Brust List**(버스트 목록): 이 속성은 설정된 수의 파티클을 스폰하는 횟수 및 시간 목 록을 포함하고 있다. 버스트 목록 배열에서 + 아이콘을 클릭해 새 버스트 항목을 추가할 수 있다. 버스트 항목에는 Count, Count Low, Time이라는 세 가지 속성 이 있는데 Count 및 Count Low는 Time에 기반을 둬 주어진 프레임에서 방출할 파티클의 최소 및 최대 개수를 결정한다. Count Low가 음수면 이미터는 단순히 Count로 정의된 파티클 수를 방출하며, 그렇지 않으면 두 속성 사이에서 난수를

선택한다. 주의할 점은 Time 값은 0.0과 1.0 사이의 값이며 1.0은 이미터의 최대 지속 시간을 나타낸다는 것이다.

▶ Brust Scale(버스트 비율): 이 속성은 버스트 목록 속성에 의해 결정된 값들의 크기를 조정한다.

수명 모듈

대다수의 파티클 시스템에서 수명Lifetime 모듈은 필수적이다. 이 모듈은 파티클이 얼마나 오래 남아있는지 결정한다. 이 모듈은 하나의 속성만을 가지고 있으며 이 속성은 어떠한 분포 타입이라도 될 수 있다. 수명 모듈을 사용해 파티클에 임의의 수명을 부여할 수 있다.

명심해야 할 것은 많은 모듈이 개별 파티클의 수명을 처리하므로 수명 모듈을 변경하면 다른 모듈이 파티클 동작을 수정하는 속도가 크게 달라질 수 있다는 점이다.

초기 크기, 수명별 크기 모듈

파티클 시스템에서 가장 일반적으로 제어해야 하는 것 중 하나는 표시되는 파티클의 크기와 스케일이다. Initial Size와 Size By Life 모듈은 이 목적을 위해 여러 이펙트에서 함께 사용된다. 이 모듈을 찾으려면 이미터에서 마우스 오른쪽 버튼을 누른 후 Add Module ❯ Size를 선택하면 된다. 이 두 모듈에 대한 자세한 내용은 다음과 같다.

▶ Initial Size(초기 크기): 초기 크기 모듈은 스폰될 때 파티클의 크기를 설정한다. 분산 균일 벡터Distribution Uniform Vector 설정과 함께 사용돼 다른 파티클 사이에서 임의성을 만든다.

▶ Size By Life(수명별 크기): 이 모듈은 수명 기간 동안 개별 파티클의 크기를 조절하는 중요한 작업을 처리한다. 이 설정을 Initial Size 모듈과 함께 사용하면 시간이 지남에 따라 파티클을 늘리거나 줄일 수 있다. 한 가지 공통적인 용도는 크기가 0.0 또는 0.0에서 시작해 1.0에 가까운 값으로 빠르게 커브가 분포하는 곡선 분포다. 이것은 폭발과 같은 효과에서 일반적으로 보이는 특징인 빠른 확장과 같은 효과가 발생한다.

초기 색상, 스케일 색상 및 스케일 수명, 수명에 따른 색상 모듈

파티클의 색상을 처리하는 모듈인 Initial Color, Scale Color/Life, Color Over Life는 스케일 전용 모듈과 매우 유사하다. 파티클 각각의 RGB 색상 속성 외에 이 모듈은 각 파티클의 알파(투명도)도 제어할 수 있다. 알파를 수정하면 파티클의 생성과 삭제를 쉽게 숨길 수 있다. 이는 연기나 불과 같은 부드러운 효과에 특히 유용하다.

1.0 이상으로 색상 값을 주면 대부분의 경우 후처리에서 블룸 효과가 나타나게 돼 화염과 같은 빛나는 효과를 만드는 데 사용할 수 있다. 이러한 모듈들은 파티클 색상 노드 입력으로 설정하기 위한 파티클 이미터에 적용된 머티리얼을 필요로 한다. 이 세 가지 모듈에 대한 자세한 내용은 다음과 같다.

▶ Initial Color(초기 색상): Initial Color 모듈은 Initial Size 모듈과 마찬가지로 스폰될 때 각 파티클의 색상을 설정한다. 이 모듈은 종종 각 파티클의 시작 색상을 랜덤화하는 데 사용된다.

▶ Scale Color/Life(스케일 색상 및 스케일 수명): 이 모듈은 파티클의 기존 색상을 가져와서 파티클 수명 동안 결과를 변형한다. 커브 분포는 이 모듈로 큰 영향을 줄 수 있는데 초기 색상 모듈과 함께 스케일 색상/수명 모듈을 사용하면 결과 색상 값이 두 모듈의 조합이므로 시간에 따라 색상이나 알파를 변경하는 다른 임의의 파티클을 만들 수 있다.

▶ Color Over Life(수명에 따른 색상): 이 모듈은 이전에 다뤘던 By Life 모듈과는 다르게 파티클의 색상 값을 직접 설정한다. 즉, Initial Color 또는 Scale Color/Life 모듈에 의해 설정된 값 이상으로 값을 증가시킬 수 있다. Color Over Life 모듈은 일반적으로 두 모듈이 처리할 수 없는 부분을 처리하기 위해 사용된다.

초기 속도, 부모 속도 상속, 상수 가속도 모듈

캐스케이드에는 파티클 모션을 제어하기 위한 다양한 모듈들, 예를 들어 Initial Velocity, Inherit Parent Velocity, Const Acceleration을 유지한다. 많은 파티클 효과들은 가장 단순한 것만을 필요로 한다. 모듈은 일정한 방향으로 속도 또는 가속을 적용하는 모듈이며 다음 세 가지 모듈에 대한 세부 사항은 다음과 같다.

▶ Initial Velocity(초기 속도): 이 모듈은 모든 입자의 시작 속도를 결정한다. 이 모듈은 균일한 분포로 어떤 방향이나 크기에서 적은 양의 무작위성을 만든다.

▶ Inherit Parent Velocity(부모 속도 상속): 이 모듈은 이름이 뜻하는 대로 동작한다. 파티클이 생성될 때 이미터가 임의의 속도와 방향으로 움직이고 있는 경우 이것을 파티클에 적용한다. 이 기능은 월드를 돌아다니며 움직일 수 있는 액터에 적용하기에 가장 적합하다.

▶ Const Acceleration(상수 가속도): 이 모듈은 이미터의 모든 파티클에 균일한 가속도를 적용한다. 이것은 중력을 표현할 때 가장 적합하다. 불꽃, 흙, 암석, 물과 같이 개별적으로 동작하는 물리적 요소가 있는 대부분의 파티클 효과는 중력을 적용하기 위해 Z 값이 음수인 상수 가속도를 사용한다.

초기 위치, 구 모듈

Location 카테고리 아래에는 각 파티클의 스폰 위치와 관련된 많은 모듈이 있다. 이 모듈 중 어느 것도 사용되지 않으면 캐스케이드는 이미터의 원점에 파티클을 생성한다. 이러한 위치 모듈은 종종 흥미롭고 다양한 효과를 내기 위해 여러 개로 겹칠 수 있지만 보통 두 가지 간단한 모듈로 충분하다.

▶ Initial Location(초기 위치): 가장 일반적으로 사용되는 위치 모듈인 Initial Location 모듈은 벡터 분포를 사용해 각 파티클의 시작 위치를 선택한다. 분포 균일 벡터 Distribution Uniform Vector 설정과 함께 사용되면 파티클로 상자와 같은 볼륨을 채울 수 있다. 이 모듈은 대기 영역을 채우는 효과를 만드는 데 적합하다.

▶ Sphere(구): 초기 위치 모듈과 마찬가지로 구 모듈은 스폰 위치를 처리한다. 하지만 구 모듈은 구형 볼륨 전체에 파티클을 분산시킨다. 구의 반지름은 분포를 통해 설정할 수 있지만 보통 일정한 분포로 충분하다. 구 모듈은 초기 위치 외에도 각 파티클에 속도 스케일을 적용할 수 있는데 모듈이 적용하는 속도가 구의 표면에 정렬되기 때문이다. 결과적으로 한곳에서 나오는 것(폭발과 같은)을 목표로 하는 불꽃이나 미립자에 효과적이다.

초기 회전, 회전 속도 모듈

파티클 시스템의 한계 중 하나는 개별적인 파티클이 다른 파티클들에 비해 크고 다르게 보이도록 하기가 어렵다는 점이다. 임의의 크기와 색상을 사용하면 파티클에 다양성을 줄 수 있지만, 또 다른 중요한 기능은 각 파티클을 임의로 회전시키는 것이다. 회전 기반 모듈을 사용하면 흥미로운 모션과 다양한 효과를 만들 수 있다. 이 두 모듈에 대한 세부 사항은 다음과 같다.

▶ Initial Rotation(초기 회전): 이것은 각 파티클의 시작 회전을 설정하는 간단한 모듈이다. Distribution Float Uniform(플로트 분포 균일) 설정을 사용하면 초기 회전 모듈이 회전에서 다양성을 만들어낼 수 있다. 회전 스케일은 0.0~1.0이며 1.0은 파티클의 전체 회전이다.

▶ Rotation Rate(회전 속도): 때때로 초기 회전이 효과를 만들어내기에 충분하지 않을 때가 있는데 이때 회전 속도 모듈을 사용하면 된다. 이 모듈을 사용해 모든 파티클에 고유한 양의 각속도를 부여할 수 있다. 초기 회전 모듈과 마찬가지로 회전 속도 모듈의 범위는 0.0~1.0이며 1.0은 파티클이 1초 이내에 전체 회전을 완료한다는 것을 의미한다.

회전 속도 및 초기 회전 모듈은 함께 작동하며 함께 쌓을 수 있다.

파티클을 위한 머티리얼 설정하기

파티클 이미터와 머티리얼 사이의 상호작용을 이해하는 것은 흥미롭고 질감이 있는 효과를 만들어내는 데 중요하다. 색상 변조와 관련된 모듈을 포함해 모듈을 해석할 수 있는 머티리얼을 먼저 설정하지 않으면 작동하지 않는 모듈들이 많다. 이미터 모듈은 파티클의 속성과 매개변수를 설정하며 해당 속성은 첨부된 머티리얼에 의해 해석된다. 물론 올바른 노드가 머티리얼 그래프에 사용된 경우에만 가능하다.

파티클 색상

파티클의 색상을 조절할 수 있다는 것은 대단히 중요하며 거의 항상 필요하다. 따라서 시각 효과를 만들 때, 이 속성을 해석할 수 있는 머티리얼을 설정하는 것이 매우 일반적이다.

가장 기본적인 형태의 파티클 머티리얼은 입력 텍스처에서 RGB와 A 값을 가져와 파티클 색상 입력 노드의 각 값과 곱한다. 그림 10.4는 설정이 적용된 간단한 반투명 머티리얼이다.

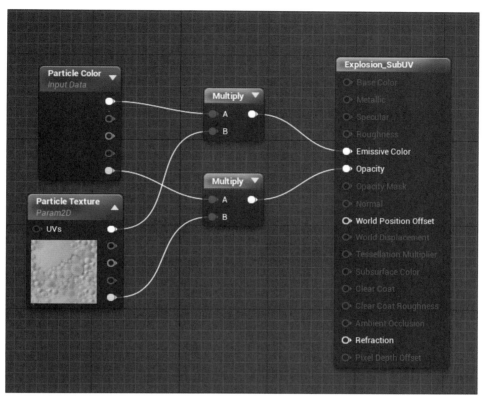

그림 10.4 이미터의 다양한 색상 모듈로 설정된 색상을 취할 수 있는 간단한 반투명 머티리얼

SubUV 텍스처

다이내믹한 효과를 만들기 위해 가장 편리한 방법 중 하나는 UE4가 제공하는 SubUV 옵션을 사용해 SubUV 텍스처 효과를 만드는 것이다.

SubUV 텍스처 효과는 미리 렌더링돼 하나의 텍스처 시트로 만들어진 것의 애니메이션 프레임 중 하나를 사용하는 것이다. 서로 다른 프레임이 격자 패턴으로 배치된 다음 실시간에 UE4는 매번 다른 프레임을 선택하고 보간해 애니메이션을 만들어낸다.

그림 10.5는 SubUV 텍스처의 예와 프레임이 표시된 순서를 보여준다.

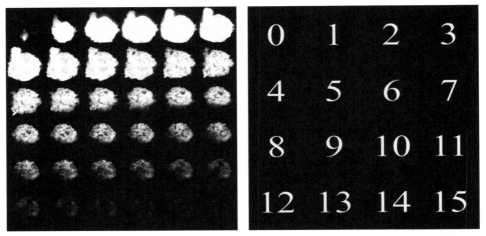

그림 10.5 SubUV 텍스처의 두 가지 예. 왼쪽 이미지는 제3의 프로그램에서 만들어진 미리 렌더링된 6x6 폭발 효과의 이미지며 오른쪽은 애니메이션이 진행되는 순서를 보여주고 있는 4x4 SubUV 텍스처 이미지다.

SubUV 텍스처를 사용하려면 세 가지 단계가 필요하다. 첫 번째 단계는 이미터의 필수 모듈에 SubUV 텍스처의 열과 행 수를 알려주는 것이다. 두 번째 단계는 파티클 이미터에 SubImage 인덱스를 만들고 곡선을 설정해 어떤 프레임을 보여줄지 선택하는 것이다. 마지막 단계는 적용된 머티리얼의 머티리얼 그래프에 ParticleSubUV 또는 TextureParameterSubUV 노드를 배치하는 것이다.

노트

SubImage Index

SubImage Index는 수평축이 0에서 1까지 맞도록 곡선을 정의한다. 여기서 1은 입자의 수명이다. 세로축은 정수며 표시할 정확한 프레임 번호는 0부터 시작한다. 따라서 텍스처 시트가 4x4인 경우 텍스처는 16프레임이며 SubUV 텍스처의 끝에서 사용할 값은 15가 된다(0부터 시작하므로).

▼ 직접 해보기

SubUV 텍스처 효과 만들기

SubUV 텍스처를 사용하는 것은 애니메이션을 사용해 복잡한 효과를 만드는 가장 좋은 방법 중 하나다. 다음 단계들을 따라 해서 머티리얼 설정 및 폭발 SubUV 텍스처를 사용함으로써 새로운 파티클 이미터 효과를 만들어보자.

1. 콘텐츠 브라우저의 Hour_10 프로젝트 폴더(출판사 홈페이지에서 다운로드하자.)에서 새로운 파티클 템플릿을 만들고 이름은 SimpleExplosion으로 설정한다.

2. SimpleExplosion 템플릿을 두 번 클릭해 캐스케이드 에디터를 연다.

3. Initial Velocity 모듈을 삭제한다.

4. 필수 모듈의 디테일을 열고 SubUV 카테고리로 스크롤한다. SubUV에서 **Interpolation Mode**를 **Linear**로 설정하고 **Sub Images Horizontal**과 **Sub Images Vertical**을 모두 6으로 설정한다.

5. 파티클 이미터를 마우스 오른쪽 버튼으로 클릭한 후 **SubUV ＞ SubImage Index**를 선택한다.

6. **Distribution**을 **Distribution Float Curve Constant**로 설정한다.

7. **Distribution** 아래에서 Point #1을 펼친 후 **Out Val**을 35로 설정한다.

8. 콘텐츠 브라우저에서 새로운 머티리얼을 만들고 이름은 SimpleExplosion_Material로 설정한다.

9. SimpleExplosion_Material의 머티리얼 그래프를 연다.

10. 머티리얼의 **Global Setting**에서 **Blend Mode**를 **Translucent**로 설정하고 **Shading Model**을 **Unlit**으로 설정한다.

11. 머티리얼 그래프에서 Particle Color 노드를 추가한다.

12. TextureSampleParameterSubUV 노드를 만들고 매개변수 이름을 Particle SubUV로 한다.

13. Particle SubUV 노드의 텍스처를 /Game/Textures/T_Explosion_SubUV로 바꾼다.

14. 두 개의 Multiply 노드를 만든다.

15. Particle Color와 Particle SubUV의 흰색 RGB 핀을 첫 번째 Multiply 노드에 연결한다.

16. 첫 번째 Multiply 노드의 출력을 Emissive Color 입력 핀에 연결한다.

17. Particle Color 노드의 알파 출력 값과 Particle SubUV 노드의 빨간색 출력을 두 번째 Multiply 노드에 연결한다.

18. 두 번째 Multiply 노드의 출력을 Opaticy 노드의 입력에 연결한다.

19. 캐스케이드 에디터에서 SimpleExplosion 템플릿의 Required 모듈을 선택하고 **Material** 속성을 **SimpleExplosion_Material**로 설정한다.

20. **Spawn Rate**를 0.0으로 설정하고 **burst spawn**을 1.0으로 설정한다.

21. Required 모듈에서 **Duration**을 1.0으로 설정한다.

22. Lifetime 모듈에서 Lifetime의 **Distribution** 값을 **Distribution Float Constant**로 설정한 후 **Constant Value**는 1로 설정한다.

23. SimpleExplosion 파티클 시스템을 레벨에 배치한다.

파티클 시스템 트리거하기

일부 파티클 효과는 항상 활성화돼야 할 필요가 있고 다른 경우에는 파티클 효과의 활성화 시간을 위해 더 많은 제어가 필요하다.

자동 활성화

불, 바람 효과와 같은 주변 효과는 보통 비활성화되지 않는다. 이럴 때는 자동 활성화Auto Activate를 사용해 이미터 액터를 간단히 배치함으로써 효과가 활성화되도록 할 수 있다.

레벨 블루프린트를 통한 파티클 시스템 활성화

어떤 상황에서는 게임 디자이너와 개발자가 언제 파티클 효과가 시뮬레이션될지 제어할 필요가 있다. 레벨 블루프린트와 블루프린트 클래스를 사용해 서로 다른 이미터의 활성화 동작을 제어할 수 있다.

레벨 블루프린트에서 이미터 액터에 대한 참조에 직접 접근해 파티클 시스템의 활성화 상태를 제어할 수 있다.

파티클 시스템에 대한 참조를 드래그하면 두 개의 매우 유용한 노드(활성화, 비활성화)에 접근할 수 있다(그림 10.6 참조).

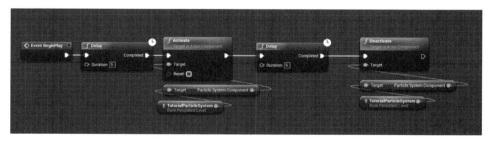

그림 10.6 레벨 이벤트 그래프에서 파티클 시스템을 활성화하기 전에 5초 대기하고 다시 5초 대기한 후 비활성화하고 있다.

요약

이번 시간에는 파티클 효과를 만들고 제어하는 UE4의 모듈 방식 접근법을 배워봤다. 파티클 시스템과 파티클 시스템에 사용되는 머티리얼 간의 긴밀한 관계에 대해 배웠으며, 강력한 SubUV 텍스처 기법을 살펴보고 레벨 블루프린트에서 효과를 트리거하는 방법을 배워봤다. 파티클 시스템을 만드는 것은 심오한 주제며 완전히 마스터하기에는 시간이 걸릴 수 있지만 이번에 다뤘던 기본 사항은 상상할 수 있는 거의 모든 효과의 기본을 이루고 있다.

질문 및 답변

질문. 한 번만 동작하는 효과를 만들었는데 계속 다시 시작된다. 어떻게 고칠 수 있는가?

답변. 이미터의 Required 모듈에서 이미터의 루프 속성을 보면 된다. 값이 0이면 이미터가 끝없이 반복되며 한 번만 재생하려면 이 값을 1로 설정하면 된다.

질문. 레벨 블루프린트에 파티클 시스템을 연결해 트리거가 되면 활성화되도록 했는데 레벨 시작 부분에서 계속 재생된다. 준비될 때까지 재생하지 않으려면 어떻게 해야 하는가?

답변. 레벨의 이미터 액터에서 자동 활성화 속성을 꺼야 한다. 자동 활성화Auto Activate 속성은 기본적으로 켜져 있으며 켜져 있는 한 이미터는 게임이 시작되면 항상 재생한다.

질문. SubUV 텍스처를 사용하려고 하는데 텍스처가 이상하게 보인다. 무엇이 잘못됐는지 모르겠다.

답변. 클리핑되거나 텍스처가 이상하게 보이는 가장 일반적인 이유는 SubUV 설정이 정확하지 않기 때문이다. Required 노드에서 SubUV Horizontal과 SubUV Vertical 속성을 변경해보자.

질문. 색상 설정 모듈이 파티클에 반영되지 않는 것 같다. 무슨 일이 일어나는 것인가?

답변. 파티클 색상 입력 노드가 올바르게 사용되는지 확인하기 위해 사용 중인 머티리얼을 확인해보자. RGB 속성은 색상이 반영될 채널에서 끝나야 한다. 마찬가지로 알파ALPHA 출력은 불투명 채널Opacity channel 또는 불투명 마스크Opacity Mask channel 채널에서 끝나야 한다. 불투명도 및 불투명 마스크 채널이 회색으로 표시되면 보통 머티리얼 설정에 문제가 있다는 의미다. 이때는 Blend Mode가 Translucent 또는 Masked로 설정돼 있는지 확인해보자.

연구

이번 시간을 끝냈으니 다음 질문에 답할 수 있는지 확인해보자.

퀴즈

1. 참 또는 거짓: 각 파티클 시스템은 하나의 파티클 이미터Particle Emitter만 가질 수 있다.

2. 참 또는 거짓: 이미터는 다수의 같은 모듈을 동시에 활성화할 수 없다.

3. 참 또는 거짓: 커브 값은 디테일 패널 또는 커브 에디터에서 수정할 수 있다.

4. 참 또는 거짓: GPU 및 CPU 파티클은 시뮬레이션을 효과적으로 하기 위한 양을 제외하고는 같다.

해답

1. 거짓: 파티클 시스템은 임의 개수의 이미터를 가질 수 있다.

2. 거짓: 일부 모듈은 쌓을 수 있다. 이 경우 모듈은 하향식 순서로 속성을 적용해 효과를 연결하며 일부 모듈은 이전 모듈(위쪽)에서 변경한 값을 덮어 쓰기도 한다.

3. 참: 커브 에디터는 커브 분포를 수정하는 좀 더 직관적인 방법을 제공하지만 커브 속성을 수정하는 데는 디테일 패널을 사용하는 것이 가장 좋다.

4. 거짓: GPU 파티클은 더 많은 양으로 시뮬레이션될 수 있지만 일부 모듈은 이들과 함께 사용할 수 없다. 데이터 유형과 호환되지 않는 모듈이 추가되면 빨간색 X와 함께 에러 메시지가 나타난다.

연습

새로운 파티클 시스템을 만들고 파티클 이미터를 제어할 수 있는 다양한 모듈을 연습해 보자. /Game/Particles/P_Explosion을 파란색 에너지 폭발로 바꿔보자.

1. Hour_10 프로젝트에서 /Game/Particles/P_Explosion 파티클 시스템을 연다.

2. Shockwave 이미터에서 Color Over Life 모듈을 선택한 후 point 0과 1의 색상을 파란색으로 변경한다.

3. 파이어볼의 Required 모듈의 머티리얼을 /Game/Material/M_explosion_subUV_blue로 변경한다.

4. 파이어볼의 Color Over Life 커브를 수정해 단계 2에서 수정한 색상으로 변경한다.

5. 나머지 모듈에 대해 2~4단계를 반복한다.

HOUR 11
스켈레탈 메시 액터 사용하기

이번 시간에 배우는 것들

▶ 스켈레탈 메시(Skeletal Mesh)의 개념과 스태틱 메시(Static Mesh)와의 차이점 이해하기

▶ 3D 패키지에서 스켈레탈 메시 가져오기

▶ 페르소나 에디터(Persona Editor) 사용하기

▶ 새로운 스켈레탈 메시 액터로 애니메이션 재생하기

종종 스태틱 메시의 트랜스폼 컴포넌트를 사용해 이동하는 것보다 복잡한 애니메이션을 처리해야 하는 경우가 있다. 독립적으로 움직이는 객체를 만드는 방법 중 하나는 스켈레탈 메시를 사용하는 것이다. 스켈레탈 메시를 사용하면 애니메이션을 통해 캐릭터에 생명을 불어넣을 수 있다. 이러한 애니메이션은 종종 타사 패키지에서 만들어진 후 UE4로 가져온다. 조종 가능한 캐릭터를 사용해 게임을 할 때 대부분은 이 스켈레탈 메시와 함께한다. 이번 시간에는 스켈레탈 메시가 지닌 능력과 타사 패키지에서 캐릭터를 가져오는 방법과 스켈레탈 메시를 배치하고 애니메이션을 적용하는 방법을 배워본다.

노트

Hour 11 프로젝트 설정

이번 시간을 위해 Hour_11 폴더에 있는 Hour_11 프로젝트를 열 필요가 있다(www.sty-ue4.com에서 다운로드할 수 있다). 이 프로젝트에는 언리얼 애니메이션 콘텐츠 예제가 있으나 마켓플레이스에서 원하는 콘텐츠 예제를 수동으로 추가할 수도 있다.

스켈레탈 메시 정의

스태틱 메시를 사용해 게임 세계를 만든다면 스켈레탈 메시는 이러한 게임 세계에 생명력을 불어넣을 수 있다. 스태틱 메시와 스켈레탈 메시의 주요 차이점은 이름에서 나타나

듯이 스태틱 메시의 각 꼭짓점 객체의 피벗이라는 단일 위치에 바인딩되며 스켈레탈 메시의 점은 독립적인 위치의 골격과 같은 계층 구조로 조작된다는 것이다. 이 계층 구조는 단일 메시의 고유 부분이 이웃과 독립적으로 해석되고 애니메이션될 수 있다. 이 기본 능력은 복잡한 캐릭터, 몬스터, 동물, 차량, 기계 등의 애니메이션이 가능하게 한다.

그림 11.1은 UE4의 스켈레탈 메시를 보여준다. 이 안에 스킨 메시skinned mesh가 스켈레톤 계층의 최상부에 있게 된다. 흰색 뼈(본 또는 관절)는 애니메이션이 재생되는 곳이며 가까운 스킨 메시 정점들이 뼈에 맞게 변형된다.

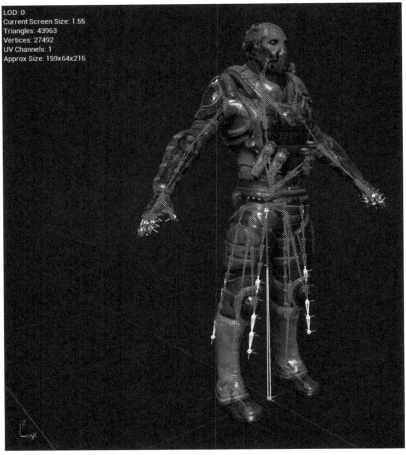

그림 11.1 UE4 마티네 예제 프로젝트에서 스켈레탈 메시를 보여주고 있다. 이 메시는 하나 이상의 뼈로 이뤄져 있다(흰색 라인으로 그려진). 뼈에 가까운 정점들은 뼈에 맞게 변형되거나 제3의 프로그램에서 만들어진 뼈에 부착돼 애니메이션된다.

스키닝skinning 또는 스킨 메시는 기본 스켈레톤에 정점을 바인딩하는 처리를 말한다. 아티스트는 타사 콘텐츠 작성 도구에 스킨이 입혀진 메시를 만들려면 각 꼭짓점에 바인딩해야 할 뼈대를 알려줘야 한다. 이 과정에서 다양한 패키지와 도구를 사용할 수 있다. 이러한 많은 소프트웨어 패키지에는 피부 가중치skin weight의 분포를 보여주는 시각화 모드가 있다. 그림 11.2는 그 예다.

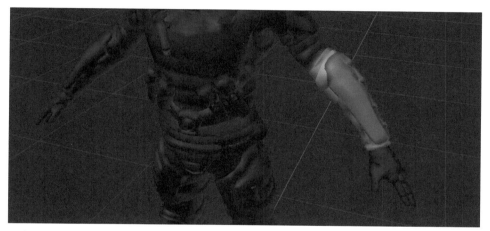

그림 11.2 블렌더(Blender)에서 캐릭터 왼쪽 팔의 정점 가중치를 보여주고 있다. 빨간색은 해당 정점이 선택된 뼈대에 완전히 종속된다는 의미며, 노란색은 하나 이상의 뼈대에 종속된다는 의미다. 마지막으로 파란색은 해당 정점이 선택된 뼈대에 종속되지 않고 완전히 독립적이라는 뜻이다.

정점들이 스켈레톤에 입혀지고 나면 애니메이터는 캐릭터의 뼈들을 회전, 이동, 스케일해 동적인 애니메이션을 만들 수 있다. 그림 11.3은 애니메이션되는 캐릭터를 보여주고 있다.

그림 11.3 언리얼 엔진 4에서 제공하고 있는 오웬(Owen) 캐릭터가 펀치를 날리고 있는 모습. Hour 11의 프로젝트는 애니메이션과 캐릭터를 포함하고 있다.

언리얼 엔진 4에서 스켈레탈 메시에 애니메이션을 적용하려면 적어도 세 개의 별도 컴포 넌트들이 필요하다. 이러한 컴포넌트들이 무엇인지 개별적으로 책임지고 있는 부분들을 이해하는 것은 스켈레탈 메시로 작업하는 데 필수적이다.

▶ **스켈레탈 메시**^{Skeletal Mesh}: 기본 구성 요소인 스켈레탈 메시는 일련의 내부 골격과 연 결된 스킨된 정점들이다. 머티리얼을 할당하는 방법을 포함해 메시의 모양을 정의 한다.

▶ **스켈레톤**^{Skeleton}: 각 스켈레탈 메시는 스켈레톤이라고 하는 별도의 애셋에 연결된다. 스켈레톤은 많은 스켈레탈 메시 간에 공유될 수 있지만 단일 스켈레탈 메시에는 하 나의 스켈레톤만 있을 수 있다. 서로 다른 스켈레탈 메시(잠재적으로 고유한 계층 구 조를 가짐)는 같은 애셋을 사용해 UE4에 의해 애니메이션될 수 있다. 이러한 간접 계층을 도입함으로써 서로 다른 캐릭터들이 동일한 애니메이션을 공유할 수 있게 한다.

스켈레탈 메시가 스켈레톤을 공유하기 위한 몇 가지 규칙이 있다. 다른 계층 구조를 사용하는 것은 가능하다. 물론 이것이 가능해지려면 기본이 되는 본의 구조가 같아야 한다. 계층 구조에서 뼈를 제거하면 자식 뼈와 뼈대 사이의 연결이 끊어진다. 또한 스켈레톤과 스켈레탈 메시 간의 이름 규칙이 일치해야 한다. 스켈레톤에 의해 제어되는 모든 뼈대는 스켈레톤과 스켈레탈 메시에서 정확히 같은 이름을 가져야 한다.

▶ **애니메이션 시퀀스**Animation sequence: 애니메이션 시퀀스는 스켈레톤이 움직이는 방식을 정의하며 애니메이션된 뼈의 키 프레임 위치, 회전 및 스케일을 포함한다. 애니메이션 시퀀스는 하나의 스켈레톤에만 할당될 수 있으므로 두 개의 스켈레탈 메시가 동일한 애니메이션 애셋을 공유하려는 경우 같은 스켈레톤을 공유해야 한다.

메시를 애니메이션하는 데는 세 가지 구성 요소들 외에 두 가지 구성 요소가 또 있다. 이러한 구성 요소는 절대적인 요구 사항은 아니지만, 특히 캐릭터를 만들 때 확장된 기능을 사용할 수 있도록 해준다.

▶ **물리 애셋**Physics assets: 캐릭터 또는 스켈레탈 메시를 만들 때 물리 시스템과 연동한다면 물리 애셋이 필요하다. 이 파일은 스켈레톤에 첨부된 단순화된 충돌 지오메트리를 정의한다. 이 애셋을 사용하면 캐릭터가 죽었을 때 랙돌Ragdoll로 만들거나 광선ray과 상호작용할 수 있다.

▶ **애니메이션 블루프린트**Animation Blueprints: 복잡한 애니메이션 요구 사항이 있는 캐릭터와 메시는 종종 애니메이션 블루프린트를 사용한다. 이러한 전문화된 블루프린트는 어떤 애니메이션 시퀀스를 언제 사용할지 선택하는 데 필요한 로직을 처리한다. 애니메이션 블루프린트는 애니메이션 입력을 처리하고 사용자 입력에 따라 다른 애니메이션을 혼합할 수 있다.

그림 11.4에서 스켈레탈 메시, 스켈레톤, 애니메이션의 관계 구조를 확인할 수 있다.[1]

1　이 그림에서 화살표가 '누구에게 사용되고 있는가?'를 의미한다고 이해하면 이해하기 쉽다. 즉, 스켈레톤은 애니메이션 시퀀스에 사용되고 있으므로 화살표의 시작이 스켈레톤이고 사용하고 있는 쪽이 애니메이션 시퀀스가 된다. - 옮긴이

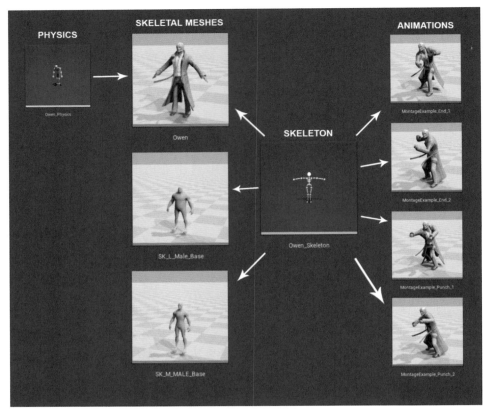

그림 11.4 스켈레탈 메시, 스켈레톤, 애니메이션 시퀀스, 물리 애셋의 구조를 보여주고 있다. 화살표의 시작점은 참조고 끝은 참조자다. 예를 들어 스켈레톤은 어떤 애니메이션을 사용할지 모른다. 하지만 각 애니메이션 시퀀스는 어떤 스켈레톤을 적용해야 하는지 알고 있다.

스켈레탈 메시 가져오기

언리얼 엔진 4는 게임 엔진이며 대부분의 경우 콘텐츠 제작 도구가 아니다. 스태틱 메시 또는 텍스처와 마찬가지로 스켈레탈 메시를 만들려면 타사 프로그램을 사용해야 한다. UE4는 Autodesk Filmbox 형식(.fbx)을 사용해 타사 프로그램의 데이터를 사용할 수 있다. .fbx에는 UE4가 애니메이션 캐릭터를 사용하는 데 필요한 메시, 스켈레톤, 애니메이션 데이터가 포함돼 있다.

3D 소프트웨어 패키지

캐릭터를 만들려면 UE4 이외의 소프트웨어가 필요하다. 시중에는 이러한 작업을 위해 여러 가지 패키지가 제공되고 있는데 오토데스크(Autodesk)의 마야, 3DS 맥스, SideFX의 후디니(Houdini)가 있다. 이 모든 것들은 인디 개발자를 위한 가격 정책이 따로 있는데, 이러한 패키지 외에도 무료 오픈소스 도구인 블렌더(Blender)를 사용해 캐릭터와 애니메이션을 만들 수 있다.

스키닝과 애니메이션 작업 방법은 이 책의 범위를 벗어나지만, 스켈레탈 메시와 애니메이션을 UE4로 가져오는 방법은 알아보자. 그리고 이것들을 가져올 때 유의해야 할 몇 가지 사항들이 있다. 스켈레탈 메시를 가져오기 전에 콘텐츠 제작 패키지에서 설정해야 할 옵션들이 있다. 각 소프트웨어 패키지마다 단계들이 다르긴 하지만 몇 가지 사항들은 똑같이 적용할 수 있다.

▶ 내보내기 전에 메시를 삼각형화^{triangulating}하는 것이 항상 좋다.

▶ 내보낼 때 메시 골격의 루트를 선택하고, 선택한 객체만 내보내기와 같은 옵션을 사용하는 것이 좋다.

▶ 스무딩 그룹을 사용하도록 설정한다.

▶ 에지 회전을 유지하도록 한다.

▶ 접선 및 이항(접선 공간, 탄젠트 스페이스라고 함)은 비활성화한다.

에디터 단위 스케일

대부분의 콘텐츠 패키지는 1단위를 1m로 처리한다. 언리얼 엔진은 1단위를 1cm로 취급하기 때문에 콘텐츠 제작 패키지에서 작업할 때 이것을 고려해 UE4의 단위와 일치시키거나 내보내기할 때 변경해줘야 한다. 콘텐츠 제작 패키지에서 이 옵션을 변경할 수 없다면 UE4의 FBX 가져오기 대화 상자의 옵션에서 유니폼 스케일 가져오기 옵션을 0.01로 설정해 이것을 맞출 수 있다.

프로젝트에 포함된 Hour_11/RAW/BlenderFiles/_UE4_StartupFile.blend는 UE4의 스케일에 맞게 블렌더의 스케일을 매칭하고 있다. 이 파일을 사용하거나 1단위를 1cm로 설정하면 가져오기 및 내보내기를 할 때 스케일을 계속 변경하지 않아도 된다.

예제 파일

Hour_11/RAW 폴더(출판사 웹사이트에서 다운로드)에는 가져오기를 연습하기 위한 테스트 애셋들을 포함하고 있다. 몇 가지 블렌더 씬 파일들도 이 폴더에 있다.

스켈레탈 메시를 가져오려면 단지 .fbx 파일을 콘텐츠 브라우저로 드래그 앤 드롭하거나 가져오기 버튼을 클릭한다. 이렇게 하면 그림 11.5와 같은 대화 상자가 나타나는데, 대화 상자에서 가져온 메시에 새 스켈레톤이 없는 경우 새로운 스켈레톤을 만들 수 있다.

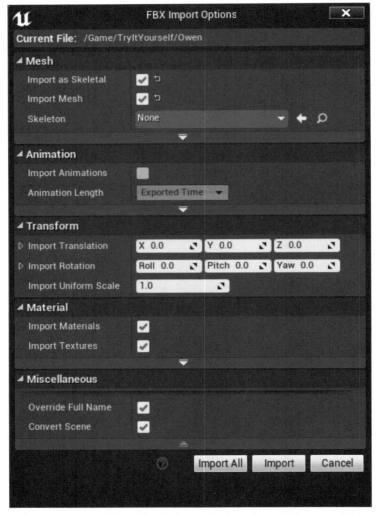

그림 11.5 UE4에서 스켈레탈 메시가 발견되면 FBX 가져오기 옵션 대화 상자가 나타난다.

FBX 가져오기 옵션 대화 상자의 일부 속성은 알아둘 필요가 있다.

▶ **스켈레탈로 가져오기**^{Import as Skeletal}: 이 옵션을 선택하면 메시가 스켈레탈 메시로 처리된다. 이 옵션을 선택하지 않으면 가져온 메시가 스태틱 메시로 설정된다.

▶ **메시 가져오기**^{Import Mesh}: 이 옵션을 선택하지 않으면 UE4가 메시를 무시한다.

▶ **스켈레톤**^{Skeleton}: 이 애셋 참조 옵션은 기존 스켈레톤을 사용할 수 있도록 해준다. 이 옵션을 비워두면 새로운 스켈레톤이 생성된다. 처음 스켈레탈 메시를 가져오는 경우에는 이것을 공백으로 남겨 스켈레탈을 생성하고 그 이후에는 메시에만 사용하는 것이 좋다.

▶ **애니메이션 가져오기**^{Import Animations}: 이 옵션은 애니메이션을 가져올 수 있게 한다. 스켈레탈 메시를 가져오거나 스켈레톤을 생성할 때 애니메이션을 가져올 수 있다. 하지만 보통 메시를 가져올 때는 애니메이션을 가져오지 않고 기본 바인드 포즈의 캐릭터만 가져오는 것이 좋다. 스켈레탈 메시가 아닌 애니메이션만 가져오려면 애니메이션 가져오기를 선택하고 메시 가져오기 옵션은 선택 해제하면 된다.

▶ **트랜스폼**^{Transform}: 가끔 제3의 소프트웨어 패키지는 UE4가 처리하지 못하는 씬 설정을 사용한다. 이때 트랜스폼 옵션을 사용해 이러한 차이점을 수정할 수 있다. 일반적으로 이 값은 기본값으로 두고 UE4와 일치하도록 소프트웨어 패키지에서 수정된 상태로 가져오는 것이 좋다.

▶ **머티리얼 가져오기**^{Import Materials}: 대부분의 경우 스켈레탈 메시를 처음 가져올 때 머티리얼도 가져오는 것이 좋다. 머티리얼 가져오기 옵션을 선택하면 생성 패키지에서 사용된 것과 같은 이름으로 스켈레탈 메시 옆에 새로운 기본 머티리얼이 생성된다. 대부분의 제작 패키지는 UE4와 같은 머티리얼 시스템을 사용하지 않기 때문에 대부분이 경우 나중에 이러한 머티리얼을 교체하게 된다.

▶ **씬 변환**^{Convert Scene}: .fbx 좌표계는 UE4와 다르므로 .fbx를 일부러 변경하지 않은 이상 씬 변환 체크박스가 선택된 상태로 유지된다. 이 체크박스를 선택하면 UE4가 콘텐츠 패키지의 Y+ 위쪽 축을 언리얼 엔진의 Z+ 위쪽 축으로 변환한다.

FBX 가져오기 옵션 대화 상자에서 **Import**를 선택하고 나면 요청된 파일이 생성되며 새로운 스켈레톤을 포함하게 된다. 그림 11.6에 Hour_11/RAW/HeroTPP.fbx를 가져왔을 때 생성되는 파일들을 볼 수 있다.

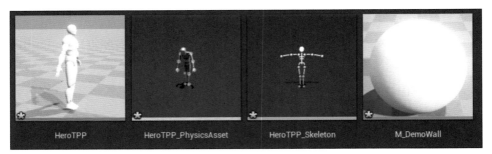

그림 11.6 그림 11.5에서 설정된 값으로 가져오기했을 때 생성되는 파일들을 볼 수 있다.

팁

'바인드 포즈에서 뼈대가 누락됐습니다'

콘텐츠를 만드는 데 사용하는 3D 패키지에 따라 .fbx 파일에 바인드 포즈에 대한 정보가 포함돼 있거나 포함되지 않을 수 있다. 바인드 포즈가 없으면 가져오기를 할 때 다음과 같은 경고 메시지를 볼 수 있다.

"바인드 포즈에서 뼈대가 누락됐습니다(The following bones are missing from the bind pose)."

3D 패키지의 스켈레탈 메시가 프레임 0의 올바른 바인드 포즈에 있으면 **Use T0 as Ref Pose** 옵션으로 스켈레탈 메시를 가져올 수 있다. 이 옵션은 FBX 가져오기 옵션 대화 상자의 메시 섹션 하단에 있는 고급 옵션 아래쪽 화살표를 클릭하면 볼 수 있다.

이 애셋을 수정하기 전에 '직접 해보기'를 통해 스켈레탈 메시 가져오기를 연습해보자.

▼ **직접 해보기**

Hero 가져오기

첫 번째 단계는 UE4에서 사용할 애셋을 가져오는 것이다. 제공되는 HeroTPP.fbx를 사용하고 다음 단계들을 따라 스켈레탈 메시를 가져와보자.

1. Hour 11 프로젝트의 콘텐츠 브라우저에서 TryItYourself 폴더로 간다. 그리고 _1 폴더를 연다.

2. 콘텐츠 브라우저의 왼쪽 상단에 있는 **Import** 버튼을 클릭한다.

3. 가져오기 대화 상자에서 /Hour_11/RAW/HeroTPP.fbx로 간 후 **Open**을 클릭한다.

4. FBX 가져오기 옵션 대화 상자가 나타나면 **Import as Skeletal, Import Mesh, Use T0 as Ref Pose**가 선택된 것을 확인하자(**Use T0 as Ref Pose** 옵션은 메시 섹션의 아래쪽에 있다).

5. 스켈레톤 속성을 **None**으로 설정해 새로운 스켈레톤을 만들자.

6. **Import Animations** 체크박스를 선택 해제한다.

7. 대화 상자 아래쪽에 있는 **Convert Scene**을 체크한다.

8. **Import**를 선택한다.

9. 가져오기가 끝나면 Content/TryItYourself/_1_와 비교해 제대로 가져왔는지 살펴보자.

애니메이션 가져오기는 스켈레탈 메시 가져오기와 비슷하지만, 그 처리가 약간 다르다. 기존 스켈레톤에 대한 애니메이션을 가져올 때 FBX 가져오기 옵션 대화 상자의 스켈레톤^{Sekeleton} 속성을 호환되는 스켈레톤으로 설정하는 것이 중요하다. 뼈 계층 구조 정보는 애니메이션을 만드는 데 사용된 계층 구조와 같아야 한다.

또한 3D 패키지에서 애니메이션을 가져올 때 애니메이션 가져오기 옵션이 선택돼 있는지 확인하는 것이 중요하며 일반적으로 가져오기 메시 옵션을 선택 취소하는 것이 좋다. 이렇게 하면 새로운 애니메이션을 가져올 때마다 메시가 복제되지 않는다.

페르소나 학습하기

언리얼 엔진 4에는 페르소나 에디터라는 특별한 에디터가 있다. 스켈레탈 메시, 스켈레톤, 애니메이션 시퀀스, 애니메이션 블루프린트와 같은 작업을 할 때 페르소나 에디터를 사용한다. 페르소나 에디터는 캐릭터 애니메이션에 관련된 모든 것을 할 수 있는 곳이다.

페르소나는 다양한 애셋 유형에 대해 별도의 편집 모드가 조합된 에디터다. 이 에디터 스타일을 사용해 애니메이션 애셋들을 통합된 환경에서 작업할 수 있도록 해준다.

수정하고자 하는 애셋을 더블 클릭하면 페르소나 에디터가 열리며 해당 애셋을 수정할 수 있게 된다.

스켈레톤 모드

그림 11.7은 페르소나 에디터의 스켈레톤 모드$^{Skeleton\ mode}$를 보여주고 있다. 에디터는 1) 참조 포즈 버튼, 2) 스켈레톤 모드 버튼, 3) 스켈레톤 트리, 4) 페르소나 뷰포트와 같은 네 가지 구성 요소로 이뤄져 있다. 이는 각각 번호로 구분돼 있고 더 자세한 설명은 다음 리스트에 나타나 있다.

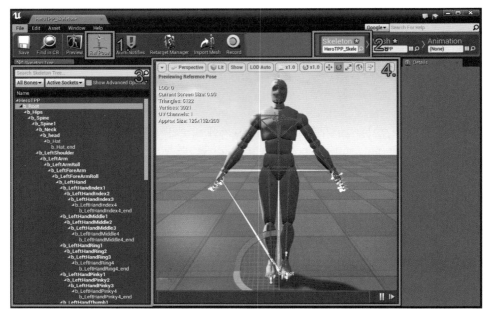

그림 11.7 페르소나의 스켈레톤 모드. 중요한 부분들은 강조돼 있다.

▸ **참조 포즈 버튼**Reference Pose button: 이 버튼은 재생 중인 애니메이션을 중지하고 캐릭터를 참조 포즈로 볼 수 있게 한다.

▸ **스켈레톤 모드 버튼**Skeleton Mode button: 이 버튼은 페르소나를 스켈레톤 모드로 설정하고 콘텐츠 브라우저에서 편집된 스켈레톤을 찾을 수 있는 애셋 참조를 포함한다.

▸ **스켈레톤 트리**Skeleton tree: 이 영역은 스켈레톤의 뼈에 대한 계층 구조를 보여준다. 이 곳에서 뼈를 선택하면 뷰포트에서 조작해볼 수 있다. 추가로 뼈에서 마우스 오른쪽 버튼을 클릭하면 소켓socket을 추가할 수 있다. 이 소켓을 이용하면 추가적인 메시를 동적으로 뼈대에 추가할 수 있다.

▸ **페르소나 뷰포트**Persona Viewport: 페르소나 뷰포트는 선택된 스켈레톤과 스켈레탈 메시의 씬 뷰를 보여준다. 이 뷰포트에서 본을 이동, 회전, 스케일해볼 수 있고 애니메이션을 미리 볼 수 있다. 뷰포트의 왼쪽 상단에서 메시의 추가적인 정보도 볼 수 있다.

메시 모드

그림 11.8은 페르소나 에디터의 메시 모드^{Mesh mode} 화면이다. 이 에디터는 1) 메시 모드
버튼, 2) LOD 설정 카테고리, 3) 물리 카테고리, 4) LOD 비주얼라이저, 5) 뷰포트 통계,
6) 모프 타깃 미리보기 탭으로 이뤄져 있다. 구성 요소들에 대한 설명은 다음과 같다.

그림 11.8 페르소나 메시 에디팅 모드

▶ **메시 모드 버튼**^{Mesh Mode button}: 이 버튼은 페르소나를 메시 모드로 만들고 드롭다운 메
뉴를 통해 다른 메시를 선택하고 편집할 수 있는 애셋 참조를 가지고 있다.

▶ **LOD 설정 카테고리**^{LOD Settings category}: 디테일 패널(스태틱 메시 애셋의 디테일 패널과 유
사)의 가장 위쪽을 보면 LOD와 머티리얼 정보를 위한 카테고리가 있는데 이곳에
서 추가 LOD를 생성하거나 LOD에 머티리얼을 설정할 수 있다.

▶ **물리 카테고리**^{Physics category}: 디테일 패널의 물리 카테고리에서 스켈레탈 메시의 물리
애셋을 적용할 수 있다. **Enable per Poly Collision** 옵션이 여기에 있으며 기본적으로
이 옵션은 꺼져 있다. 폴리별 충돌은 물리 시뮬레이션에서 사용될 수 없지만(예를
들어 랙돌^{ragdoll} 같은) 레이캐스트^{ray-cast} 쿼리에는 사용될 수 있다. 대부분의 경우, 이
체크박스는 비활성화되고 물리 애셋^{Physics asset}을 사용한다.

▶ **LOD 비주얼라이저**LOD Visualizer: 이 옵션은 표시된 LOD를 덮어 씀으로써 메시에 다른 LOD를 보이게 할 수 있다. LOD Auto를 설정하면 뷰포트가 뷰 설정에 따라 캐릭터를 자동으로 LOD하며 LOD가 생성되려면 LOD가 만들어져 있어야 한다.

▶ **뷰포트 통계**Viewport statistics: 뷰포트의 왼쪽 상단에 일반적으로 사용되는 통계가 표시된다. 이러한 통계에는 메시의 폴리 카운트, 요청된 LOD, 스켈레탈 메시의 대략적인 크기가 나타난다.

▶ **모프 타깃 미리보기 탭**Morph Target Previews tab: 이번 시간에는 모프 타깃을 다루지 않지만이 탭에서 모프 타깃을 미리 볼 수 있다. 예를 들어 언리얼에서 제공한 애니메이션 콘텐츠 예제에서 Pinnochio 모프 타깃 예제는 오웬 스켈레탈 메시Owen Skeletal Mesh에서 찾을 수 있다. Pinnochio 모프 타깃의 가중치를 수정하면 오웬의 코가 피노키오처럼 길어지게 된다.

애니메이션 모드

그림 11.9는 페르소나 에디터의 애니메이션 모드 화면이다. 이 에디터는 1) 애셋 생성 버튼, 2) 애니메이션 모드 버튼, 3) 디테일 패널, 4) 애님 애셋 디테일, 5) 애님 시퀀스 에디터, 6) 타임라인, 7) 애셋 브라우저로 이뤄져 있다. 이 구성 요소들은 다음 리스트에 설명했다.

그림 11.9 페르소나의 애니메이션 수정 모드

- ▶ **애셋 생성 버튼**^{Create Asset button}: 이 버튼은 새로운 몽타주^{montage}, 애니메이션 시퀀스, 애니메이션 타입 애셋들을 생성하는 편리한 방법을 제공한다.

- ▶ **애니메이션 모드 버튼**^{Animation Mode button}: 이 버튼은 페르소나를 애니메이션 모드로 만들고 드롭다운 메뉴를 통해 다른 메시를 선택하거나 편집할 수 있는 애셋 참조를 가지고 있다.

- ▶ **디테일 패널**^{Details panel}: 이 패널을 사용해 소켓, 애님 노티파이 속성^{anim notify properties}들을 수정할 수 있다.

- ▶ **애님 애셋 디테일**^{Anim Asset details}: 이 섹션에서는 애셋 브라우저에서 선택한 애니메이션 애셋의 속성을 편집할 수 있다. 또한 특정 애셋별 속성들을 수정할 수 있다.

- ▶ **애님 시퀀스 에디터**^{Anim Sequence Editor}: 많은 애니메이션 애셋에는 타임라인 기반 속성이 있다. 이 섹션에서 가산 애니메이션 커브^{Additive Animation Curve}, 노티피케이션^{Notification}, 트랙^{Track}을 수정할 수 있다.

- ▶ **타임라인**^{Timeline}: 현재 재생되고 있는 애니메이션의 시간과 애니메이션 제어를 여기서 설정할 수 있다. 타임라인의 빨간색 박스를 클릭하고 드래그하면 선택한 애니메이션을 훑어볼 수 있다.

- ▶ **애셋 브라우저**^{Asset Browser}: 애니메이션 애셋 전용 브라우저다. 이 브라우저에서 애셋을 더블 클릭하면 미리보기 애셋으로 설정된다. 애셋 위로 마우스를 가져가면 애니메이션의 빠른 실시간 미리보기가 팝업으로 나타난다.

애니메이션 모드에서 간단한 애니메이션을 만들 수 있다. 이 과정은 대부분의 3D 콘텐츠 제작 도구처럼 쉽진 않지만 가능하며, 간단한 애니메이션의 경우 유용하게 사용될 수 있다. 이 과정은 애니메이션 시퀀스에 Additive Animation Tracks 설정을 이용하고 이를 사용하기 위해 애니메이션 키 프레임들을 설정해 스켈레톤의 뼈를 애니메이션시킬 수 있다.

기존 애니메이션 시퀀스에 키를 설정하려면 스켈레톤에서 본을 선택한 다음 툴바에서 **+Key** 버튼을 클릭한다(그림 11.10 참조). 그 이후에 본을 회전하거나 이동시키려면(E 키를 누르면 회전 도구가 나타나고 W 키를 누르면 이동 도구가 나타난다.) 원하는 위치로 이동한 다음 툴바에서 Apply 버튼을 눌러 결과를 저장한다. 그 이후에 재생 헤드를 타임라인의 새로운 지점으로 이동하고 위 과정을 반복한다.

그림 11.10 툴바에서 강조된 +Key와 Apply 버튼은 페르소나 에디터에서 새로운 애니메이션을 만들 수 있도록 해준다.

가산 애니메이션^{Additive Animation}을 뼈에 적용한 후에는 뷰포트 아래의 애님 시퀀스 에디터 Anim Sequence Editor 섹션에 있는 커브 에디터^{Curves Editor}를 통해 키를 수동으로 수정할 수 있다. 트랙 뷰포트^{Track Viewport}에서 마우스 오른쪽 버튼을 눌러 새로운 키를 추가할 수 있다. 그림 11.11에 수정하고자 하는 뼈에 따라 다양한 컨텍스트 메뉴가 나타난다.

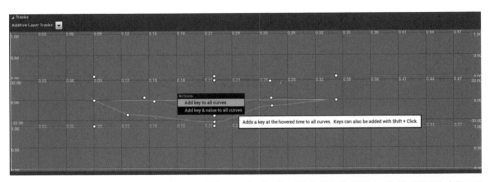

그림 11.11 뼈의 가산 커브 트랙에서 마우스 오른쪽 클릭은 새로운 키를 만들도록 해준다. 이 에디터에서 수동으로 키를 움직일 수도 있다. 추가로 왼쪽 상단의 화살표를 누르면 각 트랙을 지우거나 비활성화할 수 있다.

▼ 직접 해보기

영웅의 머리 흔들기

간단한 애니메이션을 만들 때 가산 애니메이션(Additive Animation) 트랙 옵션으로 충분한 경우도 있다. 다음 단계들을 따라 해서 새로운 애니메이션 스퀀스를 만들고 캐릭터의 머리를 흔들어보자.

1. Hour 11 프로젝트의 콘텐츠 브라우저에서 TryItYourself/_1 폴더로 이동한다(이번 시간의 첫 번째 '직접 해보기'를 안 해봤다면 Hour_11/TryItYourself/_1_Result 폴더로 가자).

2. HeroTPP 스켈레탈 메시 애셋을 더블 클릭해 페르소나 에디터를 연다.

3. 페르소나 에디터의 오른쪽 상단에 있는 **Animation Mode** 탭을 클릭한다.

4. 페르소나 에디터 툴바에서 **Create Asset** 버튼을 클릭한다.

5. **Create Animation ➤ From Reference Pose**를 선택한다.

6. 애니메이션의 길이를 설정하기 위해 페르소나의 아래쪽에 있는 타임라인에서 마우스 오른쪽 버튼을 누른 후 **Append at the End**를 선택한다.

7. 필드가 나타나면 119를 입력해 애니메이션을 120프레임으로 설정한다.

8. 뷰포트를 선택하고 **E** 키를 눌러 회전 모드로 바꾼다(뷰포트의 오른쪽 상단에 있는 회전 도구를 클릭해도 된다).

9. 스켈레톤 트리의 검색 바에서 Head를 입력하고 b_head 본을 선택한다.

10. 없다면 타임라인 슬라이더를 프레임 0에 드래그한다.

11. 툴바에 있는 **+Key** 버튼을 두 번 눌러 프레임 0에 있는 0으로 설정된 키를 만든다.

12. 타임라인 슬라이더를 시퀀스의 마지막 프레임으로 드래그한다(프레임 120으로).

13. 툴바에 있는 **+Key** 버튼을 두 번 눌러 0으로 설정된 키를 마지막 프레임에 만든다. 이렇게 하면 애니메이션 루프가 근사하게 설정된다.

14. 타임라인 슬라이더를 애니메이션의 ⅓ 위치에 이동시킨다. 약 40프레임 정도가 된다.

15. **+Key** 버튼을 클릭한 후 캐릭터의 머리를 왼쪽으로 약 50도 정도 회전시킨다.

16. **+Key** 버튼을 다시 한 번 눌러 변경을 확인한다.

17. 타임라인 슬라이더를 이동해 두 번째 ⅓ 지점으로 이동한다(약 60프레임 정도).

18. **+Key** 버튼을 누른 후 캐릭터의 머리를 오른쪽 50도 정도로 회전시킨다. 이것은 프레임 40에서 설정한 애니메이션의 반대 애니메이션과 같을 것이다.

19. **+Key** 버튼을 다시 눌러 키 프레임을 확인하자.

20. 툴바에 있는 **Apply** 버튼을 눌러 모든 변경을 확인한다.

21. 타임라인에 있는 **Play** 화살표를 눌러 애니메이션을 미리 보자.

22. 작업한 결과물을 TryItYourself/_2_Result와 비교해보자.

그래프 모드

그림 11.12는 페르소나 에디터의 그래프 모드Graph mode인데 이것은 페르소나 에디터의 가장 복잡한 에디팅 모드다. 그래프 모드는 애니메이션 블루프린트 애셋과 함께 동작해 다양한 애니메이션 상태 및 동작을 처리한다.

그림 11.12 그래프 모드를 사용해 복잡하고 다양한 애니메이션 및 동작들을 다룰 수 있다.

다른 모드와 마찬가지로 그래프 모드의 탭은 애니메이션 블루프린트를 열었을 때만 나타난다.

그래프 모드는 복잡한 캐릭터 애니메이션, 특히 사용자에 의해 조정되는 캐릭터의 경우 중요하다. 애니메이션 블루프린트는 블렌드 스페이스Blend space 또는 오프셋 애셋Offset Asset 을 통해 스켈레탈 메시에 있는 애니메이션을 제어함으로써 애님 시퀀스Anim Sequence들을 혼합하거나 뼈 자체를 직접 제어할 수 있다.

팁

그래프 모드에서 사용할 수 있는 강력한 도구들은 처음에는 너무 많아 부담될 수 있으며, 이 모든 것들을 알아보는 것은 이 책의 범위를 벗어난다. 애니메이션 블루프린트와 페르소나 그래프 모드에 대해 더 배우고 싶다면 애니메이션 데모에 포함된 것을 보자. Hour_11 프로젝트 폴더에 있는 Hour_11/ExampleContent/AnimationDemo/AnimBlueprint(책 웹사이트에서 사용 가능)를 보면 여러 가지 사용 예를 위한 다양한 애니메이션 블루프린트를 볼 수 있다.

또한 에픽 게임즈(Epic Games)에서 제작한 블루프린트(v4.8)를 활용한 3인칭 게임에 대한 비디오 시리즈를 보면 애니메이션 블루프린트가 어떤 것인지 더 자세히 알 수 있다. 이 시리즈는 http://wiki.unrealengine.com의 언리얼 엔진 위키에서 볼 수 있다.

스켈레탈 메시 액터 사용하기

애니메이션되는 스켈레탈 메시를 사용하는 주된 방법은 씬에 액터로 배치하는 것이다. 다행히 씬에 다른 액터를 배치하는 것처럼 간단하다. 콘텐츠 브라우저에서 스켈레탈 메시를 뷰포트로 드래그하는 것은 스켈레탈 메시를 액터로 배치하는 효율적인 방법이다.

스켈레탈 메시 액터에는 염두에 둬야 할 몇 가지 고유한 속성이 있다(그림 11.13참조).

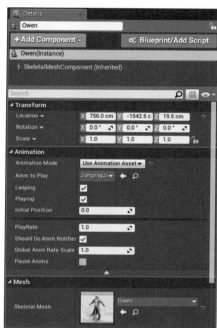

그림 11.13 배치된 스켈레탈 메시 액터는 애니메이션 재생을 위한 설정을 가진다. 애니메이션 모드에 대한 다른 세부 정보 패널이 여기에 표시된다.

애니메이션 카테고리에 있는 스태틱 메시 액터를 위한 속성들을 보면 애니메이션을 재생하기 위한 설정들, 예를 들어 애니메이션 반복 여부, 시작 지점 설정, 재생 속도를 설정할 수 있다.

▶ Animation Mode(애니메이션 모드): 이 옵션은 애니메이션 블루프린트를 사용할 것인지 또는 하나의 애니메이션 애셋을 사용할 것인지 결정한다. 이 옵션을 애니메이션 애셋으로 설정하면 다음 옵션들을 사용할 수 있다.

▶ **Anim to Play**(재생할 애니메이션): 이 옵션은 콘텐츠 브라우저에서 하나의 애니메이션 애셋에 대한 참조를 지정할 수 있다.

▶ **Looping**(반복): 이것이 선택되면 애니메이션이 끝날 때 애니메이션의 시작 부분으로 되돌아가 반복 처리된다.

▶ **Playing**(재생): 이것이 선택되면 블루프린트나 다른 방법을 통해 재생되지 않고 게임이 시작될 때 자동으로 애니메이션이 재생된다. 애니메이션 재생 시점을 제어하고 싶다면 이 옵션을 끄자.

▶ **Initial Position**(초기 위치): 애니메이션의 시작 시간을 초 단위로 설정할 수 있다. 이 값을 설정하는 것은 생략하고 싶은 애니메이션 포즈를 시각화하는 좋은 방법이기도 하다.

▶ **PlayRate**(재생 속도): 이 값은 애니메이션이 재생되는 속도의 배율이다. 이 값을 0.5로 설정하면 애니메이션이 절반의 속도로 재생된다. 반면에 이 값을 2.0으로 설정하면 애니메이션이 두 배 빠르게 재생된다.

▼ **직접 해보기**

영웅 배치하기

애니메이션이 재생되지 않는다면 그다지 중요하지 않다. 다음 단계들을 따라 HeroTPP를 새로운 씬에 배치하고 이전 '직접 해보기'에서 만든 머리 흔들기 애니메이션이 재생되도록 설정하자.

1. Hour11 프로젝트에서 새로운 기본 레벨을 만든다.

2. Hour 11 프로젝트의 콘텐츠 브라우저에서 TryItYourself/_1 폴더로 간다(이전 '직접 해보기'를 안 했다면 Hour_11/TryItYourself_1_Result 폴더로 간다).

3. HeroTPP 스켈레탈 메시를 선택하고 월드에 드래그해 배치한다. 이때 월드의 중심 근처에 배치한다.

4. 새로운 스켈레탈 메시 액터를 선택하고 액터의 디테일 패널에서 **Animation Mode**를 Use Animation Asset으로 설정한다.

5. 콘텐츠 브라우저에서 Hour_11/TryItYourself/_2 폴더로 간다(두 번째 '직접 해보기'를 안 했다면 Hour_11/TryItYourself/_2_Result 폴더로 간다). 폴더에서 HeroTPP_Sekeleton_Sequence 애니메이션 시퀀스를 선택한다.

6. 애니메이션이 선택된 상태에서 **Anim to Play** 속성 옆에 있는 왼쪽 화살표를 클릭하거나 애니메이션 시퀀스를 **Anim to Play** 속성에 드래그한다.

7. **Looping**과 **Playing**이 모두 체크됐는지 확인한다.

8. Simulate 또는 Play 버튼을 눌러 게임을 시작하고 캐릭터가 애니메이션되는지 확인한다.

9. 결과물과 Hour_11/TryItYourself_3_Result를 비교해보자.

요약

스켈레탈 메시는 게임 제작자의 도구 상자에서 중요한 위치를 차지한다. 믿을 수 없을 만큼 다양한 도구를 사용해 다양하고 재미있는 3D 캐릭터를 생성할 수 있다. 이번에는 스켈레탈 메시의 힘과 강력함, 새로운 스켈레탈 메시를 에디터로 가져오는 방법을 배웠다. 스켈레탈 메시의 작동 방식을 설정하는 데 필요한 다양한 옵션을 배웠고 매우 강력한 페르소나 에디터를 사용해 스켈레탈 메시를 변경하고 언리얼 엔진 4에서 간단한 애니메이션을 생성하는 방법도 배워봤다. 마지막으로 스켈레탈 메시 액터를 씬에 배치하고 재생하는 방법에 대해 배워봤다.

질문 및 답변

질문. 스켈레탈 메시를 만들기 위한 3D 패키지들에 대해 아무것도 알지 못한다. 대신 UE4를 사용할 수 있을까?

답변. 불행하게도 현재 이 책을 쓰는 시점에서 UE4는 스키닝, 모델링 도구를 제공하고 있지 않다. 그러나 전혀 희망이 없지 않은데, 언리얼 마켓플레이스에 미리 만들어진 스켈레탈 메시와 애니메이션 팩들이 있기 때문이다. 추가로 믹사모Mixamo에서 제공하는 15개의 애니메이션되는 훌륭한 캐릭터를 무료로 사용해볼 수도 있다.

질문. 애니메이션을 가져올 때, 메시가 크게 변형돼 있거나 이상한 위치에 있는 경우가 있다. 물론 3D 패키지에서는 제대로 애니메이션되는 상황이다. 왜 그런 것인가?

답변. 보통 메시가 크게 변형되는 경우는 스케일이 잘못 설정돼 있을 때 그런 현상이 발생한다. 불러오기 설정에서 Uniform Scale을 0.01 또는 100으로 설정해서 테스트해보자. 이 두 옵션으로도 문제가 해결되지 않으면 3D 패키지에서 어떤 스케일 단위를 사용하고 있는지 체크해보자. UE4는 1유닛이 1cm다.

질문. 게임이 시작되면 애니메이션이 자동으로 시작된다. 애니메이션이 시작되는 시점을 조절하고 싶은데 어떻게 해야 하나?

답변. 스켈레탈 메시 액터를 보면 Playing 옵션이 켜져 있을 것이다. 이것을 끄도록 한다. 애니메이션을 수동으로 재생하려면 레벨 블루프린트에서 Play 또는 Play Animation 을 사용해 애니메이션을 재생시킬 수 있다(레벨 블루프린트에 대한 더 자세한 내용은 Hour 15를 참고하자).

연구

이번 시간을 끝냈으니 다음 질문에 답할 수 있는지 확인해보자.

퀴즈

1. 참 또는 거짓: 애니메이션 시퀀스와 애셋은 하나 이상의 스켈레톤에서 재생될 수 있다.

2. 참 또는 거짓: 각 스켈레탈 메시는 고유한 스켈레톤 애셋을 필요로 한다.

3. 참 또는 거짓: UE4는 1유닛을 1cm로 다룬다.

4. 참 또는 거짓: 애니메이션은 UE4에서 만들어질 수 없으며 반드시 외부 패키지에서 만들어져야 한다.

해답

1. 거짓. 각 애니메이션 시퀀스는 스켈레톤을 가져올 때 연결된다. 물론 애니메이션 시퀀스를 새로운 스켈레톤에 리타깃할 수 있다. 이때는 새로운 고유한 애셋을 만들어낸다.

2. 거짓. 여러 스켈레탈 메시들은 같은 스켈레톤을 공유할 수 있으므로 같은 애니메이션이 다른 스켈레탈 메시에서 재생될 수 있다. 이를 염두에 두고 같은 스켈레톤을 공유하려는 모든 스켈레탈 메시들은 같은 기본 뼈 계층과 이름 규칙을 가져야 한다. 뼈대의 체인에 문제가 생기면 새로운 스켈레톤 애셋이 필요하다.

3. 참. 이것은 다른 패키지에서 또 다른 곳으로 이동할 때 매우 중요하다.

4. 거짓. 물론 다른 3D 패키지에서 만드는 것이 훨씬 쉽지만 간단한 스켈레탈 메시 애니메이션의 경우는 페르소나 에디터에서 가산 애니메이션 트랙 옵션을 사용해 만들 수 있다.

연습

제공된 콘텐츠 예제를 사용해 다양한 애니메이션을 씬에 배치하는 연습을 해보자.

1. Hour_11 프로젝트에서(책의 웹사이트에서 받을 수 있다.) 새로운 레벨을 만든다.

2. 콘텐츠 브라우저에서 ExampleContent/AnimationDemo/Animations 폴더를 연다.

3. 스켈레탈 메시 애니메이션을 몇 개 고른다. 예를 들어 춤추는 꼭두각시, 오른쪽으로 뛰기와 같은 애니메이션을 드래그해서 씬에 배치한다.

4. 애니메이션들의 재생 및 반복 설정을 확인한 후 Simulate를 눌러보자.

HOUR 12
마티네와 시네마틱

이번 시간에 배우는 것들

▶ 마티네 액터로 작업하기

▶ 마티네 에디터 사용하기

▶ 카메라 액터로 작업하기

▶ 시간에 따라 액터 이동 및 회전하기

이번 시간에는 게임 내 컷씬, 타이틀 시퀀스, 주변 환경 애니메이션을 만들 수 있게 해주는 UE4의 마티네 에디터^{Matinee Editor}를 알아볼 것이다. 마티네 에디터는 대부분의 영화 아티스트, 애니메이터, 레벨 디자이너들에 의해 사용되는 도구다. 이번 시간을 통해 마티네 액터, 마티네 에디터, 짧은 시퀀스를 애니메이션하는 방법에 대해 배울 것이다.

노트

Hour 12 프로젝트 설정

이번 시간을 위해 1인칭 템플릿, 스타터 콘텐츠와 함께 새로운 프로젝트를 만들거나 웹사이트(www.sty-ue4.com)에서 예제 프로젝트를 다운로드해 Hour_12 폴더에 있는 프로젝트를 사용한다.

마티네 액터

UE4에서 마티네는 인게임 시네마틱을 만들기 위한 완전한 도구 세트이자 파이프라인이다. 마티네를 사용해 여러 액터 유형의 다양한 속성을 애니메이션할 수 있다. 이것을 사용해 비디오를 만들 수 있으며 .fbx 파일 형식을 사용해 키 프레임 데이터를 내보내거나 가져올 수 있다. 하나의 레벨에서 원하는 만큼 마티네 액터^{Matinee Actor}를 가질 수 있으며 마티네 액터를 제어하고 이벤트를 블루프린트로 전달할 수 있다. 이번 시간에는 카메라 설치 및 애니메이션에 중점을 두고 배워보자.

마티네 에디터를 사용하기 전에 먼저 레벨에 마티네 액터가 필요하다. 마티네 액터는 두 가지 주요 작업을 수행한다. 첫 번째는 마티네가 레벨에서 어떻게 동작해야 하는지 설정하는 것이고, 두 번째는 마티네 시퀀스를 위한 그룹, 트랙, 키 프레임을 저장하는 마티네 데이터 애셋^{Matinee Data asset}을 가리킨다. 마티네 액터를 레벨에 추가하는 방법은 두 가지다. 다른 액터와 마찬가지로 모드 패널에서 드래그해 배치하는 방법이 있으며, 레벨 에디터 툴바에 있는 시네마틱 아이콘^{Cinematics Icon}을 클릭하고 마티네를 추가하는 방법이 있다. 마티네 액터를 레벨에 추가하고 나면 레벨 디테일 패널에서 설명이 포함된 이름을 지정하면 좋다(그림 12.1 참조).

노트

마티네 액터 추가하기

레벨 에디터 툴바에 있는 시네마틱 아이콘을 사용해 마티네 액터를 추가하면 마티네 에디터가 자동으로 열린다. 마티네 액터의 속성을 보려면 에디터를 닫고 마티네 액터를 레벨 뷰포트에서 선택해야 한다.

마티네 액터 속성

마티네 액터를 선택하고 디테일 패널을 보면 Play 아래에 있는 마티네의 재생 속도를 볼 수 있다(그림 12.1 참조). 이 값은 정규화돼 있다. 그러므로 1이 100% 재생 속도를 의미하며 0.5는 50%를 의미한다. 또한 Play on Level Load 옵션을 볼 수 있는데 이렇게 하면 레벨이 시작되자마자 마티네가 시작된다.

추가로 Looping 옵션은 마티네가 반복적으로 재생될 수 있도록 한다. 다음 섹션으로 중요한 것은 시네마틱이다. 여기서 플레이어의 움직임을 임시로 멈추거나 회전시키거나 화면에서 사라지게 할 수 있으며 마티네가 재생되고 있을 때 HUD를 화면에서 감출 수 있다. 이러한 옵션들은 보통 디렉터 그룹과 카메라 액터를 사용하는 마티네용이다.

노트

재생 속도와 초당 프레임

마티네는 정규화된 값들을 사용해 재생 속도를 조절하는데 초당 프레임(FPS, Frame per Second)의 실제 숫자는 마티네 에디터의 스냅 설정을 통해 설정된다.

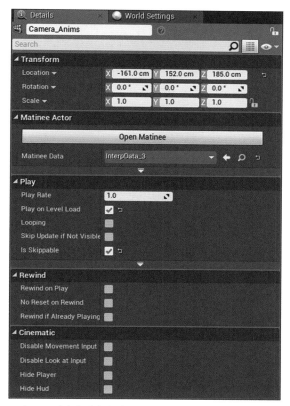

그림 12.1 마티네 액터 속성들

마티네 에디터

마티네 에디터^{Matinee Editor}는 애니메이션 시퀀스를 에디팅하기 위한 인터페이스다(그림 12.2 참조). 마티네 에디터를 열려면 마티네 액터를 선택하고 디테일 패널에서 **Open Matinee**를 클릭하면 된다. 마티네 에디터의 핵심 영역은 그림 12.2에서 볼 수 있으며 설명은 다음 목록과 같다.

▶ **1) 메뉴 바**^{Menu bar}: 마티네 데이터를 .fbx로 가져오거나 내보내기 또는 키 프레임을 늘리는 데 메뉴 바의 기능들을 사용한다.

▶ **2) 툴바**^{Toolbar}: 툴바는 재생하기 또는 스냅 설정과 같은 일반적인 기능들을 가지고 있다.

▶ 3) **커브 에디터**^{Curve Editor}: 커브 에디터는 스플라인을 사용해 보간 데이터를 개선한다.

▶ 4) **트랙 패널**^{Tracks panel}: 트랙 패널에서 키 프레임, 그룹, 트랙들을 관리할 수 있다.

▶ 5) **디테일 패널**^{Details panel}: 디테일 패널은 선택된 트랙 또는 그룹의 속성들을 보여준다.

▶ 6) **타임 바**^{Time Bar}: 타임 바는 시퀀스의 시간을 보여준다.

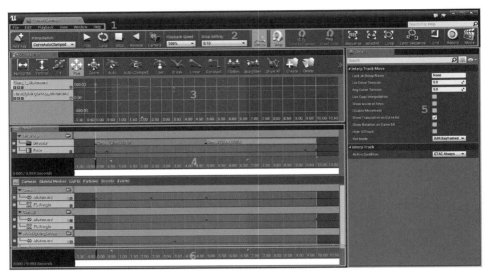

그림 12.2 마티네 에디터

노트

마티네 에디터로 작업할 때

마티네를 사용하는 대부분의 경우 마티네 에디터와 레벨 뷰포트를 함께 보면서 작업하는 것이 좋다. 듀얼 모니터까지는 필요 없지만 휠이 있는 마우스와 듀얼 모니터를 사용하면 마티네로 작업할 때 큰 차이점을 느낄 것이다.

노트

마티네 작업 시 유용한 컨트롤과 단축키

다음은 마티네 사용 시 유용한 단축키들을 나타냈다.

▶ 휠을 위/아래로 스크롤하면 타임라인을 확대/축소할 수 있다.

▶ 마티네 툴의 시퀀스 아이콘을 클릭하면 타임라인을 뷰포트 크기에 맞게 조정한다.

▶ **Enter** 키를 누르면 선택된 트랙의 현재 시간에 새로운 키 프레임을 추가한다.

트랙 패널

트랙 패널^{Tracks panel}은 마티네 작업을 할 때 가장 많은 시간을 함께 보낼 영역이다. 트랙 패널은 그룹과 트랙을 사용해 타임라인을 정리된 상태로 유지한다. 맨 위에는 지정된 액터 타입을 기반으로 그룹을 표시하는 작업이 표시된다. 왼쪽에는 그룹 및 트랙 목록이 있으며 트랙 패널의 맨 아래에는 프레임 및 시간 카운트, 플레이 헤드^{play head} 그리고 시퀀스 길이가 있다.

시퀀스 길이 설정

트랙 패널의 아래를 보면 타임라인 정보, 플레이 헤드, 현재 시간을 확인할 수 있다. 시퀀스의 총 시간은 그림 12.3과 같이 빨간색 삼각형 표시로 나타나 있고 초록색 삼각형은 활성화된 작업 영역을 의미한다. 시퀀스의 시간을 설정하려면 빨간색 삼각형 마커의 위치를 설정해줘야 한다. 오른쪽에 있는 빨간색 마커를 클릭하고 오른쪽으로 드래그해 더 많은 시간을 추가하거나 왼쪽으로 드래그해 시간을 줄일 수 있다. 트랙 패널의 끝에 있다면 마우스 휠을 사용해 타임라인을 확대/축소해 더 많은 영역을 볼 수 있다.

노트

데드 스페이스

처음 마티네를 사용할 때 많은 사람들은 마지막 키 프레임이 시퀀스의 끝이라고 생각하는 실수를 한다. 실제로 마티네는 빨간색 삼각형 마커까지 재생된다. 마지막 키 프레임과 빨간색 마커 사이에 빈 공간이 있다면 그 부분을 데드 스페이스(dead space)라고 하며 이 부분을 없애려면 마커를 마지막 키 프레임 위치로 이동하면 된다.

플레이 헤드

그림 12.3에 플레이 헤드^{play head} 또는 타임 마커가 있다. 이것은 시퀀스를 편집하는 동안 시간의 위치를 표시하고 특정 시간에 키 프레임을 배치할 수 있게 한다. 타임라인 아래쪽의 빈 공간을 클릭하면 플레이 헤드가 해당 위치로 이동한다. 또한 플레이 헤드를 클릭하고 드래그해 시퀀스를 수동으로 재생할 수도 있다. 그림 12.3에서 번호로 식별되는 영역들은 1) 그룹, 2) 트랙, 3) 플레이 헤드/스크럽 바, 4) 키, 5) 빨간색 마커, 5) 초록색 마커다.

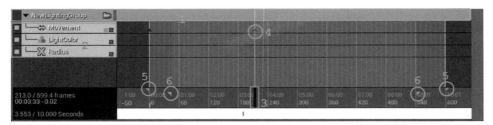

그림 12.3 빨간색 및 초록색 마커, 플레이 헤드, 시간, 프레임 카운트

그룹

마티네에서 그룹group은 제어하려는 액터와 액터에 영향을 주기 위해 사용 중인 트랙을 담고 있다(그림 12.4 참조). 그룹에는 빈 그룹, 카메라 그룹, 파티클 그룹, 스켈레탈 그룹, 라이팅 그룹, 이렇게 다섯 개의 프리셋이 있다. 빈 그룹을 제외하고 모든 그룹에는 이름으로 식별할 수 있는 특정 액터 타입을 위한 미리 지정된 트랙이 있다. 빈 그룹은 모든 액터 타입과 함께 작동하지만 애니메이션, 속성을 기반으로 자체 트랙을 수동으로 지정해야 한다.

그룹을 추가하려면 먼저 제어하려는 액터를 레벨에 배치해야 하며, 액터가 선택된 상태에서 마티네에 그룹을 추가할 수 있다. 마티네는 자동으로 액터를 그룹에 지정하는데 새 그룹을 추가하려면 그룹 및 트랙 패널의 왼쪽에 있는 목록의 빈 영역에서 마우스 오른쪽 버튼을 누른 후, 화면에 나타나는 대화 상자에서 배치된 액터와 일치하는 그룹을 선택하면 된다. 만일 액터 타입 목록에 그룹이 없으면 빈 그룹을 선택하고 이름을 지정하면 된다. 이렇게 하고 나면 새로운 트랙과 키 프레임들을 설정할 준비가 된다.

팁

이미 존재하는 그룹에 새로운 액터 할당하기

그룹에 할당된 액터를 바꾸려면, 레벨 뷰포트에서 새로운 액터를 선택하고 트랙 패널의 그룹 이름에서 마우스 오른쪽 버튼을 눌러 대화 상자를 띄운 후 **Actors > Replace Group Actors with Selected Actors**를 선택한다. 그리고 스태틱 메시 액터를 그룹에 추가할 때, 마티네는 자동으로 모빌리티 설정을 **Movable**로 바꾼다.

트랙

트랙track은 지정된 속성에 대해 키 프레임 데이터를 시간에 따라 설정하고 저장하는 데 사용되며 그룹에 할당된다(그림 12.4 참조). 예를 들어, 이동 트랙movement track은 액터의 위치 및 회전 데이터를 저장한다. 미리 정의된 트랙은 16개가 넘는데 움직이기를 원하는 액터의 일부 속성에는 트랙 목록에 표시되지 않는 트랙이 있을 수 있다. 속성의 데이터 타입에 따라 필요한 트랙 타입이 결정된다. 예를 들어, 스태틱 메시 액터의 스케일은 애니메이션될 수 있지만 트랙의 목록에 스케일 트랙은 없다. 일부 속성들은 해당 데이터 타입에 의해 정의된다. 예를 들어 스케일은 액터의 스케일을 벡터 (X, Y, Z)로 저장한다. 따라서 액터의 스케일을 수정하려면 스태틱 메시 애셋이 할당된 그룹에 벡터 속성 트랙을 추가해야 한다. 마티네는 영향받는 데이터 타입의 속성 리스트를 보여준다. 또 다른 예로, float로 저장되는 포인트 라이트 액터의 강도를 수정하려면 float 속성 트랙이 필요하다. float 속성 트랙을 포인트 라이트 액터가 있는 그룹에 추가하면 float 값을 사용하는 포인트 라이트 액터의 모든 속성 리스트가 나타난다.

그림 12.4 그룹과 트랙들

▶ Variable 데이터 타입에 대해 더 자세히 알고 싶다면 **Hour 14, '블루프린트 비주얼 스크립팅 시스템 소개'**를 참고하자.

노트

키 프레임

키는 속성 설정 데이터를 시간에 따라 저장한다. 데이터의 타입은 사용 중인 액터와 트랙에 따라 다르다. 액터의 속성들은 시간에 따라 모두 애니메이션 가능하다. 마티네가 재생될 때 각 키 프레임에 저장된 값 사이의 값들은 보간된다.

폴더

폴더folder는 마티네의 그룹을 조직화하는 데 사용된다. 예를 들어, 네 개 혹은 다섯 개의 그룹을 사용하고 있으며 각 그룹이 카메라를 제어하도록 설정할 수 있다. 트랙 패널에서 폴더를 만들어 카메라 그룹들만 저장하게 할 수 있다. 폴더를 사용하면 마티네 시퀀스의 복잡성이 증가할 때 체계적으로 정리할 수 있다.

팁

키 프레임 설정 시 작업 순서

키 프레임을 추가하는 것은 간단한 과정이지만 작업 순서는 큰 차이를 만든다. 처음 이 작업을 할 때 기억해야 할 내용은 시간 이동, 공간 이동, 키 추가다.

- ▶ 시간 이동: 시간 이동이란 트랙 패널의 플레이 헤드를 키를 추가할 곳으로 이동하는 것을 말한다.
- ▶ 공간 이동: 공간 이동이란 키를 추가하려는 이동 트랙이 있는 그룹에 지정된 레벨 뷰포트에서 액터를 이동하거나 회전하는 것을 의미한다.
- ▶ 키 추가: 키 추가는 해당 트랙의 현재 시간에 키를 설정해 변경된 값을 저장하는 것을 말한다.

▼ 직접 해보기

마티네에서 스태틱 메시 액터 애니메이션과 키 프레임 설정하기

다음 단계들을 따라 마티네에서 키 프레임 설정과 기본적인 반복 애니메이션을 만들어보자.

1. 콘텐츠 브라우저 혹은 모드 패널의 **Place** 탭에서 스태틱 메시 큐브를 드래그한다.

2. 모드 패널의 **Place** 탭에서 마티네 액터(Matinee Actor)를 드래그하고 레벨에 배치된 큐브 옆에 배치한다.

3. 레벨에서 마티네 액터를 선택하고 레벨 디테일 패널에서 이름을 move cube로 설정한다. 그리고 **Open Matinee**를 클릭한다.

4. 마티네 에디터의 트랙 윈도우 왼쪽에 있는 회색 영역에서 마우스 오른쪽 버튼을 누른 후 **Create New Empty Group**을 선택한다.

5. 그룹 이름을 Cube_A로 설정한다.

6. 그룹에 스태틱 메시 액터를 할당하기 위해 레벨 뷰포트에서 큐브를 선택하고 마티네 에디터의 그룹 Cube_A에서 마우스 오른쪽 버튼을 누른다. 그리고 **Actors ➤ Add Selected Actors**를 선택한다.

7. 프레임 스냅핑을 켜기 위해 마티네 에디터에 있는 자석 아이콘을 클릭한다. 그리고 스냅 설정(Snap Setting)이 0.5로 돼 있는지 체크하자.

8. 마티네의 시간을 3초로 설정하기 위해 트랙 패널의 아래쪽에 빨간색 삼각형을 3초로 드래그한다.

9. 새롭게 만들어진 그룹에서 마우스 오른쪽 버튼을 누른 후, 트랙 목록에서 새로운 이동 트랙(Movement Track)을 추가한다.

10. 키를 추가하기 이전에 플레이 헤드가 0초에 있고 이동 트랙이 선택된 것을 확인하자. 그 이후 마티네 툴바에서 **Add Key** 아이콘을 클릭하거나 **Enter**를 입력해 키를 추가한다.

11. 플레이 헤드를 마티네 시간의 끝으로 이동한다(이 경우 3초). 그리고 두 번째 키를 추가한다. 지금까지 따라왔다면 두 개의 키가 있을 것이다. 하나는 시작 부분에 있고 나머지 하나는 끝에 있다. 위치, 회전은 두 키가 같은 값을 가지고 있으며 시간만 다르게 설정돼 있다.

12. 플레이 헤드를 타임라인의 중간으로 이동한다. 우리의 경우 1.5초가 된다. 그 이후 마티네 에디터가 열린 상태에서 레벨에 배치된 큐브를 선택한다. 그리고 Z축을 따라 위쪽으로 500유닛 이동시킨다.

13. 이동 트랙을 선택한 후 **Add Key** 아이콘을 누르거나 **Enter**를 입력해 세 번째 키를 추가한다. 레벨 뷰포트를 보면 노란색 스플라인이 나타난 것을 볼 수 있다. 이것은 큐브가 시간이 지남에 따라 이동할 경로를 보여준다. 현재는 직선으로 나타난다.

14. 플레이 헤드를 앞/뒤로 움직여 보면서 큐브가 위/아래로 이동하는 것을 확인해보자. **Play**를 클릭하거나 마티네 툴바에서 반복해 애니메이션을 미리 보자(그림 12.5 참조).

15. 마티네 액터의 속성을 설정하기 위해 마티네 에디터를 닫고 레벨 뷰포트에 있는 마티네 액터를 선택한다. 그리고 메인 에디터의 디테일 패널에서 **Play on Level Load and Looping**을 켜도록 한다.

16. 레벨을 미리보기한다.

그림 12.5 키 프레임이 있는 그룹과 트랙

커브 에디터

마티네에서 커브 에디터^{Curve Editor}는 스플라인으로 표현된 보간 데이터를 미세 조정할 수 있는 기능을 제공한다. 스플라인^{spline}은 시간에 따라 보간된 데이터의 시각적 표현이다. 거의 모든 트랙의 키 프레임 데이터는 커브 에디터에 표시 및 수정할 수 있으며 커브 에디터는 커브 작업을 위한 자체 도구가 있다. 트랙의 키 프레임 데이터를 커브 에디터에서 표시하기 위해 트랙 이름 오른쪽에 있는 작은 상자인 Show on Curve Editor 박스를 켜야 한다(그림 12.6 참조). 기본적으로 상자가 진한 회색이면 꺼져 있고 노란색이면 켜져 있다는 의미다. 그림 12.6에서 번호로 식별되는 영역들은 1) 락 뷰 토글, 2) 트랙 켜거나 끄기, 3) 커브 에디터에 표시 토글, 4) 레벨 뷰포트에 스플라인 경로 표시 등이다.

그림 12.6 커브 에디터에 표시를 켠 모습

커브 에디터에서 Show on Curve Editor를 켜고 나면 그룹 및 트랙 이름이 커브 에디터의 왼쪽에 나타난다. 필요한 경우 많은 개수의 트랙을 커브 데이터로 표시할 수 있다. 또한 화면을 가운데로 정리해서 보고 싶을 수도 있다. A 키를 눌러 모든 활성화된 커브들을 화면에 딱 맞게 표시할 수 있다. 트랙이 저장하고 있는 데이터의 타입에 따라 하나 혹은 그 이상의 커브들을 가질 수 있다. 예를 들어, 디렉터 그룹^{Director Group} 안의 페이드 트랙^{Fade Track}은 float 값만 사용하지만 이동 트랙은 여섯 개의 커브를 가진다(이동을 위한 x, y, z 그리고 회전을 위한 pitch, yaw, roll). 마티네 디테일 패널에서 선택된 트랙의 각 커브에 대한 표시를 켜거나 끌 수 있다(그림 12.7 참조). 다음 토글들은 그림 12.7에서 숫자로 식별해 설명하고 있다. 1) 커브에서 X의 가시성을 토글한다, 2) 커브에서 Y의 가시성을 토글한다, 3) 커브에서 Z의 가시성을 토글한다.

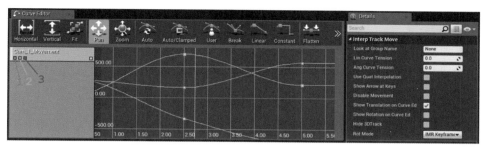

그림 12.7 커브 에디터 내 커브 토글 표시

노트

이동 트랙

이동 트랙(movement track)은 기본적으로 위치에 대한 커브만 표시한다. 회전 데이터를 표시하려면 이동 트랙을 선택하고 마티네 디테일 패널에서 **Show Rotation on Curve Editor**를 켜줘야 한다. 또한 위치와 회전이 같은 키에 저장된다는 사실을 눈치챘을 것이다. 이것을 분리하고 싶다면 이동 트랙을 마우스 오른쪽 버튼으로 클릭하고 **Split Translation, Rotation**을 선택한다. 이렇게 분리하고 나면 다시 합칠 수 없으니 다시 만들지 않으면 되돌릴 수 없다는 것을 반드시 기억하자.

보간 모드

보간interp 모드는 하나의 키 프레임에서 다음 키 프레임으로 스플라인이 전환되는 방식을 결정한다. 보간 모드는 다섯 가지가 있는데 우선 세 가지에 중점을 두고 알아보자.

▶ **커브**Curve: 빨간색 삼각형으로 표시되고 이즈인ease-in, 이즈아웃ease-out 효과를 만들어 내며 커브 에디터에서 커브를 편집하고자 할 때 사용하는 모드다.

▶ **선형**Linear: 초록색 삼각형으로 표시되며 시간이 지남에 따라 키 프레임 간의 변화를 균등하게 한다.

▶ **상수**Constant: 검은색 삼각형으로 표시되며 다음 키 프레임까지 모든 중간 프레임을 마지막 키 프레임 값으로 유지한다.

키의 보간을 바꾸려면 트랙의 키 프레임에서 오른쪽 버튼을 누르고 Interp Mode를 선택한 후 원하는 모드를 선택하면 된다.

▼ 직접 해보기

커브 에디터를 사용해 애니메이션 보간 개선하기

다음 단계들을 따라 커브 에디터를 사용해 애니메이션 메시의 회전을 제어해보자.

1. 이전 '직접 해보기'에서 만든 마티네 액터(MoveCube)를 위해 마티네 에디터를 열자.

2. 트랙 패널에서 새로운 그룹을 생성하고 이름은 Cube_B로 설정한다.

3. 첫 번째 큐브 옆에 새로운 큐브를 배치하고 이것을 Cube_B 그룹에 할당한다.

4. Cube_B 그룹에 새로운 이동 트랙을 추가한다.

5. Cube_B 그룹에 생성한 이동 트랙의 0번째 프레임에 키를 추가한다.

6. 트랙 패널에서 플레이 헤드를 마티네의 끝쪽으로 이동한다(3초로 이동하면 된다).

7. 뷰포트에서 새롭게 만든 큐브를 Z축으로 300 정도 회전시킨다.

8. 키를 설정한 후 플레이 헤드를 움직이거나 마티네 툴바의 **Looping**을 누르게 되면 큐브가 짧게 회전하는 것을 볼 수 있다. 이 시점에서 더 많은 키를 추가할 수 있지만 좀 복잡해질 가능성이 있으며 키가 많아질수록 수정에 더 많은 시간을 소비할 수 있다.

9. 커브 에디터에서 Cube_B 그룹의 이동 트랙을 표시하려면 이동 트랙의 오른쪽에 있는 회색 박스를 클릭하자. 현재 커브 에디터에는 위치 데이터만 표시될 것이다.

10. 이동 트랙이 선택된 상태에서 디테일 패널에 있는 **Show Translation on Curve Ed**를 끄도록 하고 **Show Rotation on Curve Ed**를 켜자.

11. 커브 에디터 툴바에서 **Fit** 아이콘을 클릭해 커브 데이터가 화면에 최대한 적절한 사이즈로 나타나게 한다. Z축으로 회전하는 값만 변경되므로 X와 Y축들의 데이터는 화면에 표시하지 않아도 된다. 커브 에디터에서 Cube_B 이동 아래에 있는 빨간색과 초록색 박스를 클릭해 회색 처리한다. 빨간색은 X축, 초록색은 Y축, 파란색이 Z축을 의미한다.

12. 커브 에디터의 첫 번째 키 프레임에서 마우스 오른쪽 버튼을 누르고 값을 0으로 설정한다.

13. 두 번째 키에서 마우스 오른쪽 버튼을 누르고 값을 359로 설정한다.

14. 레벨을 미리 보자. 박스는 360도 회전하며 반복되지만 보간 모드가 기본인 **CurveAutoClamp**로 설정돼 있으므로 이즈인, 이즈아웃 효과로 인해 박스가 느려지거나 빨라지는 것을 볼 수 있다. 이것을 바꾸려면 트랙 패널에서 Cube_B 그룹을 위한 이동 트랙을 찾고 **Ctrl** 키를 누른 채로 첫 번째와 마지막 키 프레임들을 선택해 두 키를 모두 선택하자.

15. 키가 선택된 상태에서 마우스 오른쪽 버튼을 누르고 **Interp Mode Linear**를 선택해 회전이 균등하게 설정되도록 한다.

16. 이제 레벨을 미리보기해보면 박스가 일정한 속도로 Z축을 중심으로 회전하는 것을 볼 수 있다.

다른 종류의 트랙 작업하기

지금까지 마티네 에디터에서 일반적으로 가장 많이 사용하는 이동 트랙을 알아봤다. 이동 트랙뿐만 아니라 다른 종류의 트랙들도 제공하는데, 예를 들어 마티네 컨트롤러 노드와 함께 블루프린트에서 이벤트를 호출하는 데 사용되는 이벤트 트랙이나 스켈레탈 메시 액터의 애니메이션 시퀀스를 재생하기 위한 애니메이션 트랙이 있다. 이번에는 사운드 트랙을 사용해 마티네에서 사운드를 재생해보자.

사운드 트랙

마티네의 사운드 트랙^{Sound track}을 사용해 마티네 시퀀스의 특정 시간에 Sound Wave 애셋 또는 Sound Cue를 재생할 수 있다. 사운드 애셋은 레벨에서 액터일 필요가 없으며 기존 그룹에 사운드 트랙을 추가하기만 하면 된다.

사운드 트랙에 키 프레임을 설정하면 콘텐츠 브라우저에서 Sound Wave 또는 Sound Cue 애셋을 선택해야 한다. 이렇게 하면 키가 설정되고 사운드 애셋이 트랙에 추가된다. 선택된 사운드 애셋의 이름은 트랙에 표현되며 사운드의 길이 또한 볼 수 있다. 사운드 애셋이 키 설정되면 마우스 오른쪽 버튼으로 키를 선택해 사운드 볼륨^{Sound Volume} 또는 피치^{Pitch}를 설정할 수 있다.

노트

사운드 애셋 길이

사운드 애셋은 가져온 사운드 웨이브(Sound Wave)에 의해 길이가 설정된다. 만약 이것을 짧거나 더 길게 설정하고 싶다면 사운드 편집 프로그램, 예를 들어 어다시티(Audacity)와 같은 프로그램을 사용해 수정할 수 있다.

직접 해보기

기존 그룹에 사운드 트랙 추가하기

다음 단계들을 따라 마티네에서 특정 시간에 사운드를 재생시켜보자.

1. 이전 '직접 해보기'에서 만든 마티네 액터(MoveCube)를 위해 마티네 에디터를 열자.

2. 트랙 패널의 오른쪽에 있는 트랙 리스트의 그룹에서 Cube_A 그룹을 선택하고 마우스 오른쪽 버튼을 눌러 **Add a New Sound Track**을 선택하자.

3. 콘텐츠 브라우저 또는 스타터 콘텐츠에서 Explosion01 사운드 웨이브(Sound Wave) 애셋을 클릭하자.

4. 플레이 헤드를 0 프레임으로 이동한다.

5. 사운드 트랙이 선택된 상태에서 키를 추가한다. 키가 추가되고 나면 사운드 트랙에서 사운드 웨이브의 이름과 길이를 볼 수 있다.

6. 마티네 툴바에서 **Play** 버튼을 눌러 마티네를 미리보기하자.

마티네에서 카메라 작업하기

마티네의 진정한 힘은 카메라를 사용해 인게임 컷씬을 만드는 것이다. 이번 시간의 마지막에서는 마티네의 카메라 액터^{Camera Actor}와 카메라 그룹^{Camera Group}, 디렉터 그룹^{Director Group}을 사용해 카메라들을 교체하는 작업을 해볼 것이다.

카메라 그룹과 액터

카메라 그룹은 카메라 액터를 자동으로 배치한다. 카메라 그룹은 카메라 액터의 애니메이션을 위해 FovAngle과 이동 트랙을 이미 가지고 있다. 물론 카메라 그룹에 할당된 카메라 액터는 그 외에도 애니메이션 가능한 많은 속성들을 가지고 있다. 예를 들어 카메라 그룹에 float 속성 트랙을 추가하면 키 프레임 가능한 많은 속성을 얻을 수 있다.

> **노트**
>
> **카메라 액터**
>
> 카메라 그룹은 카메라 액터를 자동으로 배치하는데 카메라 액터를 이미 가지고 있다면 빈 그룹을 이용하거나 FOVAngle 트랙을 필요한 만큼 추가해서 사용할 수 있다. 원하는 트랙을 추가하거나 필요하지 않은 트랙은 없애도 된다. 트랙을 지우려면 트랙을 선택한 후 **Delete** 키를 누르면 된다.

▼ 직접 해보기

두 개의 카메라를 추가하고 애니메이션하기

다음 단계들을 따라 10초짜리 마티네 시퀀스를 만들고 두 카메라를 애니메이션시켜보자.

1. 새로운 마티네 액터를 추가하고 이름을 Camera_anims로 설정한다.

2. 트랙 패널에서 새로운 카메라 그룹을 만들고 이름은 Cam_1로 설정한다. 이렇게 하면 마티네가 자동으로 카메라 액터를 레벨에 추가하고 FOVAngle 트랙과 이동 트랙도 카메라 그룹에 추가된다. 또한 0프레임에 첫 번째 키 프레임을 자동으로 만들어준다(FOVAngle은 애니메이션할 필요가 없으면 그대로 두거나 트랙을 선택해 **Delete** 키를 눌러 삭제할 수 있다. 이후에 FOVAngle 트랙이 필요하면 그때 다시 추가해도 된다).

3. 트랙 패널에서 오른쪽에 있는 빨간색 삼각형을 드래그해 마티네 시간을 5초 정도로 설정한다.

4. Cam_1 그룹의 오른쪽에 있는 카메라 **Lock View**를 켜서 뷰포트의 뷰를 변경하고 이 그룹에 할당된 카메라로 보게 한다. 그 이후에 마티네 에디터가 열린 상태에서 레벨을 돌아다니면 해당 카메라가 움직이게 된다. 카메라에 키를 설정하지 않은 이상 카메라의 위치가 저장되지 않으므로 걱정하지 않아도 된다. 플레이 헤드를 조정하면 카메라는 마지막 키 프레임으로 재설정된다.

5. 카메라를 통해 화면을 보는 상태에서 플레이 헤드를 2.5초 정도에 위치시키고 뷰포트에서 카메라를 이동한다.

6. 카메라를 위해 키를 설정하려면 카메라가 배치된 것을 확인하고 Cam_1의 이동 트랙을 마티네 에디터에서 선택한 후 키 프레임을 설정한다.

7. 플레이 헤드를 5초로 이동하고 카메라를 새로운 위치로 이동한다. 그리고 마지막 키 프레임을 설정한다.

8. 두 번째 카메라를 추가하려면 레벨 뷰포트에서 새로운 위치로 이동한 후, 새로운 카메라 그룹을 하나 더 추가한다. 이름은 Cam_2로 설정한다. 처음 추가한 카메라가 5초 동안 애니메이션되므로 10초를 맞추기 위해 두 번째 카메라는 나머지 5초 동안 애니메이션해야 한다. 첫 번째 키 프레임은 카메라 그룹을 추가할 때 자동으로 생성됐다는 것을 기억하자. 새로운 카메라를 이동하지 않은 채 플레이 헤드를 5초에 이동하고 새로운 키 프레임을 추가하자.

9. 카메라의 간단한 이동을 만들려면 카메라 뷰 아이콘이 선택되지 않은 것을 확인하고 플레이 헤드를 마지막 10초로 이동한다. 카메라 뷰 아이콘이 선택돼 있지 않으면 카메라를 통해 바라보지 않은 상태로 이동하고 회전할 수 있다.

10. 두 번째 카메라의 한쪽 방향으로 200유닛 이동하고 키를 설정한다.

11. 플레이 헤드를 조정하거나 **Looping**을 클릭해 카메라가 애니메이션되는 것을 확인해보자. 첫 번째 카메라가 5초 동안 움직이고 나머지 5초 동안 두 번째 카메라가 움직일 것이다.

디렉터 그룹

디렉터 그룹Director group은 필름 에디터와 같이 동작하는 독특한 그룹이다. 이것이 추가될 때 디렉터 그룹은 트랙 패널의 가장 위쪽에 나타난다. 마티네마다 디렉터 그룹은 오직 하나만 가질 수 있다. 마티네 시퀀스가 재생되는 동안 카메라 그룹이 할당된 디렉터 트랙Director track이 있는 디렉터 그룹이 플레이어의 뷰를 차지한다. 디렉터 그룹은 디렉터 트랙을 사용해 카메라를 전환하고 페이드인, 페이드아웃, 슬로우 모션 등의 시네마틱 효과를 추가할 수 있는 기능을 제공한다.

디렉터 그룹 트랙

일부 트랙은 디렉터 그룹에서 고유하게 사용되기도 한다. 예를 들어 페이드인, 페이드아 웃과 슬로우 모션이 그렇다. 디렉터 그룹 트랙Director group track은 사용 중인 카메라와 관계 없이 전체 시퀀스에 영향을 준다. 디렉터 그룹의 트랙에 키 프레임을 설정하면 다른 트랙 과 동일하게 작동한다. 플레이 헤드를 원하는 프레임으로 이동한 후 트랙을 선택해 키를 추가할 수 있다. 디렉터 트랙 대부분의 키 프레임들은 커브 에디터를 통해 편집할 수 있 다. 다음은 디렉터 그룹 트랙 목록이며 무엇을 위해 사용되는지 설명하고 있다.

▶ **디렉터**Director: 이 트랙은 시퀀스 전체에서 카메라 그룹 간에 현재 화면을 전환한다.

▶ **페이드**Fade: 이 트랙은 디렉터 트랙에 따라 활성화된 카메라의 시퀀스에 페이드인, 페이드아웃을 설정할 수 있게 한다. 키 프레임 값 0은 화면에 보이고 1은 검은색으 로 보이게 된다.

▶ **슬로우 모션**Slomo: 이 트랙은 시퀀스의 재생 속도를 임시로 바꾼다.

▶ **오디오 마스터**Audio master: 이 트랙은 시퀀스 내 모든 오디오 트랙의 볼륨과 피치를 제 어한다.

▶ **색상 스케일**Color scale: 이 트랙은 마티네 시퀀스가 재생되고 있을 때 렌더링된 프레임 의 색조를 변경하며 RGB 값은 반드시 커브 에디터에서 설정돼야 한다.

디렉터 그룹에 트랙을 추가하려면 마티네 안에 있는 디렉터 그룹에서 마우스 오른쪽 버 튼을 누른 후 원하는 트랙을 그림 12.8과 같이 리스트에서 선택하면 된다.

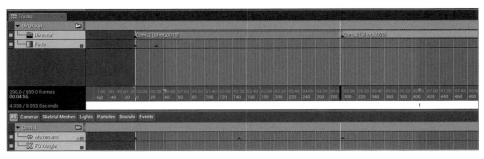

그림 12.8 디렉터 트랙과 페이드 트랙이 설정된 디렉터 그룹의 모습

노트

카메라 그룹

마티네를 반복 처리하려면 디렉터 그룹에서 디렉터 트랙을 사용하면 안 된다. 디렉터 트랙이 플레이어의 뷰를 점유하기 때문에 플레이어가 마티네를 영원히 보지 못하게 될 것이다.

직접 해보기

디렉터 그룹을 사용해 카메라 전환하기

디렉터 그룹을 사용해 플레이어가 보는 카메라를 설정해보자.

1. 트랙 패널의 왼쪽 빈 공간에서 마우스 오른쪽 버튼을 누른 후 **Add New Director Group**을 선택한다. 마티네는 트랙을 두 개의 섹션으로 나누고 디렉터 그룹은 가장 위쪽에 나타난다. 디렉터 그룹은 디렉터 그룹의 고유한 디렉터 트랙을 이미 가지고 있다.

2. 플레이 헤드를 0프레임으로 이동한 후 디렉터 트랙이 선택된 상태에서 키 프레임을 추가한다. 대화 상자가 나타나면 Cam_1을 선택하고 **OK**를 클릭한다.

3. 플레이 헤드를 5초로 이동하고 다른 키를 디렉터 트랙에 추가한다. 이번에는 Cam_2로 설정하고 **OK**를 클릭한다. 이제 마티네가 재생되면 두 개의 카메라 그룹 사이를 전환해가며 뷰가 변경된다.

4. 디렉터 그룹의 카메라 아이콘을 토글해 디렉터 그룹의 뷰로 볼 수 있고, 애니메이션을 스크럽(scrub)하거나 마티네 툴바에서 반복을 클릭할 수 있다. 마티네가 재생될 때 두 카메라의 뷰를 모두 볼 수 있을 것이다.

5. 레벨이 로드될 때 마티네 액터를 준비하려면, 마티네 에디터를 닫고 마티네 액터를 선택한 후 디테일 패널에서 **Play on Level Load**를 켜자.

6. 레벨을 미리보기한다.

마티네 데이터 애셋으로 작업하기

기본적으로 마티네 액터를 배치하면 마티네 액터에 포함되는 마티네 애셋을 만들게 된다. 대부분의 경우 여러분이 필요로 하는 것은 이게 전부다. 하지만 프로젝트에서 같은 시네마틱이나 애니메이션을 반복적으로 사용할 필요가 있는 경우에는 마티네 데이터 애셋Matinee Data asset을 만드는 것이 좋다. 마티네 데이터 애셋은 그룹, 트랙, 폴더, 키 프레임 데이터를 저장하며 콘텐츠 브라우저를 통해 접근할 수 있다. 즉, 이 값들은 다른 레벨에 있는 마티네 액터에서도 사용할 수 있다는 것을 의미한다.

마티네 데이터 애셋을 만들려면 다음 단계를 따라 하면 된다.

1. 콘텐츠 브라우저에서 MatineeData 폴더를 생성한다.

2. 해당 폴더에서 마우스 오른쪽 버튼을 누른 후 Create Advanced Asset > Miscellaneous를 선택하고 Matinee Data를 선택한다.

3. 마티네 데이터 애셋에 이름을 부여한 후 저장한다.

4. 마티네 액터를 레벨에 배치한 후, 디테일 패널에서 Matinee Data 속성을 클릭한다. 그리고 드롭다운 항목에서 2, 3단계에서 만든 마티네 데이터 애셋을 선택한다.

이제 이 데이터 애셋을 원하는 만큼 마티네 액터에서 사용할 수 있다. 이 데이터를 수정하면 이것을 참조로 하는 모든 마티네 액터가 업데이트된다.

요약

이번 시간에는 마티네 에디터를 사용해 스태틱 메시와 카메라 액터를 애니메이션하는 작업에 대해 배워봤다. 마티네 워크플로우는 주로 수동적인 컷씬을 만들고 반복되는 앰비언트 환경 애니메이션 시퀀스를 제어하기 위한 것이다. 플레이어가 상호작용할 수 있는 애니메이션 애셋을 만들려면 Hour 16, '블루프린트 클래스 작업하기'에서 블루프린트와 타임라인을 사용해야 한다.

질문 및 답변

질문. 시네마틱이 재생되고 있을 때 플레이어는 여전히 폰Pawn의 제어권을 가지고 있다. 이것을 끄는 방법은?

답변. 배치된 마티네 액터의 디테일 패널에서 Cinematic 섹션으로 가면 플레이어의 움직임을 켜고 끄거나, 마티네 재생 시 폰 또는 HUD 감추기를 할 수 있다.

질문. 여러 개의 키 프레임을 한 번에 동시에 선택할 수 있는가?

답변. 가능하다. 트랙 패널 또는 커브 에디터에서 Ctrl + Alt 키를 누른 상태로 클릭하고 드래그해서 드래그 선택을 만들거나 Ctrl 키를 누른 상태에서 하나씩 선택해 현재 선택 그룹에 추가할 수 있다.

질문. 개별적인 키 프레임의 위치를 바꾸려면 어떻게 해야 하는가?

답변. 키를 선택하고 Ctrl 키를 누른 상태에서 키를 원하는 위치로 드래그하면 된다.

질문. 그룹, 트랙, 키 프레임을 지우려면 어떻게 해야 하는가?

답변. 간단하게 지우고자 하는 것을 클릭하고 Delete 키를 누르면 된다.

질문. 괜찮은 애니메이션을 하나 만들었는데 재생 속도가 너무 빠르다. 애니메이션의 속도를 조절하기 위해 키 프레임 중간에 다른 키 프레임들을 추가해서 변경 가능한가?

답변. 가능하다. 각 키 프레임들을 선택하고 이동해서 속도 조절이 가능하다. 하지만 이것은 키 프레임의 개수에 따라 많은 시간이 걸릴 수 있다. 더 좋은 방법은 키들을 드래그해서 선택하고 Edit ➤ Stretch Selected Keyframes를 선택하는 것이다. 대화 상자가 나타나면 선택된 키 프레임들의 타이밍을 설정할 수 있다.

질문. 현재 열고 닫히는 문을 위해 애니메이션을 만들고 있다. 그런데 메시의 피벗 포인트가 잘못 설정돼 있어서 이것을 바꾸고 싶다. 어떻게 해야 하는가?

답변. 가장 좋은 방법은 3D 프로그램에서 메시를 수정한 후 다시 불러오기^{reimport}하는 것이다. 다른 방법은 메시를 다른 액터의 자식으로 만든 후 부모 액터를 회전하는 것이다. 부모 액터는 효과적으로 피벗 포인트가 될 수 있다. 부모 액터의 디테일 패널에서 Render 속성을 설정해 게임에서는 보이지 않게 할 수 있다.

연구

이번 시간을 끝냈으니 다음 질문에 답할 수 있는지 확인해보자.

퀴즈

1. 참 또는 거짓: 마티네의 그룹에 의해 제어되는 액터를 바꿀 수 있는가?
2. 참 또는 거짓: 카메라는 다른 액터들과 별도의 마티네에서 애니메이션돼야 한다.
3. 참 또는 거짓: 스태틱 메시의 스케일은 애니메이션될 수 없다.
4. 참 또는 거짓: 마티네 데이터 애셋은 여러 레벨에서 사용될 수 있다.

해답

1. 참. 마티네의 이미 존재하는 그룹에 액터를 할당하거나 재할당할 수 있다.

2. 거짓. 카메라와 다른 애셋들은 하나의 마티네 액터에서 애니메이션될 수 있다.

3. 거짓. 스태틱 메시의 스케일은 벡터 속성^{Vector Property} 트랙으로 애니메이션될 수 있다.

4. 참. 마티네 데이터 애셋은 콘텐츠 브라우저에 저장되며 여러 레벨의 여러 액터에서 사용될 수 있다.

연습

15초 분량의 문 열기 시네마틱 영상을 만들어보자. 시네마틱은 여러 카메라를 사용해야 하며 첫 번째 카메라에서 페이드인하고 마지막 카메라에서 페이드아웃해야 한다.

1. 새로운 기본 맵을 만든다.

2. 마티네 액터를 레벨에 추가한다.

3. 디테일 패널에서 Play 아래쪽에 Play on Level Load 속성을 켜주고 Looping은 끄도록 한다.

4. 레벨 디테일 패널에서 Cinematic 아래에 있는 Disable Movement Input, Disable Look at Inputs, Hide Player, Hide Hud를 켠다.

5. 문, 문틀과 같이 애니메이션해야 하는 액터만으로 레벨을 구성한다.

6. 마티네 에디터를 열고 필요한 그룹들과 문을 애니메이션시키기 위한 이동 트랙을 추가한다.

7. 각 그룹에서 필요한 만큼 사운드 트랙을 사용한다.

8. 세 개의 카메라 그룹을 추가하고 각 카메라를 애니메이션한다.

9. 디렉터 그룹을 추가하고 디렉터 트랙에서 카메라들을 전환한다.

10. 디렉터 그룹에 페이드 트랙을 추가한 후, 첫 번째 카메라에서 페이드인하고 마지막 카메라에서 페이드아웃하도록 만든다.

HOUR 13
물리 사용 방법 배우기

이번 시간에 배우는 것들

▶ 물리 시뮬레이션하는 스태틱 메시 액터 만들기

▶ 피지컬 머티리얼(Physical Material) 생성 및 할당하기

▶ 피직스 컨스트레인트 액터(Physics Constraint Actor) 사용하기

▶ 피직스 스러스터(Physics Thruster)와 래디얼 포스 액터(Radial Force Actor) 사용하기

이번 시간에는 UE4의 물리 기능을 소개할 것이다. 먼저 스태틱 메시 액터로부터 간단한 리지드 바디를 설정하는 방법을 배울 것이다. 그다음에 피지컬 머티리얼과 컨스트레인트 액터 작업을 알아볼 것이며, 마지막으로 포스 액터^{Force Actor}를 만들고 사용하는 방법을 배울 것이다. 피직스 시뮬레이션은 큰 주제이므로 이번 시간에는 물리학을 기반으로 프레임워크를 구축하고 물리의 기본에 대해 이해하는 것을 목표로 삼자.

Hour 13 프로젝트 설정

이번 시간을 위해 웹사이트(www.sty-ue4.com)에서 예제 파일을 받아 Hour_13 프로젝트를 사용한다. 제공된 프로젝트에는 물리 총으로 다른 액터와 상호작용 가능한 1인칭 캐릭터를 사용하는 게임 모드를 가지고 있다.

UE4에서 물리 사용하기

피직스 바디^{Physics Body}는 외부 힘과 충돌에 반응하는 액터다. UE4에서 물리는 NVIDIA PhysX 물리 엔진에 의해 처리된다. PhysX 엔진은 시스템에 따라 CPU 또는 GPU를 사용해 리지드 바디(강체), 소프트 바디(연체), 클로스(천), 파괴물 및 파티클(입자)을 처리한

다. UE4 에디터는 물리 속성을 설정하고 수정하기 위한 인터페이스 툴을 가지고 있다. 이번 시간에는 강체로 작업하는 데 중점을 둘 것이며, 강체는 2×4 조각의 나무 또는 비치볼과 같이 단단하고 변형할 수 없는 물체를 말한다.

일반적인 물리학 용어

물리 작업을 시작하기 전에 다음과 같은 물리학 용어에 친숙해질 필요가 있다.

- ▶ 피직스 바디physics body는 물리 시뮬레이션이 되는 모든 오브젝트를 뜻하는 일반적인 용어다.
- ▶ 리지드 바디rigid body는 단단하고 변형 불가능한 오브젝트를 말한다.
- ▶ 소프트 바디soft body는 무언가와 충돌하면 주위 세계와 융화되는 변형 가능한 오브젝트다.
- ▶ 클로스cloth는 소프트 바디의 한 종류며 천을 말한다.
- ▶ 디스트럭터블destructible(파괴할 수 있는)은 충분한 힘이 가해졌을 때 부서지거나 부서지기 쉬운 강체에 적용되는 용어다.
- ▶ 선형linear은 레벨에서 액터의 위치에 변화를 줄 수 있는 방향성 힘을 말한다.
- ▶ 각형angular은 액터의 방향을 바꾸기 위한 회전력을 말한다.
- ▶ 질량mass은 적용되는 중력의 양과 관계없이 주어진 몸체에 있는 물질의 양을 나타낸다.
- ▶ 밀도density는 주어진 피직스 바디에 있는 부피별 질량을 말한다.
- ▶ 감쇠damping는 힘이 가해진 후 피직스 바디가 얼마나 빨리 휴식 상태로 돌아오는지 나타낸다. 시간이 지남에 따라 에너지가 소멸한다.
- ▶ 마찰력friction은 몸체의 슬라이딩, 롤링에 적용되는 저항의 양이다.
- ▶ 탄성restitution은 피직스 바디의 튕기는 양을 말하며, 얼마나 빨리 휴식 상태로 돌아오는지를 의미한다.
- ▶ 힘force은 일정 기간 동안 질량에 적용된다.
- ▶ 충격량impulse은 즉각적인 충돌이다.

피직스 게임 모드를 레벨에 지정하기

물리 시뮬레이션을 테스트하려면 총을 들고 있는 폰이 필요하고 상호작용이 가능한 피직스 바디가 있어야 한다. Hour_13 프로젝트에 가서 프로젝트를 연다. 해당 프로젝트는 사용할 수 있는 총을 가지고 있는 게임 모드가 설정돼 있고 간단한 예제 맵이 있다. 새로운 레벨을 생성하고 뷰포트 위쪽의 메인 에디터 툴바에 있는 Settings 아이콘을 클릭해 World Settings를 열고 Project Settings를 선택하자(그림 13.1 참조).

그림 13.1 프로젝트 설정 열기

World Settings 패널의 Game Mode 아래에서 GameMode Override를 SimplePhysics GameMode로 그림 13.2와 같이 설정한다. 레벨을 테스트해보면 간단한 빨간색 십자선을 볼 수 있을 것이다.

그림 13.2 GameMode 재정의 설정

프로젝트와 월드 피직스 설정

레벨을 위한 게임 모드는 설정됐으니 이제 물리를 위한 기본 프로젝트 설정에 집중할 수 있다. 여러분은 여러 곳에서 이 작업을 해야 한다. 먼저 프로젝트 전체를 위한 기본 설정을 해야 한다. Settings ➤ Project Settings(그림 13.1 참조)를 선택하고 Project Settings 탭에서 프로젝트의 물리에 관련된 많은 특성들을 설정할 수 있지만, 지금은 두 가지만 살펴보자. 그림 13.3에서 볼 수 있듯이 기본 중력^{Default Gravity}을 설정할 수 있다. 기본 중력은 중력에 의해 몸이 떨어질 때까지 대략적인 초당 가속도의 비율이다. 기본값은 Z축에서 −980cm다. 또한 Default Terminal Velocity도 설정할 수 있다. 이것은 피직스 바디가 이동할 때 사용되는 최대 스피드를 의미한다. 기본값은 4000으로 설정돼 있다. 이러한 설정들은 월드 설정 또는 각 액터에서 재정의하지 않는 한 프로젝트의 모든 레벨에 적용된다.

그림 13.3 프로젝트 설정 패널

다음으로 레벨마다 기본 물리 속성들을 설정한다. 레벨이 열린 상태에서 World Settings 탭을 선택하고 Physics 섹션을 찾는다. 해당 섹션에서 그림 13.4와 같이 기본 설정들을 볼 수 있을 것이다. 여기서 현재 레벨만을 위한 프로젝트의 기본 중력을 재정의할 수 있다. 예를 들어, 물리 기반 게임을 개발하고 있으며 각 레벨마다 다른 중력을 적용하고 싶다면 앞서 배운 방법대로 중력을 재정의하면 된다.

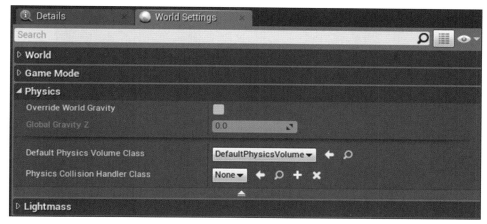

그림 13.4 World Settings에서 프로젝트의 기본 중력을 재정의한다.

물리 시뮬레이션

UE4의 기본적인 피직스 바디는 물리 시뮬레이션을 하도록 설정된 스태틱 메시에 지나지 않는다. 스태틱 메시 액터가 물리 시뮬레이션하도록 만들려면 레벨에 액터를 배치한 후, 디테일 패널로 그림 13.5와 같이 Physics 섹션에 있는 Simulate Physics를 켜거나 끄면 된다. 이것을 켜면 자동으로 배치된 스태틱 메시 액터의 모빌리티Mobility 설정이 무버블 Movable로 바뀌며 충돌 설정 또한 Physics Actor로 바뀐다. 이제 레벨을 미리보기하면 스태틱 메시 액터가 물리 시뮬레이션을 할 것이다. 현재는 힘이 적용되지 않은 상태이기 때문에 움직이지는 않을 것이다. 액터를 500유닛 정도 지면 위로 배치한 후 기본 중력 설정이 적용되게 해보자. 또한 레벨 디테일 패널에서 액터의 기본 질량을 kg 단위로 조절할 수 있다. 액터의 크기를 조정하면 액터의 크기에 비례해 변화하는 것을 볼 수 있다. 물론 원하는 질량 값을 수동으로 설정할 수도 있다.

지금 살펴볼 두 가지 속성은 Enable Gravity와 Start Awake다. Enable Gravity 속성을 끄면 액터에 대한 프로젝트 또는 레벨 기본 중력 설정이 무시돼 우주 공간에서 소행성이 움직이는 것처럼 반응할 것이다. Start Awake를 끄게 되면 액터는 중력을 제외한 외부의 힘이 적용되기 전까지 물리 시뮬레이션을 시작하지 않을 것이다.

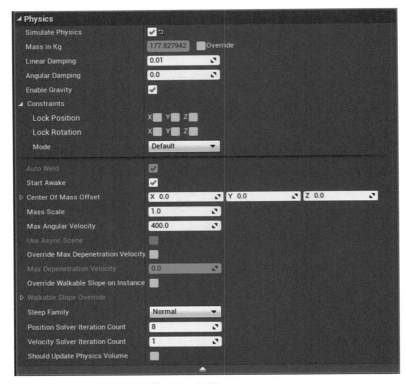

그림 13.5 스태틱 메시 액터를 위한 피직스 속성들

팁

콜리전 헐이 없는 경우

스태틱 메시 액터가 물리 시뮬레이션 불가능한 대부분의 경우는 스태틱 메시 액터에 콜리전 헐(collision hull)이 없어서 그렇다. 이 경우 콘텐츠 브라우저에서 스태틱 메시 애셋으로 간 후 스태틱 메시 에디터를 열고 콜리전 헐을 할당하면 된다. 물론 할당한 후에 저장하는 것을 잊지 말자.

물리 시뮬레이션을 할 스태틱 메시 액터를 레벨에 배치하고 레벨을 미리보기해보자. 그리고 간단한 물리 총을 가지고 상호작용해보자. 피직스 바디에 가까이 간 후 HUD의 십

자선을 올려놓은 상태에서 오브젝트를 클릭해 들어 올려보자. 오른쪽 버튼을 누르면 들고 있는 오브젝트를 내려놓을 것이다. 오브젝트를 들고 있지 않은 상태에서 마우스 오른쪽 버튼을 누르면 오브젝트를 찔러볼 것이다.

표 13.1에서 스태틱 메시 액터를 위해 설정할 수 있는 물리 속성들을 볼 수 있다.

표 13.1 스태틱 메시 액터를 위한 물리 속성들

속성	설명
Simulate Physics(물리 시뮬레이션)	액터를 위한 물리 시뮬레이션을 켜거나 끈다.
Mass In KG(KG 단위의 질량)	바디의 질량. 단위는 킬로그램이며 월드에서 액터의 사이즈에 기반을 둔다. 이 속성은 재정의를 통해 임의 값으로 설정할 수 있다.
Linear Damping(선형 감쇠)	선형 운동을 줄이기 위한 항력
Angular Damping(각형 감쇠)	각 운동을 줄이기 위한 항력
Enable Gravity(중력 활성화)	오브젝트가 중력의 영향을 받는지 여부
Constraints(제약)	물리 시뮬레이션할 때 액터가 이동하거나 회전하는 축을 제어한다.
Modes(모드)	미리 만들어진 제약 조건을 설정한다.
Start Awake(깬 상태로 시작)	오브젝트를 초기화할 때 깨어있는 상태인지 수면 상태인지 결정한다.
Center of Mass Offset(질량 중심 오프셋)	계산된 위치에서 오브젝트의 질량 중심 오프셋을 명시한다.
Mass Scale(질량 스케일)	인스턴스당 질량 스케일
Max Angular Velocity(최대 각속도)	적용할 수 있는 최대 각속도
Use Async Scene(비동기 씬 사용)	이것이 선택되면 바디가 비동기 물리 씬에 추가된다. 선택되지 않으면 물리 씬에 동기화된다. 바디가 스태틱이면 Use Async Scene의 선택 여부에 상관없이 두 씬에 모두 배치된다.
Sleep Family(수면 구성)	바디를 언제 수면 모드로 만드는지 고려할 때 사용되는 값
Position Solver Iteration Count(위치 솔버 반복 횟수)	피직스 바디의 위치를 찾기 위한 솔버의 반복 횟수다. 이 값을 증가시키면 더 많은 CPU를 사용하지만, 안전성이 향상된다.
Velocity Solver Iteration Count(속도 솔버 반복 횟수)	피직스 바디의 속도를 찾기 위한 솔버의 반복 횟수. 이 값을 증가시키면 더 많은 CPU를 사용하지만 안전성이 향상된다.

팁

디테일 패널

UE4의 모든 서브 에디터들은 디테일 패널(Details panel)을 가지고 있으며, 모든 디테일 패널은 검색 바(search bar)를 가지고 있다. 특정 속성을 찾지 못할 때 검색 바에서 이름을 입력하면, 해당 속성이 있을 때 화면에 나타날 것이다.

피지컬 머티리얼 사용하기

피지컬 머티리얼$^{Physical\ Material}$은 피직스 바디의 행동을 바꾸게 할 수 있다. 피지컬 머티리얼이라는 용어는 약간 오해의 소지가 있는데, 렌더링 머티리얼에 관련된 것이 아니라 물질의 의미에 관한 것이기 때문이다. 이것은 레벨에 있는 개별적인 스태틱 메시 액터에 적용할 수 있거나 물리 시뮬레이션하는 스태틱 메시 액터의 일반적인 머티리얼에 할당해 액터의 물리 시뮬레이션 행동에 영향을 줄 수 있다.

피지컬 머티리얼 애셋 생성하기

피지컬 머티리얼 애셋은 콘텐츠 브라우저에서 생성할 수 있다. 그곳에서 피직스 바디의 Friction(마찰), Density(밀도), Restitution(탄성)과 같은 속성들을 설정할 수 있다(그림 13.6 참조).

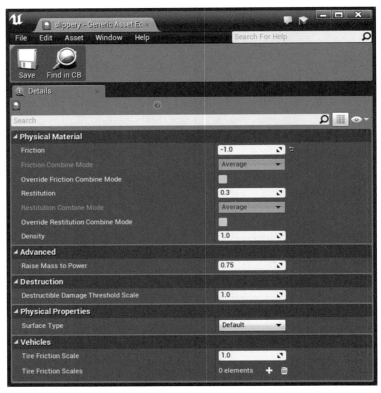

그림 13.6 피지컬 머티리얼 속성들

에디터에서 피지컬 머티리얼을 생성하려면 콘텐츠 브라우저로 간 후 새로운 폴더를 생성한다. 애셋 관리 영역에서 마우스 오른쪽 버튼을 누른 후 Physics ➤ Physical Material(그림 13.7 참조)을 선택한다. 새롭게 만들어진 애셋의 이름을 정하고 더블 클릭하면 속성을 열 수 있다. 값을 수정하고 나면 수정된 애셋에서 마우스 오른쪽 버튼을 누른 후 Save를 선택해 저장하자.

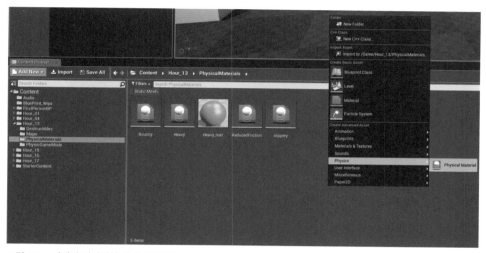

그림 13.7 피지컬 머티리얼 애셋 생성하기

스태틱 메시 액터에 피지컬 머티리얼 적용하기

피지컬 머티리얼을 스태틱 메시 액터에 할당하려면 레벨에 배치된 액터를 선택하고 디테일 패널에서 Collision 섹션으로 간다. 그러면 Phys Material Override 속성을 그림 13.8처럼 볼 수 있을 것이다. 피지컬 머티리얼 애셋을 콘텐츠 브라우저에서 드래그해 이 속성의 옆으로 드롭해 설정한다.

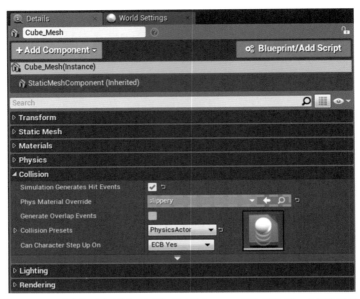

그림 13.8 피지컬 머티리얼을 디테일 패널의 Collision 섹션 내에 있는 스태틱 메시
애셋에 할당한다.

피지컬 머티리얼을 머티리얼에 할당하기

피지컬 머티리얼을 일반 머티리얼에 할당함으로써 얻을 수 있는 이점은 스태틱 메시 액
터에 머티리얼을 지정할 때 일반 머티리얼의 시각적인 속성뿐만 아니라 피지컬 머티리
얼 속성도 똑같이 가질 수 있다는 것이다.

피지컬 머티리얼을 일반 머티리얼에 할당하려면 머티리얼 에디터에서 원하는 머티리얼
을 열고 파이널final 머티리얼 노드를 선택한다. 그리고 Phys Material Override 속성을 머티
리얼 에디터의 디테일 패널에서 찾는다. 다음으로 피지컬 머티리얼 애셋을 해당 속성으
로 드래그 앤 드롭하면 된다. 이제 머티리얼을 저장한 후 머티리얼 에디터를 닫자.

다음 '직접 해보기'를 통해 피지컬 머티리얼 애셋을 만들고 스태틱 메시 액터와 일반 머
티리얼에 할당해보자.

스태틱 메시 액터에 피지컬 머티리얼 적용하기

피지컬 머티리얼을 만들고 스태틱 메시 액터에 할당하려면 다음과 같이 하자.

1. 모드 패널의 **Place** 탭에서 스태틱 메시 액터 세 개를 드래그한다(박스 하나와 두 개의 구). 그리고 물리 시뮬레이션 모드를 모두 설정한다.

2. 콘텐츠 브라우저에서 피지컬 머티리얼들을 보관할 폴더를 만든다.

3. 세 개의 피지컬 머티리얼을 만든다.

4. 첫 번째 피지컬 머티리얼의 이름을 Slippery라 하고 **Friction** 속성은 −1로 설정한다. 이제 이 머티리얼을 이미 배치된 큐브 스태틱 메시 액터의 **Phy Material Override** 속성에 할당한다.

5. 두 번째 피지컬 머티리얼의 이름을 Bouncy라 하고 **Restitution** 속성 값을 1.6으로 설정한다. 그리고 이 머티리얼을 배치된 구 스태틱 메시 액터의 **Phy Material Override** 속성에 할당한다.

6. 세 번째 피지컬 머티리얼의 이름은 Heavy로 설정하고 **Density** 속성 값을 10으로 한다.

7. 일반 머티리얼을 하나 만들고 머티리얼 에디터에서 이름을 Heavy_Mat으로 설정한다. 그리고 이 머티리얼의 Base Color에 Vector3 상수 표현식 노드를 연결해 색상을 할당한다.

8. 머티리얼 에디터에서 프라이머리 머티리얼을 선택하고 머티리얼 에디터의 디테일 패널에서 6단계에서 만든 Heavy 피지컬 머티리얼 애셋을 **Phys Material** 속성에 할당한다(그림 13.9 참조).

9. 저장하고 머티리얼 에디터를 닫는다.

10. Heavy_Mat 머티리얼을 마지막으로 배치된 스태틱 메시 액터에 드래그한다.

11. 레벨을 미리보기하고 각 피직스 바디와 상호작용해보자.

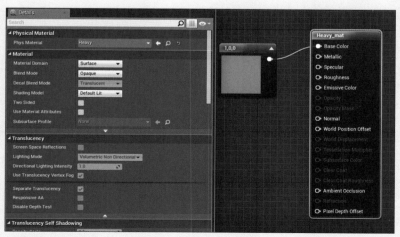

그림 13.9 피지컬 머티리얼을 머티리얼에 할당하기

컨스트레인트 작업하기

컨스트레인트[constraint](제약)는 특정 축으로 피직스 바디의 회전, 이동의 움직임을 제한할 수 있게 한다. 스테틱 메시 액터의 레벨 디테일 패널의 **Constraint** 섹션에서 제약의 속성들을 설정할 수 있다. 그림 13.10에서 볼 수 있듯이 이곳에서 피직스 바디의 이동축, 회전축을 잠글 수 있다. 여기에는 각 피직스 바디의 필요에 따라 사용할 수 있는 프리셋도 있다. 예를 들어 X, Y의 이동축을 잠그고 Z축만 허용하거나 회전축만 잠가서 피직스 바디가 이동은 가능하지만 회전할 수 없게 할 수 있다.

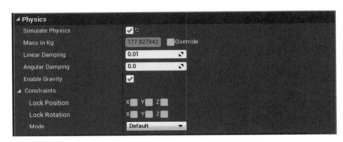

그림 13.10 액터 컨스트레인트

피직스 액터 붙이기

이전 시간에 부모/자식 관계와 액터들을 붙이는 방법에 대해 배워봤다. 불행히도 물리 오브젝트들은 동적으로 충돌하고, 외부 힘으로 세계 속에서 반응하기 때문에 부모/자식 관계에 영향을 주지 못한다. 피직스 바디는 무버블 액터의 부모로 설정할 수 있지만 피직스 바디를 다른 액터의 자식으로 설정했을 때는 아무런 효과가 없다. 즉, 관계는 무시된다.

> **노트**
>
> **피직스 바디 붙이기**
>
> 에디터에서 피직스 액터를 붙일 수 있다. 스태틱 메시 액터가 물리 시뮬레이션할 수 있도록 설정되고 자식 액터가 무버블(Movable)이라면 자식의 위치와 회전은 부모 피직스 액터를 따라가게 된다.

피직스 컨스트레인트 액터

피직스 바디를 붙이는 데 제한이 있으므로 에픽^{Epic}은 피직스 컨스트레인트 액터^{Physics} ^{Constraint Actor}(물리 제약 액터)를 제공해 피직스 액터를 다른 액터에 연결할 수 있도록 한다(그림 13.11 참조). 컨스트레인트 액터를 사용해 조인트^{joint}, 힌지^{hinge}를 만들 수 있고 두 몸체를 연결할 수 있다. 컨스트레인트 액터는 일반적인 붙이기 방법과 다른데 부모(Constraint Actor 1)와 자식(Constraint Actor 2) 모두의 이동, 회전에 각기 다른 제약을 걸수 있다. 피직스 컨스트레인트 액터는 조인트처럼 동작하기 때문에 다양한 프리셋들이 제공된다. 프리셋을 선택하면 자동으로 선형, 각 설정이 조정된다. Free는 제약이 없다는 것을 의미하고 Lock은 이동이 없음을 뜻한다. 마지막으로 Limited는 이동의 범위를 설정할 수 있다.

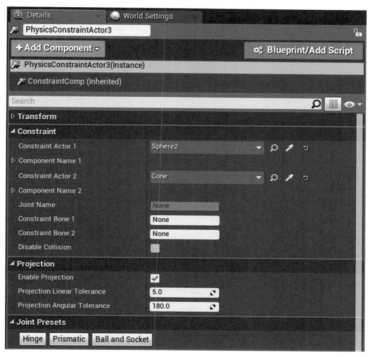

그림 13.11 피직스 컨스트레인트 액터 속성들

▼ 직접 해보기

컨스트레인트 체인을 사용해 흔들리는 램프 만들기

컨스트레인트 체인(constraint chain)을 설정해 공중에 걸려 있는 램프를 만들어보자.

1. 스태틱 메시 큐브 액터를 레벨에 배치하고 바닥에서 400유닛 정도 위로 올라오게 이동한다. 이것은 정적이어야 하므로 **Simulate Physics**를 선택하지 말자.

2. 스태틱 메시 구를 큐브 아래쪽에 배치한다. 스케일 값 X, Y, Z를 0.4로 설정한 후 **Simulate Physics**를 선택한다.

3. 두 번째 스태틱 메시 구를 첫 번째 구의 아래쪽에 배치한 후 스케일 값 X, Y, Z 값들을 0.4로 설정한다. 그리고 **Simulate Physics**를 선택한다.

4. 스태틱 메시 콘 액터를 가장 바닥 쪽에 있는 구의 아래에 배치하고 **Simulate Physics**를 선택한다.

5. 스팟 라이트 액터(Spot Light Actor)를 드래그해 콘의 아래쪽에 배치한다. 색상을 빨간색으로 설정하고 강도(Intensity)를 40,000으로 설정한다.

6. 월드 아웃라이너 패널에서 스팟 라이트를 콘 액터(Cone Actor)에 붙인다.

7. 피직스 컨스트레인트 액터(Physics Constraint Actor)를 드래그해 큐브와 가장 위쪽에 있는 구 사이에 배치한다.

8. 컨스트레인트 액터의 디테일 패널에서 **Constraint** 탭을 보자. Constraint Actor 1을 위해 오른쪽에 있는 점안기 아이콘을 클릭하고 뷰포트에서 큐브를 클릭한다. 이렇게 하면 큐브 스태틱 메시 액터를 컨스트레인트 액터 1 속성에 할당하게 된다. 올바르게 작업했다면 큐브 주변에서 빨간색 와이어프레임 박스를 보게 될 것이다.

9. 8단계를 Constraint Actor 2에 반복해서 적용하자. 하지만 이번에는 큐브가 아닌 가장 위쪽에 있는 구를 선택하자. 올바르게 작업했다면 구 주변에 파란색 와이어 프레임 박스를 볼 수 있을 것이다.

10. 7~9단계를 두 번 반복하자. 새로운 컨스트레인트 액터를 두 스태틱 메시 액터 사이에 배치하고 이전에 배치했던 피직스 컨스트레인트를 Constraint Actor 1, 아래쪽 메시를 Constraint Actor 2에 할당한다. 작업을 끝내면 그림 13.12와 같이 세 개의 피직스 컨스트레인트 액터를 볼 수 있을 것이다.

11. 레벨을 미리보기하고 물리 총(Physics gun)을 사용해 컨스트레인트 체인과 상호작용함으로써 라이트가 움직이도록 해보자.

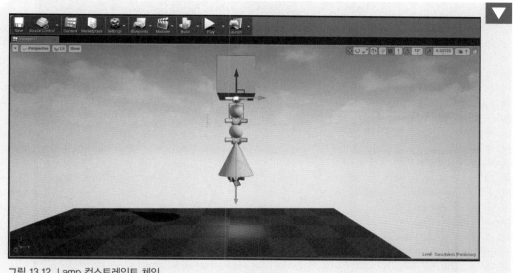

그림 13.12 Lamp 컨스트레인트 체인

프리셋을 사용하지 않고 조인트에 선형, 각 이동을 미세하게 조절할 수 있다.

디테일 패널의 **Angular Limits**에서 아무 축에 있는 **Limited**를 선택하면 더 많은 속성들이 나타나는데, 그림 13.13과 같이 단단함^{stiffness}과 감쇠^{damping}를 설정할 수 있으며 조인트를 흔들거나 각도를 조절할 수 있다. 또한 선형 및 각의 부서진 정도를 설정해 힘이 가해졌을 때 조인트의 제약이 깨지게 만들 수 있다.

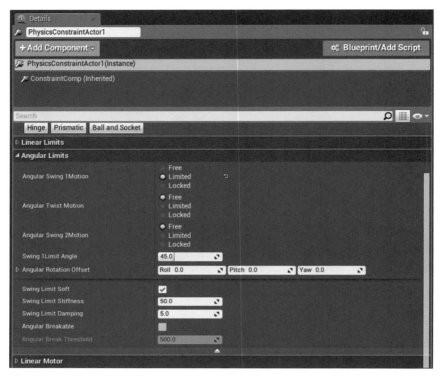

그림 13.13 피직스 컨스트레인트 액터 각 제한 속성들

이제 컨스트레인트 체인을 설정했으므로 이 속성들과 함께 어떤 결과가 나타나는지 테스트해보자. 모든 속성이 무엇을 하고 어떻게 동작하는지 이해될 때까지 값을 조금씩 수정해가면서 플레이 테스트를 해보자.

노트

메탈 체인과 로프 시뮬레이션하기

여기서 설명한 방법으로 실제 체인을 만들 수 있지만 가장 좋은 방법은 아니다. 체인이나 로프를 시뮬레이션하고 싶다면 본과 조인트 계층 구조에 의존하는 스켈레탈 메시 액터와 피직스 애셋 툴(PhAT) 에디터를 사용하면 된다.

포스 액터 사용하기

블루프린트를 통해 피직스 바디와 함께 많은 것들을 할 수 있지만 에픽은 소수의 클래스들, 예를 들어 Physics Thruster와 Radial Force Actor를 제공한다.

피직스 스러스터 액터

모드 패널의 **Place** 탭에서 피직스 스러스터 액터^{Physics Thruster Actor}(물리 분사 액터)를 찾을 수 있고, 모드 패널의 검색 바에서 physics를 입력해 피직스 스러스터 액터를 목록에서 검색할 수도 있다. 이것을 사용하려면 피직스 액터 아래에 배치한 후 힘을 적용하고자 하는 방향으로 회전하자. 그 이후에 월드 아웃라이너 패널에서 이것을 스태틱 메시 액터에 붙이고 물리를 시뮬레이션시키면 된다. 레벨 디테일 패널에서 **Thrust Strength**를 설정해 얼마만큼의 힘을 부여할 것인지 설정할 수 있다. 레벨 디테일 패널의 Activation 패널에서 **Auto Activate**를 켜자. 힘의 크기는 피직스 바디의 질량에 따라 달라질 수 있다. 피직스 바디의 질량이 크다면 이것을 움직이기 위해 많은 힘이 필요할 것이다.

> **팁**
>
> **질량 제어하기**
>
> 피직스 바디의 크기를 조절하면 질량의 크기가 변경된다고 이전에 설명한 바 있다. 물론 레벨 디테일 패널에서 스태틱 메시의 **Mass** 설정을 변경하면 원하는 값으로 질량 설정이 가능하다. 액터를 선택한 후 레벨 디테일 패널로 가서 **Physics** 섹션으로 간다. 거기에 **Mass In Kg** 속성이 있을 것이다. **Override**를 켠 후 원하는 값을 설정하면 된다.

직접 해보기 ▼

원뿔형 로켓 만들기

다음 단계들을 따라 간단한 원뿔형 로켓을 만들고, 피직스 스러스터 액터를 연결해 하늘로 날아갈 수 있도록 해보자.

1. 모드 패널의 **Place** 탭에서 Cone Static Mesh Actor를 드래그해 레벨에 배치한다. 바닥에서 50~150 유닛 정도 위에 설정한다.

2. 콘 스태틱 메시의 물리 시뮬레이션을 위해 **Simulate Physics**를 선택한다.

3. 피직스 스러스터 액터를 모드 패널의 **Place** 탭에서 드래그해 가져오자.

4. 피직스 스러스터가 선택된 상태에서 디테일 패널의 **Transforms** 아래에서 위치를 설정한다. 콘 스태틱 메시 액터의 X, Y로 똑같이 설정한다.

5. 피직스 스러스터 액터를 회전해 노란색 화살표 방향이 아래쪽으로 향하도록 한다.

6. 월드 아웃라이너에서 피직스 스러스터를 콘에 붙인다.

7. 피직스 스러스터 액터의 디테일 패널에서 **Thrust Strength**를 찾아 65,000으로 설정하고 **Auto Activate**를 선택한다.

8. 레벨을 미리보기해 로켓이 날아가는 것을 확인하자.

9. 만약 피직스 바디가 움직이지 않는다면 피직스 스러스터의 방향이 올바른 방향으로 설정돼 있는지 체크하자. 아니면 스태틱 메시 액터의 질량 값을 약간 낮추거나 **Thrust Strength** 값을 올려보자. 만약 로켓이 이상한 방향으로 날아간다면 피직스 스러스터 액터의 위치를 조정하거나 스태틱 메시 액터의 위치 값에 제약을 걸어보자(그림 13.5 참조).

노트

액터 트랜스폼 복사, 붙이기

액터의 트랜스폼을 복사하거나 붙여넣으려면 위치, 회전, 스케일 속성에서 마우스 오른쪽 버튼을 눌러 **Copy**를 선택하면 된다. 이것을 다른 액터에 적용하려면 다른 액터의 트랜스폼 속성에 간 후 마우스 오른쪽 버튼을 눌러 **Paste**를 선택하면 된다.

래디얼 포스 액터

래디얼 포스 액터^{Radial Force Actor}는 힘을 주려는 곳에서 모든 방향으로 힘을 발생시킨다. 그러므로 회전은 중요하지 않다. 래디얼 포스 액터는 영향력 범위 안에 있는 피직스 액터에만 영향을 주며 액터의 스케일 값을 조절해 범위를 조절할 수 있다. 영향력은 폴오프 값을 가지고 있으며 힘의 중심에서 시작해 바깥으로 힘이 적용된다. 모드 패널의 검색 바에서 래디얼 포스 액터를 찾고 레벨에 드래그해서 배치할 수 있다. 액터를 선택한 상태에서 Force Strength 속성을 설정할 수 있다.

▼ 직접 해보기

래디얼 포스 푸시 사용하기

다음 단계들을 따라 래디얼 포스 액터를 설정해 다른 액터를 밀어내도록 해보자.

1. 큐브 스태틱 메시 액터를 모드 패널의 **Place** 탭에서 찾은 후 드래그해 레벨에 배치한다. 바닥에서 위로 500유닛 정도 올라오게 설정하자.

2. 스태틱 메시가 선택된 상태에서 레벨 디테일 패널로 간 후 **Simulate Physics**를 선택하고 **Mass In Kg** 속성을 10으로 설정하자.

3. 큐브의 선형 댐핑(Linear Damping) 속성 값을 1로 설정한다.

4. 래디얼 포스 액터를 드래그해 큐브의 바로 아래쪽으로 배치한다.

5. 래디얼 포스 액터의 디테일 패널에서 **Force Strength** 값을 10,000으로 설정한다.

6. 레벨을 미리보기하자. 큐브는 바닥으로 천천히 떨어지고 바닥에 부딪힐 때 밀려날 것이다.

요약

지금까지 UE4에서 물리를 다루는 방법을 알아봤다. 앞서 알아본 것은 기본적인 것들이지만 다양한 방법으로 여러분의 프로젝트에 응용할 수 있을 것이다. 당연하게도 배울 것은 더 많이 있다. 이제 간단한 피직스 액터와 속성들을 알아봤으니 다음으로 알아볼 것은 디스트럭터블 액터와 피직스 애셋 툴^{PhAT, Physics Asset Tool} 에디터다. 이것들을 이용하면 뼈대마다 물리적인 속성들을 할당할 수 있다. 또한 그것을 사용해 랙돌^{Rag doll}을 구성할 수 있다. 에픽에서 제공하는 콘텐츠 예제 프로젝트를 체크하는 것을 기억하자. 이 프로젝트는 런처의 학습^{Learn} 섹션에서 다운로드할 수 있다. 프로젝트를 실행하고 물리 및 디스트럭터블 레벨 프로젝트를 연 후 예제들을 확인해보자.

질문 및 답변

질문. 레벨을 미리보기하면 HUD에서 십자선^{crosshair}을 볼 수 없다. 이유는 무엇인가?

답변. 현재 레벨의 GameMode Override 속성이 SimplePhysicsGameMode로 설정돼 있는지 확인해보자. Maps & Modes의 Project Settings 패널에서 이 설정을 프로젝트 전체에 적용할 수도 있다.

질문. 내가 작업하고 있는 레벨의 스태틱 메시의 Simulate Physics 속성이 회색 처리돼 있다. 왜 그런가?

답변. 스태틱 메시 애셋이 콜리전 헐^{collision hull}을 가졌는지 체크해보자. 콜리전 헐이 없으면 스태틱 메시 에디터를 열고 할당하자.

질문. 포스 스러스터 액터를 레벨에 배치했는데 피직스 바디에 아무런 영향을 주지 않고 있다. 왜 그런가?

답변. 포스 스러스터 액터는 스태틱 메시 액터에 반드시 붙어있어야 한다. 또한 포스 스러스터 액터의 디테일 패널에서 Auto Activate 속성이 선택돼 있어야 한다.

질문. 포스 스러스터 액터의 힘의 방향을 바꾸려면 어떻게 해야 하나?

답변. 액터에 붙어있는 포스 스러스터 액터는 기즈모^{Gizmo} 툴을 사용해서 힘의 방향을 바꿀 수 있다.

질문. 래디얼 포스 액터를 스태틱 메시 액터에 배치했을 때 아무 일도 일어나지 않는다. 왜 그런가?

답변. 래디얼 포스 액터에 Force 및 Impulse 값을 설정했는지 확인하자. 높은 힘 값을 사용하거나 낮은 질량 값을 사용해 효과가 적용되는지 확인하자.

연구

이번 시간을 끝냈으니 다음 질문에 답할 수 있는지 확인해보자.

퀴즈

1. 참 또는 거짓: 월드 아웃라이너에서 물리 시뮬레이션하는 스태틱 메시 액터를 Mobility가 Static으로 설정된 다른 스태틱 메시 액터에 붙일 때 피직스 액터는 움직이지 않는다.

2. 참 또는 거짓: 리지드 바디는 다른 액터에 부딪히면 모양이 변한다.

3. 참 또는 거짓: 피직스 바디의 선형 댐핑$^{Linear\ Damping}$을 높은 값으로 설정하면 속도가 서서히 줄어든다.

4. 참 또는 거짓: 피직스 머티리얼은 머티리얼이 아니지만 머티리얼에 할당할 수 있다.

5. 참 또는 거짓: 피직스 스러스터는 두 액터가 붙어있지 않아도 피직스 바디를 움직일 수 있다.

해답

1. 거짓. 스태틱 메시 액터는 물리 시뮬레이션되기 때문에 다른 액터에 붙이면 효과가 사라진다. 물리 시뮬레이션하는 액터를 다른 액터에 연결하려면 Physics Constraint Actor를 사용해야 한다.

2. 거짓. 소프트 바디^{soft body}는 다른 액터와 충돌하면 변형된다.

3. 참. 선형 댐핑은 피직스 바디의 속도를 시간이 지남에 따라 줄인다.

4. 참. 피직스 머티리얼은 스태틱 메시 액터 또는 일반 머티리얼에 할당할 수 있다.

5. 거짓. 피직스 스러스터가 동작하려면 반드시 물리 시뮬레이션하는 스태틱 메시 액터의 자식으로 붙어있어야 한다.

연습

다수의 컨스트레인트 액터들은 하나의 스태틱 메시 액터에 동시에 적용할 수 있다. 피직스 컨스트레인트와 스태틱 메시 액터를 사용해 네 개의 컨스트레인트 체인을 만들고 이것들에 연결된 멈춰 있는 플랫폼을 만들어보자.

1. 새로운 레벨을 만들고 월드 설정 패널에서 GameMode Override 설정을 SimplePhysicsGameMode로 바꾸자.

2. 이전 '직접 해보기'에서 다뤘던 움직이는 램프 체인을 만들 때처럼 컨스트레인트 체인을 만들고(라이트는 포함하지 않는다.) 추가로 피직스 컨스트레인트 액터를 체인의 아래에 하나 더 추가한 후 마지막 메시를 Constraint Actor 1 속성에 할당한다.

3. 체인을 모두 만들고 나면 모든 체인을 구성하는 모든 액터들을 선택한 후 세 번 반복해서 복제한다. 각 복제된 액터들의 위치를 수정해 사각형을 구성한다. 액터들을 복제할 때 Move 트랜스폼 기즈모에서 Alt 키를 누른 상태로 움직이면 복제할 수 있다.

4. 스태틱 메시 박스를 추가하고 크기를 조정해 플레이어가 서 있을 수 있는 플랫폼을 만든다. 그리고 액터의 Simulate Physics를 선택한 후 네 개의 체인 아래쪽에 배치한다.

5. 각 체인에 있는 마지막 피직스 컨스트레인트 액터의 Constraint Actor 2 속성에 플랫폼을 할당한다.

6. 레벨을 미리보기해 물리 총으로 플랫폼을 건드려보거나 플랫폼으로 점프해보자(그림 13.14 참조).

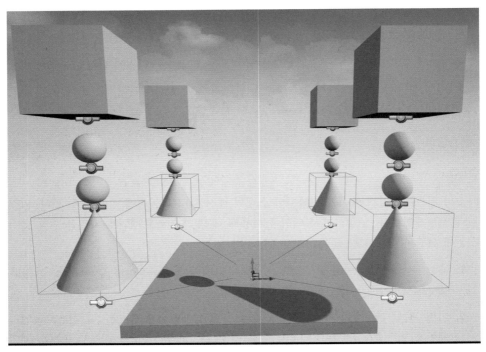

그림 13.14 네 개의 독립적으로 분리된 컨스트레인트 체인에 의해 묶여 있는 플랫폼의 모습

블루프린트 비주얼 스크립팅 시스템 소개

이번 시간에 배우는 것들

- ▶ 블루프린트 에디터 인터페이스 학습
- ▶ 이벤트, 함수, 변수 사용법
- ▶ 이벤트 추가하기
- ▶ 변수 선언하기

모든 게임 엔진은 스크립트 언어를 이용해 개발자가 게임에 기능을 추가하거나 수정할 수 있도록 해준다. 일부 엔진은 기존 스크립팅 환경을 사용하며 루아^{Lua}와 같은 독점적인 스크립팅 환경을 보유하기도 한다. UE4는 콘텐츠를 개발하기 위해 두 가지 방법을 제공한다. 바로 C++와 블루프린트다. 블루프린트 비주얼 스크립팅 시스템^{Blueprint visual scripting system}은 에디터를 통해 매우 강력하며 스크립팅 환경을 위한 완벽한 기능들을 제공한다. 이것을 사용해 아티스트, 디자이너는 게임 전체를 만들거나 일부 아이디어 확인을 위한 프로토타입을 제작하거나 기존의 게임플레이 요소들을 수정할 수 있다. 이번 시간에는 블루프린트 에디터와 기본적인 스크립팅 개념에 대해 알아보자.

> **노트**
>
> **Hour 14 설정**
> 이번 시간을 위해 스타터 콘텐츠를 사용하지 않고 빈 프로젝트를 만든다.

비주얼 스크립팅 기본

C++로 개발하려면 마이크로소프트 비주얼 스튜디오와 같은 통합 개발 환경^{IDE, Integrated Development Environment}이 필요하며 새로운 클래스, 게임플레이에서 핵심 엔진 구성 요소를

수정하기 위해 스크립트를 사용하는 것이 좋다. 블루프린트는 다른 한편으로 시각적인 스크립팅 환경인데, 블루프린트를 사용해 렌더링 엔진을 수정할 수는 없지만 사용자 고유의 클래스와 게임플레이 기능을 만들 수 있다. 블루프린트와 같은 시각적 스크립팅 환경은 일반적인 텍스트 기반은 아니지만 노드node와 와이어wire를 제공한다. 노드는 함수(특정 작업을 수행하는 코드 조각)의 시각적 표현이다.

변수(데이터를 저장하는 데 사용-), 연산자(수학 연산을 수행), 조건(변수를 검사하고 비교)들이 있으며 블루프린트에서 노드 간 관계를 설정하고 블루프린트의 흐름을 만들기 위해 와이어를 사용한다. 즉, 와이어로 작업의 순서를 설정할 수 있다. 블루프린트 에디터는 이러한 노드 및 와이어를 만들고 컴파일할 수 있는 인터페이스를 제공한다.

> **노트**
>
> **C++를 사용할 때**
>
> C++는 100% 효율이 필요하거나 코어 렌더링, 물리, 오디오 또는 네트워킹 엔진 구성 요소를 일부분 수정해야 하는 경우에만 필요하며 에픽(Epic)은 엔진의 모든 핵심 구성 요소의 소스를 제공하고 있다. 어떤 사람들의 경우에는 C++와 같은 텍스트 기반 스크립팅, 프로그래밍 환경을 선호하기도 한다. 블루프린트는 비주얼 스크립팅 환경에서 구문에 대해 걱정할 필요 없이 기본적인 프로그래밍 개념을 배울 수 있는 좋은 환경이다.

비주얼 스크립팅은 아티스트와 디자이너가 프로그래머 없이 복잡한 작업을 하는 게임플레이 기능을 만들 수 있도록 해준다. 상당수의 게임들은 블루프린트에서 대부분 작업 가능하며 바이트 코드 수준으로 컴파일되기 때문에 블루프린트 스크립트도 매우 효율적으로 동작한다. 블루프린트를 사용하면 UE4에서 제공하는 모든 플랫폼에서 동작하는 게임을 만들 수 있다.

> **노트**
>
> **블루프린트 스크립트 컴파일하기**
>
> 블루프린트는 시각적인 환경이더라도 블루프린트 원본은 여전히 컴파일해야 한다. 블루프린트 스크립트는 바이트 코드 수준으로 컴파일되는데 다음과 같은 용어들을 이해하는 것은 중요하다.
>
> ▶ 컴파일러(compiler): 프로그래밍 언어로 작성된 명령어(소스 코드)를 컴파일하는 데 사용된다.
> ▶ 컴파일(compiling): CPU에 의해 실행될 수 있는 기계 언어(코드)로 명령어를 번역하는 과정. 컴파일 요구 사항은 하드웨어 및 운영체제에 따라 다르다.
> ▶ 바이트 코드(bytecode): 하드웨어 대신 가상 머신에 의해 처리되는 컴파일된 소스 코드다. 즉, 소스 코드를 한 번 컴파일한 후 바이트 코드를 처리하는 가상 컴퓨터가 있는 모든 하드웨어에서 실행될 수 있다.
> ▶ 가상 머신(virtual machine): 바이트 코드를 하드웨어가 이해하고 처리할 수 있는 명령어로 변환하는 소프트웨어다.

블루프린트 에디터 이해하기

블루프린트 비주얼 스크립팅 시스템은 UE4 에디터의 핵심 구성 요소며 C++ 기반 프로젝트에서도 대부분 어느 정도는 블루프린트를 활용하게 될 것이다. UE에서 블루프린트를 사용하는 데는 다섯 가지 유형이 있다.

▶ **레벨 블루프린트**^{Level Blueprint}: 레벨에 대한 글로벌 이벤트를 관리하는 데 사용된다. 각 레벨에는 레벨 블루프린트 하나만 있으며 레벨이 저장되면 자동으로 저장된다.

▶ **블루프린트 클래스**^{Blueprint class}: 이것은 C++ 또는 다른 블루프린트 클래스에서 만들어진 기존 클래스에서 파생된 클래스다. 레벨에 배치된 액터의 기능을 관리하는 데 사용된다.

▶ **데이터 전용 블루프린트**^{Data-Only Blueprint}: 상속된 블루프린트의 수정된 속성들만 저장하고 있다.

▶ **블루프린트 인터페이스**^{Blueprint Interface}: 블루프린트 인터페이스^{BPI}는 다른 블루프린트에 할당할 수 있는 사용자 정의 함수의 컬렉션을 저장하는 데 사용된다. BPI는 다른 블루프린트를 공유하고 서로 간에 데이터를 전달하는 데 사용된다.

▶ **블루프린트 매크로**^{Blueprint Macro}: 다른 블루프린트를 통해 재사용할 수 있는 일반적으로 사용되는 노드 시퀀스의 자체 포함된 노드 그래프다. 블루프린트 매크로는 블루프린트 매크로 라이브러리에 저장된다.

레벨 블루프린트와 블루프린트 클래스가 가장 일반적으로 사용되는 두 유형이다. 이번 시간에는 먼저 블루프린트 에디터에 익숙해지고 나서 블루프린트 클래스를 사용하는 자세한 방법을 알아본다.

노트

블루프린트 작업하기

다음은 블루프린트와 프로그래밍에 대해 이야기할 때 알고 있으면 좋은 몇 가지 기본적인 용어를 알아본다.

▶ 블루프린트(Blueprint): 콘텐츠 브라우저에 저장된 블루프린트 클래스 애셋

▶ 블루프린트 액터(Blueprint Actor): 레벨에 배치된 블루프린트 클래스 애셋의 인스턴스

▶ 오브젝트(Object, 객체): 메모리에 저장된 데이터 구조 및 함수와 같은 변수 또는 변수 컬렉션

▶ 클래스(Class): 오브젝트를 만들기 위한 코드 템플릿. 클래스를 정의하는 함수 및 변수에 할당된 초기 값을 저장하고 있다.

▶ 신택스(Syntax, 구문): 기존 프로그래밍 및 스크립팅 환경에서 구문은 컴파일러에서 코드를 기계어로 컴파일하는 데 필요한 맞춤법 및 문법 구조를 의미한다.

블루프린트 에디터 인터페이스

레벨 블루프린트를 열고 블루프린트 에디터 인터페이스를 보려면 레벨 에디터 툴바에서 Blueprints ➤ Open Level Blueprint(그림 14.1 참조)를 선택한다. 블루프린트 에디터의 인터페이스와 워크플로우는 쉽게 배울 수 있지만 스크립팅은 마스터하기가 어렵다. 비주얼 스크립팅 환경에서 구문에 대해 걱정할 필요는 없지만, 작업의 논리와 순서는 직접 처리해줘야 한다. 이 모든 것은 연습이 필요하다.

그림 14.1 블루프린트 에디터에서 현재 레벨을 위한 레벨 블루프린트를 열고 있다.

블루프린트 에디터 인터페이스는 일반적인 도구 및 작업에 대한 빠른 액세스를 위한 도구 모음, 메뉴 모음, 스크립트 작성을 위한 이벤트 그래프, 블루프린트 에디터에서 현재 선택된 항목의 속성을 표시하기 위한 디테일 정보 패널, 선택한 블루프린트에 사용된 노드 그래프, 함수, 매크로 및 변수를 관리하고 추적하기 위해 사용되는 내 블루프린트My Blueprint 패널이 있다. 블루프린트 에디터 인터페이스의 기능은 그림 14.2에 나와 있으며 다음 목록에 설명했다.

▶ 1) 툴바Toolbar: 툴바(도구 모음)는 버튼들의 모임이고 블루프린트 에디터 제어에 사용된다.

▶ 2) 내 블루프린트 패널My Blueprint panel: 그래프, 함수, 매크로, 블루프린트에 있는 변수를 관리하는 데 사용한다.

▶ 3) **디테일 패널**Detail panel: 구성 요소, 변수 또는 함수는 블루프린트에 추가되면 디테일 패널에서 해당 속성을 편집할 수 있다.

▶ 4) **이벤트 그래프**Event Graph: 이벤트 그래프를 사용해 블루프린트의 코어 기능을 만들 수 있다.

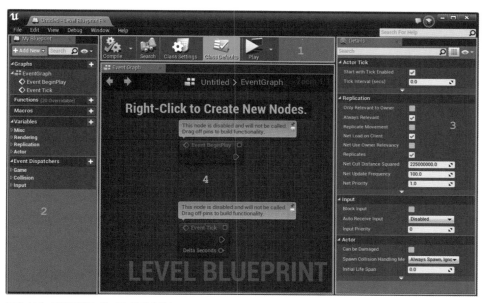

그림 14.2 블루프린트 에디터 인터페이스

노트

블루프린트 툴바

레벨 블루프린트를 작업할 때 블루프린트 에디터 툴바는 저장 및 콘텐츠에서 찾기와 같은 기능을 사용할 수 없다. 레벨 블루프린트는 레벨에 밀접하게 붙어있기 때문이다. 레벨 블루프린트를 저장하려면 그냥 레벨을 저장하면 된다.

블루프린트 에디터 툴바

블루프린트 에디터 툴바는 다섯 개의 도구를 가지고 있다. 두 개는 컴파일, 플레이 버튼인데 컴파일 버튼을 누르면 스크립트를 컴파일하고 이벤트 그래프 아래의 컴파일러 결과 창에서 스크립트에 관련된 정보들을 볼 수 있다. 플레이 버튼은 레벨 미리보기를 위한 레벨 에디터 플레이Level Editor Play 버튼과 같다. 여기에는 Save 버튼이 없는데, 레벨 블루프린트는 레벨에 종속되기 때문이다. 그러므로 레벨 블루프린트를 저장하려면 그냥 레벨을 저장하면 된다.

블루프린트 에디터의 툴바는 블루프린트를 관리하기 위한 여러 버튼을 가지고 있다.

▶ **컴파일**Compile: 블루프린트를 컴파일한다.

▶ **검색**Search: 블루프린트 내부에서 노드를 찾기 위해 검색 기능을 제공한다.

▶ **클래스 설정**Class Settings: 블루프린트를 위한 옵션들을 디테일 패널에서 볼 수 있다.

▶ **클래스 기본**Class Default: 블루프린트를 위한 속성들을 보여준다.

▶ **플레이**Play: 레벨을 미리보기한다.

내 블루프린트 패널

내 블루프린트 패널My Blueprint panel은 블루프린트에서 사용하는 모든 노드 그래프, 함수, 매크로, 변수를 추적한다. 각 범주는 제목으로 구분되며 각 제목의 오른쪽에는 필요한 경우 각 섹션에 추가하기 위해 클릭할 수 있는 + 기호가 있다. 내 블루프린트 패널을 사용해 이러한 요소들에 대해 추가, 이름 변경, 삭제 등을 할 수 있다.

이벤트 그래프

이벤트 그래프Event Graph는 블루프린트 코드에 사용된 기본 노드 그래프며, 이것은 블루프린트 에디터를 사용할 때 작업의 대부분을 하는 영역이다. 필요에 따라 기존 블루프린트에 노드 그래프를 더 추가할 수 있으며 노드 그래프는 그래프 용지의 시트와 같다. 블루프린트에 필요한 만큼 많은 그래프를 추가할 수 있으며 이를 체계적으로 유지할 필요가 있다. 표 14.1에 노드 작업을 할 때 사용하는 단축키의 목록이 나타나 있다.

표 **14.1** 블루프린트 에디터 단축키

단축키	명령 또는 액션
빈 공간에서 마우스 오른쪽 버튼 클릭	블루프린트 컨텍스트 메뉴를 연다.
빈 공간에서 오른쪽 드래그	이벤트 그래프를 클릭된 위치로 이동한다.
노드에서 마우스 오른쪽 버튼 클릭	노드 및 핀 액션을 불러온다.
노드 클릭	노드를 선택한다.
노드 드래그	노드를 이동한다.

(이어짐)

단축키	명령 또는 액션
빈 공간에서 드래그	영역을 선택한다.
Ctrl + 클릭	노드의 선택 리스트에 현재 선택된 노드를 추가하거나 삭제한다.
마우스 휠	이벤트 그래프를 확대/축소한다.
Home	이벤트 그래프의 가운데로 이동한다.
Delete	선택된 노드를 삭제한다.
Ctrl + X	선택된 노드를 잘라낸다.
Ctrl + C	선택된 노드를 복사한다.
Ctrl + V	선택된 노드를 붙여넣는다.
Ctrl + W	선택된 노드를 복사하고 붙여넣는다.

블루프린트 컨텍스트 메뉴

블루프린트 컨텍스트 메뉴는 블루프린트 에디터에서 작업할 때 가장 자주 사용하는 메뉴 중 하나다. 빈 공간에서 마우스 오른쪽 버튼을 누르거나 핀을 드래그해서 이벤트, 함수, 변수, 조건문을 그래프에 추가할 수 있다. 어느 쪽이든 블루프린트 상황에 맞는 메뉴를 열 수 있다(그림 14.3 참조). 이 메뉴는 기본적으로 상황에 맞게 나타난다. 즉, 선택한 항목 또는 드래그하는 핀과 관련된 작업만 표시된다.

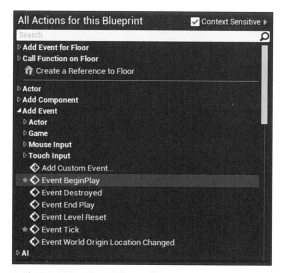

그림 14.3 블루프린트 컨텍스트 메뉴

노드, 선, 실행 그리고 핀

시각적인 스크립트의 흐름을 전기와 같이 생각하면 이해하는 데 도움이 된다. 빨간색 이벤트 노드는 전선을 따라 이동하고 통과한 노드를 실행한다. 노드가 신호를 받으면 왼쪽에 있는 데이터 핀을 통해 필요한 모든 데이터를 검색한다. 그런 다음 해당 작업을 수행하고 이벤트 신호를 전달하며 오른쪽에 있는 데이터 핀을 통해 결과를 반환한다. 다음은 이 과정에 대해 알아야 할 사항이다.

> ▶ 노드는 이벤트, 함수, 변수를 시각적으로 표현한 것이며 색으로 구분된다. 빨간색 노드는 노드 시퀀스의 실행을 시작하는 데 사용되는 이벤트 노드고, 파란색 노드는 특정 작업을 수행하기 위한 함수다. 하나의 데이터 핀을 가진 타원형 노드는 변수를 나타낸다.

> ▶ 'In', 'out' 실행 핀Exec은 시퀀스 흐름을 나타내며 노드의 맨 위에 있는 흰색의 오른쪽 삼각형이다. 빨간색 이벤트 노드는 시퀀스를 시작하는 데 사용되기 때문에 'out' 실행 핀만을 가지고 있지만, 파란색 노드는(대부분의 경우) 'in', 'out' 실행 핀을 가지고 있다.[1]

> ▶ 데이터 핀은 데이터의 유형에 따라 색상으로 구분된다. 노드의 왼쪽에 있는 데이터 핀은 데이터를 검색하거나 꺼내는 데 사용되고 노드의 오른쪽에 있는 데이터 핀은 데이터의 반환을 의미한다.

> ▶ 전선wire 연결 노드에서 흰색 전선은 'in' 및 'out' 실행 핀을 연결하고 색상 전선은 데이터 핀에 연결한다. 각 전선의 색상은 전달하는 데이터의 유형을 나타낸다.

실행 핀 또는 데이터 핀 간에 연결을 설정하려면 핀을 클릭한 다음 같은 유형의 다른 핀으로 드래그하면 된다. 핀의 입력 또는 출력을 끊기 위해서는 Alt 키를 누른 채로 핀을 선택하면 된다. Ctrl 키를 누른 상태에서 클릭해 드래그하면 새로운 핀으로 이동한다.

스크립팅의 기본 개념

모든 코딩 환경은 이벤트, 함수, 변수, 조건 연산자를 사용한다. 지금부터 이러한 핵심 개념을 간략하게 소개한다.

---

1   exec in pin의 경우 입력 실행 핀, exec out pin의 경우 출력 실행 핀으로 번역했다. – 옮긴이

이벤트

UE4에서 블루프린트는 이벤트를 기반으로 동작한다. 이벤트는 게임플레이 도중에 발생하며, 키보드의 키를 누르거나 게임을 시작할 때 또는 레벨 내 특정 방에 들어가는 폰이 다른 액터와 충돌할 때 발생한다. 대부분의 이벤트는 표 14.2와 같이 일반적인 카테고리에 들어간다. 이벤트는 블루프린트에 있는 시퀀스를 시작하기 위해 사용되며 이벤트가 발생하면 신호가 이벤트의 출력 실행 핀으로부터 보내지고 전선을 따라 발생하는 모든 함수를 처리한다. 신호가 노드 시퀀스의 끝에 오면 신호는 사라진다.

표 14.2 일반적인 이벤트

이벤트 이름	설명
BeginOverlap	두 액터의 콜리전 헐이 겹치면 발생한다(액터 또는 컴포넌트에 할당된다).
EndOverlap	두 액터의 콜리전 헐이 더 이상 겹치지 않으면 발생한다(액터 또는 컴포넌트에 할당된다).
Hit	두 액터의 콜리전 헐이 부딪혔지만 겹치지 않았을 때 발생한다(액터 또는 컴포넌트에 할당된다).
BeginPlay	레벨이 메모리에 로드되고 플레이될 때마다 발생한다.
EndPlay	레벨이 끝나면 발생한다.
Destroyed	액터가 메모리에서 삭제되면 발생한다.
Tick	CPU의 틱이 올 때마다 발생한다.
Custom	사용자가 정의한 대로 특정 필요에 따라 동작한다.

콜리전 이벤트와 같은 일부 이벤트는 특정 액터 또는 컴포넌트에 할당되므로 둘 이상의 콜리전 이벤트가 브로드캐스트될 가능성이 있다. 예를 들어 레벨에 박스 액터와 구체 트리거 액터가 있고 다른 액터에 서로 겹치는 경우 각각 고유의 OnActorBeginOverlap 콜리전 이벤트를 할당해야 개별적으로 액터가 반응할 수 있게 된다. 레벨 내 액터를 콜리전 이벤트에 할당하려면, 액터를 선택한 다음 레벨 블루프린트의 이벤트 그래프 빈 공간에서 마우스 오른쪽 버튼을 누른다. 그리고 블루프린트 컨텍스트 메뉴의 검색 바에서 Actor를 타이핑한 후 OnActorBeginOverlap을 찾아서 추가한다. 콜리전 이벤트[Collision Event] 노드가 배치되고 나면 이벤트 노드에 할당된 액터의 이름이 표시되므로 액터가 할당됐음을 알 수 있다. 이제 액터의 콜리전 헐이 겹칠 때 이 콜리전 이벤트 노드가 실행된다.

> **노트**
>
> **컴포넌트**
>
> UE4에서 컴포넌트(Component)는 블루프린트 클래스 안에서 서브 오브젝트들이며 Hour 16, '블루프린트 클래스 작업하기'에서 더 자세히 알아본다.

블루프린트 에디터는 미리 정의된 이벤트 노드를 제공하지만 사용자 정의^{custom}된 이벤트도 만들 수 있다. 사용자 정의 이벤트에서는 이벤트의 이름 및 이벤트가 호출될 때 전달되는 모든 데이터를 정의할 수 있다. 그림 14.4에서 미리 정의된 두 개의 이벤트 EventBeginPlay, OnActorBeginOverlap을 볼 수 있다. 커스텀 이벤트는 신호를 받을 수 있고 Print String 함수를 사용해 받은 문자열 데이터를 화면에 표시한다. 사용자 정의 이벤트는 블루프린트를 관리하고 구성하는 데 도움을 줄 수 있다.

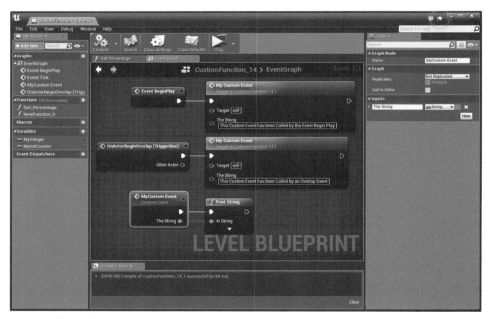

그림 14.4 블루프린트 커스텀 이벤트

사용자 정의 이벤트를 만들려면 이벤트 그래프에서 마우스 오른쪽 버튼을 누른 후 블루프린트 컨텍스트 메뉴 검색 바에서 custom을 입력한다. 목록에서 **Custom Event**를 선택해 커스텀 이벤트 노드^{custom event node}를 배치하고, 기본 이름을 클릭해 이벤트 이름을 바꾼다. 이벤트에 변수를 할당하려면 노드를 선택한 후 디테일 패널에서 변수를 추가할 수 있다. 커스텀 이벤트를 만들고 나면 해당 이벤트를 이벤트 그래프에 배치할 수 있고 다른 시퀀스에 연결해 이벤트를 호출할 수 있다.

함수

함수^{function}는 특정 명령어를 수행하는 코드 조각이다. 이것은 데이터로 변수를 사용하고 정보를 처리한 후 대부분의 경우 결과를 내놓는다. 블루프린트 에디터는 다른 프로그래밍 언어들과 마찬가지로 미리 정의된 함수들을 지원한다. 함수가 이벤트 그래프에 배치되고 나면 노드의 왼쪽에 있는 타깃 데이터$^{\text{target data}}$ 핀을 볼 수 있다. 블루프린트에서 타깃은 보통 액터 또는 명령이 수행될 레벨 내 액터의 컴포넌트를 참조하는 변수를 의미한다. 그림 14.5의 함수 예제를 보면 SetActorLocation 함수를 볼 수 있는데 이것은 레벨 내 액터의 위치를 변경할 수 있다.

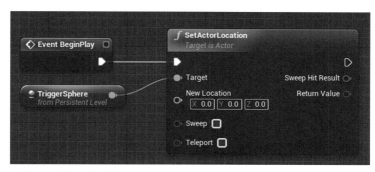

그림 14.5 블루프린트 함수

블루프린트는 광범위한 목록의 함수들을 이미 제공하고 있지만 사용자 정의 함수 또한 만들어서 사용할 수 있다. 이것은 개별적인 블루프린트에 정의할 수 있고 블루프린트 라이브러리$^{\text{Blueprint Library}}$를 통해 프로젝트 전체에서 사용 가능한 함수도 만들 수 있다. 그림 14.6은 블루프린트 에디터에서 만든 사용자 정의 함수를 보여준다. 이 커스텀 함수는 Get Percentage고 두 개의 float 값(A와 B)을 입력으로 사용한다. A는 총값이고 B는 현재 값이다. 이 함수는 현재 값(B)을 총값(A)으로 나눈 후 100을 곱해 백분율 값으로 반환한다.

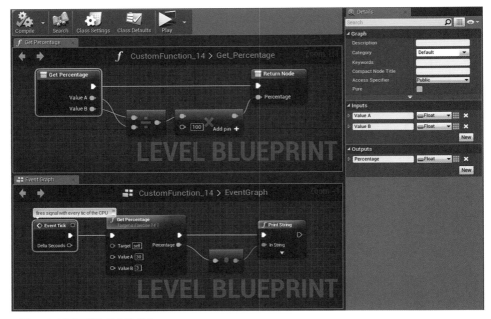

그림 14.6 블루프린트 커스텀 함수

커스텀 함수를 만들고 나면 필요한 만큼 함수를 재사용할 수 있다. My Blueprint 패널에서 노드 그래프로 함수를 드래그해 배치하면 된다. 블루프린트에서 커스텀 함수를 만들려면 My Blueprint 패널의 Functions 옆에 있는 + 기호를 클릭한다. + 기호를 클릭하고 나면 함수를 위한 새로운 노드 그래프가 나타난다. 노드 그래프에서 두 개의 보라색 노드를 볼 수 있는데 각각 입력 변수와 출력 변수를 의미한다. 커스텀 함수 그래프의 입력/출력 노드를 선택해 입력/출력 변수를 정의할 수 있고 필요한 만큼 다양한 종류의 변수를 만들 수 있다. 함수의 입력/출력 변수를 만들고 나면 다른 노드 그래프에서와 마찬가지로 시퀀스를 스크립팅할 수 있으며 작업을 완료하고 나면 입력 및 출력 노드에 시퀀스를 연결해야 한다.

___노트___

사용자 정의 함수

이미 배치된 노드의 시퀀스를 선택하고 노드 중 하나를 마우스 오른쪽 버튼으로 클릭해 메뉴에서 함수 축소(Collapse to Function)를 선택함으로써 사용자 정의 함수(custom function)를 만들 수도 있다. 새로운 함수는 다른 함수와 마찬가지로 이름을 바꿀 수 있다. 블루프린트에서 함수 시퀀스를 반복해 사용하는 경우 시퀀스를 사용자 정의 함수로 축소해 사용하는 것이 좋다.

이벤트 추가하기

다음 단계들을 따라 새로운 이벤트 BeginPlay를 추가한 후 Print String 함수를 사용해 화면에 텍스트를 표시해보자.

1. 레벨 에디터 메뉴에서 **File ❯ New**를 선택해 새로운 기본 레벨을 만든다.

2. 레벨 에디터 툴바에서 **Blueprints ❯ Open Level Blueprint**를 선택한다.

3. 그래프에 기본적으로 추가돼 있는 BeginPlay와 Event Tick 이벤트를 선택한 후 **Delete** 키를 눌러 지운다.

4. 이벤트 그래프에서 마우스 오른쪽 버튼을 누른 후 **BeginPlay**를 선택해 노드에 추가한다(BeginPlay를 찾을 수 없다면 검색 바를 활용하자).

5. BeginPlay의 exec를 클릭하고 오른쪽으로 드래그한 후 버튼을 놓자.

6. 이벤트 그래프에서 마우스 오른쪽 버튼을 누른 후 컨텍스트 메뉴에서 print string을 입력한다.

7. Print String 함수를 찾아 선택한 후 이벤트 그래프에 노드를 배치하자.

8. String 데이터 핀에 있는 Hello라고 적혀 있는 것을 Hello Level로 바꾼다.

9. 블루프린트 에디터 툴바에 있는 컴파일(Compile)을 클릭하고 레벨을 미리보기하자.

10. 레벨을 미리보기할 때마다 화면의 왼쪽 상단에 Hello Level이라는 글자가 몇 초간 나타났다가 사라질 것이다.

___노트___

Print String 함수

Print String 함수를 사용해서 플레이어와 커뮤니케이션하는 것은 좋은 방법이 아니다. 이 함수는 보통 개발용으로 사용되며 블루프린트에서 어떤 일이 벌어지고 있는지 표시하기 위한 디버깅용으로 주로 사용된다. 만약 어떤 메시지를 사용자에게 보여주고 싶다면 블루프린트 HUD(Blueprint HUD) 클래스 또는 UMG(Unreal Motion Graphics)를 사용할 필요가 있다. Hour 22, 'UMG 작업하기'에서 더 자세히 알아볼 것이다.

변수

변수는 다양한 데이터의 종류를 담고 있다. 변수가 선언되면(만들어지면) 컴퓨터는 내부적으로 데이터의 종류에 따라 메모리를 할당한다. 그 이후 메모리는 메모리 위치로 저장되거나 불러올 수 있다. 어떤 변수들은 매우 작은 메모리를 사용하지만 어떤 변수는 액터의 모든 정보를 저장할 수도 있다. 블루프린트 에디터에서 변수는 색상으로 구분되기 때문에 함수를 사용할 때 필요한 변수 유형을 빠르게 식별할 수 있다.

표 14.3에 가장 일반적으로 사용하는 변수 종류와 색상, 각각 어떤 정보를 담고 있는지 나타냈다.

표 14.3 일반적인 스크립팅 변수 타입

변수 타입	색상	설명
Boolean(bool)	빨강(Red)	0(false) 또는 1(true) 값을 가진다.
Integer(int)	청록(Cyan)	어림수(Round number)를 가진다. 예를 들어 1, 0, −100, 376
Float	초록(Green)	부동소수점을 가진다. 예를 들어 1.0, −64.12, 3.14159
String	자홍(Magenta)	텍스트를 가진다.
Vector	황금(Gold)	세 개의 Float 타입 X, Y, Z를 가진다. 예를 들어 100.5, 32.90, 100.0
Rotator	자주(Purple)	세 개의 Float 값을 가진 벡터다. X는 롤(Roll), Y는 피치(Pitch), Z는 요(Yaw)를 의미한다.
Transform	주황(Orange)	위치, 회전, 크기를 위한 벡터 구조체다.
Object	파랑(Blue)	레벨 내 액터를 참조하며 이것의 모든 속성을 메모리에 가지고 있다.

노트

구조체는 무엇인가?

구조(structure)의 줄임말인 구조체(struct)는 변수들의 컬렉션을 말한다. 벡터(Vector)와 로테이터(Rotator)는 기술적으로 구조체며 내부적으로 세 개의 Float로 이뤄져 있다. UE4에서 원하는 구조체를 만들 수 있지만, 고급 주제이므로 블루프린트 에디터에 익숙해진 이후에 알아보자.

변수를 선언하려면 My Blueprint 패널의 Variables 옆에 있는 + 기호를 클릭하면 된다. 변수를 추가한 이후에 새로운 이름을 부여하고 디테일 패널에서 변수의 기본값을 설정할 수 있다. 기본값을 설정하려면 블루프린트를 먼저 한 번 컴파일해줘야 한다. 변수를 선언하고 나면 이름을 설정하고 값을 설정한다. 다음으로 가장 일반적으로 많이 사용하는 명령은 변수를 위한 값을 설정하거나 읽어오는 것이다. 변수에 저장된 값을 가져오려면 그림 14.7과 같이 Get과 Set 노드를 사용하는 것이다.

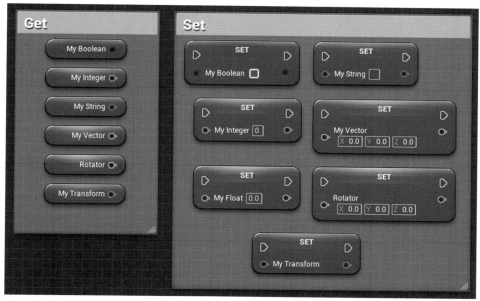

그림 14.7 Get과 Set 변수 노드들

변수 목록

블루프린트 내 모든 변수 타입들은 하나의 값 또는 배열을 가진다. 배열로 컨버팅된 변수는 데이터 타입의 목록(list)을 저장한다. 변수 배열을 관리할 수 있는 함수들(set, get, remove, add 등)을 사용할 수 있다.

직접 해보기 ▼

변수 선언하기

이전 '직접 해보기'에서 만든 레벨 블루프린트를 사용하고 다음 단계들을 따라 해서 Integer 변수를 선언하고 이름을 변경한 후 초기 값을 설정해보자.

1. **My Blueprint** 패널에서 **Variables** 옆에 있는 **+** 기호를 선택해 새로운 변수를 추가한다. 새로운 변수의 이름은 MyInteger로 설정하고 디테일 패널에서 변수 타입을 Integer로 설정한다.

2. MyInteger의 기본값을 설정하려면 우선 블루프린트 에디터 툴바에서 **Compile** 버튼을 눌러 컴파일해줘야 한다. 그 이후에 디테일 패널로 돌아가 Default Value를 찾고 초기 값을 100으로 설정한다.

3. Event Tick 이벤트를 추가하기 위해 이벤트 그래프에서 마우스 오른쪽 버튼을 클릭한 후 블루프린트 컨텍스트 메뉴에서 Event Tick을 선택해 이벤트 노드를 추가한다.

4. 이전에 만들어 놓았던 Print String 함수에서 **Ctrl + W** 키를 눌러 복제한 후 이것을 Event Tick의 exec 출력 핀에 연결한다.

5. My Blueprint 패널의 **Variables** 아래에 있는 MyInteger 변수를 끌어와 이벤트 그래프에 배치한다. 변수를 드래그해서 이벤트 그래프에 드롭할 때 Set을 사용할 것인지 Get을 사용할 것인지 묻는다. Get을 선택하자.

6. Integer 변수의 데이터 핀을 드래그해서 Print String 함수의 string 데이터 핀에 연결한다. 에디터는 자동으로 변수를 String에 맞게 컨버팅해준다. 모든 작업이 끝나고 나면 레벨 블루프린트의 모습은 그림 14.8과 같을 것이다.

7. 스크립트를 컴파일하고 레벨을 미리보기하자. 기본 정숫값이 레벨 뷰포트의 왼쪽 상단에 지속해서 표시될 것이다.

그림 14.8 레벨 블루프린트 이벤트 그래프에 추가된 BeginPlay와 Event Tick

노트

이벤트 틱

기본적으로 이벤트 틱(Event Tick)은 매 프레임 실행된다(Tick Interval이 0). 이벤트 틱의 Delta Seconds 데이터 핀은 렌더링이 소요된 시간을 반환한다. 게임 루프를 사용하는 코딩 환경으로 이해하면 이벤트 틱은 해당 루프에 상응하는 것으로 이해할 수 있다. 이벤트 틱의 시간을 바꾸려면 블루프린트 툴바에 있는 **Class Settings**를 선택하고 디테일 패널에서 Actors Tick/Tick Interval(Sec)를 바꾼다.

연산자와 조건문

연산자^{operator}와 조건문^{conditional}은 블루프린트 컨텍스트 메뉴의 플로우 컨트롤^{Flow} ^{Control}(흐름 제어)에서 찾을 수 있다. 연산자는 더하기, 빼기, 곱하기, 나눗기 같은 수학 연산이다. 연산자를 사용하면 부동 소수점, 정수 및 벡터와 같은 숫자 변수의 값을 수정할 수 있다. 조건식을 사용하면 변수의 상태를 확인하거나 비교한 다음 그에 따라 응답할 수 있다. 예를 들어, 한 변수가 다른 변수와 같은지 검사하거나 다른 변수가 다른 변수보다 큰지 확인할 수 있다.

직접 해보기 ▼

조건문과 연산자, 변수 설정하기

이전 '직접 해보기'에서 사용한 레벨 블루프린트를 사용하고 다음 단계들을 따라 수학 연산자를 사용해 MyInteger 변수 값을 증가시켜보자.

1. **Alt** 키를 누른 상태로 MyInteger 데이터 핀을 클릭해 컨버팅하는 노드와의 연결을 끊는다.

2. MyInteger 데이터 핀을 클릭하고 오른쪽으로 드래그한 후 드롭한다. 블루프린트 컨텍스트 메뉴의 검색 바에서 **+**를 입력하면 Math/Integer 아래에 Integer + Integer가 나타난다. 이것을 추가해 정수를 더하는 노드를 추가한다. + 노드의 아래쪽에 Integer 핀 값을 1로 설정한다.

3. **My Blueprint** 패널에서 MyInteger 변수를 드래그해 그래프에 추가하고 Set을 선택한다.

4. Event Tick 노드의 출력 실행 핀을 드래그해 Set MyInteger 노드에 연결한다.

5. Set MyInteger 노드의 출력 실행 핀을 Print String 노드의 입력 실행 핀에 연결한다.

6. Set 함수 노드에서 integer 데이터 핀을 Print String 함수에 이미 연결돼 있는 String 컨버팅 노드에 연결한다. 모든 작업을 끝내면 레벨 블루프린트의 최종적인 모습은 그림 14.9와 같다.

7. 레벨을 컴파일하고 미리보기하자. MyInteger 값이 뷰포트의 왼쪽 상단에 나타나고 값이 1 증가되는 것을 볼 수 있다.

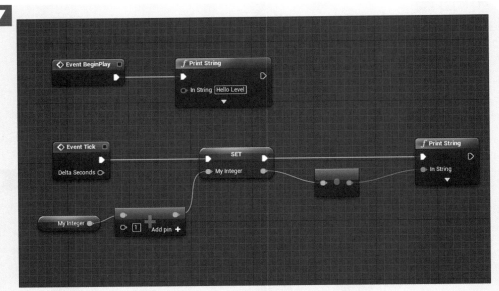

그림 14.9 레벨 블루프린트 예제. 변수 가져오기, 값 1 증가시키기, 수정된 값 반영하기

스크립트 구성 및 주석 처리

모든 스크립팅 환경에서 한 달 전에 작성한 스크립트를 다시 작업할 때, 개발 팀 내 다른 사람들이 스크립팅한 내용을 수정해야 하는 경우에는 구성 및 설명이 중요하다. 체계적으로 구성되고 주석 처리가 잘된 스크립트는 개발 시간을 단축시킨다. 다음 절에서 설명하는 것처럼 블루프린트 에디터에는 정리 작업을 도와주는 몇 가지 도구가 있다.

노드 주석

노드 주석을 사용하면 노드에서 메모를 작성할 수 있다. 배치된 노드의 이름에서 마우스 오른쪽 버튼을 클릭해 노드 주석 박스를 찾거나(그림 14.10 참조) 노드 주석 박스가 나타날 때까지 노드 위로 커서를 이동하면 된다.

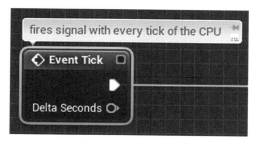

그림 14.10 노드 주석의 예

주석 박스

주석 박스(그림 14.11 참조)를 사용하면 박스 안에 노드를 선택하고 텍스트 주석을 추가할 수 있다. 주석 박스의 또 다른 이점은 주석 박스를 이동할 때 주석 박스 안에 모든 노드가 주석 박스와 함께 이동한다는 점이다. 선택한 노드들에 주석 박스를 추가하려면 C 키를 누르면 된다.

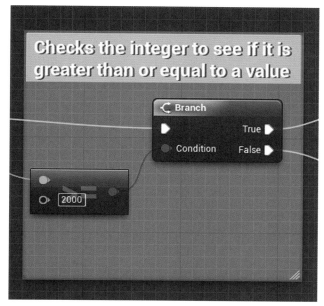

그림 14.11 주석 박스 예

경로 변경 노드

스크립트가 복잡해질수록 전선이 많아져서 더 복잡해진다. 경로 변경 노드^{reroute node}는 그림 14.12와 같이 전선 배치를 제어하는 데 도움을 줄 수 있다. 경로 변경 노드를 추가하려면 이벤트 그래프의 빈 곳에서 마우스 오른쪽 버튼을 누른 후 reroute를 입력하고 목록에서 Reroute(경로 변경)를 선택하면 된다.

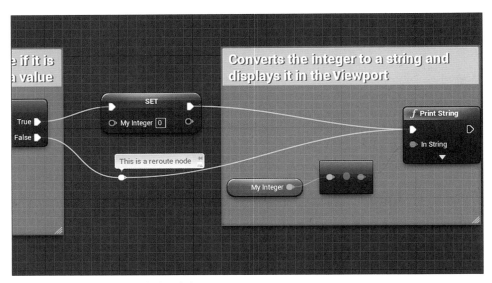

그림 14.12 전선을 제어하기 위한 경로 변경 노드

요약

이번 시간에는 UE4의 코딩을 위한 스크립팅의 기본 개념과 블루프린트 에디터 인터페이스에 대해 알아봤다. 이벤트와 함수를 추가하는 방법을 배웠고 변수를 선언하고 가져오는 방법을 배워봤다. 이러한 핵심 기술은 UE4의 모든 블루프린트 작업에서 필요로 한다.

질문 및 답변

질문. 두 번째 이벤트 노드인 BeginPlay를 추가하려고 하면 에디터가 이벤트 그래프에 이미 배치된 첫 번째 노드를 표시한다. 왜 이런 현상이 발생하는가?

답변. Event Tick 및 BeginPlay 이벤트와 같은 일부 이벤트는 블루프린트당 하나의 인스턴스만 가질 수 있다. 단일 블루프린트에서 여러 이벤트 그래프를 사용하기 시작하면 문제가 되는 것처럼 보일 수도 있지만 그렇지 않다. 한 그래프에서 다른 그래프로 이벤트를 전달하려면 신호를 보낼 때마다 Event Tick 또는 BeginPlay를 호출하는 사용자 정의 이벤트를 만들 수 있다.

질문. 변수의 이름은 어떻게 결정하는가?

답변. 변수의 이름은 원하는 무엇이든지 될 수 있다. 변수명은 짧으면서도 스스로 설명할 수 있으면 좋다. 그리고 다른 변수 목록 사이에서 쉽게 식별 가능할수록 좋다. 또한 일관성을 위해 프로젝트의 모든 블루프린트에 적용할 수 있는 명명 규칙을 만드는 것이 바람직하다.

질문. 변수의 이름을 설정한 후에 다시 변경할 수 있는가?

답변. 변경할 수 있다. My Blueprint 윈도우에서 변수의 이름을 변경할 수 있다. 또는 변수가 선택된 상태에서 블루프린트 디테일 패널에서 바꿀 수 있다. 변수 이름을 변경하면 변수를 참조하는 모든 인스턴스를 업데이트한다.

질문. 변수가 이벤트 그래프에서 사용되고 있는 상태에서 변수 타입을 바꿀 수 있는가?

답변. 바꿀 수 있다. 이미 선언된 변수의 타입을 바꿀 수 있다. 하지만 함수에 연결된 데이터 핀들이 특정 변수 타입을 필요로 하는데 이것이 바뀌면 연결된 관계가 모두 끊어진다는 점을 기억해야 한다. 이런 상황이 발생하면 직접 스크립트를 수정해 올바른 변수 타입을 사용하도록 해줘야 한다.

질문. 만들어놓은 레벨 블루프린트 스크립트를 다른 레벨로 옮겨서 재사용 가능한가?

답변. 불가능하다. 이벤트 시퀀스들을 모두 복사해서 붙여넣기는 가능하지만 연결된 변수들 역시 모두 다시 만들어야 한다. 그리고 일반적으로 레벨 블루프린트에 있는 이벤트 시퀀스들은 해당 레벨에 배치된 특정 액터들에 매우 밀접하게 연결돼 있다. 블루프린트 클래스 액터가 이런 경우에 유용하게 사용될 수 있다. 이후 시간에 더 자세히 알아볼 것이다.

연구

이번 시간을 끝냈으니 다음 질문에 답할 수 있는지 확인해보자.

퀴즈

1. 참 또는 거짓: 블루프린트는 UE4에서 사용되고 있는 코어 렌더링 엔진을 재작성하는 데 사용될 수 있다.

2. 참 또는 거짓: Print String 함수를 사용해 게이머와 커뮤니케이션하는 것은 좋은 방법이 아니다.

3. 참 또는 거짓: 블루프린트 스크립트는 바이트코드 레벨로 컴파일된다.

4. 참 또는 거짓: 단일 블루프린트 스크립트에 하나 이상의 BeginPlay 이벤트를 가질 수 있다.

5. 배열은 무엇인가?

6. 참 또는 거짓: 주석을 남기는 것은 시간 낭비다.

해답

1. 거짓. 코어 엔진 컴포넌트를 수정하려면 반드시 C++를 사용해야만 한다.

2. 참. Print String 함수는 디버깅 용도로만 사용해야 한다.

3. 참. 블루프린트는 바이트코드 레벨로 컴파일된다.

4. 거짓. BeginPlay는 블루프린트에서 오직 하나만 가질 수 있다. 하지만 커스텀 이벤트를 만들고 이 신호를 전달하거나 시퀀스 노드를 이용해 신호를 분리할 수 있다.

5. 배열은 해당 타입 변수들의 목록을 가지고 있다.

6. 거짓. 스크립트에 항상 주석을 사용할 것을 권한다.

연습

이전 '직접 해보기'에 이어 두 번째 정수 변수를 추가해 MyInteger 변수의 변화 값을 설정할 수 있다. 그리고 이벤트 틱$^{Event\ Tick}$ 시퀀스에서 MyInteger 값을 체크해 이 값이 2000 이상인 경우 MyInteger 값을 0으로 설정하자. 마지막으로 시퀀스가 끝날 때 커스텀 이벤트를 호출해 화면에 글자를 표시하자(그림 14.13 참조).

1. 이번 시간에 작업했던 레벨 블루프린트를 연다.

2. 새로운 변수를 선언하고 이름은 MyIntCounter로 설정한다. 그리고 타입은 Integer로 설정하고 기본값은 5로 한다.

3. MyIntCounter를 이벤트 그래프에 추가하고 + 노드의 두 번째에 연결한다.

4. Set MyInteger 노드 이후에 이 값이 2000보다 큰지(>=) 체크하도록 한다. 블루프린트 컨텍스트 메뉴의 검색 바에서 integer >=를 입력하면 integer >= integer를 볼 수 있다. 이것을 이벤트 그래프에 추가한다. 이 노드는 0(false) 또는 1(true)을 반환한다.

5. B integer 데이터 핀을 >= 노드에 연결하고 값은 2000으로 설정한다.

6. 분기 노드$^{Branch\ node}$를 사용해 조건이 참^{true}인지 거짓^{false}인지 검사한다. >= 노드의 빨간색 데이터 핀에서 드래그해 블루프린트 컨텍스트 메뉴를 띄운다. 그리고 검색 바에서 Branch를 입력하고 선택해 분기 노드를 추가한다.

7. Set MyInteger 노드의 출력 실행 핀을 분기 노드의 입력 실행 핀에 연결한다.

8. 분기 노드의 True를 드래그해 블루프린트 컨텍스트 메뉴를 띄운 후 검색 바에서 set myinteger를 입력하고 Set MyInteger를 선택해 이벤트 그래프에 노드를 추가한다.

9. Set MyInteger의 값은 0으로 설정한다.

10. 이제 커스텀 이벤트를 만들 차례다. 이벤트 그래프 아래쪽의 빈 공간에서 마우스 오른쪽 버튼을 누른 후 블루프린트 컨텍스트 메뉴를 띄운다. 그리고 검색 바에서 custom을 입력하고 Add Custom Event를 선택한다. 커스텀 이벤트의 이름은 MyCustomEvent로 설정한다.

11. MyCustomEvent 노드의 출력 실행 핀을 드래그해 블루프린트 컨텍스트 메뉴를 띄우고 검색 바에서 print를 입력한 후 Print String을 선택해 노드를 추가한다.

12. My Blueprint 패널에서 MyInteger 변수를 드래그해 Print String 노드의 In String에 연결한다. 블루프린트는 자동으로 변수 컨버팅 노드를 만들어 연결해준다.

13. 분기 노드의 False 출력 핀을 드래그해 컨텍스트 메뉴를 띄우고 검색 바에서 mycustomevent를 입력한 후 MyCustomEvent를 선택해 노드를 배치한다.

14. Set MyInteger 노드의 출력 실행 핀을 드래그해 MyCustomEvent 함수에 연결한다. 모든 작업이 끝나면 레벨 블루프린트는 그림 14.13과 같을 것이다.

15. 블루프린트를 저장하고 레벨을 미리보기해보자.

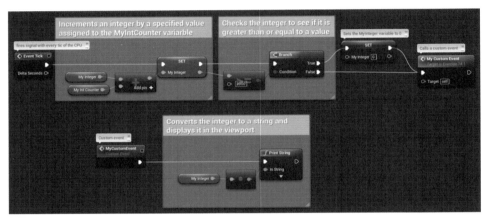

그림 14.13 연습 스크립트 예제

HOUR 15
레벨 블루프린트 작업하기

이번 시간에 배우는 것들

▶ 레벨 블루프린트에서 이벤트에 액터 할당하기

▶ 레벨 블루프린트에서 액터를 참조(Reference) 변수로 할당하기

▶ 레벨 블루프린트에서 액터의 속성들 가져오기 및 설정하기

▶ 활성화(Activate) 함수 사용하기

▶ Play Sound at Location 함수 사용하기

모든 레벨은 레벨에서 사용 유무와 상관없이 레벨 블루프린트^{Level Blueprint}를 가지고 있다. 레벨은 레벨에 배치된 모든 액터의 참조를 가지고 있지만 레벨 블루프린트는 여러분이 알려주지 않은 이상 아무것도 모른다. 이번 시간에는 배치된 액터를 콜리전 이벤트에 연결하는 방법과 참조 변수 사용법 그리고 레벨 블루프린트를 통해 이벤트가 발생했을 때 어떻게 액터의 속성을 바꾸는지 배워볼 것이다.

> **노트**
>
> **Hour 15 프로젝트 설정**
> 이번 시간을 진행하기 전에 스타터 콘텐츠와 1인칭 템플릿을 사용해 새로운 프로젝트를 만들고 기본 레벨을 생성한다.

이번 시간에는 액터를 이벤트 및 참조 변수에 할당하는 연습을 하기 위한 간단한 이벤트 시퀀스를 만드는 방법을 배워볼 것이다. 플레이어가 레벨의 지정된 영역으로 이동하면 Overlap Event가 실행되고 스태틱 메시 액터에 지정된 머티리얼이 바뀌며 파티클 시스템 활성화 및 사운드를 재생할 것이다.

이벤트에 액터를 지정하려면 레벨에 액터가 있어야 하며 트리거 액터^{Trigger Actor}를 사용할 것이다.

플레이어가 상호작용할 수 있는 영역을 정의하는 몇 가지 방법이 있다. 에픽은 세 가지 일반적인 모양의 트리거 클래스(Box Trigger, Capsule Trigger, Sphere Trigger)와 콜리전 이벤트[Collision Event]에서 작동하는 트리거 볼륨[Trigger Volume]을 제공한다(그림 15.1 참조). 이번 시간에는 박스, 캡슐, 스피어 트리거 클래스 작업에 중점을 둔다.

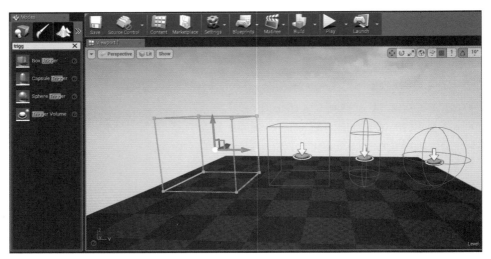

그림 15.1 레벨에 배치된 트리거 볼륨들

이 모든 클래스들은 모드 패널의 Place 탭에서 찾을 수 있다. Place 탭의 검색 박스에서 트리거 클래스를 검색하거나 볼륨 카테고리를 선택하고 박스 트리거를 끌어 레벨에 배치할 수 있다. 배치된 박스 트리거를 이벤트에 지정하기 전에 일부 속성을 수정해야 한다. 박스 트리거를 배치한 후 선택한다. 그리고 디테일 패널의 MyTriggerBox로 이름을 변경한다. Shape 섹션에서는 X, Y, Z축의 Box Extent 설정을 각각 100으로 설정한다. 트리거의 모양은 언제든지 조정할 수 있지만 현재는 박스 트리거 액터에 정의된 영역으로 쉽게 들어갈 수 있게만 만들면 된다. 다음으로 박스 트리거의 렌더링 설정을 바꿀 필요가 있다. 디테일 패널에서 렌더링 섹션[Rendering section]을 보면 Actor Hidden in Game이 있다. 이것을 끈다. 이렇게 하면 레벨을 테스트할 때 박스 트리거의 영역을 화면에서 볼 수 있다.

> **팁**
>
> **렌더링과 액터 가시성**
>
> 레벨에 배치된 거의 모든 액터는 에디터와 게임플레이 도중에 액터의 가시성을 켜거나 끌 수 있는 렌더링 속성을 가지고 있다. 일반적으로는 트리거 액터를 게이머가 볼 수 있도록 하지 않겠지만 **Actor Hidden in Game**을 선택 취소하면 이러한 것들을 볼 수 있고 블루프린트를 디버깅하는 데 도움이 된다. 기억할 것은 모든 것이 정상 동작할 때 이것들의 가시성을 꺼야 한다는 점이다. 액터의 가시성 설정은 액터가 선택됐을 때 레벨 디테일 패널(Level Details panel)의 렌더링 섹션에 있다.

액터 충돌 설정

기본 레벨을 만들고 게임 모드 설정 및 박스 트리거 액터를 레벨에 배치한 후 레벨 블루프린트에서 충돌 이벤트(콜리전 이벤트Collision Event)를 만들 수 있다. 충돌 기반 이벤트는 할당된 액터의 충돌 속성과 직접적인 관련이 있다. 지금은 박스 트리거 액터의 충돌 속성이다. 박스 트리거 액터를 선택하면 레벨 블루프린트 에디터의 디테일 패널에서 여러 관련된 속성들(Simulation Generate Hit Events, Generate Overlap Events, Collision Responses)을 볼 수 있다(그림 15.2 참조).

▶ 충돌 반응의 종류들에 대해 알고 싶다면 **Hour 4, '스태틱 메시 액터 작업하기'**를 참고하자.

Simulation Generates Hit Events와 Generate Overlap Events가 선택돼 있으면 액터는 충돌 이벤트를 레벨 블루프린트에 알린다. 히트 이벤트Hit Event는 액터가 콜리전 헐collision hull을 터치했을 때 일어나며 교차했을 때 발생하지 않는다. 오버랩 이벤트Overlap Event는 두 액터의 콜리전 헐이 겹치거나 오버랩되던 것이 사라질 때 발생한다. 히트 및 오버랩 이벤트는 각 액터의 충돌 프리셋에 관련된다. 만약 두 액터가 서로를 차단block하고 있다면 절대로 오버랩되지 않는다.

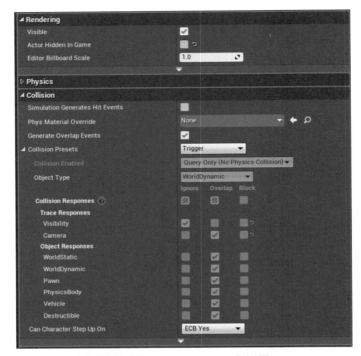

그림 15.2 트리거 액터 콜리전(Trigger Actor Collision) 속성들

블루프린트에서 액터의 충돌에 관련된 신호를 처리하는 이벤트들은 다음과 같다.

▶ OnActorBeginOverlap 이벤트: 할당된 액터의 콜리전 헐이 다른 액터의 콜리전 헐과 부딪혔을 때 한 번만 발생한다. 액터가 충돌 영역을 벗어난 후 다시 재진입할 때 이벤트는 다시 발생한다.

▶ OnActorEndOverlap 이벤트: OnActorBeginOverlap 이벤트와 같은 방식으로 작동하지만 다른 액터가 충돌 영역을 떠날 때만 발생한다.

▶ OnActorHit 이벤트: 이 이벤트를 위해 액터의 콜리전 헐은 필요 없다. 특히 액터의 물리를 시뮬레이션할 때 이 이벤트가 유용하게 사용된다. 피직스 액터가 히트 이벤트를 가지고 있으며 바닥에 휴식 모드로 있다면 이 이벤트는 지속적으로 발생된다.

이벤트에 액터 할당하기

레벨 블루프린트에서 이벤트에 액터를 할당하는 방법은 간단하다. 레벨에서 액터를 선택하고 블루프린트 컨텍스트 메뉴로 이벤트를 할당하면 된다. 레벨에서 액터를 선택하고 레벨 블루프린트 에디터 이벤트 그래프에서 마우스 오른쪽 버튼을 눌러 컨텍스트 메뉴를 띄운다. 컨텍스트 메뉴에서 문맥 감지^{Context Sensitive}가 선택돼 있는지 확인하고 Add Event for MyTriggerBox를 확장한 후에 충돌 하위 카테고리에서 필요한 충돌 이벤트 노드 타입을 선택한다(그림 15.3 참조).

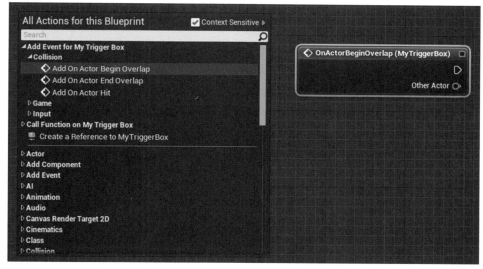

그림 15.3 블루프린트 컨텍스트 메뉴의 문맥 감지(Context Sensitive)가 켜져 있는 경우

노트

문맥 감지

블루프린트 컨텍스트 메뉴의 오른쪽 상단을 보면 문맥 감지(Context Sensitive) 설정을 볼 수 있다. 이것이 선택되면 현재 선택된 노드에 따라 이벤트, 함수, 컴포넌트, 변수들을 화면에 표시해준다.

▼ 직접 해보기

OnActorBeginOverlap 이벤트에 액터 할당하기

다음 단계들을 따라 박스 트리거 액터(Box Trigger Actor)를 OnActorBeginOverlap 이벤트에 할당해보자.

1. 레벨 블루프린트 에디터를 연다.

2. 레벨에 배치된 박스 트리거 액터를 선택한다.

3. 레벨 블루프린트 이벤트 그래프에서 마우스 오른쪽 버튼을 눌러 블루프린트 컨텍스트 메뉴를 띄우고 오른쪽 상단의 문맥 감지를 켠다.

4. 컨텍스트 메뉴의 가장 위쪽에서 카테고리의 왼쪽에 있는 삼각형을 눌러 MyTriggerBox 목록을 확장한다.

5. Collision을 확장하고 Add OnActorBeginOverlap을 선택해 이벤트 노드를 추가한다. 이벤트의 이름은 이벤트의 이름에 괄호로 둘러싼 MyTriggerBox가 추가된다.

6. OnActorBeginOverlap 이벤트의 출력 실행 핀을 클릭한 후 드래그해서 놓으면 컨텍스트 메뉴가 다시 나타난다. Print String을 선택해 노드를 추가한다(이것은 **Utilities ➤ String** 안에 있다). 지금까지 작업을 끝냈다면 결과는 그림 15.4와 같을 것이다.

7. Print String 함수에서 표시할 내용을 Hello Level로 설정한다.

8. 레벨을 미리보기하고 박스 트리거 영역으로 들어가보자.

그림 15.4 액터가 할당된 OnActorBeginOverlap 이벤트 노드

OnActorBeginOverlaop 이벤트 노드에는 이벤트 신호를 전달하는 exec 핀이 있으며 오버랩 이벤트를 시작한 액터에 대한 참조를 반환하는 데이터 출력 핀이 있다. 데이터 출력 핀을 Print String 함수의 In String 데이터에 드래그하면 블루프린트 에디터가 자동으로 Get Display Name 함수를 추가하고 이것의 결과 값을 그림 15.5와 같이 연결해준다. 이제 레벨을 미리보기하고 영역으로 들어가보자. 그러면 Print String 함수가 폰^{Pawn}의 이름을 표시할 것이다.

그림 15.5 이벤트를 실행하는 액터의 이름을 표시하는 OnActorBeginOverlap 이벤트 시퀀스

참조 변수에 액터 할당하기

블루프린트에서는 액터의 레벨 디테일 패널에서 볼 수 있는 어떠한 속성이라도 수정할 수 있다. 액터 참조 변수는 레벨에서 지정된 액터를 가리키고 레벨 블루프린트는 액터의 속성에 접근할 수 있다.

액터를 참조 변수에 할당하는 방법은 액터를 이벤트에 할당하는 방법과 비슷하다. 레벨 블루프린트 에디터가 열린 상태에서 레벨 내 액터를 선택하고(그림 15.6 참조), 이벤트 그래프에서 마우스 오른쪽 버튼을 눌러 블루프린트 컨텍스트 메뉴를 띄운다. 그리고 Add Actor as Reference Variable을 선택하면 선택된 액터의 참조 변수가 추가된다.

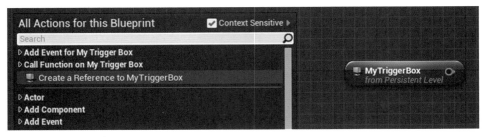

그림 15.6 액터 참조 변수

액터 컴포넌트

레벨에 배치된 모든 액터에는 트랜스폼 및 렌더링 설정과 같은 모든 액터의 공통 설정이 있다. 이러한 속성은 액터 레벨에 있지만 컴포넌트 레벨에 영향을 주는 속성들도 있다. 컴포넌트는 액터의 하위 오브젝트 요소며 거의 대부분의 액터는 하나 이상의 컴포넌트를 가진다(그림 15.7 참조). 예를 들어 스태틱 메시 액터는 스태틱 메시 컴포넌트, 이미터 액터는 파티클 시스템 컴포넌트, 트리거 액터는 충돌 컴포넌트를 가지고 있다.

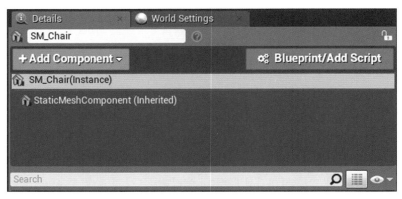

그림 15.7 디테일 패널에 있는 스태틱 메시 액터 컴포넌트 목록

컴포넌트

컴포넌트의 종류는 매우 다양하다. 액터는 하나의 컴포넌트만을 가지는 경우도 있지만 매우 많은 컴포넌트를 가진 것들도 있다.

▶ 블루프린트에서 컴포넌트에 대해 알고 싶다면 **Hour 16, '블루프린트 클래스 작업하기'**를 참고하자.

액터 속성 가져오기 및 설정하기

어떠한 변수 타입을 사용하더라도 액터의 속성을 가져오거나 설정할 수 있다. 액터의 속성을 가져오려면 속성의 값을 반환하는 변수 노드를 만들면 된다. 예를 들어 액터의 위치를 가져오는 방법은 그림 15.8과 같다.

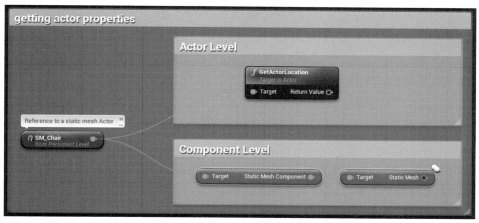

그림 15.8 액터와 컴포넌트 레벨의 액터 속성 얻기

액터 또는 컴포넌트의 속성을 설정하려면 액터나 액터의 컴포넌트를 타깃으로 하는 함수가 필요하다(그림 15.9 참조).

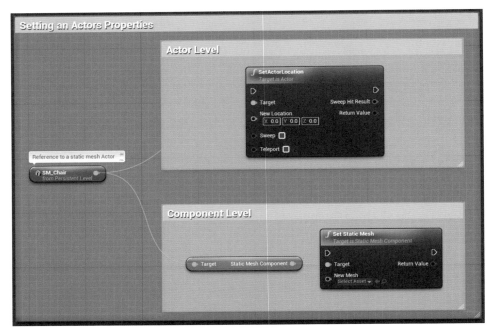

그림 15.9 액터와 컴포넌트 레벨의 액터 속성 설정하기

함수 타깃

함수가 실행되려면 대부분의 경우 영향을 받는 대상을 알아야 한다. 이것은 타깃 핀에 의해 결정된다. 파란 타깃 핀은 어떤 액터 또는 액터의 컴포넌트에 영향을 줘야 하는지를 함수에 알려준다. 함수에 따라 액터 레벨 혹은 컴포넌트 레벨에서 동작한다. 액터의 속성을 변경할 필요가 있다면 액터를 대상으로 하는 함수가 필요하지만 액터의 컴포넌트라면 컴포넌트를 대상으로 해야 한다. 예를 들어, 액터의 위치를 변경하려면 액터 레벨에서 작업하고 스태틱 메시 액터에 지정된 스태틱 메시 애셋을 변경하려면 스태틱 메시 컴포넌트 레벨에서 작업해야 한다. 함수 이름의 아래에서 함수의 타깃이 액터인지 컴포넌트인지 확인할 수 있다.

액터의 머티리얼 속성 변경하기

다음 단계들을 따라 박스 트리거가 발생했을 때 스태틱 메시 액터에 할당된 머티리얼을 변경해보자.

1. 박스 트리거 액터를 레벨에 추가한다. 레벨 디테일 패널의 **Shapes**로 간 후 **X, Y, Z** 사이즈를 모두 100으로 설정한다.

2. 레벨 블루프린트 에디터 이벤트 그래프에서 박스 트리거 액터가 할당된 OnActorBeginOverlap 이벤트를 추가한다.

3. 콘 스태틱 메시 액터를 박스 트리거 액터의 가운데에 배치하고 이름을 MyCone으로 설정한다.

4. 콘텐츠 브라우저에서 Starter Content 안에 있는 머티리얼을 찾고, 이것을 배치된 콘 스태틱 메시 액터에 설정한다.

5. 레벨 블루프린트 에디터에서 콘 스태틱 메시 액터를 선택한 상태로 이벤트 그래프에서 마우스 오른쪽 버튼을 누른 후 블루프린트 컨텍스트 메뉴에서 MyCone을 위한 **Create a Reference to**를 선택한다.

6. 액터 참조 변수가 배치되고 나면, 파란색 데이터 핀을 클릭한 후 드래그해 컨텍스트 메뉴를 띄운다. 검색 바에서 set Material을 입력한다.

7. 목록에서 **Set Material**을 선택해 Set Material 함수를 추가한다.

8. OnActorBeginOverlap 이벤트의 출력 실행 핀을 **Set Material**의 입력 실행 핀에 연결한다.

9. Set Material 함수의 Material 속성을 콘텐츠 브라우저에서 새로운 머티리얼로 설정한다. 모든 작업이 끝나면 이벤트 시퀀스는 그림 15.10과 같을 것이다.

10. 레벨을 미리보기하고 폰을 콘 쪽으로 이동해보자.

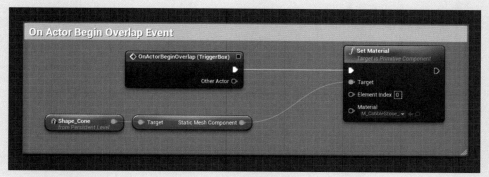

그림 15.10 OnActorBeginOverlap 이벤트로 스태틱 메시 액터의 머티리얼 변경하기

'직접 해보기'에서 작업한 레벨을 시작해 폰을 원뿔로 이동하고 폰 액터의 콜리전 헐이 박스 트리거 액터에 겹치면 이벤트가 실행돼 머티리얼이 변경된다. 폰이 이동해 영역을 벗어나도 여전히 새롭게 설정된 머티리얼은 그대로 남아있다. 다음 '직접 해보기'에서 영역을 벗어나면 원래 머티리얼로 다시 되돌아오는 것을 만들어보자.

▼ 직접 해보기

액터의 머티리얼 속성 재설정하기

다음 단계들을 따라 OnActorEndOverlap 이벤트를 사용해 새롭게 할당됐던 머티리얼을 이전의 머티리얼로 재설정하도록 만들어보자.

1. 레벨 블루프린트 에디터 이벤트 그래프에서 박스 트리거 액터가 할당된 OnActorEndOverlap 이벤트를 추가한다.

2. 레벨 블루프린트 에디터에서 콘 스태틱 메시 액터를 선택하고 이벤트 그래프에서 마우스 오른쪽 버튼을 눌러 블루프린트 컨텍스트 메뉴를 띄운다. 다음으로 **Create a Reference to MyCone**을 선택해 MyCone 액터를 위한 두 번째 참조 변수를 만든다.

3. 새로운 액터 참조 변수가 배치되면 파란 데이터 핀을 드래그해서 블루프린트 컨텍스트 메뉴를 다시 띄우고 검색 바에서 set material을 입력한다.

4. 목록에서 **Set Material**을 선택해 두 번째 Set Material 함수를 추가한다.

5. OnActorEndOverlap 이벤트의 출력 실행 핀을 **Set Material**의 입력 실행 핀에 연결한다.

6. Set Material 함수의 Material 속성을 이전에 있던 머티리얼로 설정한다. 모든 작업이 끝나면 이벤트 시퀀스는 그림 15.11과 같을 것이다.

7. 레벨을 미리보기하고 폰을 움직여 영역 안으로 들어갔다가 다시 나와보자. 머티리얼이 어떻게 바뀌는지 눈여겨보자.

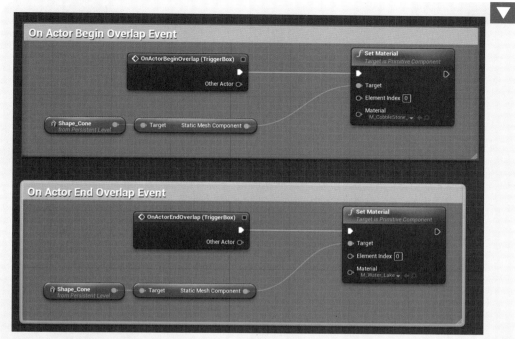

그림 15.11 Overlap Collision 이벤트

속성 활성화

이미터 액터^{Emitter Actor}, 앰비언트 사운드 액터^{Ambient Sound Actor}와 같은 액터들은 활성화할 수 있는 속성들이 있어 파티클 이미터를 재생하거나 사운드를 플레이할 수 있다. 이 속성은 기본적으로 켜져 있고 이 속성을 레벨 디테일 패널에서 끄면 이 속성이 바뀔 때까지 동작하지 않는다. 이 속성은 블루프린트 함수를 통해 설정, 변경, 얻기 등이 가능하다. 예를 들어 Activate, Deactivate, IsActive, SetActivate, ToggleActive가 있다. 다음 '직접 해보기'에서 파티클 이미터 액터를 레벨에 배치하고, OnActorBeginOverlap 시퀀스에서 이미터 액터를 활성화하고, OnActorEndOverlap에서 액터를 비활성화시켜볼 것이다.

▼ 직접 해보기

파티클 이미터 액터 활성화/비활성화시키기

다음 단계를 따라 이전 '직접 해보기'의 OnActorBeginOverlap 시퀀스를 더 발전시켜보자.

1. 콘텐츠 브라우저에서 Starter Content Particles 폴더로 간 후 P_Explosion 파티클 시스템 애셋을 얻는다. 그다음에 박스 트리거 액터의 가운데 혹은 근처로 위치를 설정해 트리거가 발동했을 때 바로 볼 수 있게 하자.

2. 배치된 이미터 액터를 선택한 상태에서 레벨 블루프린트 이벤트 그래프에서 마우스 오른쪽 버튼을 눌러 컨텍스트 메뉴를 띄운 후 **Create a Reference to P_Explosion**을 선택한다.

3. P_Explosion 액터 참조가 만들어진 후 파란 데이터 핀을 클릭하고 드래그해 컨텍스트 메뉴를 띄운 후 검색 바에서 activate를 입력한다. 그리고 **Activate (ParticleSystemComponent)**를 선택하면 이미터 액터에 지정된 파티클 시스템을 가리키는 Activate 함수와 Component Reference 변수가 추가된다.

4. **Set Material**의 출력 실행 핀을 Activate의 입력 실행 핀에 연결한다.

5. P_Explosion 참조 변수를 선택하고 **Ctrl + W** 키를 눌러 복제한다. Deactivate 함수를 드래그해 OnActorEndOverlap 이벤트 시퀀스의 끝에 연결한다. 모든 작업을 끝내면 그림 15.12와 같을 것이다.

6. 레벨을 미리보기하고 트리거 볼륨으로 들어가보자. 폰 액터가 구 트리거에 겹칠 때마다 이벤트가 발생하고 파티클 이미터가 활성화된다.

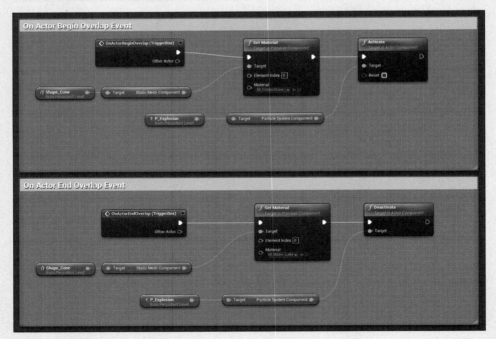

그림 15.12 토글 파티클 이미터 블루프린트

Play Sound at Location 함수

이번 예제에서 레벨 블루프린트 에디터를 사용해 배치된 액터를 조정할 수 있었다. 다음
예제는 Play Sound at Location 함수를 사용해 사운드 큐^{Sound Cue}를 재생해볼 것이다. 이
함수는 어떤 사운드 애셋^{Sound Asset}을 레벨 내 어느 위치에서 재생할 것인지 설정해야 한
다. 사운드 애셋은 콘텐츠 브라우저에서 할당하거나 함수의 드롭다운 리스트에서 설정할
수 있으며 위치는 레벨에 배치돼 있는 액터에서 얻을 수 있다.

다음 '직접 해보기'에서 Play Sound at Location 함수를 어떻게 추가하고 배치된 액터로
부터 위치를 얻는지 배워보자.

Play Sound at Location 함수 추가하기

이전 '직접 해보기'에 이어 다음 단계들을 따라 Play Sound at Location 함수를 추가하고
OnActorBeginOverlap 함수가 호출되면 사운드 큐 또는 사운드 웨이브 애셋을 재생해보자.

1. 이전 '직접 해보기'에서 만든 레벨 블루프린트를 연다.

2. 이전 '직접 해보기'의 이벤트 그래프에서 OnActorBeginOverlap 이벤트 시퀀스로 간다.

3. Activate 함수의 출력 실행 핀을 클릭하고 드래그해 블루프린트 컨텍스트 메뉴를 띄운다. 검색 바에서
   Play Sound at Location을 찾은 후 Play Sound at Location 함수를 선택해 추가한다.

4. 콘텐츠 브라우저에서 Starter Content의 Audio 폴더로 가서 Explosion_Cue 애셋을 찾거나 함수 노
   드의 드롭다운 메뉴에서 애셋을 찾자. 클릭한 후 드래그해 Explosion_Cue 애셋을 Play Sound at
   Location 함수의 Sound 속성으로 설정한다.

5. 트리거 액터(Trigger Actor)를 선택하고 레벨 블루프린트에 참조 변수로 추가한다.

6. 참조 변수 노드의 파란색 데이터 핀을 클릭하고 드래그해 컨텍스트 메뉴를 띄운 후 검색 바에서 get
   Actor location을 입력한다. 그리고 Get Actor Location 함수를 선택해 노드를 추가한다.

7. Get Actor 함수의 노란색 벡터 데이터 출력 핀을 클릭하고 드래그해 Play Sound at Location 함수
   의 노란색 벡터 데이터 입력 핀에 연결한다. 모든 작업을 끝내고 나면 이벤트 시퀀스의 모습은 그림
   15.13과 같을 것이다.

8. 레벨을 미리보기해 폰을 트리거 액터 영역으로 이동해보자. 영역에 들어가면 소리가 들릴 것이다.

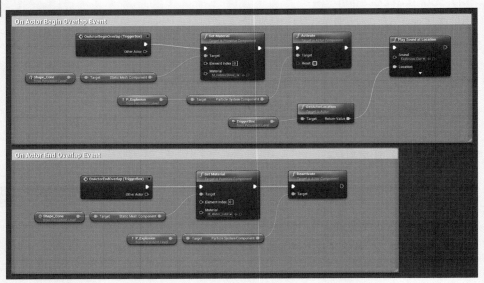

그림 15.13 배치된 트리거 볼륨

노트

앰비언트 사운드 액터

원한다면 앰비언트 사운드 액터(Ambient Sound Actor)를 사용해, 이벤트가 발생할 때 ToggleActivate 함수를 사용함으로써 사운드를 재생할 수 있다. 레벨에 반복되지 않는 사운드 웨이브 또는 사운드 큐를 배치하고 이전 '직접 해보기'의 단계를 따라 하고 파티클 이미터 액터를 앰비언트 사운드 액터로 교체하면 된다.

피직스 액터를 사용해 활성화 이벤트 사용하기

지금까지 폰만을 사용해 콜리전 이벤트를 시작했다. 이어서 물리 시뮬레이션을 시작하는 스태틱 메시 액터 또는 트리거 액터에 발사체projectile가 겹칠 때 이벤트를 설정해보자. 이것을 위해 스크립팅할 필요는 없다. 액터의 디테일 패널에서 충돌에 관련된 약간의 속성만 바꾸면 된다.

직접 해보기 ▼

피직스 액터를 사용해 트리거 이벤트 사용하기

이전 '직접 해보기'에 이어 다음 단계들을 따라 물리 시뮬레이션 설정된 스태틱 메시 액터가 볼륨에 닿았을 때 OnActorBeginOverlap을 호출해보자.

1. 콘텐츠 브라우저에서 Starter Content 폴더 안에 있는 Props 폴더로 간 후 스태틱 메시 애셋을 선택하고 이전에 만들었던 박스 트리거 위에 배치한다.

2. 스태틱 메시 액터의 **Physics** 속성 아래에 보면 디테일 패널에서 **Simulate Physics**를 볼 수 있다. 이것을 선택한다.

3. 디테일 패널에서 스태틱 메시 액터의 **Collision** 속성 아래에 있는 **Generate Overlap Events**를 설정한다.

4. 레벨을 미리보기한다. 스태틱 메시 액터가 트리거 액터로 정의된 영역에 들어가면 이벤트가 발생하며 머티리얼이 변경된다.

노트

발사체 액터를 사용해서 이벤트 활성화 사용하기

버전 4.8 혹은 그 이전 버전을 사용하는 경우 트리거 액터의 기본 콜리전 프리셋은 **Overlap with Everything but Projectiles**(발사체를 제외한 것들은 겹칠 수 있다.)다. 이것을 수정하려면 콜리전 프리셋을 **Custom**으로 설정한다. 그러면 **Object Response** 유형이 해제되고 **Projectile** 카테고리를 **Overlap**으로 설정할 수 있다. 레벨을 미리보기하고 박스 트리거를 쏴보자. 참고로 **Projectile** 카테고리는 최신 버전에서 제거됐다.

요약

이번 시간에는 액터를 이벤트에 할당하고 레벨 블루프린트에 참조 변수로 추가하는 방법을 배워봤다. 트리거 액터를 사용해봤고 레벨 블루프린트 에디터에서 액터의 속성을 수정하는 방법도 배워봤다. 또한 파티클 이미터를 활성화/비활성화해 이벤트 시퀀스가 시작될 때 지정된 위치에서 사운드 애셋을 재생하는 방법을 배워봤다. 이 모든 것들은 많은 게임에서 볼 수 있는 일반적인 이벤트 시퀀스다. 마지막으로 기억할 것은 다른 모든 작업을 끝내고 나면 배치된 트리거 액터에 대해 **Hidden in Game** 속성을 다시 켜줘야 한다는 것이다.

질문 및 답변

질문. 레벨 블루프린트에서 액터를 콜리전 이벤트에 할당할 때 이벤트가 실행되지 않는다. 이유는 무엇인가?

답변. 이런 현상이 발생했을 때 몇 가지 체크 사항들이 있다. 이벤트에 할당된 액터의 충돌 속성을 체크해서 Generate Overlap Events가 선택됐는지 확인한다. 다음으로 충돌 프리셋^{Collision Presets}과 오브젝트 반응 타입^{Object Response type}을 확인해 이벤트를 발생시킬 액터 클래스 유형이 Overlap으로 설정돼 있는지 확인한다. 다음에는 인스티게이터^{Instigator} 액터에 대한 충돌 프리셋과 오브젝트 반응 타입의 설정을 확인한다. 만약 인스티게이터가 스태틱 메시 액터라면 스태틱 메시 애셋이 콜리전 헐^{collision hull}을 가지고 있는지 확인한다.

질문. 이벤트에 잘못된 액터를 할당했다. 중간에 바꿀 수 있는가? 아니면 이벤트를 삭제하고 다시 작업해야 하는가?

답변. 이벤트 노드를 지웠다가 다시 만드는 방법이 어렵진 않지만 이미 이벤트 노드에 할당된 액터를 중간에 바꿀 수도 있다. 레벨에서 새로운 액터를 선택하고 레벨 블루프린트 에디터에서 이미 만들어진 이벤트 노드의 타이틀에서 마우스 오른쪽 버튼을 누른 후 Assign Selected Actor를 선택하면 된다. 이렇게 하면 이벤트 노드에 할당된 노드가 현재 레벨 내 선택된 액터로 바뀐다.

질문. 파티클 이미터와 사운드 액터는 왜 레벨이 시작하자마자 활성화되는가?

답변. 이것은 각 액터마다 Auto Activate 속성이 기본적으로 켜져 있기 때문이다. 레벨 디테일 패널에서 Activate 섹션으로 간 후 Auto Activate 속성을 끄면 자동으로 활성화되지 않는다.

질문. 레벨 내 트리거 액터를 빠른 속도로 겹치게 되면 이미터가 항상 활성화되지 않는 경우도 있다. 왜 그런가?

답변. 이벤트는 겹치게 되면 항상 실행되지만 파티클 이미터는 다시 활성화되기 위해 끝내야 하는 미리 정해진 수명이 있다.

질문. 박스, 구, 캡슐 트리거 클래스들, 트리거 볼륨 클래스 간의 차이점은 무엇인가?

답변. 이 모든 클래스들은 콜리전 이벤트를 발생하기 위해 사용될 수 있지만 트리거 볼륨의 주요한 차이점은 BSP를 기반으로 한다는 것이고, 그렇기 때문에 기본 모양보다 더 복잡한 모양의 볼륨을 만들 수 있다. 트리거 볼륨 액터가 BSP를 기반으로 하기 때문에 이것들은 스태틱이며, 즉 게임플레이 중간에 움직일 수 없다.

연구

이번 시간을 끝냈으니 다음 질문에 답할 수 있는지 확인해보자.

퀴즈

1. 참 또는 거짓: 트리거 클래스들은 모드 패널의 Place 탭에서 찾을 수 있다.

2. 참 또는 거짓: 트리거 액터가 레벨 블루프린트에서 지정된 OnActorBeginOverlap 이벤트 노드로 오버랩 이벤트를 브로드캐스팅하지 않는 경우, 이것은 액터를 위한 Simulate Generate Hit Events가 켜져 있지 않아서 그렇다.

3. _____는 액터의 서브 오브젝트다.

4. 함수가 액터 또는 컴포넌트의 속성을 바꾸려면 함수의 _____ 데이터 핀에 액터 또는 컴포넌트를 연결할 필요가 있다.

5. 참 또는 거짓: 레벨 미리보기를 할 때, 레벨이 시작함과 동시에 이미터 액터가 파티클을 만들어내고 있다면 이것은 액터의 Auto Activate 속성이 켜져 있기 때문이다.

해답

1. 참. 모든 트리거 클래스들은 모드 패널의 Place 탭에 있다.

2. 거짓. Generate Overlap Events는 오버랩 이벤트가 동작하기 위해 켜져야 하며 Simulate Generate Hit Events가 동작하려면 Hit 이벤트가 켜져 있어야 한다.

3. 컴포넌트는 액터의 서브 오브젝트며 모든 액터들은 최소한 하나 이상의 컴포넌트를 가지고 있다.

4. Target. Target 속성은 함수가 실행될 때 어떤 액터나 컴포넌트에 영향을 줄 것인지 말해준다.

5. 참. Auto Activate 속성이 켜져 있으면 레벨이 시작함과 동시에 활성화된다.

연습

이번 연습에서는 액터를 이벤트에 할당하는 방법, 액터를 참조 변수로 추가하는 방법, 속성들을 수정하는 방법을 다룬다. 새로운 기본 레벨에서 다른 종류의 트리거 액터 세 개를 이용해 OnActorBeginOverlap 이벤트를 추가한 후 각각의 스태틱 메시 액터의 머티리얼 속성을 바꿔보자.

1. 이번 시간에 작업했던 프로젝트에서 새로운 기본 레벨을 만든다.

2. 레벨에 세 개의 트리거 액터(각각 Box, Sphere, Capsule)를 배치한다.

3. 트리거 액터의 사이즈를 재조정하고 액터의 디테일 패널에서 **Hidden in Game** 옵션을 끈다.

4. 세 개의 스태틱 메시 액터를 각 트리거 볼륨 안에 배치하고 머티리얼을 할당한다.

5. 레벨 블루프린트 에디터를 열고 각 액터를 위한 OnActorBeginOverlap 이벤트를 추가한다.

6. 배치된 스태틱 메시 액터들을 참조 변수로 레벨 블루프린트에 추가한다.

7. 스태틱 메시 액터의 OnActorBeginOverlap 이벤트 시퀀스에서 Set Material 함수를 사용해 플레이어가 트리거 볼륨에 총알을 발사했을 때 머티리얼이 바뀌게 하자.

8. OnActorBeginOverlap 이벤트를 끝내고 Delay 함수를 1초로 설정해 스태틱 메시의 머티리얼이 다시 원래대로 돌아가도록 만든다.

블루프린트 클래스 작업하기

이번 시간에 배우는 것들

▶ 간단한 픽업(pickup) 클래스 만들기

▶ 컴포넌트 추가, 수정하기

▶ 타임라인(Timeline) 작업하기

▶ 기존 클래스로부터 블루프린트 클래스 상속하기

이번 시간에는 블루프린트 클래스 작업에 대해 배워본다. 먼저 액터 클래스에서 블루프린트 클래스를 상속시키는 방법을 배우고 캐릭터가 위로 움직일 때 위아래로 움직이며 사라지는 간단한 픽업 클래스를 만든다. 그 이후에 포인트 라인트$^{Point\ Light}$ 클래스에서 블루프린트 클래스를 상속시켜 그 기능을 확장하는 방법을 배워본다.

> **노트**
>
> **Hour 16 프로젝트 설정**
>
> 이번 시간을 진행하기 전에 3인칭 템플릿과 스타터 콘텐츠를 사용해 새로운 프로젝트를 만든다. 그 이후에 콘텐츠 브라우저에서 두 개의 폴더를 만든 후 각각 MyBlueprints, Maps로 이름을 변경한다. 마지막으로 새로운 기본 레벨을 만들고 Maps 폴더에 저장한다.

블루프린트 클래스 사용하기

레벨 블루프린트는 현재 작업하고 있는 레벨에 직접적으로 연결돼 있으며 이벤트 시퀀스를 만드는 데 매우 좋다. 한편 블루프린트 클래스들은 스크립트를 통해 새로운 액터가 여러 레벨에서 재사용 가능하도록 해준다. 재사용은 제품의 개발 기간을 단축시켜주는 역할을 하는데 스크립트를 한 번 만들어두면 몇 번이고 레벨에서 사용할 수 있기 때문이다. 블루프린트 클래스 작업을 할 때 블루프린트 에디터는 블루프린트 클래스 작업을 위한 몇 가지 기능을 갖췄으며 다음 시간에 이러한 차이점 중 일부를 소개할 것이다.

블루프린트 클래스 추가하기

콘텐츠 브라우저에서 이전에 작성한 MyBlueprints 폴더로 이동한다. 폴더를 선택한 상태에서 애셋 관리 영역을 마우스 오른쪽 버튼으로 클릭해 컨텍스트 메뉴에서 블루프린트 클래스를 선택한다. 그러면 블루프린트 클래스 애셋을 만들 수 있는 Pick Parent Class 창이 열린다. 맨 위에 공통적으로 사용되는 클래스 유형에 대한 빠른 링크가 있는 공통 클래스 섹션이 있다(그림 16.1 참조). 여기서 모든 블루프린트를 상속시킬 수 있는 기존 클래스를 나열하는 All Classess 섹션이 있다. 하지만 지금은 기본 액터 클래스를 만들어 컴포넌트들을 추가하고 배치하는 방법을 배워보자. 하지만 후반부에서는 포인트 라이트 클래스를 이용해 새로운 블루프린트를 만드는 방법을 배워볼 것이다.

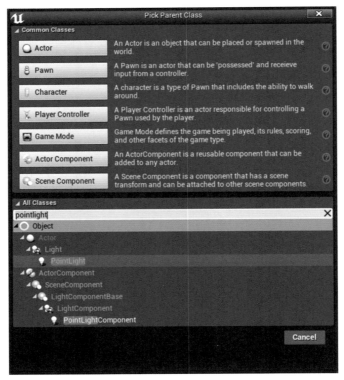

그림 16.1 부모 클래스 선택 윈도우

모든 블루프린트 클래스는 기존 클래스(본래 C++ 또는 다른 블루프린트 클래스로 작성된 클래스)에서 상속된다. 새로운 블루프린트 클래스를 만들면 모든 클래스 목록에서 해당 클래스를 볼 수 있다. 액터 클래스는 액터가 레벨에 배치되고 렌더링되는 데 필요한 기본 기능을 포함하므로 새로운 블루프린트를 상속할 때 일반적으로 자주 사용된다.

다음 몇 가지 '직접 해보기'에서 위아래로 흔들거리는 간단한 픽업 클래스를 만들고 폰이 배치된 액터를 지나갈 때 사운드를 재생하고 입자 효과를 생성해보도록 할 것이다. 그런 다음 몇 초가 지나면 액터가 다른 사운드를 재생하고 입자 효과를 생성하며 픽업 메시가 재등장해 다시 픽업할 수 있도록 한다. 먼저 액터 클래스에서 새로운 블루프린트 클래스를 상속시켜보자.

직접 해보기 ▼

블루프린트 클래스 만들기

다음 단계들을 따라 새로운 블루프린트 클래스를 만든다.

1. 콘텐츠 브라우저에서 이전에 만든 MyBlueprints 폴더로 간 후 애셋 관리 영역의 빈 공간에서 마우스 오른쪽 버튼을 누른다. 그리고 컨텍스트 메뉴에서 블루프린트 클래스를 선택한다. 그러면 부모 클래스 선택(Pick Parent Class) 윈도우가 나타난다.

2. 부모 클래스 선택 윈도우에서 **Common Classes** 섹션으로 간 후 **Actor**를 선택한다. 그러고 나서 아래쪽에 있는 **Select**를 선택한다. 이제 콘텐츠 브라우저를 보면 새롭게 만들어진 블루프린트 클래스를 볼 수 있다.

3. 만들어진 블루프린트 클래스의 이름을 MyFirstPickup으로 바꾼다.

4. MyFirstPickup을 더블 클릭해서 블루프린트 에디터를 연다.

블루프린트 에디터 인터페이스

이제 블루프린트 클래스를 만들었으므로 블루프린트 에디터를 살펴보자. 블루프린트 에디터는 레벨 블루프린트로 작업할 때 볼 수 없는 몇 가지 윈도우와 도구가 있다. 이 윈도우들은 그림 16.2에 나와 있으며 다음 목록에서 설명하고 있다.

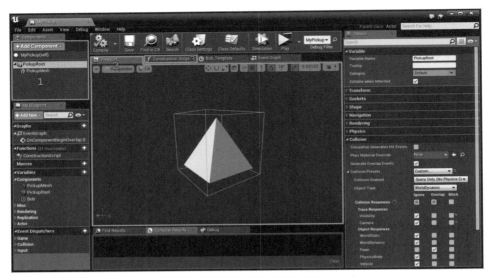

그림 16.2 블루프린트 에디터 인터페이스를 사용한 블루프린트 클래스 작업

블루프린트 클래스 작업을 할 때는 레벨 블루프린트에서 볼 수 없는 몇 가지 기능들이 있다.

▶ 1) **컴포넌트 패널**: 컴포넌트 패널 리스트는 블루프린트에 있는 모든 컴포넌트들을 볼 수 있고 이것들을 관리한다.

▶ 2) **뷰포트 패널**: 뷰포트 패널은 블루프린트 내 컴포넌트들을 보여주고 액터 내 컴포넌트들의 공간적 관계들을 설정할 수 있다.

▶ 3) **컨스트럭션 스크립트**: 컨스트럭션 스크립트Construction Script는 블루프린트의 인스턴스가 레벨에 배치될 때 실행되는 고유한 기능이다. 이것은 그래프로 구성돼 있으며 실행될 때 원래의 블루프린트와는 별도로 각 인스턴스를 수정하는 노드 그래프다.

▶ 컨스트럭션 스크립트에 대해 더 자세히 알고 싶다면 **Hour 17, '편집 가능한 변수와 컨스트럭션 스크립트 사용하기'**를 참고하자.

블루프린트 클래스 작업을 할 때, 블루프린트 에디터 툴바 역시 블루프린트 클래스를 관리하기 위한 몇 가지 버튼들이 있다.

▶ Save(저장): 블루프린트를 저장한다.

> ▶ Find in CB(콘텐츠 브라우저에서 찾기): 콘텐츠 브라우저에서 블루프린트가 있는 위치를 찾는다.

> ▶ Simulation(시뮬레이션): 블루프린트를 실행하고 블루프린트 에디터의 뷰포트에 결과를 표시한다.

▶ 블루프린트 에디터 인터페이스에서 찾을 수 있는 핵심 기능들을 알아보고 싶다면 **Hour 14, '블루프린트 비주얼 스크립팅 시스템 소개'**를 참고하자.

컴포넌트 작업하기

블루프린트 클래스로 작업할 때 핵심 개념 중 하나는 컴포넌트^{component}다. 컴포넌트는 블루프린트의 하위 오브젝트며 다양한 유형의 컴포넌트를 블루프린트에 추가할 수 있다. 블루프린트는 하나 이상의 컴포넌트가 포함될 수 있다. 블루프린트 에디터의 컴포넌트 패널을 사용해 블루프린트의 모든 컴포넌트들을 관리할 수 있다. 하나의 컴포넌트를 다른 컴포넌트 요소로 끌어서 계층적 관계를 구성할 수 있으며 추가, 삭제, 이름을 바꿀 수 있다.

기본 블루프린트 클래스를 처음 만들면 DefaultScene 컴포넌트가 루트 컴포넌트로 추가돼 있다. 블루프린트에는 많은 컴포넌트가 있을 수 있지만 오직 하나의 루트 컴포넌트만 있을 수 있다. 블루프린트의 루트 컴포넌트는 트랜스폼 제한이 있는 유일한 컴포넌트다. 이것은 블루프린트 내 다른 컴포넌트들의 부모며 이동, 회전이 불가능하다. 하지만 스케일은 가능하며 액터가 레벨에 배치되면 루트 컴포넌트의 위치와 회전이 결정된다. 다른 모든 컴포넌트의 변환은 기본적으로 루트 컴포넌트를 기준으로 한다. 그리고 거의 모든 컴포넌트 유형은 루트 컴포넌트로 할당할 수 있다.

컴포넌트 추가하기

컴포넌트 패널^{Component panel}은 액터에 컴포넌트를 추가하는 두 가지 방법을 제공한다. 초록색 **+Add** 버튼을 클릭하면 컴포넌트의 목록이 확장되고 카테고리 내에 추가된다. 콘텐츠 브라우저에서 컴포넌트를 추가할 수도 있는데, 콘텐츠 브라우저에서 애셋을 클릭한 후 드래그해 블루프린트 에디터의 컴포넌트 패널로 가져온다. 애셋을 위한 컴포넌트 타입이 존재하면 자동으로 블루프린트에 추가된다. 스태틱 메시, 파티클 시스템, 오디오 애셋들은 이렇게 하면 편리하게 컴포넌트 설정이 가능하다.

컴포넌트가 블루프린트에 처음으로 추가될 때 이것의 부모는 DefaultScene 루트 컴포넌트가 된다. 하나의 컴포넌트를 드래그해 다른 것 위로 움직이면 컴포넌트를 부착해 부모 자식 관계를 만들 수 있다. 이것들은 여전히 액터의 서브 오브젝트 요소들이지만 자식 컴포넌트는 부모 컴포넌트의 트랜스폼에 상대적으로 설정되며 부모 트랜스폼은 액터의 루트인 루트 컴포넌트에 상대적으로 결정된다.

컴포넌트가 블루프린트에 추가되고 나면 블루프린트 에디터의 디테일 패널에서 속성들을 수정할 수 있다.

많은 컴포넌트 속성들은 많은 액터의 속성들과 비슷하다. 예를 들어 레벨에 스태틱 메시 액터를 배치할 수 있지만 블루프린트 클래스에서 작업할 때는 스태틱 메시 컴포넌트를 사용한다. 두 가지 모두 스태틱 메시를 수정하는 데 사용된 것은 동일하지만 컴포넌트는 블루프린트의 서브 오브젝트 요소다.

노트

특수 컴포넌트들

무브먼트(movement) 컴포넌트와 같은 특수 컴포넌트들은 일반적인 컴포넌트들과 다르게 동작한다. 무브먼트 컴포넌트는 액터 전체에 영향을 준다. 또한 이것들은 블루프린트 뷰포트에서 물리적으로 표현되지 않는다.

뷰포트 패널

뷰포트 패널을 사용하면 액터에 추가된 모든 컴포넌트의 공간 관계를 볼 수 있다. 레벨 뷰포트에서처럼 트랜스폼 기즈모를 사용해 위치, 회전, 크기를 조정할 수 있다. 컴포넌트 패널 또는 뷰포트에서 컴포넌트를 선택하고 스페이스바를 사용해 트랜스폼 기즈모를 차례대로 변경할 수 있다. 또한 컴포넌트를 배치할 때 도움이 되는 켜거나 끌 수 있는 트랜스폼을 위한 스냅 설정들이 있다.

팁

로케이션 타입: Relative와 World

기본적으로 추가된 컴포넌트의 트랜스폼은 부모 컴포넌트, 궁극적으로 액터의 루트 컴포넌트에 상대적이다. 이 위치, 회전, 크기는 별도로 변경할 수 있다. 블루프린트 에디터의 디테일 패널에서 컴포넌트를 선택하고 트랜스폼 카테고리로 간 후 **Location**, **Rotation**, **Scale**의 오른쪽에 있는 삼각형을 클릭해서 상대 또는 월드 기반으로 변경할 수 있다.

컴포넌트 추가

이제 블루프린트 클래스를 만들었으니 컴포넌트를 추가할 필요가 있다. 다음 단계들을 따라 Box Collision 컴포넌트와 Static Mesh 컴포넌트를 추가한 후 Static Mesh 컴포넌트를 Box Collision 컴포넌트의 자식으로 만들어보자.

1. 컴포넌트 패널의 상단에 위치한 초록색 **+Add Component** 버튼을 클릭한다. 그리고 드롭다운 메뉴에서 **Box Collision**을 선택해 블루프린트에 컴포넌트를 추가한다.

2. 방금 추가된 박스 콜리전 컴포넌트에서 마우스 오른쪽 버튼을 눌러 PickupRoot로 이름을 바꾼다.

3. PickupRoot 컴포넌트를 클릭하고 드래그해 DefaultSceneRoot에 올림으로써 DefaultSceneRoot 컴포넌트를 PickupRoot 컴포넌트로 교체한다.

4. 콘텐츠 브라우저에서 스타터 콘텐츠 폴더로 간 후 Shap_Quad 피라미드 스태틱 메시 애셋을 찾고 이것을 드래그해 블루프린트 에디터의 컴포넌트 패널로 옮기면 피라미드 스태틱 메시 애셋을 참조하는 스태틱 메시 컴포넌트가 블루프린트에 추가된다.

5. 컴포넌트 패널의 Shap_Quad에서 마우스 오른쪽 버튼을 클릭한 후 이름을 PickupMesh로 바꾼다.

6. 블루프린트 에디터의 뷰포트 패널을 클릭해 컴포넌트를 보자.

7. 컴포넌트 패널 또는 뷰포트에서 박스 콜리전 컴포넌트를 선택한다. 그리고 디테일 패널에서 **Shape** 아래에 있는 **Box Extent** 속성을 X, Y, Z 각각 60으로 설정한다.

8. 뷰포트 패널에서 스태틱 메시 컴포넌트를 선택한 후, 이동 트랜스폼 기즈모를 사용해 스태틱 메시 컴포넌트를 Box Collision 안으로 이동시킨다.

9. 블루프린트 에디터 툴바에서 **Compile** 버튼을 눌러 컴파일하고 **Save** 버튼을 눌러 저장한다. 지금까지 모든 작업을 끝냈다면 블루프린트는 그림 16.3과 같을 것이다.

10. 블루프린트 에디터 툴바에서 **Find in CB**를 클릭해 콘텐츠 브라우저에 있는 MyFirstPickup 블루프린트를 찾는다.

11. 콘텐츠 브라우저에서 MyFirstPickup 블루프린트 클래스를 클릭하고 드래그해 레벨에 배치한다.

그림 16.3 블루프린트 에디터의 컴포넌트 패널과 뷰포트

블루프린트 컴포넌트 스크립팅

블루프린트 클래스 스크립팅을 할 때 액터를 타깃으로 하는 함수와 액터 내 컴포넌트들을 타깃으로 하는 함수가 있다. 지금은 액터 안에서 작업하고 있으므로 액터를 참조할 때 self라는 용어를 보거나 사용할 수 있다. 그러므로 액터를 수정하는 함수를 사용할 필요가 있는 경우 함수의 타깃은 self가 된다. 이것은 다른 이벤트에도 똑같이 적용된다. 예를 들어 액터 또는 액터 내 컴포넌트에 할당된 이벤트를 가질 수 있으며 다른 예로 액터에 할당된 ActorBeginOverlap 콜리전 이벤트, 액터 내 컴포넌트에 할당된 OnComponentBeginOverlap 콜리전 이벤트가 있을 수 있다.

컴포넌트를 드래그해서 블루프린트 클래스 이벤트 그래프에 컴포넌트 참조 변수로서 추가할 수 있다. 또한 블루프린트에 추가하는 모든 컴포넌트는 내 블루프린트^{My Blueprint} 패널의 변수^{Variables} 섹션에 나타난다. 컴포넌트가 컴포넌트 참조 변수로 추가되면 컴포넌트의 속성이나 동작을 수정할 수 있는 함수의 타깃으로 사용할 수 있다. 다음 '직접 해보기'에서 픽업 클래스의 주요 기능을 스크립팅해 플레이어가 액터를 지나가면 사라지도록 해보자.

간단한 픽업 스크립트 만들기

이제 액터에 컴포넌트들을 추가했고 다음으로 할 것은 오버랩 이벤트 컴포넌트를 만드는 것이다. 다음 단계들을 따라 해보자.

1. 컴포넌트 패널에서 **PickupRoot(Box Collision)**을 선택한다. 그리고 이벤트 그래프에서 마우스 오른쪽 버튼을 눌러 블루프린트 컨텍스트 메뉴를 띄운다. 컨텍스트 메뉴의 검색 바에서 on component begin overlap을 입력하고 **OnBeginComponentOverlap** 이벤트를 선택해 이벤트 그래프에 추가한다.

2. OnBeginComponentOverlap 노드의 출력 실행 핀을 클릭하고 드래그해 컨텍스트 메뉴를 띄운다. DoOnce 플로우 노드를 찾고 그래프에 추가한다.

3. DoOnce 노드에 있는 출력 실행 핀을 클릭하고 드래그 앤 드롭해 컨텍스트 메뉴를 띄운다. 검색 바에서 Set Hidden 메시 함수를 선택해 그래프에 추가한다. 이렇게 하면 Set Hidden in Game 노드가 추가되고 픽업 메시 컴포넌트를 참조한다. 다음에 **New Hidden Data Pin** 체크박스를 선택해서 참으로 설정한다.

4. Set Hidden in Game 함수 노드의 출력 실행 핀을 클릭하고 드래그 앤 드롭해 Play Sound at Location 함수를 추가한다. Sound Data 핀 옆에 있는 드롭다운을 클릭해 사운드 웨이브(Sound Wave) 또는 사운드 큐(Sound Cue)를 Sound Data 핀에 지정한다.

5. Play Sound at Location 함수 노드의 출력 실행 핀을 클릭하고 드래그 앤 드롭해 Spawn Emitter at Location 함수 노드를 추가한다. 그리고 파티클 시스템을 이미터 템플릿(Emitter Template) 데이터 핀에 연결한다.

6. Play Sound at Location과 Spawn Emitter at Location의 위치를 설정하기 위해 컴포넌트 패널로 간 후 PickupRoot(Box Collision)을 이벤트 그래프에 드래그하고 컴포넌트 참조 변수를 추가한다.

7. 컴포넌트 참조 변수의 파란색 데이터 출력 핀을 클릭하고 드래그해 GetWorldLocation (PickupRoot)를 추가한다. Return Value Vector 데이터 출력 핀을 Play Sound at Location과 Spawn Emitter at Location 함수 노드의 Location Vector 데이터 핀에 연결한다.

8. 픽업이 다시 나타날 때 약간의 딜레이 효과를 주기 위해 Delay 함수 노드를 추가하고 **Duration**은 3(초 단위)으로 설정한다.

9. Set Hidden in Game 함수 노드에 있는 모든 노드들을 복제해 Spawn Emitter at Location 함수 노드에 붙여넣는다. 이벤트 그래프의 빈 공간에서 클릭하고 드래그해 드래그 셀렉션을 만든다. 그리고 **Ctrl + C** 키를 눌러 복사하고 **Ctrl + V** 키를 눌러 이벤트 그래프에 선택된 노드들을 복사 및 붙여넣기한다.

10. 붙여넣어진 노드들을 Delay 함수 쪽으로 이동시킨다. 그리고 Delay의 출력 실행 핀을 붙여진 Hidden in Game 함수에 연결한다.

11. 붙여넣어진 Spawn Emitter at Location 출력 실행 핀을 시퀀스의 시작 부분에 있는 DoOnce 함수의 Reset 입력 실행 핀에 연결한다.

12. 모든 작업이 끝나면 블루프린트 시퀀스는 그림 16.4와 같을 것이다. 이제 블루프린트를 컴파일하고 저장하자.

13. 콘텐츠 브라우저에서 몇 개의 MyFirstPickup 블루프린트를 레벨에 배치한다.

14. 레벨을 미리보기하고 픽업 쪽으로 가서 어떤 결과가 나타나는지 확인한다.

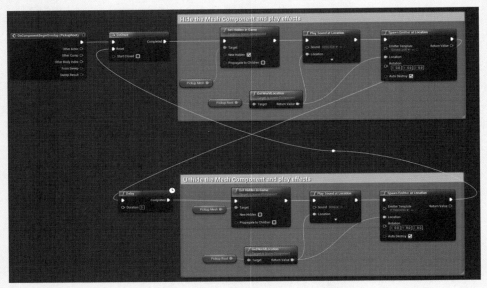

그림 16.4 픽업 이벤트 시퀀스

블루프린트 통신

액터는 자체 포함(self-contained)되고, 이것은 곧 자기 자신과 컴포넌트에 대한 정보들을 모두 알고 있다는 것을 의미한다. 하지만 레벨 내에 있는 다른 액터들에 대해서는 OnActorBeginOverlap 또는 OnComponentBeginOverlap과 같은 이벤트가 발생하기 전까지 알지 못한다. 이벤트 디스패처(event dispatcher), 블루프린트 인터페이스 및 캐스팅 사용과 같은 몇 가지 방법이 있는데 기본 블루프린트 클래스를 스크립팅하는 것이 친숙해졌을 때 더 자세한 사항은 다음 링크에서 자세히 알아볼 수 있다.

https://docs.unrealengine.com/latest/INT/Engine/Blueprints/UserGuide/BlueprintCommsUsage/index.html

타임라인 작업하기

타임라인 노드를 사용하면 블루프린트에서 시간에 따라 값을 변경하는 데 사용할 수 있는 스플라인 커브 데이터를 만들 수 있다. 예를 들어 액터 및 해당 컴포넌트의 위치를 애니메이션하거나 라이트 컴포넌트의 강도를 변경하는 데 사용할 수 있다. 이벤트 그래프에 타임라인 노드를 추가하려면 이벤트 그래프에서 마우스 오른쪽 버튼을 누른 후 블루프린트 컨텍스트 메뉴를 띄우고 검색 바에서 Timeline을 입력한다. 목록에서 **Add Timeline**을 선택해 타임라인 노드를 그래프에 추가한다. 블루프린트에는 필요한 만큼 타임라인 노드를 가질 수 있으므로 노드의 각 이름을 설명이 포함된 이름으로 바꾸는 것이 좋다. 타임라인의 이름을 바꾸려면 마우스 오른쪽 버튼을 클릭하고 이름 바꾸기를 선택한 후 새 이름을 입력한다. 타임라인이 이벤트 그래프에 추가되면 변수(또는 컴포넌트들) 아래의 **My Blueprint** 패널에도 나타나며 블루프린트의 다른 시퀀스에서 타임라인에 대한 변수 참조를 추가할 수 있다. 타임라인을 참조하는 변수를 가지고 있으면 블루프린트를 통해 이것들의 속성을 바꿀 수 있다.

타임라인 노드는 재생, 일시 정지, 되감기를 위한 많은 입력 핀들이 있다. 타임라인이 재생되는 동안 시퀀스를 실행하기 위한 업데이트 출력 핀과 타임라인이 완료될 때 실행되는 출력 실행 핀이 있다(그림 16.5 참조). 타임라인을 반복하도록 설정하면 Finished 출력 실행 핀이 실행되지 않는다는 점을 기억해두자.

그림 16.5 타임라인 노드

타임라인은 노드를 두 번 클릭하면 자동으로 열리는 에디터 창이 있다. 타임라인 에디터를 열면 타임라인의 속성을 설정하고 함수를 수정할 수 있는 도구 모음들을 볼 수 있다. 이곳에서 타임라인의 길이를 초 단위로 설정할 수 있으며 게임이 시작하면 자동으로 시작하거나 반복 처리를 설정할 수 있다(그림 16.6 참조).

그림 16.6 타임라인 에디터 툴바

타임라인 트랙과 커브

타임라인 에디터에서 다른 타입의 트랙을 추가하기 위한 버튼을 볼 수 있다. 타임라인에서 사용할 트랙에는 플로트 트랙, 벡터 트랙, 색상 트랙, 이벤트 트랙이라는 네 가지 타입이 있다. 각 트랙 타입은 설정 키를 사용해 곡선 데이터를 편집하는 데 사용되며 타임라인 노드에서 트랙을 재생하는 시간 길이에 대해 지정된 변수 타입의 값을 반환하는 데이터 출력 핀을 만든다. 하지만 이벤트 트랙은 키 배치를 기반으로 설정된 시간에 실행되는 파티클 시스템 노드에 출력 실행 핀을 추가한다.

타임라인은 여러 트랙을 가질 수 있다. 원하는 트랙 타입을 클릭하기만 하면 트랙이 타임라인에 추가된다. 트랙의 이름을 클릭하고 새 이름을 입력해 트랙의 이름을 바꿀 수 있다. 트랙 이름을 바꿀 때마다 타임라인 노드의 해당 데이터 핀이 새 이름을 반영하도록 업데이트된다. 타임라인에 트랙을 추가하면 추가된 트랙의 타입에 따라 새로운 실행 및 데이터 핀이 생성된다(그림 16.7 참조).

트랙이 추가되고 이름이 변경되고 나면 Shift 키를 누른 채로 커브를 클릭해 트랙의 곡선을 따라 키를 추가하고 편집할 수 있다. 키를 클릭하고 드래그해 이미 배치된 키를 수동으로 이동할 수 있다. 배치된 키를 선택한 상태에서 시간 값을 트랙 상단에서 직접 입력할 수도 있다. 다음 '직접 해보기'에서 타임라인을 사용해 픽업 액터의 메시 컴포넌트에 애니메이션을 적용하고 레벨이 실행되는 동안 지속적으로 상하로 움직이게 해볼 것이다.

▼ 직접 해보기

타임라인 설정하기

다음 단계들을 따라 이벤트 그래프에 타임라인 노드를 추가하고 플로트 트랙을 수정해 픽업 스태틱 메시 컴포넌트를 애니메이션시켜보자.

1. 파티클 시스템 노드가 블루프린트에 없다면 추가한다.

2. 파티클 시스템의 이름을 PickupAnim으로 바꾼다.

3. 파티클 시스템 노드를 더블 클릭해 타임라인 에디터를 연다.

4. 타임라인의 길이를 1초로 설정한다.

5. **Auto Play**(자동재생)를 선택한다.

6. **Loop**(반복)를 선택한다.

7. 타임라인 에디터에서 **f+** 버튼을 클릭해 파티클 시스템에 플로트 트랙(Float Track)을 추가한다.

8. 트랙의 왼쪽 상단에 있는 NewTrack_1에서 마우스 오른쪽 버튼을 누르고 이름을 bounce로 바꾼다.

9. 트랙의 커브를 수정한다. 키를 추가하려면 **Shift**를 누른 상태에서 커브를 클릭한다. 시간 0초에 키를 하나 추가하고 값은 0으로 설정한다.

10. 두 번째 키를 0.5초에 추가하고 값은 1로 설정한다. 커브가 트랙에서 벗어나 보이지 않는 경우 트랙의 상단에 있는 왼쪽, 오른쪽 화살표 버튼이나 위, 아래 버튼을 클릭해 트랙을 화면에 최적화된 크기로 볼 수 있다.

11. 마지막 키는 1초에 설정하고 값은 0으로 한다.

12. 각 키의 보간(interpolation)은 **Auto**로 한다. 각 키에서 마우스 오른쪽 버튼을 누른 후 목록에서 **Auto**를 선택하면 된다. 모든 작업을 끝내면 커브의 모습은 그림 16.7과 같을 것이다.

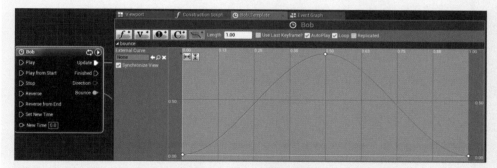

그림 16.7 왼쪽은 플로트 데이터 핀을 가진 타임라인 노드, 오른쪽은 커브 트랙의 모습이다.

타임라인을 설정하고 나면 다음으로 할 것은 플로트 커브 데이터를 사용해 픽업 스태틱 메시 컴포넌트를 이동하는 것이다. 블루프린트 이벤트 그래프에서 이 작업을 해보자. 파티클 시스템이 재생될 때 1초에 걸쳐 0에서 1까지 값을 반환한다. 그러므로 픽업을 이동하려는 거리만큼 플로트 값을 곱해야 한다. 그런 다음 결과를 컴포넌트의 Z축에 적용해 위아래로 이동하면 된다.

▼ 직접 해보기

타임라인으로 픽업 애니메이션시키기

다음 단계들을 따라 타임라인을 사용해 메시 컴포넌트를 위아래로 움직여보자.

1. 컴포넌트 패널에서 PickupMesh 컴포넌트를 클릭한 후 드래그해서 이벤트 그래프에 참조 변수로 추가한다.

2. PickupMesh 참조 변수의 파란색 데이터 핀을 드래그 앤 드롭해 컨텍스트 메뉴를 띄운다. 검색 바에서 set relative location을 입력하고 **SetRelativeLocation**을 선택해 함수를 이벤트 그래프에 추가한다.

3. 파티클 시스템의 Update 실행 핀을 SetRelativeLocation 노드의 입력 실행 핀에 연결한다.

4. 파티클 시스템의 초록색 플로트 데이터 핀을 클릭한 후 드래그 앤 드롭해 컨텍스트 메뉴를 띄운다. 검색 바에서 multiply를 입력하고 **Float * Float**를 선택해 노드를 추가한다.

5. Multiply 노드의 두 번째 플로트 데이터 핀 옆에 있는 텍스트 박스에 10을 입력해 컴포넌트가 이동할 거리를 설정한다.

6. 2단계에서 추가한 SetRelativeLocation 노드의 노란색 벡터 데이터 핀에서 마우스 오른쪽 버튼을 누르고 목록에서 **Split Struct Pin**을 선택해 벡터를 세 개의 초록색 플로트 데이터 핀(X, Y, Z)으로 분리한다.

7. Multiply 노드의 초록색 데이터 출력 핀을 SetRelativeLocation 노드의 초록색 플로트 데이터 입력 핀 New Location Z에 연결한다.

8. 블루프린트를 컴파일하고 저장한다. 모든 작업이 끝나고 나면 블루프린트 시퀀스는 그림 16.8과 같을 것이다.

9. 레벨을 미리보기하면 픽업 액터가 위아래로 움직이는 것을 볼 수 있다.

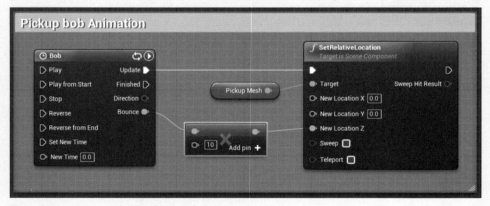

그림 16.8 파티클 시스템 애니메이션 시퀀스

진동하는 라이트 만들기

이제 블루프린트 클래스를 만든 경험이 있고 컴포넌트 작업을 해봤으니 남은 시간에는 기존 블루프린트 클래스의 기능을 확장하는 방법을 배워보자.

다음 몇 가지 '직접 해보기'를 통해 지정된 범위 내에서 무작위로 빛의 세기를 생성하는 클래스를 상속하고 시간 경과에 따라 포인트 라이트의 세기를 변경해 진동하는 라이트 블루프린트를 만들어보자. 라이트의 세기가 일정한 값에 도달하면 블루프린트는 무작위로 새로운 세기를 생성한다. 블루프린트는 레벨이 시작되면 계속해서 처리를 실행하고 그렇기 때문에 이벤트 틱$^{Event Tick}$을 사용할 필요가 있다.

기존 클래스에서 블루프린트 가져오기

이 절에서는 먼저 포인트 라이트 클래스를 상속해 새로운 블루프린트 클래스를 만든다 (그림 16.9 참조). 새로운 클래스는 부모 클래스의 속성과 컴포넌트들을 상속하고 블루프린트 에디터를 사용해 새로운 기능들을 만들 수도 있다.

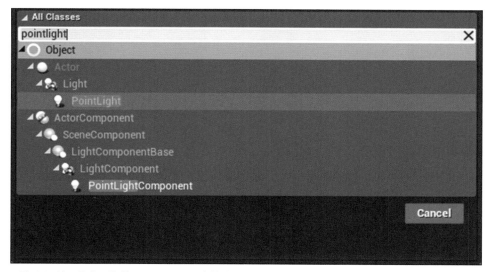

그림 16.9 부모 클래스 선택(Pick Parent Class) 창의 모든 클래스 섹션

▼ 직접 해보기

포인트 라이트 클래스로부터 블루프린트 클래스 가져오기

다음 단계들을 따라 포인트 라이트 클래스를 상속한 새로운 블루프린트 액터를 만들어보자.

1. 콘텐츠 브라우저에서 이전에 만든 MyBlueprints 폴더로 간 후 애셋 관리 영역에서 마우스 오른쪽 버튼을 누르고, 대화 상자에서 블루프린트 클래스를 선택하면 부모 클래스 선택 상자가 나타난다.

2. **All Classes** 섹션에서 pointlight를 입력하고 **Point Light**를 선택한다. 그다음에 부모 클래스 선택 윈도우의 아래쪽에 있는 **Select**를 클릭한다.

3. 콘텐츠 브라우저에서 새로운 애셋의 이름을 MyPulseLight_BP로 바꾼다.

4. MyPulseLight_BP를 더블 클릭해서 블루프린트 에디터를 연다.

5. 콘텐츠 브라우저에서 MyPulseLight_BP를 드래그해 레벨에 배치한다. 그리고 디테일 패널에서 이것의 속성들을 보면 포인트 라이트 액터와 같은 액터 속성들을 볼 수 있다.

이제 상속된 블루프린트 클래스를 가졌으니 다음 단계로 새로운 동작을 위해 필요한 변수 타입들을 만들어보자.

▼ 직접 해보기

변수 설정하기

다음 단계들을 따라 블루프린트에 필요한 변수를 만들어보자.

1. 콘텐츠 브라우저에서 이전 '직접 해보기'에서 만든 MyPulseLight_BP를 더블 클릭해 연다.

2. 내 블루프린트(My Blueprint) 패널에서 **Variables** 아래에 있는 + 기호를 클릭해 새로운 변수를 추가한다.

3. 디테일 패널에서 새로운 변수가 선택된 상태에서 변수의 이름을 Target_Intensity로 변경하고 변수의 타입을 **Float**로 설정한다.

4. 2와 3단계를 세 번 이상 반복해서 Max_Intensity, Min_Intensity, Pulse_Rate 변수들을 추가한다. 모든 작업이 끝나고 나면 블루프린트 에디터 툴바를 통해 저장하고 컴파일한다.

5. 변수의 기본값을 설정하기 위해 디테일 패널에서 **Max_Intensity**의 기본값은 10,000으로, **Pulse_Rate**는 100,000으로 설정한다.

노트

포인트 라이트 컴포넌트

포인트 라이트 컴포넌트를 액터에 추가할 필요는 없다. 이 블루프린트는 이미 포인트 라이트 클래스로부터 상속했기 때문이다.

Max_Intensity 플로트 변수는 라이트가 가질 수 있는 최대 세기를 저장하고 Min_Intensity 플로트 변수는 가장 낮은 세기 값을 저장한다. 세기가 없는 것은 0이 된다. Pulse_Rate 플로트 변수는 세기가 서로 다른 속도를 설정하는 데 사용된다. 이제 필요한 변수들을 설정했으므로 스크립트를 시작할 수 있다. 다음 단계는 무작위로 새로운 세기 값을 생성하고 이것을 Target_Intensity 플로트 변수에 저장해 포인트 라이트 컴포넌트의 세기를 변경하는 것이다.

직접 해보기 ▼

무작위로 라이트의 세기를 생성하고 설정하기

다음 단계들을 따라 최소 세기와 최대 세기 사이 값을 무작위로 플로트 값으로 생성하는 스크립트를 만들고 이 값을 타깃 값에 저장한다. 그리고 이 값을 라이트 컴포넌트의 세기로 설정하자.

1. Target_Intensity 플로트 변수를 내 블루프린트 패널에서 드래그해 이벤트 그래프에 추가한다. 타입은 **Set**으로 선택한다.

2. 이벤트 틱(Event Tick) 이벤트의 출력 실행 핀을 Target_Intensity 노드의 입력 실행 핀에 연결한다.

3. Set의 초록색 데이터 핀을 클릭하고 드래그 앤 드롭해 컨텍스트 메뉴를 띄운 후 검색 바에서 random float in range를 입력하고 **Random Float in Range**를 선택해 이벤트 그래프에 추가한다.

4. 내 블루프린트 패널에서 Min_Intensity 플로트 변수를 드래그해 이벤트 그래프에 추가한다. 그리고 모드는 **Get**으로 설정한 후 Random Float in Range 함수의 min 데이터 핀에 연결한다.

5. 내 블루프린트 패널에서 Max_Intensity 플로트 변수를 드래그해 이벤트 그래프에 추가한다. 그리고 모드는 **Get**으로 설정한 후 Random Float in Range 함수의 max 데이터 핀에 연결한다.

6. 컴포넌트 패널에서 **PointLightComponent(Inherited)**를 클릭하고 드래그해 이벤트 그래프에 포인트 라이트 컴포넌트를 참조하는 컴포넌트 참조 변수로 추가한다.

7. PointLightComponent(Inherited) 변수의 데이터 핀을 클릭하고 드래그 앤 드롭해 컨텍스트 메뉴를 띄운 후 검색 바에서 set intensity를 입력하고 **Set Intensity**를 목록에서 선택해 함수를 추가한다.

8. Target_Intensity 노드의 출력 실행 핀을 Set Intensity 노드의 입력 실행 핀에 연결한다.

9. 내 블루프린트 패널에서 Target_Intensity 플로트 변수를 드래그해서 이벤트 그래프에 추가하고 모드는 **Get**으로 설정한다. 그리고 이것을 Set Intensity 함수의 new intensity에 연결한다. 모든 작업이 끝나면 블루프린트 시퀀스는 그림 16.10과 같을 것이다.

10. 스크립트를 컴파일하고 블루프린트 액터를 레벨에 배치하고 레벨을 미리보기한다. 새로운 포인트 라이트 액터가 반복적으로 깜빡거리는 것을 볼 수 있다.

그림 16.10 이벤트 틱 이벤트 시퀀스는 라이트 컴포넌트의 세기를 무작위로 설정한다.

주의

이벤트 틱

이벤트 틱은 기본적으로 매 프레임 실행된다. 결과적으로 퍼포먼스에 영향을 준다.

지금 빛은 Min_Intensity와 Max_Intensity 플로트 변수로 결정된 범위 내에서 세기 값을 생성하고 새로운 목표 값으로 설정한다. 다음 단계는 빛을 현재 값과 목표 값 사이에서 부드럽게 섞는 것이다. FInterp to Constant 함수를 사용해 이 작업을 할 수 있다. 또한 조명의 현재 밝기가 목표 값과 동일한지 여부와 새로운 목표 값을 생성하는지 여부를 확인해 다음 보간 기능을 다시 반복해야 한다.

▼ 직접 해보기

라이트의 깜박임을 부드럽게 만들기

다음 단계들을 따라 해보면서 라이트의 현재 세기를 목표 세기로 부드럽게 바뀌도록 만들어보자.

1. 컴포넌트 패널에서 **PointLightComponent(Inherited)**를 클릭하고 드래그 앤 드롭해 이벤트 그래프에 포인트 라이트 컴포넌트를 참조로 하는 컴포넌트 참조 변수를 추가한다.

2. PointLightComponent(Inherited) 참조 변수의 데이터 출력 핀을 클릭하고 드래그 앤 드롭해 컨텍스트 메뉴를 띄운 후 검색 바에서 get intensity를 입력한다. 목록에서 **Get Intensity**를 선택해 노드를 이벤트 그래프에 추가한다.

3. Intensity 변수 노드의 초록색 플로트 데이터 출력 핀을 클릭하고 드래그 앤 드롭해 컨텍스트 메뉴를 띄운 후 검색 바에서 finterp to constant를 입력하고 **FInterp to Constant**를 목록에서 선택해 노드를 이벤트 그래프에 추가한다.

4. FInterp to Constant 함수의 데이터 핀을 하나하나 채운다. **Alt**를 누른 상태에서 이전 '직접 해보기'에서 만든 Set Intensity 함수에 연결된 Target_Intensity 플로트 변수의 링크를 끊고 FInterp to Constant의 Target 데이터 핀에 연결한다.

5. 이벤트 틱 이벤트에서 Delta Seconds 데이터 출력 핀을 FInterp to Constant 노드의 Delta Time 데이터 입력 핀에 연결한다.

6. 내 블루프린트 패널의 변수 섹션에서 Pulse_Rate 플로트 변수를 드래그해 이벤트 그래프에 추가한다. 그리고 이것을 FInterp to Constant 함수의 Interp Speed 데이터 핀에 연결한다.

7. FInterp to Constant 노드의 Return Value 데이터 핀을 Set Intensity 함수의 new intensity 데이터 핀에 연결한다.

8. 블루프린트 에디터 툴바에서 컴파일과 저장 버튼을 누른다. 모든 작업이 끝나면 블루프린트 시퀀스는 그림 16.11과 같을 것이다.

9. 레벨을 미리보기하면 라이트가 깜박거리는 것을 볼 수 있다.

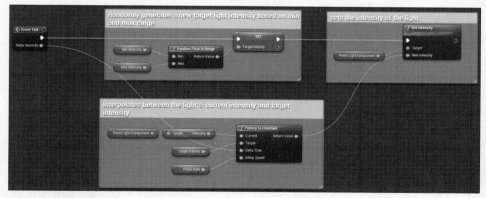

그림 16.11 깜박거리는 라이트 이벤트 시퀀스

라이트는 깜박거리지만 스크립트는 아직 끝나지 않았다. 라이트가 깜박거리긴 하지만 이벤트 틱Event Tick이 지속적으로 새로운 목표 값을 생성하기 때문에 라이트가 절대로 목표 값에 도달하지 못한다. 다음 '직접 해보기'에서 이 문제를 해결해보자.

▼ 직접 해보기

포인트 라이트 컴포넌트의 현재 세기를 비교하기

스크립트는 라이트 현재 세기가 목표 세기와 같을 때 새로운 목표 세기를 생성해야 한다. 이 스크립트의 마지막 부분에서 라이트의 현재 밝기가 목표로 하는 밝기와 같을 때 새로운 목표 값을 설정하는 처리를 하기 위해 다음 단계들을 따라 해보자.

1. 컴포넌트 패널에서 **PointLightComponent(Inherited)**를 클릭한 후 드래그 앤 드롭해 이벤트 그래프에 포인트 라이트 컴포넌트를 참조하는 컴포넌트 참조 변수를 추가한다.

2. PointLightComponent(Inherited) 참조 변수의 데이터 출력 핀을 클릭하고 드래그 앤 드롭해 컨텍스트 메뉴를 띄우고 검색 바에서 get intensity를 입력한 후 **Get Intensity**를 선택해 노드를 추가한다.

3. PointLightComponent(Inherited) 노드의 초록색 플로트 데이터 출력 핀을 클릭하고 드래그 앤 드롭해 컨텍스트 메뉴를 띄운 후 검색 바에서 equals를 입력한다. 다음에 **Equals (float)**를 목록에서 선택해 추가한다. 이 노드는 두 플로트 값들을 비교한 후, 같으면 1을 반환하고 다르면 0을 반환한다.

4. 내 블루프린트 패널의 변수 섹션에서 Target_Intensity 변수를 드래그해서 추가한다. 그리고 이것을 Equals 노드의 두 번째 플로트 데이터 핀에 연결한다.

5. Equal 노드의 빨간색 데이터 핀 출력에서 클릭하고 드래그 앤 드롭해 컨텍스트 메뉴를 띄운 후 검색 바에서 branch를 입력해 Boolean(불리언) 변수 값의 상태에 따라 시퀀스의 흐름을 바꿀 수 있는 Branch 노드를 추가한다. 불리언 값이 참이라면 신호는 true 출력으로 가고 거짓이라면 false 출력 핀이 실행된다.

6. 이벤트 틱(Event Tick)의 출력 실행 핀을 Branch의 실행 핀에 연결한다.

7. 브랜치 노드의 True 출력 실행 핀을 Set Target Intensity 함수 노드의 입력 실행 핀에 연결한다.

8. 브랜치 노드의 False 출력 실행 핀을 Set Intensity 함수의 입력 실행 핀에 연결한다.

9. Pulse_Rate 플로트 변수의 기본값을 5,000으로 설정한다.

10. 블루프린트 에디터 툴바에서 컴파일, 저장 버튼을 누른다. 모든 작업을 끝내면 블루프린트 시퀀스는 그림 16.12와 같을 것이다.

11. 레벨을 미리보기하자. 라이트가 깜빡거리지만 이전보다 덜 혼란스러울 것이다.

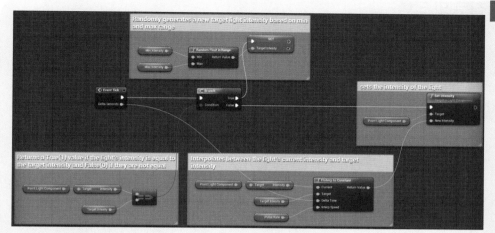

그림 16.12 포인트 라이트 강도 비교

이제 블루프린트를 실행하면 가장 먼저 포인트 라이트 컴포넌트의 현재 빛의 세기를 목표 세기와 비교한다. 값이 다르다면 빛의 세기를 FInterp to Constant 함수의 결과 값에 기반을 두고 지속적으로 설정한다. 이 두 값이 같을 때 새로운 목표 세기가 최소, 최대 범위 사이에서 결정되고 비교문이 거짓이 되기 때문에 다시 Set Intensity 함수가 동작하게 된다.

요약

이번 시간에는 블루프린트 에디터의 사용법을 살펴보고 두 개의 블루프린트 클래스를 만들어봤다. 하나는 액터 클래스에서 파생된 클래스고, 나머지 하나는 포인트 라이트 클래스를 파생한 클래스다. 간단한 스크립트를 작성해 포인트 라이트 액터를 위아래로 움직이게 만들어봤으며 타임라인을 사용해 스태틱 메시 컴포넌트에 애니메이션을 적용하는 방법을 배워봤다. 블루프린트 클래스는 게임에 필요한 모든 요소를 만드는 데 사용되는데 레벨 블루프린트의 스크립팅만으로도 충분하지만 블루프린트 클래스는 프로젝트 전체에서 재사용할 수 있기 때문에 더 강력하다. 블루프린트 클래스 작업에 친숙해질수록 더 복잡한 기능들이 게임에 추가될 수 있다.

질문 및 답변

질문. 픽업 블루프린트는 애니메이션되고 있다. 하지만 애니메이션이 기계적으로 보인다. 왜 그런가?

답변. 마티네안에서 스플라인 커브 키와 마찬가지로 커브 유형을 설정할 수 있다. 키에서 마우스 오른쪽 버튼을 클릭하고 키로 부드럽게 전환하려면 Auto로 설정한다.

질문. 픽업 액터를 발사체로 맞추면 발사체가 튕긴다. 왜 그런가?

답변. 기본적으로 픽업 클래스의 박스 콜리전 컴포넌트는 발사체를 블록하고 있다. 블루프린트 에디터에서 컴포넌트 패널에 있는 박스 트리거를 선택하고 디테일 패널에서 Collision Presets를 Custom으로 설정한다. 그리고 Collision Response를 Ignore로 바꿔 모든 것을 무시하고 Pawn to Overlap을 설정해 박스 트리거가 폰에만 반응하도록 한다.

질문. 폰을 움직여 픽업쪽으로 걸어가면 폰이 스태틱 메시의 충돌에 걸려 멈춰 있다. 어떻게 고칠 수 있는가?

답변. 픽업 블루프린트를 위한 블루프린트 에디터에서 스태틱 메시 컴포넌트를 선택하고 Collision Presets를 Custom으로 설정한다. 그리고 Collision Response를 Ignore로 설정해 스태틱 메시 컴포넌트를 위한 충돌을 끈다. 그러면 폰이 픽업을 지나갈 수 있게 된다.

질문. 애니메이션이 한 번 재생되고 멈춘다. 반복시키려면 어떻게 해야 하는가?

답변. 타임라인 에디터에서 Loop가 선택됐는지 확인하자.

연구

이번 시간을 끝냈으니 다음 질문에 답할 수 있는지 확인해보자.

퀴즈

1. 참 또는 거짓: 함수에 따라 목표를 액터 또는 컴포넌트로 설정할 수 있다.

2. 참 또는 거짓: 타임라인은 항상 Auto Play로 설정해둬야 한다.

3. 참 또는 거짓: 타임라인은 0에서 1 값만 애니메이션할 수 있다.

4. 참 또는 거짓: 블루프린트 클래스는 하나 이상의 루트 컴포넌트를 가질 수 있다.

5. 참 또는 거짓: 루트 컴포넌트의 위치와 회전은 블루프린트 클래스에서 수정할 수 있다.

해답

1. 참. 블루프린트에서 적용하려고 하는 목적에 따라 다르다. 함수 노드의 이름을 보면 '타깃은 씬 컴포넌트', '타깃은 액터'라고 나타난다.

2. 거짓. Auto Play는 레벨이 시작됐을 때 타임라인이 자동으로 실행되길 원할 경우 설정된다. 그 외에는 이벤트를 사용해 타임라인을 재생해야 한다.

3. 거짓. 타임라인은 어떠한 범위의 값이라도 애니메이션하는 데 사용될 수 있다.

4. 거짓. 블루프린트 클래스는 하나 이상의 컴포넌트를 가질 수 있지만 루트 컴포넌트는 반드시 하나만 가질 수 있다.

5. 거짓. 루트 컴포넌트의 스케일만 수정할 수 있다.

연습

이번 시간의 첫 번째 '직접 해보기'의 픽업 액터로 돌아가서 회전 기능을 넣고 지연 시간을 추가해보자.

1. 타임라인에 새로운 플로트 트랙을 추가하고 이름을 Float Track Rotator로 바꾼다.

2. 새로운 로테이터 플로트 트랙에 두 개의 키를 추가한다. 0초에 값을 0으로 설정하고 두 번째 키의 시간은 1초로 설정하고 값은 1로 설정한다.

3. 스태틱 메시 컴포넌트를 타깃으로 하는 setRelativeRotation 함수 노드를 사용한다.

4. SetRelativeRotation의 New Rotation 데이터 핀에서 마우스 오른쪽 버튼을 누른 후 Split Struct Pin을 선택한다.

5. 로테이터 플로트 데이터 핀에서 타임라인에 360을 곱한다.

6. 곱의 결과를 SetRelativeRotation 노드의 New Rotation Z(Yaw)에 연결한다. 모든 작업이 끝나면 그림 16.13과 같을 것이다.

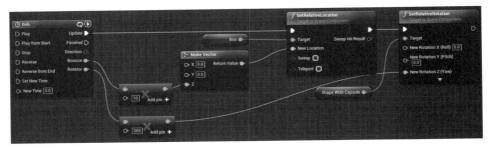

그림 16.13 타임라인을 사용해 픽업 회전하기

7. 블루프린트 픽업 클래스의 복사본을 레벨에 배치하고 레벨을 미리보기한다. 이제 픽업 아이템은 위아래로 움직이면서 회전할 것이다.

편집 가능한 변수와
컨스트럭션 스크립트 사용하기

이번 시간에 배우는 것들

▶ 블루프린트 외부에서 편집 가능한 변수 만들기

▶ 컨스트럭션 스크립트(Construction Script) 사용하기

▶ 변수 값 범위 설정하기

이번 시간에는 편집 가능한 변수를 만들고 블루프린트에서 컨스트럭션 스크립트를 사용하는 방법에 대해 배워볼 것이다. 편집 가능한 변수와 컨스트럭션 스크립트를 사용하면 블루프린트의 각 배치된 인스턴스를 원래 블루프린트 클래스와는 별도로 수정할 수 있다. 클래스의 핵심 기능은 게임플레이를 하는 동안에는 동일하지만 액터의 초기 설정은 각 인스턴스마다 다를 수 있다. 이번 시간에는 편집 가능한 변수를 설정하고 컨스트럭션 스크립트를 사용하는 과정을 알아볼 것이다.

노트

Hour 17 설정

1인칭 템플릿과 스타터 콘텐츠를 사용해 새로운 프로젝트를 만든다. 그리고 콘텐츠 브라우저에서 새로운 폴더를 만든 후 이름은 Hour17Blueprints로 바꾼다.

설정

Hour 16, '블루프린트 클래스 작업하기'에서와 같은 픽업 블루프린트 클래스를 작성한다고 가정하자. 픽업이 배치될 때마다 스태틱 메시 또는 회전 속도, 픽업의 높이를 변경할 수 있으면 좋을 것이다. 이번 시간에는 사용자 정의된 개수만큼 필요에 따라 배치하고 회전할 수 있는 스태틱 메시 컴포넌트를 생성하는 블루프린트 클래스를 만들어볼 것이

다. 먼저 편집 가능한 변수를 설정한 후 컨스트럭션 스크립트에서 블루프린트 시퀀스를 만들어보자.

편집 가능한 변수 만들기

Hour 16에서 만든 블루프린트 액터를 사용해 레벨 전체에 몇 개의 라이트 액터를 배치하고 서로 독립적으로 움직이도록 할 수 있다. 일부 라이트가 다른 것보다 밝아지거나 목표 세기를 생성하는 값의 범위를 다르게 하고 싶을 수도 있다. 현재 레벨에 배치된 블루프린트의 모든 인스턴스는 이 값이 동일하다. 블루프린트를 복제하고 변수의 값을 일일이 변경할 수 있지만, 그렇게 하면 애셋의 개수가 늘어날수록 작업량이 늘어나며 특히 큰 프로젝트에서는 이것이 큰 문제가 될 수 있다.

블루프린트 에디터를 사용하면 변수를 편집 가능하게 만들 수 있다. 즉, 블루프린트 에디터 외부에서 변수를 수정할 수 있다. 변수를 편집 가능하게 만들면 액터가 레벨에 배치되고 선택될 때 레벨의 디테일 패널에 이것이 표시된다. 변수를 편집 가능하게 만들 때, 툴팁과 카테고리를 설정해야 한다. 마우스 커서가 변수 속성 위에 있으면 툴팁이 나타나므로 다른 사람이 블루프린트를 사용할 때 그 용도를 알 수 있게 한다. 카테고리는 변수를 구성하는 데 사용되며 편집 가능한 변수가 많을 때 중요한 역할을 한다.

▼ 직접 해보기

변수를 편집 가능하게 만들기

다음 단계들을 따라 액터 클래스로부터 상속해 블루프린트를 하나 만들고 변수를 편집 가능하게 만들어 레벨에 배치된 블루프린트 액터의 각 인스턴스가 독립적으로 수정될 수 있도록 하자.

1. 콘텐츠 브라우저에서 Hour17Blueprints 폴더로 간 후 마우스 오른쪽 버튼을 누르고 **Blueprint Class**를 선택한다.

2. 부모 클래스 선택 윈도우가 나타나면 **Actor**를 선택한다. 그리고 콘텐츠 브라우저에서 블루프린트의 이름을 원하는 이름으로 설정하고 더블 클릭해서 블루프린트 에디터를 열자.

3. 내 블루프린트 패널에서 변수 아래에 있는 **+** 기호를 클릭해 새로운 변수를 선언한다.

4. Variable Name 속성에서 NumComp로 설정하고 **Variable Type**은 **Integer**로 설정한다.

5. **Editable Variable** 체크박스를 선택한다.

6. **Tooltip** 텍스트 박스 타입에 Set the number of Components to Add를 입력한다.

7. **Category** 텍스트 박스에 Actor_Setup을 입력한다.

8. 블루프린트 에디터 툴바에서 컴파일 버튼을 클릭한다.

9. 디테일 패널의 **Default Value** 아래에 있는 기본값을 10으로 설정한다.

10. 표 17.1에 기반을 두고 여섯 개의 변수를 더 생성한다. 모든 작업을 끝내면 내 블루프린트 패널의 변수 카테고리는 그림 17.1과 같을 것이다.

11. 블루프린트 에디터 툴바에서 컴파일, 저장 버튼을 클릭한다.

표 17.1 추가할 편집 가능한 변수들 목록

변수 이름	변수 타입	툴팁	카테고리	기본값
PivCompLocation	Vector	화살 컴포넌트의 위치를 설정한다.	Actor_Setup	0,0,20
PivCompRotation	Rotator	화살 컴포넌트의 회전을 설정한다.	Actor_Setup	0,0,15
MeshCompLocation	Vector	스태틱 메시 컴포넌트의 위치를 설정한다.	Mesh_Setup	100,0,0
MeshCompRotation	Rotator	스태틱 메시 컴포넌트의 회전을 설정한다.	Mesh_Setup	0,0,0
MeshCompScale	Vector	스태틱 메시 컴포넌트의 크기를 설정한다.	Mesh_Setup	1,1,1
SM_MeshAsset	Static Mesh (Reference)	메시 컴포넌트에 메시 애셋을 할당한다.	Mesh_Setup	SM_CornerFrame

그림 17.1 내 블루프린트 및 블루프린트 디테일 패널에서 보여줄 편집 가능한 변수들

이제 필요한 모든 변수를 만들었으므로 콘텐츠 브라우저에서 블루프린트를 레벨로 드래그하자. 선택한 상태에서 레벨의 디테일 패널로 이동해 만든 Actor_Setup 및 Mesh_Setup 카테고리를 찾는다. 각 카테고리 아래에서 모든 변수를 확인하고 마우스 커서를 각 변수 위로 가져가면 툴팁이 나타난다. 현재 변수 값을 조정할 수는 있지만 스크립트를 수정하지 않았기 때문에 조정된 사항들이 적용되지 않는다.

컨스트럭션 스크립트 사용하기

컨스트럭션 스크립트는 모든 블루프린트 클래스에서 사용할 수 있다. 이것은 블루프린트를 컴파일하거나 액터의 속성 또는 트랜스폼이 변경될 때 업데이트된다. 편집 가능한 변수는 액터의 배치된 각 인스턴스를 수정할 수 있지만, 게임이 실행될 때까지는 변경 사항이 표시되지 않는다. 그러나 컨스트럭션 스크립트는 에디터에서 작업하는 동안에도 액터에 대한 변경 사항들을 처리한다.

노트

컨스트럭션 스크립트 실행

기본적으로 컨스트럭션 스크립트는 레벨 디테일 패널에서 변수가 변경되거나 트랜스폼이 업데이트될 때, 액터가 스폰될 때, 블루프린트가 컴파일될 때 실행된다.

블루프린트 에디터에서 이벤트 그래프 옆에 있는 컨스트럭션 스크립트^{Construction Script} 탭을 볼 수 있다. 존재하지 않는다면 그림 17.2와 같이 내 블루프린트 패널의 함수 탭에서 컨스트럭션 스크립트를 찾을 수 있다. 더블 클릭하면 컨스트럭션 스크립트가 열린다. 컨스트럭션 스크립트에서 Construction Script라는 이벤트 노드를 볼 수 있는데, 이 노드는 신호를 실행하고 연결된 노드를 처리한다.

그림 17.2 내 블루프린트 컨스트럭션 스크립트

그림 17.3과 같이 블루프린트 에디터 툴바에 있는 Class Settings를 클릭하면 블루프린트 에디터의 디테일 패널에 블루프린트 옵션 섹션이 표시된다(그림 17.4 참조). 첫 번째 옵션은 Run Construction Script on Drag다. 이것이 체크되면 액터가 이동, 회전, 크기 변경될 때 컨스트럭션 스크립트가 실행된다.

그림 17.3 블루프린트 에디터 툴바

그림 17.4 디테일 패널의 블루프린트 옵션 섹션

컨스트럭션 스크립트가 에디터에서 자주 실행되고 업데이트되기 때문에 몇 가지 제한이 있다. 일부 함수들은 컨스트럭션 스크립트에서 사용할 수 없다. 예를 들어 블루프린트에 컴포넌트는 실시간으로 추가할 수 있는 데 반해 새로운 액터는 불가능하다. 컨스트럭션 스크립트를 사용하면 액터에서 수정되고 편집 가능한 변수의 결과를 볼 수 있다. 아티스트 및 레벨 디자이너는 이것을 사용해 블루프린트에 대한 피드백을 얻을 수 있다.

스태틱 메시 컴포넌트 추가하기

이제 컨스트럭션 스크립트가 어떻게 작동하는지 이해했으므로 다음 '직접 해보기'에서 컨스트럭션 스크립트를 사용해 ForLoop 노드를 사용하는 시퀀스를 만들고 화살 컴포넌트를 블루프린트에 추가해보자.

▼ 직접 해보기

화살 컴포넌트를 블루프린트에 추가하기

다음 단계들을 따라 컨스트럭션 스크립트를 사용하고 ForLoop 노드를 사용해 하나 이상의 화살 컴포넌트를 블루프린트에 추가해보자.

1. 이전 '직접 해보기'에서 만든 블루프린트를 연다(이미 열려 있지 않다면).

2. 툴바 아래에 있는 컨스트럭션 스크립트를 선택한다.

3. 이미 배치된 컨스트럭션 스크립트 노드의 출력 실행 핀을 클릭하고 드래그 앤 드롭한다. 컨텍스트 메뉴의 검색 바에서 forloop를 입력하고 **ForLoop**를 목록에서 선택해 노드를 추가한다.

4. ForLoop 노드의 First Index의 값을 0으로 설정한다.

5. 내 블루프린트 패널에서 NumComp 정수 변수를 클릭하고 드래그해 ForLoop 노드의 Last Index에 연결한다. 그러면 자동으로 변수가 **Get** 모드로 설정돼 이벤트 그래프에 추가된다.

6. ForLoop 노드의 출력 실행 핀을 클릭하고 드래그 앤 드롭해 컨텍스트 메뉴를 띄우고 검색 바에서 add arrow를 입력한 후 **Add Arrow** 컴포넌트를 선택해 그래프에 추가한다.

7. 노란색 Relative Transform 데이터 핀에서 마우스 오른쪽 버튼을 누른 후 **Split Struct Pin**을 선택한다.

8. ForLoop 노드의 integer 데이터 핀을 클릭하고 드래그 앤 드롭해 컨텍스트 메뉴를 띄운 후 검색 바에서 vector를 입력한다. 그리고 **Vector * Int**를 선택해 노드를 추가한다.

9. 내 블루프린트 패널에서 PivCompLocation 정수 변수를 클릭하고 Multiplies Vector Data 핀에 드래그해 **Get** 모드로 연결한다. Multiplies Vector Data의 출력 핀을 Add Arrow Component 노드의 Relative Transform Location 데이터 입력 핀에 연결한다.

10. 8~9단계를 반복하는데 이번에는 Rotate * Int를 사용하고 변수는 PivCompRotation을 사용한다. 그리고 이것을 Relative Transform Rotation에 연결한다.

11. Add Arrow Component 노드의 Return Value 데이터 핀에서 마우스 오른쪽 버튼을 누르고 **Promote to Local Variable**을 선택한다. 내 블루프린트 패널의 지역 변수(Local Variables) 아래에서 변수의 이름을 TempArrowComp로 바꾼다. 모든 작업을 끝내면 블루프린트의 컨스트럭션 스크립트는 그림 17.5와 같을 것이다.

12. 블루프린트 에디터 툴바에서 컴파일, 저장을 클릭한다.

그림 17.5 컨스트럭션 스크립트는 이와 같을 것이다.

지금까지 우리가 작업한 것은 무엇인가? ForLoop의 First와 Last Index 값을 기반으로 설정된 횟수만큼 실행되도록 ForLoop를 설정했다. 예를 들어 첫 번째 값이 0이고 마지막 값이 10이면 ForLoop는 이벤트를 11번 실행한다. **Add Arrow Component**는 블루프린트에 화살 컴포넌트를 추가하고 상대적인 위치에 트랜스폼을 설정한다. 우리의 경우 11개의 화살 컴포넌트가 추가되고 매번 PivCompLocation 및 PivCompRotation 변수에 ForLoop 이벤트의 인덱스 수를 곱해 위치와 회전을 설정한다. 지역 변수는 화살 컴포넌트의 컴포넌트를 일시적으로 저장하고 있다(이 변수는 뒷부분에서 사용할 것이다).

노트

지역 변수

지역 변수(local variable)는 함수에서 만들어진 임시 변수를 말한다. 이것들은 함수에서만 사용되며 함수의 실행이 끝나면 변수는 더 이상 존재하지 않으며 사용되지 않는다.

지금까지는 작성한 변수 중 세 개만 사용했지만 컨스트럭션 스크립트의 절반을 작성했으므로 블루프린트 에디터에서 테스트할 수 있다. 뷰포트 패널을 선택하면 컴포넌트들을 볼 수 있고 블루프린트 에디터 툴바에서 **Class Defaults**(클래스 기본값)를 클릭한다. 블루프린트 디테일 패널에서 카테고리와 여러분이 만든 모든 변수를 볼 수 있다. NumComp 속성을 변경하면 화살 컴포넌트가 뷰포트에서 추가되고 제거되는 것을 볼 수 있다.

> 주의
>
> **클래스 기본값**
> 블루프린트 디테일 패널에서 변수 속성을 변경하면 기본값이 변경된다. 작업이 끝나면 표 17.1과 같이 모든 변수를 원래 설정으로 되돌려놓는 것을 잊지 말자.

스태틱 메시 컴포넌트 추가하기

이제 블루프린트에 화살 컴포넌트를 추가했으니 스태틱 메시 컴포넌트를 추가해보자. 스태틱 메시 컴포넌트를 추가하고 나서 스태틱 메시 애셋Static Mesh asset을 컴포넌트에 할당해야 실제로 메시를 볼 수 있다. 마지막으로 이것을 화살 컴포넌트에 부착한다. 화살 컴포넌트는 스태틱 메시 컴포넌트의 피벗 포인트pivot point로 사용된다.

이제 컨스트럭션 스크립트를 완료했으므로 콘텐츠 브라우저에서 블루프린트를 레벨

> ▼ 직접 해보기
>
> **스태틱 메시 컴포넌트 추가하기**
> 다음 단계들을 따라 스태틱 메시 컴포넌트를 추가하고, 스태틱 메시 애셋을 컴포넌트에 할당하자. 그리고 이것을 이미 만들어진 화살 컴포넌트에 부착해보자.
>
> 1. 컨스트럭션 스크립트에서 TempArrowComp의 출력 실행을 클릭한 후 드래그 앤 드롭해 컨텍스트 메뉴를 띄우고 검색 바에서 add static을 입력한다. 목록에서 **Add Static Mesh Component**를 선택해 추가한다.
>
> 2. Add Static Mesh Component 노드의 노란색 Relative Transform 데이터 핀에서 마우스 오른쪽 버튼을 누른 후 **Split Struct Pin**을 선택한다.
>
> 3. 내 블루프린트 패널의 변수 섹션에서 MeshCompLocation 변수를 드래그해 Add Static Mesh Component 노드의 Relative Transform Location 데이터 핀에 **Get** 모드로 연결한다.
>
> 4. MeshCompRotation을 위해 3단계를 반복한 후 이것을 Relative Transform Rotation 데이터 핀에 연결한다. 또한 MeshCompScale을 위해 3단계를 반복하고 Relative Transform Scale 데이터 핀에 연결한다.

5. **Add Static Mesh Component** 노드의 Return Value 데이터 핀에서 마우스 오른쪽 버튼을 누른 후 **Promote to Local Variable**을 선택한다. 내 블루프린트 패널의 지역 변수 아래에서 변수 이름을 TempMeshComp로 바꾸고 노드를 위해 **Set**을 선택한다.

6. Set 노드의 출력 실행 핀을 클릭한 후 드래그 앤 드롭해 컨텍스트 메뉴를 띄우고 검색 바에서 set static을 입력한다. 그리고 목록에서 **Set Static Mesh**를 선택해 노드를 추가한다.

7. Set 노드의 파란색 데이터 출력 핀을 Set Static Mesh 노드의 파란색 타깃 입력 핀에 연결한다.

8. 내 블루프린트 패널의 변수 섹션에서 스태틱 메시 참조 변수 SM_MeshAsset을 Set Static Mesh 노드의 파란색 New Mesh 데이터 핀에 드래그해 **Get** 모드로 연결한다.

9. Set Static Mesh 노드의 출력 실행 핀을 클릭한 후 드래그 앤 드롭해 컨텍스트 메뉴를 띄우고 검색 바에서 attach를 입력한다. 그리고 목록에서 **AttachTo**를 선택해 노드를 추가한다.

10. 내 블루프린트 패널의 지역 변수 섹션에서 5단계에서 만들어진 TempMeshComp 변수를 드래그해 AttachTo 노드의 파란색 타깃 입력 핀에 **Get** 모드로 연결한다.

11. 내 블루프린트 패널의 지역 변수 섹션에서 TempArrowComp 변수를 AttachTo 노드의 파란색 In Parent 데이터 입력 핀에 **Get**으로 연결한다. 모든 작업이 끝나면 블루프린트는 그림 17.6과 같을 것이다.

12. 블루프린트 에디터 툴바의 컴파일, 저장 버튼을 클릭한다.

그림 17.6 컨스트럭션 스크립트의 두 번째 절반 부분

로 드래그하자. 블루프린트를 선택하고 레벨의 디테일 패널로 이동해 Actor_Setup 및 Mesh_Setup 카테고리를 찾는다. 원하는 값을 얻을 때까지 변수의 값을 설정해보자. 그런 다음 두 번째 액터를 블루프린트에 드래그한 후 다른 설정을 지정하고 다른 메시를 설정한다. 두 액터 모두 동일한 블루프린트 클래스의 인스턴스지만 서로 독립적으로 수정할 수 있다.

편집 가능한 변수의 제한

NumComp 변수의 값을 크게 하면 블루프린트 에디터가 컨스트럭션 스크립트를 업데이트할 때 느려질 수 있다. 편집 가능한 변수를 사용할 때, 제한을 설정해 스크립트를 사용하는 사람이 극단의 값을 선택할 수 없도록 할 수 있다. 다시 블루프린트 에디터로 돌아와 NumComp 변수를 선택하고 블루프린트 디테일 패널에서 Slider Range와 Value Range 속성을 찾는다. Slider Range(슬라이더 범위)를 사용하면 다른 개발자가 블루프린트를 사용할 때 선택할 수 있는 값을 제어할 수 있게 하고 직접 값을 입력할 수도 있다. Value Range(값 범위) 속성은 사용자가 정의된 범위 내의 값만 선택할 수 있도록 값을 제한한다. 두 속성의 첫 번째 텍스트 상자에 1을 입력하고 두 번째 텍스트 상자에 100을 입력한다(그림 17.7 참조). 속성을 설정하고 블루프린트를 컴파일한 후 저장한다. 그런 다음 레벨에서 액터를 선택하고 레벨의 디테일 패널에서 NumComp 속성을 조정해 변경 내용을 확인한다.

그림 17.7 슬라이더 범위와 값 범위 속성들

3D 위젯 표시

편집 가능한 변수 중 일부는 레벨 뷰포트에 표시될 수 있는데, 트랜스폼 기즈모를 사용해 이것들과 상호작용할 수 있다. 블루프린트 에디터로 되돌아가 블루프린트 디테일 패널에서 PivCompLocation 변수를 선택하고 **Show 3D Widget**(3D 위젯 표시)을 선택한 다음 블루프린트를 컴파일하고 저장한다. 이제 레벨 뷰포트에서 액터에 있는 와이어프레임 다이아몬드 위젯을 찾는다. 변수의 이름도 표시돼야 한다. 다이아몬드 위젯을 클릭하고 위, 아래로 움직이면 각 컴포넌트의 위치가 실시간으로 업데이트된다. 또한 레벨의 디테일 패널에서 PivCompLocation 값도 그에 따라 변경된다(그림 17.8 참조). 기회가 있다면 블루프린트의 MeshCompLocation 변수에 대해서도 동일한 작업을 수행해보자.

그림 17.8　Show 3D Widget 선택

요약

이번 시간에는 컨스트럭션 스크립트를 사용하는 방법과 블루프린트 에디터에서 액터를 위한 편집 가능한 변수를 만드는 방법을 알아봤다. 보시다시피 편집 가능한 변수와 컨스트럭션 스크립트는 매우 강력하다. 같은 프로젝트에 있는 다른 팀원들은 블루프린트 에디터를 열지 않아도 액터에 변화를 줄 수 있다. 컨스트럭션 스크립트에 더 친숙해지면 개발 팀의 다른 사람들이 사용할 수 있는 블루프린트 액터를 더 효과적으로 만들 수 있다.

질문 및 답변

질문. 내 블루프린트 패널의 변수 옆에 있는 녹색 및 노란색 눈은 무엇인가?

답변. 녹색과 노란색 눈을 사용해 변수를 빠르게 편집할 수 있다. 닫힌 눈은 변수를 편집할 수 없음을 의미하고 노란색 눈은 해당 변수가 편집 가능하지만 툴팁이 없음을 의미한다. 녹색 눈은 편집 가능하며 툴팁이 있음을 의미한다.

질문. 블루프린트 디테일 패널에서 지역 변수의 이름을 편집할 수 없다. 이름을 바꾸려면 어떻게 해야 하는가?

답변. 내 블루프린트 패널에서 지역 변수의 이름을 변경해야 한다. 내 블루프린트 패널의 **Local Variables** 섹션에서 변수를 찾은 후 마우스 오른쪽 버튼으로 클릭하고 **Rename**을 선택한 다음 새 이름을 지정해주자.

질문. 스태틱 메시 컴포넌트를 볼 수 없는 이유는 무엇인가?

답변. 두 가지 이유가 있다. 첫 번째는 먼저 '직접 해보기'에서 만든 SM_MeshAsset 변수에 스태틱 메시 애셋을 할당하지 않았을 때고, 두 번째는 MeshCompScale 변수의 값이 0,0,0일 때다. 이 값을 1,1,1로 변경하자.

연구

이번 시간을 마쳤으니 다음 질문들에 답할 수 있는지 알아보자.

퀴즈

1. 참 또는 거짓: 컨스트럭션 스크립트의 블루프린트에 다른 컴포넌트를 추가할 수는 있지만 컨스트럭션 스크립트에서 새 액터를 생성할 수는 없다.

2. 참 또는 거짓: 지역 변수는 생성된 함수 밖에서 액세스할 수 있다.

3. 참 또는 거짓: Add Arrow 컴포넌트는 스태틱 메시 컴포넌트를 추가한다.

4. 참 또는 거짓: 레벨 뷰포트에서 벡터 변수와 상호작용하려면 Show 3D Widget 변수 속성을 설정해야 한다.

5. 참 또는 거짓: 액터의 속성 또는 트랜스폼이 변경될 때마다 컨스트럭션 스크립트가 업데이트된다.

해답

1. 참. 블루프린트의 이벤트 그래프에서는 실행 중에 새로운 액터를 레벨에 생성할 수 있지만, 컨스트럭션 스크립트에서는 레벨에 액터를 생성할 수 없다.

2. 거짓. 지역 변수는 선언된 함수에서만 액세스할 수 있다.

3. 거짓. Add Arrow는 화살을 추가한다.

4. 참. 벡터 변수와 같은 일부 변수 유형에는 블루프린트의 인스턴스가 레벨에 배치됐을 때 레벨에 변수의 시각적 표현을 표시하는 Show 속성이 있다.

5. 참. 블루프린트 에디터의 클래스 설정에서 Run Construction Script on Drag를 True로 설정하면 된다.

연습

이번 연습에서는 Set Material 노드와 편집 가능한 머티리얼 인터페이스 참조 변수를 사용해 추가된 모든 스태틱 메시 컴포넌트의 머티리얼을 변경한다.

1. 블루프린트를 열고 컨스트럭션 스크립트로 이동한다.

2. 내 블루프린트 패널의 TempMeshComp 지역 변수를 컨스트럭션 스크립트의 시퀀스 끝으로 클릭한 후 드래그해 Get 모드로 이벤트 그래프에 추가한다.

3. TempMeshComp 변수를 클릭하고 드래그 앤 드롭해 컨텍스트 메뉴를 띄운 후 검색 바에서 set material을 입력하고 Set Material을 목록에서 선택해 이벤트 그래프에 노드를 추가한다.

4. Set Material의 실행 핀을 AttachTo 노드의 끝에 연결한다.

5. 내 블루프린트 패널에 변수를 만든다.

6. 변수 타입은 Material Instance로 설정하고 변수의 이름을 변경한다. 그리고 편집 가능하게 만들고 툴팁을 지정한다. 마지막으로 Mesh_Setup 카테고리에 할당한다.

7. 블루프린트 에디터 툴바에서 컴파일 및 저장 버튼을 클릭한다.

HOUR 18
키 입력 이벤트와 액터 스폰하기

이번 시간에 배우는 것들

▶ 스폰에 노출될 변수 설정하기

▶ 블루프린트 클래스에서 액터 스폰하기(spawning)

▶ 키보드 입력 이벤트 스크립팅

이전 시간에는 변수를 편집 가능하게 만들고 컨스트럭션 스크립트를 사용해봤다. 이번 시간에는 블루프린트에서 키보드 입력 이벤트를 설정하는 방법과 실시간으로 액터를 스폰(생성)하는 방법을 배워보자.

노트

Hour 18 설정

1인칭 템플릿과 스타터 콘텐츠를 사용해 새로운 프로젝트를 만든다. 그리고 콘텐츠 브라우저에서 새로운 폴더를 만들고 이름은 MyBlueprints로 바꾼다.

스포닝이 중요한 이유

대부분의 게임은 플레이어 액션에 응답하기 위해 단순한 충돌 이벤트 이상을 필요로 한다. 이번 시간에는 플레이어가 위로 올라와 키를 누를 때마다 새로운 액터를 스폰하는 블루프린트 클래스를 만들어볼 것이다. 새로운 액터를 즉석에서 스폰할 수 있게 되면 픽업을 레벨에 무작위로 스폰하거나 플레이어의 스킬 또는 적의 웨이브에 기반을 둬 역동적이고 상호적인 경험을 만들어낼 수 있다. 스포닝spawning이 없다면 레벨 디자이너는 게임플레이 중간에 전개될 수 있는 모든 시나리오에 대해 모든 액터를 수동으로 배치해야만 한다. 물론 이것은 불가능하다. 블루프린트를 통해 게임플레이 중간에 액터를 스폰하려면 Spawn Actor 함수를 사용하고 Spawner 클래스와 Spawned 클래스라는 두 가지 새로운 블루프린트 클래스를 만들어야 한다. Spawner는 게임플레이 중간에 레벨에 추가해 다른 클래스의 액터를 생성한다. 이때 생성된 액터를 Spawned라고 한다.

스폰하는 블루프린트 클래스 만들기

한 액터가 클래스에서 다른 액터를 스폰하도록 만들려면 블루프린트 클래스를 스폰하도록 만들어야 한다. 이번 시간의 첫 번째 파트에서는 물리 시뮬레이션을 위한 스태틱 메시 컴포넌트가 있는 블루프린트 클래스를 만든다. 이후에 컨스트럭션 스크립트를 사용해 생성된 Physics Actor의 각 인스턴스 속성을 변경한다. 그리고 UseKeySpawner 블루프린트 클래스를 만들어 Physics 블루프린트 클래스의 인스턴스를 생성한다.

▼ 직접 해보기

Physics 블루프린트 클래스 설정하기

런타임에 스폰시킬 Physics 블루프린트 클래스를 생성하려면 다음 단계를 따르자.

1. 새로운 블루프린트 클래스를 생성하려면 콘텐츠 브라우저에서 MyBlueprints 폴더를 마우스 오른쪽 버튼으로 클릭하고 컨텍스트 메뉴에서 Blueprint 클래스를 선택한다. 그런 다음 **Common Classes** 탭에서 **Actor**를 선택한다.

2. 새로운 블루프린트 클래스의 이름을 PhysicsActor_BP로 지정한 다음 콘텐츠 브라우저에서 이 액터를 더블 클릭해 블루프린트 에디터를 연다.

3. 컴포넌트 탭에서 **+Add Component** 버튼을 클릭하고 **Cube**를 선택해 큐브 스태틱 메시 컴포넌트를 추가한다.

4. 새로운 컴포넌트의 이름을 PhysicsMeshComp로 설정한 후 이것을 블루프린트의 루트 컴포넌트에 드래그하고 **Make Root**를 눌러 블루프린트의 루트 컴포넌트로 설정한다.

5. 블루프린트 디테일 패널에서 PhysicsMeshComp를 선택한 상태로 **Physics** 아래의 **Simulate Physics**를 선택한다.

6. 블루프린트 에디터 툴바에서 컴파일, 저장 버튼을 누른 후 기본 레벨에 배치한다.

7. 레벨을 미리보기해 박스를 쏴보자. 그러면 이것이 움직일 것이다.

컨스트럭션 스크립트 사용하기

스폰될 블루프린트 클래스를 만들었으므로 이제 컨스트럭션 스크립트를 사용해 스태틱 메시 컴포넌트에 지정된 메시 및 머티리얼을 변경할 수 있다. 나중에 이것은 액터의 모양을 변경하고 Expose on Spawn 변수 속성을 사용할 수 있다. 먼저 컨스트럭션 스크립트를 설정하고 스태틱 메시 액터와 머티리얼 참조 변수를 만든다. 그리고 각 변수를 스폰할 때 노출시킨다.

팁

시퀀스 노드

시퀀스 노드는 이벤트 신호를 필요한 만큼 분할한다. 분기 비교 결과를 알 수 없으므로 다른 신호가 처리됐는지 확인해야 한다. **Add Pin**을 클릭해 시퀀스 노드에 노드를 더 추가할 수 있으며 exec out 핀에서 마우스 오른쪽 버튼을 누른 후 **Remove**를 선택해 제거할 수 있다.

직접 해보기 ▼

메시 컴포넌트에 지정된 스태틱 메시 교체하기

다음 단계들을 따라 컨스트럭션 스크립트를 이용해 PhysicsActor_BP 블루프린트의 스태틱 메시 컴포넌트에 할당된 스태틱 메시와 머티리얼을 교체해보자.

1. PhysicsActor_BP 블루프린트를 연다.

2. 내 블루프린트 패널의 **Construction Script in the Functions** 탭을 눌러 컨스트럭션 스크립트를 연다.

3. 이미 배치된 컨스트럭션 스크립트 노드의 출력 실행 핀을 클릭하고 드래그 앤 드롭해 컨텍스트 메뉴를 띄운 후 검색 바에서 sequence를 입력하고 **Sequence**를 목록에서 선택해 노드를 추가한다.

4. 시퀀스 노드의 Then 0 출력 실행 핀을 클릭하고 드래그 앤 드롭해 컨텍스트 메뉴를 띄운 후 검색 바에서 Static Mesh를 입력한다. **Set Static Mesh (PhysicsMeshComp)**를 선택해 스태틱 메시 컴포넌트를 목표로 하는 Set Static Mesh 함수 노드를 추가한다.

5. Set Static Mesh 함수 노드에서 NewMesh 속성을 마우스 오른쪽 버튼을 클릭한 후 **Promote to Variable**을 선택한다.

6. 새롭게 만들어진 변수 NewMesh의 이름을 바꾸고 블루프린트를 컴파일한다. Set Static Mesh 변수에 메시가 할당돼 있지 않으므로 컴포넌트의 메시는 블루프린트 뷰포트에서 사라지게 된다.

7. Set Static Mesh 함수가 실행되기 전에 변수에 메시가 할당됐는지 확인하려면 NewMesh 변수 데이터 출력 핀을 클릭하고 드래그 앤 드롭해 컨텍스트 메뉴를 띄우고 검색 바에서 isvalid를 입력한다. 그리고 **?IsValid**를 목록에서 선택해 노드를 추가한다.

8. ?IsValid 출력 실행 핀을 클릭하고 드래그 앤 드롭해 Set Static Mesh 노드의 입력 실행 핀에 연결한다.

9. Then 0 출력 실행 핀을 ?IsValid 노드의 입력 실행 핀에 연결한다.

10. 4~9단계를 반복하는데 이번에는 시퀀스의 Then 1 출력 실행 핀을 이용하고 Set Material 함수 노드를 사용해 PhysicsMeshComp의 머티리얼을 교체한다. 그리고 머티리얼 참조 변수의 이름을 NewMaterial로 설정한다. 모든 작업을 끝내면 블루프린트는 그림 18.1과 같을 것이다.

11. 블루프린트를 컴파일하고 저장한다.

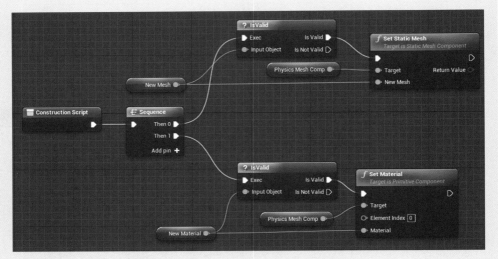

그림 18.1 작업을 마친 컨스트럭션 스크립트

Expose on Spawn 변수 속성 사용하기

편집 가능한 변수 속성이 레벨의 디테일 패널에서 액터의 변수를 접근 가능하게 하는 것처럼 Expose on Spawn 속성은 새 액터를 스폰하는 블루프린트에 변수를 노출한다. 클래스 함수에서 Spawn Actor에 클래스가 할당되면 Expose on Spawn이 켜진 변수들은 Spawn 함수의 데이터 핀으로 표시된다. 블루프린트에서 생성된 모든 변수들은 스폰 시 노출될 수 있다. Physics Actor를 스폰할 Spawner 블루프린트를 작성하기 전에 '직접 해보기'에서 두 개의 변수를 준비해둘 필요가 있다.

스폰할 때 노출시킬 변수들 준비하기

다음 단계들을 따라 지금까지 만든 변수들의 속성을 수정해보자.

1. PhysicsActor_BP 블루프린트를 연다.

2. 내 블루프린트의 변수 섹션에서 NewMesh 변수를 선택한다.

3. 블루프린트 디테일 패널에서 그림 18.2와 같이 **Editable** 속성을 켠다.

4. **Tooltip** 텍스트 박스에 툴팁 설명 글을 적는다. 예를 들어 '이것은 Physics Actor의 메시를 변경합니다.'와 같이 적을 수 있다.

5. 그림 18.2와 같이 **Expose on Spawn**을 켠다.

6. 카테고리 텍스트 박스에서 **Mesh Setup**을 입력해 새로운 카테고리가 Mesh Setup으로 불려지게 한다.

7. NewMaterial 변수를 위해 3~5단계를 반복하고 **Category**는 이미 만들어진 **Mesh Setup**으로 목록에서 선택한다.

8. 블루프린트를 컴파일하고 저장한다.

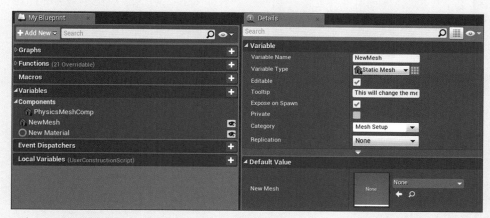

그림 18.2 블루프린트 에디터에서 내 블루프린트와 디테일 패널의 모습

스포너 블루프린트 설정

블루프린트 시퀀스를 시작하기 위해 플레이어가 키를 눌러야 하는 입력 이벤트를 스크립팅하는 것은 매우 간단한 작업이며, E 키와 같은 특정 키에 지정된 입력 이벤트^{Input Event}가 필요하다. 또한 특정 플레이어 컨트롤러에 대한 입력을 일시적으로 활성화하도록 액터에게 지시해야 한다. 액터의 입력을 활성화하고 액터의 여러 인스턴스를 레벨에 배치하면 입력 키를 누를 때마다 동시에 액터가 실행된다. 따라서 플레이어가 직접 상호작용하려고 하는 액터에 대해서만 입력을 활성화해야 한다. 이것은 폰이 콜리전 컴포넌트와 겹칠 때 액터에 대한 입력을 가능하게 하는 오버랩 이벤트로 수행할 수 있으며, 플레이어가 멀리 이동하고 중첩이 끝나면 입력을 비활성화해야 한다.

이 방법은 액터를 스폰하거나 문을 열거나 하는 단일 키 입력을 다룰 때 적합하다. 폰, 캐릭터, 차량과 같이 견고한 입력 시스템이 필요한 액터의 경우에는 키 매핑^{key mapping}을 설정하는 것이 가장 좋다.

▶ 입력 매핑에 대해 더 자세히 알고 싶다면 **Hour 20, '아케이드 슈터 만들기: 입력 시스템과 폰'**을 참고하자.

이 블루프린트를 설정하려면 오버랩 이벤트를 위한 박스 충돌 컴포넌트가 필요하고 레벨 내 액터의 위치를 시각적으로 표현하는 스태틱 메시, 사용자가 버튼을 눌렀을 때 스폰 위치를 정의하는 화살 컴포넌트가 필요하다.

▼ 직접 해보기

키 스포너 블루프린트 클래스 설정하기

이제 Physics Actor는 준비됐으니 UseKeySpawner 액터를 설정할 시간이다.

1. 새로운 블루프린트 클래스를 만들고 콘텐츠 브라우저에서 MyBlueprints 폴더를 선택한 후 애셋 관리 영역에서 마우스 오른쪽 버튼을 누르고 컨텍스트 메뉴에서 **Blueprint Class**를 선택한다. 그다음에 **Common Classes** 탭에서 **Actor**를 선택한다.

2. 새로운 블루프린트 클래스의 이름을 UseKeySpawner_BP로 설정하고 그림 18.3과 같이 블루프린트 에디터를 연다.

3. 박스 충돌 컴포넌트를 추가하고 Z 위치 값을 100으로 설정한다. 그리고 박스의 크기는 X, Y, Z 값 모두 100으로 설정한다.

4. **Basic Shapes** 아래에 있는 실린더 스태틱 메시 컴포넌트를 추가하고 Z 위치 값을 50으로 설정한다.

5. 블루프린트를 컴파일하고 저장한다.

그림 18.3 컴포넌트 설정

필요한 컴포넌트들을 배치했으니 이제 액터가 플레이어 컨트롤러로부터 입력을 받고 오버랩이 끝날 때 입력을 비활성화할 수 있도록 하는 박스 충돌 컴포넌트에 대해 오버랩 이벤트 시퀀스를 스크립팅하자.

 직접 해보기

오버랩 이벤트를 사용해 플레이어 입력 활성/비활성화하기

다음 단계들을 따라 컨스트럭션 스크립트를 사용해 액터의 속성들을 수정하자.

1. UseKeySpawner_BP 블루프린트를 연다.

2. 컴포넌트 탭에서 박스 충돌 컴포넌트를 선택한다. 이벤트 그래프에서 OnComponentBeginOverlap 이벤트 노드를 추가한다.

3. Enable Input 함수 노드를 추가한 후 OnComponentBeginOverlap(Box) 출력 실행 핀을 Enable Input 노드의 입력 실행 핀에 연결한다.

4. Player Controller를 **Get**으로 얻어서 추가하고 이것의 파란색 데이터 핀을 Enable Input 노드의 파란색 Player Controller 핀에 연결한다.

5. 컴포넌트 탭에서 박스 충돌 컴포넌트를 선택하고 이벤트 그래프에 OnComponentEndOverlap 이벤트 노드를 추가한다.

6. Disable Input 함수 노드를 추가하고 OnComponentEndOverlaop(Box) 출력 실행 핀을 Disable Input 입력 실행 핀에 연결한다.

7. 4단계에서 추가한 Player Controller의 파란색 데이터 출력 핀을 Disable Input 노드의 Player Controller 핀에 연결한다. 모든 작업을 끝내면 블루프린트는 그림 18.4와 같을 것이다.

8. 블루프린트를 컴파일하고 저장한다.

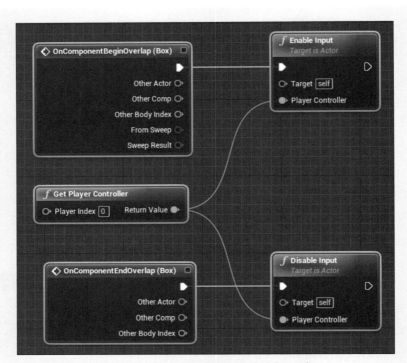

그림 18.4 오버랩 이벤트 시퀀스를 보여주는 블루프린트의 이벤트 그래프

클래스로부터 액터 스포닝하기

액터는 스폰을 통해 게임플레이 중간에 추가된다. 액터를 스폰할 수 없는 경우 필요한 모든 액터를 사전에 배치해야 하고, 이로 인해 게임플레이 이벤트의 종류가 제한될 수 있으며 적과 조우하는 플레이 또한 제한된다. 스포닝을 사용하면 동적인 경험을 스크립팅할 수 있다. 특정 공통 타입의 액터를 추가하는 스폰 함수가 있다. 예를 들어 파티클 이펙트를 스포닝하기 위한 스폰 이미터^{spawn emitter}가 있으며 필요한 경우 사운드 액터를 레벨에 추가하기 위한 스폰 사운드^{spawn sound}가 있다. 액터는 특정 트랜스폼으로 스폰될 수 있고 다른 액터에 첨부될 수 있다. 액터를 스포닝할 때 일반적으로 액터가 다른 액터 또는 컴포넌트의 콜리전 헐^{collision hull} 내부에서 스폰되지 않도록 위치를 신중하게 설정할 필요가 있다. 여기서는 어떠한 블루프린트 클래스라도 만들어내는 Spawn Actor from Class 함수를 사용해볼 것이다.

키보드 입력 이벤트를 추가하고 클래스로부터 액터 스폰하기

이제 입력 이벤트가 설정됐고, 플레이어가 **E** 키를 누르면 동작을 수행할 키보드 입력 이벤트를 추가해보자.

1. UseKeySpawner_BP 블루프린트를 연다.

2. 이벤트 그래프의 빈 공간에서 마우스 오른쪽 버튼을 눌러 컨텍스트 메뉴를 띄우고 검색 바에서 **e**를 입력한 후 목록에서 **E**를 선택해 노드를 추가한다.

3. Spawn Actor from Class 함수를 추가한 후 입력 실행 핀을 **E** 키 이벤트의 Released 출력 실행 핀에 연결한다.

4. 보라색 데이터 핀을 클릭해 검색 박스에서 PhysicsActor_BP 블루프린트를 클래스로 선택한다.

5. 생성된 액터의 위치를 정의하기 위해 World Transform을 추가해야 한다. 먼저 컴포넌트 패널에서 Arrow 컴포넌트를 선택하고 드래그 앤 드롭해 이벤트 그래프에 추가한다.

6. 컴포넌트 참조의 파란색 데이터 출력 핀을 클릭하고 드래그 앤 드롭해 컨텍스트 메뉴를 띄우고 검색 바에서 get world transform을 입력한다. 목록에서 **GetWorldTransform**을 선택해 이벤트 그래프에 추가한다.

7. GetWorldTransform의 주황색 데이터 출력 핀을 Spawn Actor From Class 함수 노드의 주황색 Spawn Transform 데이터 입력 핀에 연결한다. 모든 작업을 끝내면 블루프린트는 그림 18.5와 같을 것이다.

8. 블루프린트를 컴파일하고 저장한다. 그리고 인스턴스를 레벨에 배치하자.

9. 레벨을 미리보기한다. 폰을 배치된 UseKeySpawner_BP 액터 쪽으로 움직여보자. 그리고 **E** 키를 누르자. 그러면 Physics Actor가 레벨에 추가될 것이다.

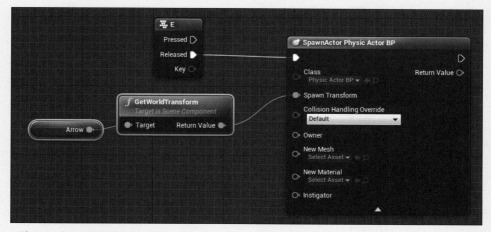

그림 18.5 키보드 입력 이벤트 시퀀스

노트

키보드 입력

키보드 입력 이벤트를 타임라인 재생, 멈춤 또는 문 열고 닫기와 같은 데도 사용할 수 있다.

마지막으로 해야 할 것은 PhysicsActor_BP에서 **Expose on Spawn**을 사용해 스폰 시 변수를 노출시키는 것이다. Spawn Actor from Class 함수의 Class 속성에 PhysicsActor_BP를 추가할 때 **Expose on Spawn** 속성 때문에 노출된 변수가 함수에 추가된다. 이제 이들을 UseKeySpawner_BP 액터에 변수로 추가하고 편집 가능하게 만들어 레벨에 인스턴스를 배치할 때 생성된 PhysicsActor에 대한 새로운 메시와 머티리얼을 선택할 수 있게 해야 한다.

▼ 직접 해보기

변수 승격 및 편집 가능하게 만들기

Spawn Actor from Class 함수 노드에 표시되는 노출된 변수를 변경하려면, 두 개의 변수를 블루프린트에 추가하고 편집 가능하게 만들 필요가 있다. 다음 단계들을 따라 해보자.

1. 블루프린트 에디터에 있는 UseKeySpawner_BP를 연다.

2. Spawn Actor from Class 함수 노드에서 NewMesh 속성의 왼쪽에 있는 파란색 데이터 입력 핀에서 오른쪽 버튼을 누른 후 **Promote to Variable**을 선택한다.

3. 블루프린트 디테일 패널에서 변수를 선택하고 **Editable**로 만든다.

4. NewMaterial 속성을 위해 2~3단계를 반복한다.

5. 블루프린트를 컴파일하고 저장한다.

6. 레벨에서 UseKeySpawner_BP 액터의 인스턴스를 배치하고 디테일 패널에서 새로운 메시와 머티리얼을 지정한다.

7. 레벨을 미리보기하고 UseKeySpawner_BP와 상호작용해보자.

8. UseKeySpawner_BP 액터를 여러 개 배치하고 각기 다른 메시와 머티리얼을 설정한다. 모든 작업을 끝내고 나면 블루프린트는 그림 18.6과 같을 것이다.

9. 레벨을 다시 미리보기하고 배치된 각각의 액터들과 상호작용해보자.

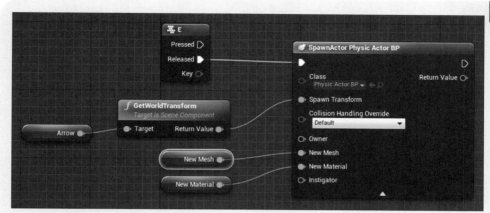

그림 18.6 시퀀스에 추가된 승격화된 편집 가능한 변수

요약

이번 시간에는 하나의 액터가 다른 액터를 수정된 속성들과 함께 스폰하는 방법을 배웠다. 또한 Expose Variable on Spawn 속성을 사용하는 방법과 액터의 플레이어 컨트롤러 입력을 활성/비활성화하는 방법을 배웠다. 이제 이러한 기술들을 활용해 플레이어가 상호작용할 수 있는 동적인 액터를 만들 수 있게 됐다.

질문 및 답변

질문. 이번 시간에 설명한 키보드 입력 방법이 멀티 플레이어 게임에서 작동하는가?

답변. 작동하지 않는다. 입력이 싱글 플레이어 게임의 기본 컨트롤러인 Player Controller 0에만 사용될 수 있기 때문이다.

질문. 스폰된 액터의 크기를 변경하려면 어떻게 해야 하는가?

답변. 스폰 트랜스폼에서 변경할 수 있다. 화살 컴포넌트의 GetWorldTransform에서 주황색 선을 끊고 마우스 오른쪽 버튼을 눌러 Split Struct Pin을 선택함으로써 트랜스폼 구조체를 Location, Rotation, Scale 속성으로 분리한다.

질문. Physics Actor가 레벨에 스폰될 때 매번 날아다닌다. 왜 그런가?

답변. 스폰된 물리 액터가 레벨의 다른 액터 또는 컴포넌트와 충돌할 수 있기 때문이다. 스폰 지점은 UseKeySpawner_BP 블루프린트 클래스가 화살 컴포넌트에 의해 결정되므로 블루프린트에서 화살 컴포넌트의 위치를 조정하면 문제가 해결된다.

질문. 두 번째 액터가 스폰된 이후에 입력 이벤트가 작동을 멈춘다. 왜 그런가?

답변. 박스 충돌 컴포넌트의 OnComponentEndOverlap 이벤트는 스폰된 액터 중 하나에 의해 트리거된다. UseKeySpawner_BP에서 박스 충돌 컴포넌트의 충돌 속성을 편집해 폰에만 응답하게 하면 된다.

연구

이번 시간을 끝냈으니 다음 질문에 답할 수 있는지 확인해보자.

퀴즈

1. 참 또는 거짓: 키 입력 이벤트는 E 키에서만 작동한다.

2. 참 또는 거짓: 블루프린트의 변수에 대한 Expose on Spawn 속성을 켜면 변수가 Spawn Actor from Class 함수 노드에 표시된다.

3. 블루프린트를 통해 액터를 스폰하려면 어떤 기능이 필요한가?

    A. GetWorldTransform

    B. Spawn Actor from Class

    C. OnComponentBeginOverlap

    D. Enable Input

4. 참 또는 거짓: Enable Input을 사용하고 레벨에 여러 인스턴스를 배치하면 입력 키를 누를 때 동시에 실행된다.

해답

1. 거짓: 키보드의 모든 키에 대한 입력 이벤트가 있다.

2. 참: 변수의 **Expose on Spawn** 속성은 Spawn Actor from Class 함수를 통해 접근 가능하게 한다.

3. B. 여러 가지 스폰 기능이 있지만, Spawn Actor from Class 함수를 사용하면 여러분의 블루프린트 클래스를 스폰할 수 있게 해준다.

4. 참: 필요에 따라 이벤트를 사용해 블루프린트 클래스의 입력을 활성/비활성해야 한다.

연습

플레이어가 E 키를 눌렀을 때 Physics Actor를 스포닝하는 것은 그다지 흥미롭지 않다. 또한 생성된 액터는 보여지는 것 외에는 플레이어와 어떠한 상호작용도 하지 않는다. 이번 연습에서는 UseKeySpawner 블루프린트에 레버를 만들어 애니메이션되고 Physics Actor가 스폰될 때 파티클 이펙트와 사운드를 재생시키도록 해보자.

1. UseKeySpawner_BP 블루프린트에 Shape_Cylinder 스태틱 메시 애셋을 추가한다. 이것은 Starter Content 폴더에 있으며 이름은 LeverMesh로 변경한다.

2. LeverMesh 스태틱 메시 컴포넌트의 크기를 변경한다. X와 Y 값은 0.1로, Z는 2.0으로 설정한다.

3. LeverMesh 컴포넌트의 위치는 0,70,0으로 설정해 실린더 메시 컴포넌트의 오른쪽에 배치한다.

4. UseKeySpawner_BP 이벤트 그래프에서 타임라인을 추가하고 **Auto Play**와 **Loop**를 끈다. 그리고 시간은 1초로 설정한다.

5. 플로트 커브float curve를 추가하고 이름은 LeverRotation으로 설정한다.

6. 플로트 커브에 세 개의 키 프레임을 추가한다. 키 프레임 1에는 Time 값을 0으로, Value는 0으로 설정한다. 키 프레임 2에는 Time 값을 0으로, Value는 1로 설정한다. 마지막으로 키 프레임 3에는 Time 값을 1로, Value는 0으로 설정한다.

7. E 입력 이벤트 노드의 Released 출력 실행 핀을 타임라인의 Play from Start 입력 실행 핀에 연결한다.

8. LeverMesh를 클릭하고 드래그해 Get 모드로 참조 변수를 이벤트 그래프에 추가한다.

9. LeverMesh의 파란색 데이터 핀을 클릭하고 드래그 앤 드롭해 컨텍스트 메뉴를 띄운 후 검색 바에서 Set relative roation을 입력한다. 그리고 목록에서 SetRelativeRotation을 선택해 노드를 추가한다.

10. 타임라인의 Update 출력 실행 핀을 SetRelativeRotation 노드의 입력 실행 핀에 연결한다.

11. 초록색 LeverRotation을 클릭하고 드래그 앤 드롭해 컨텍스트 메뉴를 띄우고 검색 바에서 multiply를 입력한다. 목록에서 Float * Float를 선택해 노드를 추가한다. 그 다음에는 텍스트 박스에 60을 넣어 레버가 애니메이션될 때 사용할 회전 값을 설정한다.

12. SetRelativeRotation 함수 노드의 Rotation 데이터 핀에서 마우스 오른쪽 버튼을 누른 후 Split Pin을 선택하고, 곱 노드의 플로트 데이터 핀을 SetRelativeRotation 노드의 New Rotation Y (Pitch) 핀에 연결한다.

13. 타임라인 노드의 Finished 출력 실행 핀을 클릭하고 드래그 앤 드롭해 컨텍스트 메뉴를 띄운 후 검색 바에서 spawn emitter를 입력한다. 목록에서 Spawn Emitter at Location을 선택해 노드를 추가한다. Emitter Template 아래에 P_Explosion을 지정한다.

14. Spawn Emitter at Location 출력 실행 핀을 클릭하고 드래그 앤 드롭해 컨텍스트 메뉴를 띄운 후 검색 바에서 play sound를 입력한다. 목록에서 Play Sound at Location을 선택해 노드를 추가한다. Sound 속성을 Explosion01 사운드 애셋으로 설정한다.

15. 타임라인의 Finished 출력 실행 핀을 Spawn 노드의 입력 실행 핀에 연결한다.

16. 화살 컴포넌트의 트랜스폼을 사용해 Spawn Emitter at Location과 Play Sound at Location 노드의 Location 및 Rotation 속성을 설정한다.

17. Play Sound at Location 출력 실행 핀을 Spawn Actor 노드의 입력 실행 핀에 연결한다.

18. 모든 작업을 끝내면 블루프린트는 그림 18.7과 같을 것이다. 이제 블루프린트를 컴파일하고 저장한다.

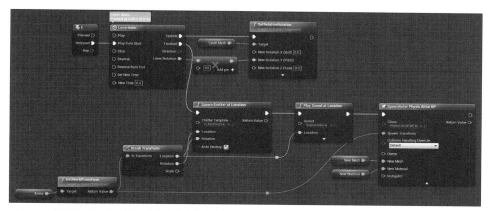

그림 18.7 블루프린트 시퀀스는 레버를 애니메이션시키고 플레이어가 E 키를 누르면 액터를 스폰한다.

19. 레벨을 미리보기하고 스폰된 액터와 상호작용해보자. E 키를 누르면 레버가 애니메이션되고 폭발 파티클이 재생되면서 폭발음이 들릴 것이다. 마지막으로 Physics Actor가 스폰되는 것을 볼 수 있다.

액션 엔카운터 만들기

이번 시간에 배우는 것들

▶ 기존 블루프린트 클래스를 활용해 장애물 코스 만들기

▶ 캐릭터 무브먼트(character movement) 속성 수정하기

▶ 레벨에 게임 모드(Game Mode) 지정하기

▶ 액터 태그(Actor tag) 지정하기

이전 시간에는 블루프린트를 설명했다. 이번 시간에는 기존 블루프린트 클래스들을 활용해 액션 기반 엔카운터encounter를 만들어보고 제공된 게임 모드를 사용해 시간 기반의 장애물 코스를 만들어볼 것이다.

> **노트**

Hour 19 설정

www.sty-ue4.com에서 제공되는 Hour_19 프로젝트를 다운로드한 후 연다. 이 파일에서 이번 시간을 위해 필요한 모든 것을 찾을 수 있으며 1인칭 게임 및 3인칭 게임 모드를 찾을 수 있다.

Hour_19 프로젝트의 콘텐츠 브라우저에서 BasicFPSGame 폴더를 보면 BasicFPSGameMode 게임 모드가 있고, Basic3rdPGame이라는 폴더에서는 Basic3rdPGameMode를 볼 수 있다. 그리고 이 폴더 안에서 잘 정리된 블루프린트 클래스 모음을 찾을 수 있다.

프로젝트 게임 모드

이번 시간에는 두 가지 게임 모드인 BasicFPSGameMode라는 1인칭 슈팅 게임FPS 게임 모드와 Basic3rdPGameMode라는 3인칭 게임 모드를 제공한다. FPS 게임 모드는 BasicFPSCharacter라는 캐릭터 블루프린트를 사용하고, 3인칭 게임 모드는 Basic3rdPCharacter라는 캐릭터 블루프린트를 사용한다.

헤드업 디스플레이(HUD)

제공되는 두 게임 모드는 단순한 언리얼 모션 그래픽스^{UMG, Unreal Motion Graphics} HUD^{Heads-Up Display}를 가지고 있다. HUD에는 캐릭터의 건강 상태, 수집된 픽업 아이템 개수, 레벨이 시작된 이후의 시간이 표시된다. 두 게임 모드 모두에서 캐릭터는 난간에 떨어지거나 데미지를 입으면 죽게 된다.

▶ 인터페이스 제작과 언리얼 모션 그래픽스 UI 디자이너에 대해 더 자세히 알고 싶다면 **Hour 22, 'UMG 작업하기'**를 참고하자.

게임 타임 및 리스폰 시스템

제공되는 두 게임 모드는 이미 게임 모드 블루프린트에 리스폰과 타이머 시스템을 가지고 있다. 타이머는 레벨이 시작되고 HUD에 표시될 때 카운팅을 시작하고 리스폰 시스템은 CheckPoint_BP 및 KillVolume_BP 블루프린트 액터와 함께 작동하며 콘텐츠 브라우저의 BP_Respawn 폴더에서 찾을 수 있다.

캐릭터의 능력을 아는 것

레벨 엔카운터^{level encounter}를 만들 때 캐릭터의 모든 능력을 알고 있는 것이 좋다. 얼마나 빨리 움직일 수 있는지? 얼마나 높게 점프할 수 있는지? 어떤 무기를 들고 있는지? 캐릭터의 능력에 대해 더 많이 알면 알수록 레벨에 좋은 엔카운터들을 만들 수 있다.

이번 시간에 사용하는 FPS 게임 모드 캐릭터는 캐릭터 블루프린트 클래스에 일반적인 무기들을 가지고 있으며, 이것들은 각각 추적^{trace} 무기, 발사체^{projectile} 무기, 물리^{physics} 총이다. 키보드 1, 2, 3을 입력해 무기를 교체할 수 있다. 마우스 왼쪽 버튼을 눌러 추적, 발사체 무기를 사용할 수 있으며, 물리 총의 경우 왼쪽 버튼으로 피직스 액터^{Physics Actor}를 들고 마우스 오른쪽 버튼을 눌러 들고 있는 액터를 던질 수 있다.

콘텐츠 브라우저에서 Hour_19/Basic3rdPGame/Blueprints/Basic3rdPCharacter로 간 후 블루프린트를 열자. 컴포넌트 패널에서 CharacterMovement 컴포넌트를 선택하고 블루프린트 디테일 패널로 간다. 여기서 필요한 대부분의 정보를 얻을 수 있다. 대부분의 캐릭터 이동에 관한 정보는 가속도와 속도에 기반한다. 약간의 테스트를 하면 이 값들이 실제로 어떤 의미를 갖는지 알 수 있다.

다음 '직접 해보기'를 통해 CharacterMovement 컴포넌트 설정에 더 친숙해져보자.

3인칭 플레이어 능력 알아보기

다음 단계들을 따라 JumpTest 레벨을 테스트해보면서 플레이어의 점프 높이나 거리를 알아보자.

1. 콘텐츠 브라우저에서 Hour_19/Maps로 간 후 JumpTest 레벨을 연다. 이 레벨에서 다양한 크기로 설정된 여러 BSP 액터를 볼 수 있는데 캐릭터가 얼마나 빠르게, 높게, 멀리 달릴 수 있는지에 대한 아이디어를 얻기 위해 이것들을 사용할 것이다.

2. 레벨을 미리보기하고 한쪽에서 점프해 다른 쪽으로 이동해보자. 멈춘 상태에서 점프도 해보고 달리면서 점프도 해보자. 플레이어의 속도와 가속도에 따라 약간의 거리 변화가 있다. 이 테스트에서 3인칭 플레이어의 점프 높이와 거리를 추정할 수 있다. 기본값을 사용하면 플레이어는 대략 600단위 거리와 200단위 높이를 이동할 수 있다.

3. 콘텐츠 브라우저에서 Basic3rdPCharacter 블루프린트를 찾고 연다.

4. 블루프린트 에디터에서 컴포넌트 패널로 간 후 CharacterMovement 컴포넌트를 선택한다.

5. 디테일 패널에서 **Character Movement**의 **Walking** 섹션에 있는 **Max Walk Speed** 속성으로 간 후 (그림 19.1 참조) 값을 300으로 설정한다.

6. 블루프린트를 컴파일한다. 레벨을 미리보기한 후 BSP 액터와 상호작용해보자.

7. 디테일 패널에서 **Character Movement**의 **Jumping/Falling**(그림 19.1 참조) 섹션으로 간 후 **Jump Z Velocity** 속성을 1000으로 설정한다.

8. 블루프린트를 컴파일하고 레벨을 미리보기한다. 그리고 BSP 액터와 상호작용해보자.

9. 캐릭터의 다른 속성들을 조정하면서 플레이 테스트를 해보자. 속성을 기본값으로 되돌리려면 속성 값의 오른쪽에 있는 노란색 화살표를 클릭하면 된다.

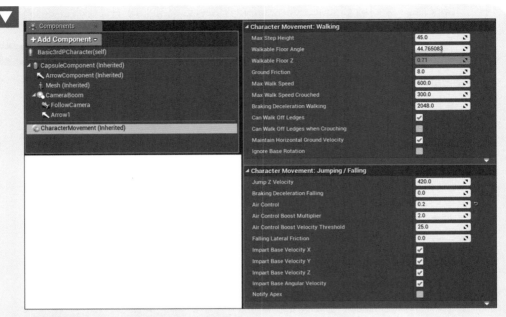

그림 19.1 Character Movement 컴포넌트 속성들

기본적인 1인칭 게임 모드

이전 '직접 해보기'에서 수행한 단계들은 1인칭 게임 모드(BasicFPSCharacter)에서도 동작하지만 이를 테스트하려면 JumpTest 레벨의 Game Mode Override 설정을 BasicFPSGameMode로 변경해야 한다.

블루프린트 클래스 사용하기

장애물 코스 레벨을 구축하는 데 사용할 수 있는 모든 블루프린트 클래스들은 기능을 기반으로 폴더로 구성돼 있다. 플랫폼과 장애물을 이동시켜 플레이어에게 데미지를 줄 수 있는 폴더가 있으며, 다른 폴더에는 포탑 및 발사체 블루프린트가 있다. 다른 폴더에는 레버와 스위치가 포함돼 있고, 또 다른 폴더에는 픽업, 체크 포인트 생성, 킬 볼륨^{Kill Volume}이 있다.

각각의 액터들은 컨스트럭션 스크립트를 사용할 수 있으며 편집 가능한 변수들을 가지고 있다. 그래서 배치된 액터들은 필요에 따라 수정될 수 있다. 모든 액터들의 핵심 기능들은 레벨 디테일 패널에서 수정할 수 있도록 돼 있으며 메시, 머티리얼, 파티클 속성과 같은 것들을 교체할 수 있다.

> **팁**
>
> **그리드와 스냅**
>
> 많은 블루프린트를 배치할 때는 그리드 스냅 기능을 켜 놓고 단위를 100으로 설정하는 편이 도움이 될 것이다(그림 19.2 참조).

그림 19.2 그리드와 스냅

다음 절에서는 제공되는 폴더들과 콘텐츠에 대해 설명한다.

BP_Common 폴더

BP_Common 폴더는 제공된 게임 모드 중 하나와 함께 사용할 수 있는 블루프린트 클래스가 들어있다. 이 폴더는 모든 블루프린트 클래스의 기본 기능을 보여주는 ActorGallery라는 샘플 맵을 포함하고 있다. 콘텐츠 브라우저에서 Hour_19/BP_Common으로 이동하고 ActorGallery 맵을 연 다음 레벨을 미리 보자. 이 폴더에는 장애물 코스를 만드는 데 사용할 수 있는 여섯 개의 액터가 있다.

▶ Launcher_BP: 이 액터는 플레이어의 캐릭터를 공중에서 정해진 거리와 높이로 날려 보낸다. 방향을 바꾸려면 액터를 회전시키면 된다.

▶ Mover_BP: 이 블루프린트는 메시 컴포넌트를 두 지점 사이로 애니메이션시킨다. 방향을 바꾸기 전에 이동 속도$^{Move\ Speed}$와 딜레이를 줄 수 있으며 시작 지점에서 시작할 것인지 끝 지점에서 시작할 것인지 결정할 수 있다. Destination 트랜스폼을 이용해 목적지를 설정할 수 있으며, 트랜스폼을 이용해 원하는 위치와 회전을 설정할 수 있다.

▶ Pendulum_BP: 이 액터는 앞뒤로 움직이며 캐릭터가 부딪혔을 때 특정 데미지를 줄 수 있다. 움직이는 속도와 방향을 설정할 수 있으며 회전하거나 균일한 크기로 크기를 조절할 수 있다.

▶ Smasher_BP: 이 액터는 두 개의 못으로 된 피스톤을 앞뒤로 움직여 중간에 플레이어가 걸리면 데미지를 준다. 최종 위치와 돌아오는 위치, 공격 속도, 공격 딜레이, 데미지 양을 조절할 수 있다. 이 액터는 회전 가능하며 크기 조절이 가능하다.

▶ Stomper_BP: 이 액터는 메시 컴포넌트를 두 지점 사이로 애니메이션시킨다. 이것은 플레이어에게 특정 데미지를 줄 수 있고 회전 가능하며 크기 조절이 가능하다.

▶ SpikeTrap_BP: 이 액터는 캐릭터가 지나갈 때 못이 나타나 데미지를 준다. 속도, 데미지 양, 사운드 효과를 바꿀 수 있다.

다음 '직접 해보기'에서 제공된 블루프린트 액터 중 하나를 사용해 레벨 생성과 레벨을 위한 게임 모드 설정을 연습해보자. 현재 레벨을 위한 월드 설정World Settings 패널을 열려면 레벨 에디터 툴바에서 Settings ▶ World Settings를 선택하면 된다(그림 19.3 참조).

그림 19.3 월드 설정 패널 열기

월드 설정 패널은 레벨 에디터 인터페이스의 디테일 패널 옆에 열린다. 월드 설정 패널은 라이트매스Lightmass, 물리Physics, 레벨을 위한 게임 모드와 같은 속성들을 설정할 수 있도록 한다. 게임 모드 클래스를 지정하면 게임 모드에 지정된 모든 블루프린트 클래스들은 자동으로 추가된다. 다음 '직접 해보기'에서 이 단계들을 알아보자.

▼ 직접 해보기

제공된 블루프린트 클래스 작업하기
다음 단계들을 따라 기본 레벨을 만들고 Mover_BP 클래스 사용을 연습해보자.

1. 새로운 기본 맵을 만들고 Hour_19/Maps에 저장한다.

2. 월드 설정(World Settings) 패널에서 **Game Mode Override**를 **Basic3rdPGameMode**로 설정한다(그림 19.4 참조).

3. 콘텐츠 브라우저에서 Mover_BP 액터를 선택하고 레벨에 배치한다.

4. 배치된 Mover_BP를 선택하고 파란색 다이아몬드를 선택한다(Destination 트랜스폼). 그리고 이것을 움직여 새로운 위치로 설정한다.

5. 레벨을 미리보기하고 이것이 어떻게 움직이는지 살펴본다. 다음에는 캐릭터를 움직여 해당 플랫폼에 올라가보자.

6. 미리보기를 멈추고 액터가 선택된 상태에서 디테일 패널로 간 후 **Move Speed**를 바꿔보자. 큰 값은 느려지고 움직이는 데 더 많은 시간이 든다. 작은 값은 더 빨리 움직이고 적은 시간이 든다.

7. 적당한 이동 속도를 설정한 이후에는 **Return, Destination Delay** 시간을 설정해 플랫폼이 움직이고 멈추는 시간을 조정한다.

8. Mover_BP 액터의 복사본을 만들려면 액터를 선택한 후에 **Alt** 키를 누른 채로 이동하거나 **Ctrl + W** 키를 눌러 액터를 복제한다.

9. 복제된 액터를 이동해 새로운 위치를 설정한다. 그리고 Destination 트랜스폼을 드래그해 첫 번째 액터의 Destination 트랜스폼에 정렬시킨다.

10. 레벨을 미리보기하고 캐릭터가 첫 번째 무버에 올라탄 후, 두 번째 무버에 타보도록 해보자.

11. 액터의 시작, 끝 트랜스폼을 조절하고 이동 속도, 딜레이 시간을 조정해 플랫폼의 이동을 개선해보자.

그림 19.4 게임 모드 설정

BP_Turrets 폴더

BP_Turrets 폴더는 세 개의 터렛 블루프린트와 발사체 블루프린트를 가지고 있다. 캐릭터가 특정 거리 안에 들어오면 캐릭터를 추적하는 두 개의 터렛이 있다. 또한 패턴 기반의 터렛도 있는데, 이것들은 정해진 방향으로 패턴을 형성하는 발사체를 생성한다. 모든 터렛은 제공되는 두 게임 모드에서 동작한다.

콘텐츠 브라우저에서 Hour_19/BP_Turrets로 간 후 TurretGallery 맵을 열고 레벨을 테스트해보자.

폴더에는 다음과 같은 블루프린트들이 있다.

▶ Pattern_Projectile_BP: 이 발사체 블루프린트는 PatternTurret_BP 블루프린트를 스폰한다. 플레이어에게 부딪히면 데미지를 준다.

▶ PatternTurret_BP: 이 블루프린트는 지정된 속성을 기반으로 Pattern_Projectile_BP 블루프린트를 패턴으로 생성한다. 이것은 필요에 따라 배치, 회전, 균일한 크기 조정이 가능하다.

▶ ProjectileTurret_BP: 이 터렛은 플레이어 캐릭터를 추적하며 플레이어 캐릭터가 일정 범위 안에 들어오면 발사체(TurretProject_BP)를 발사한다. Turret Range^{터렛 범위}, Track Speed^{추적 속도}, Fire Rate^{발사 속도}는 필요에 따라 조정할 수 있으며 이 블루프린트는 배치, 회전, 균일한 크기 조정이 가능하다.

▶ TraceTurret_BP: 이 터렛은 플레이어 캐릭터를 추적하며 플레이어 캐릭터가 일정 범위 안에 들어오면 추적 무기를 발사한다. 터렛 범위, 추적 속도, 발사 속도는 필요에 따라 조정할 수 있으며 이 블루프린트는 배치, 회전, 균일한 크기 조정이 가능하다.

▶ TurretProjectile_BP: 이 블루프린트는 ProjectileTurret_BP 블루프린트를 생성한다. 플레이어에게 부딪히면 데미지를 준다.

BP_Respawn 폴더

BP_Respawn 폴더에는 체크포인트에서 리스폰하거나 플레이어가 선반에서 떨어졌을 때 플레이어를 소멸하는 데 쓰이는 두 개의 블루프린트 클래스가 있다.

콘텐츠 브라우저에서 Hour_19/BP_Respawn으로 간 후 Respawn_Gallery 맵을 열고 레벨을 미리보기하자.

이 폴더에는 다음과 같은 블루프린트들이 있다.

- ▶ Checkpoint_BP: 이 블루프린트 클래스는 제공된 게임 모드에서 리스폰 시스템과 함께 동작한다. 캐릭터가 이 액터를 지나치면 위치를 게임 모드에 저장해놓고 플레이어가 죽었을 때 해당 리스폰 위치로 액터를 이동시킨다. 만일 이 액터가 하나 이상 레벨에 배치돼 있는 경우 마지막으로 상호작용했던 리스폰 액터가 캐릭터의 리스폰 위치가 된다.

- ▶ KillVolume_BP: 이 블루프린트 클래스는 플레이어가 부딪쳤을 때 플레이어를 파괴하고 제공된 게임 모드에 Destroy 이벤트를 발생시킨다. 그리고 플레이어를 마지막으로 체크했던 체크포인트로 리스폰시킨다.

BP_Pickup 폴더

BP_Pickup 폴더에는 세 개의 픽업 블루프린트 클래스들이 있다. 첫 번째 헬스 픽업은 플레이어에게 체력을 주고, 두 번째 픽업은 플레이어가 레벨을 돌아다니면서 수집하는 픽업 아이템이다. 마지막으로 세 번째는 물리 기반 픽업이며, 물리 총$^{Physics\ gun}$으로 들 수 있고 한곳에서 다른 곳으로 움직일 수 있다. 이 블루프린트는 1인칭 게임 모드에서 플레이어가 물리 총을 들고 있을 때만 사용할 수 있다.

콘텐츠 브라우저에서 Hour_19/BP_Pickup으로 간 후 Pickup_Gallery 맵을 열고 레벨을 미리보기한다.

폴더에 있는 블루프린트들은 다음과 같다.

- ▶ CollectionPickup_BP: 이 블루프린트는 메시, 머티리얼, 포인트를 바꿀 수 있다. 제공되는 두 게임 모드에서 동작하며 크기와 위치를 조정 가능하다.

- ▶ HealthPickup_BP: 이 블루프린트는 메시, 머티리얼, 헬스 포인트를 바꿀 수 있다. 제공되는 두 게임 모드에서 동작하며 크기와 위치를 조정 가능하다.

- ▶ PhysicsPickup_BP: 이 블루프린트는 메시, 머티리얼을 바꿀 수 있으며 액터 태그$^{Actor\ Tag}$가 지정돼 있다. 1인칭 게임 모드에서 물리 총과 함께 동작한다.

BP_Levers 폴더

BP_Levers 폴더는 다른 블루프린트를 켜고 끄거나 활성화하는 블루프린트 컬렉션을 가지고 있다. 플레이어가 레버를 움직이기 위해 E 키를 누르거나 캐릭터 또는 다른 액터를 활성화하기 위해 태그가 달린 피직스 액터를 배치해야 하는 터치 기반 블루프린트들이 있다.

레버나 스위치판 블루프린트는 Door_BP 블루프린트를 열거나 닫는 데 사용할 수 있고 Stomper_BP 블루프린트 클래스는 BP_Common 폴더에서 찾을 수 있다.

콘텐츠 브라우저에서 Hour_19/BP_Levers로 간 후 Lever_Gallery 맵을 열고 레벨을 미리보기하자.

이 폴더는 다음 액터들을 가지고 있다.

▶ UseKeyLever_BP: 이 액터는 플레이어가 가까이 다가와 E 키를 누르면 동작한다. 레버는 애니메이션되고 액터 활성화 리스트에 들어간 액터들에게 신호를 보낸다.

▶ Door_BP: 이 터치 트리거 도어는 캐릭터가 걸어오면 열린다. 플레이어가 사용하기 전에 UseKeyLever_BP 또는 TouchActivation_BP 액터와 같은, 다른 액터를 필요로 하는 잠긴 상태로 설정할 수 있다.

▶ PhysicSpawner_BP: 이 액터가 레벨에 배치되면 플레이어는 액터로 걸어갈 수 있고 E 키를 눌러 피직스 픽업(BP_Pickup 폴더에 있다.)을 생성할 수 있다. 피직스 액터 Physics Actor에 스폰된 태그를 할당할 수 있는 속성이 있다.

▶ TouchActivation_BP: 이 블루프린트 클래스는 액터 태그가 Key로 설정된 캐릭터 또는 물리 Pickup_BP 액터가 상호작용할 때 작동한다. Door_BP를 잠금 해제하거나 ActivateStomper_BP를 켤 수 있다. 또한 TouchActivationBP가 상호작용할 때 TouchActivation_BP를 사용해 활성화하려는 레벨 내 다른 액터를 수동으로 지정할 수 있다.

▶ ActivateStomper_BP: 이 액터는 UseKeyLever_BP나 TouchActor_BP로부터 신호를 받으면 켜질 수 있다.

위와 같은 모든 액터들은 블루프린트 인터페이스 BPI, Blueprint Interface를 사용해 통신한다. 이 액터들을 배치할 때 어떤 액터에게 영향을 줄 것인지 지정할 필요가 있다.

액터와 컴포넌트 태그

물리 총이 물리 액터와 함께 작동하려면 물리 액터가 액터 태그를 가져야 한다. 태그는 액터 또는 액터의 컴포넌트에 지정할 수 있는 이름이며, 블루프린트 내 컴포넌트 타입이나 같은 액터 중에서 둘 이상을 구별하는 데 사용할 수 있다. FPS 캐릭터 블루프린트의 물리 총 시퀀스는 픽업 태그가 지정된 피직스 액터만 검색하는데, 예를 들어 물리 시뮬레이션하는 두 스태틱 메시 중에 하나만 물리 총에 반응하게 하려면 원하는 액터에 픽업 태그를 설정하면 된다.

콘텐츠 브라우저에서 Hour_19/BP_Pickups로 간 후 ActorTagExample 맵을 연다. 그리고 레벨을 미리보기한 후 3을 눌러 물리 총으로 바꿔보자.

맵을 보면 두 개의 스태틱 메시가 있는데 둘 다 물리 시뮬레이션을 하고 있으며, 이동해서 두 액터들을 밀 수 있다. 오른쪽에 있는 스태틱 메시는 액터 태그가 Pickup으로 설정돼 있는데, 그렇기 때문에 들거나 떨어뜨리거나 던질 수 있다. 물리 총이 선택된 상태에서 두 액터들을 모두 들어보려고 시도해보자.

그림 19.5는 레벨의 디테일 패널에서 태그된 스태틱 메시 액터의 속성들을 보여준다.

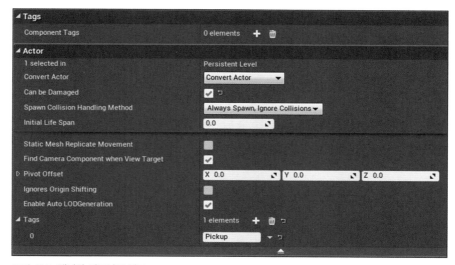

그림 19.5 액터와 컴포넌트 태그

PhysicsPickup_BP 액터는 이미 Pickup 태그가 지정돼 있기 때문에 레벨에 배치하거나 스폰될 때 물리 총에 반응한다.

요약

이번 시간에는 1인칭, 3인칭 게임 모드의 장애물 기반 레벨을 만드는 데 필요한 여러 블루프린트 클래스들을 배웠다. 그리고 플레이어의 기본 이동 능력과 액터 및 컴포넌트 태그의 콘셉트에 대해서도 배웠다.

질문 및 답변

질문. 이번 시간에 만든 레벨을 플레이할 때 컨트롤 가능한 1인칭, 3인칭 캐릭터가 없다. 왜 그런가?

답변. 월드 설정 패널에서 Game Mode Override를 BasicFPSGameMode 또는 Basic3rdPGame으로 설정하는 것을 기억하자.

질문. TouchActivation_BP의 Actor Activate List 속성에 액터를 지정했는데 켜지지 않는다. 왜 그런가?

답변. TouchActivation_BP 액터는 블루프린트 인터페이스^{BPI}를 통해 목록에 있는 모든 액터에 신호를 보낸다. 이때 모든 액터가 신호에 응답할 줄 아는 것은 아니다. 오직 Door_BP와 ActivateStomper_BP만이 신호에 응답하게 설정돼 있다.

연구

이번 시간을 끝냈으니 다음 질문에 답할 수 있는지 확인해보자.

퀴즈

1. 플레이어의 기본 이동 속성들을 바꾸려면 캐릭터 게임 모드에 지정된 캐릭터 블루프린트 클래스의 어떤 컴포넌트를 수정해야 하는가?

2. 물리 총으로 물리 시뮬레이션되는 스태틱 메시 액터를 픽업하기 위해 지정해야 하는 것은 무엇인가?

3. 액터를 레벨에 배치할 때 더 정확한 컨트롤이 필요하면 그리드를 위한 _____을 켜서 회전, 스케일 트랜스폼 변경을 할 수 있다.

해답

1. Character Movement 컴포넌트는 캐릭터의 기본 이동 속성들을 가지고 있다.

2. 액터 태그^{Actor tag}. 1인칭 게임 모드에서의 물리 총은 Pickup 액터 태그를 설정한 액터에만 물리 시뮬레이션 상호작용을 할 수 있다.

3. 스냅핑^{snapping}. 스냅핑 기능을 켜서 그리드의 유닛 개수, 회전, 크기를 조절할 수 있다.

연습

이 연습에서는 제공된 블루프린트 클래스와 게임 모드 중 하나를 사용해 Hour_19 프로젝트에서 장애물 코스 레벨을 만들어볼 것이다. 장애물 코스를 모두 만들고 나면 무료 인피니티 블레이드^{Infinity Blade} 배경 애셋이나 FX를 마켓플레이스에서 받아 프로젝트에 추가해보자.

1. Hour_19 프로젝트에서 새로운 기본 레벨을 만들고 이름을 지정한다. 그리고 Maps 폴더에 저장하자.

2. 월드 설정 패널을 열고 Game Mode Override 속성을 BasicFPSGameMode 또는 Basic3rdPGameMode로 설정한다.

3. 기본 스태틱 메시 액터 또는 BSP 액터를 사용해 레벨을 구성한다.

4. BP_Common, BP_Pickups, BP_Respawn 폴더에 있는 블루프린트 클래스를 사용해 장애물 코스를 만든다.

5. 액터 속성을 조절하면서 레벨을 필요한 만큼 개선한다.

6. 모든 작업이 끝나면 무료 인피니티 블레이드 애셋을 마켓플레이스에서 받아 프로젝트에 추가한다.

7. 인피니티 블레이드의 무료 FX 팩도 마켓플레이스에서 받은 후 프로젝트에 추가한다.

8. 인피니티 블레이드 애셋을 활용해 레벨을 더 보기 좋게 꾸며보자. 라이트를 추가하고 앰비언트 사운드를 필요한 만큼 추가한다.

9. 라이트를 빌드하고 레벨을 테스트해보자.

HOUR 20
아케이드 슈터 만들기: 입력 시스템과 폰

이번 시간에 배우는 것들

- ▶ 디자인 요약으로 요구 사항 정의하기
- ▶ 새로운 프로젝트 만들기
- ▶ 사용자 정의 게임 모드 만들기
- ▶ 사용자 정의 폰, 플레이어 컨트롤러 만들기
- ▶ 폰의 이동 제어하기
- ▶ 고정 카메라 설정하기

새로운 비디오 게임을 만들 때 거의 항상 플레이어는 게임 세계에서 무언가를 제어한다. 이것은 캐릭터의 완전한 제어 또는 간단한 오브젝트일 수 있다. 중요한 것은 플레이어가 무언가를 한다는 점이고, 이것은 키를 누르거나 트리거를 당기거나 게임 내 무언가가 반응하는 것이다. UE4에서는 플레이어 컨트롤러^{Player Controller}를 사용해 물리적 액션, 폰을 동작시킨다. 이번 시간에는 이러한 개념을 알아보고 첫 번째 게임인 단순한 아케이드 슈팅 게임을 만들어볼 것이다. 디자인 요약에서 요구 사항을 결정하는 방법, 새 프로젝트를 만들고 설정하는 방법, 폰을 생성하고 사용하는 방법, 게임 카메라를 설정하는 방법을 배워볼 것이다.

노트

Hour 20 설정

이번 시간에는 새로운 게임을 처음부터 만들어볼 것이다. 스타터 콘텐츠를 사용해 새로운 빈 프로젝트를 만든다. Hour_20 폴더에는(www.sty-ue4.com에서 다운로드) 이번 시간을 위해 필요한 애셋들이 담겨 있고 H20_ArcadeShooter에 완료된 버전의 프로젝트가 준비돼 있으므로 최종적인 결과물과 비교할 수 있다.

디자인 요약으로 요구 사항 확인하기

서로 다른 두 게임은 정확히 똑같을 수 없다. 게임 개발을 할 때는 게임에 포함시키려는 기본 요소에 중점을 두는 것이 매우 중요하다. 이번 시간에는 〈스페이스 인베이더Space Invader〉나 〈애스터로이드Asteroid〉와 같은 간단한 아케이드 슈터 게임을 만들어볼 것이다. 이에 앞서 게임의 요구 사항과 기능을 결정할 필요가 있다.

우리의 경우 디자인은 간단하다. 플레이어는 왼쪽이나 오른쪽으로 움직일 수 있는 우주선을 제어하면서 방해가 되는 소행성을 피하거나 파괴하면 된다.

요구 사항 정의하기

디자인을 현실로 구현하기 위해 어떤 유형의 상호작용이 필요한지 결정하기 위해 약간의 시간을 투자하는 것이 매우 중요하며 게임 요구 사항을 이해하면 제작에 집중할 수 있다. 이번에 작성하는 게임의 경우 디자인 요약을 다음 구성 요소로 나눠볼 수 있다.

- ▶ 플레이어는 우주선을 조정할 수 있다.
- ▶ 우주선은 왼쪽, 오른쪽으로 움직일 수 있다.
- ▶ 소행성은 플레이어 방향으로 움직이며 아래로 움직인다.
- ▶ 우주선은 소행성을 총으로 쏴서 부술 수 있다.

요약하면 몇 가지 염두에 둬야 할 사항들이 있다. 디자인은 플레이어가 게임에서 제어할 수 있는 액터가 필요하다는 것을 알려준다. UE4에서는 폰이라고 한다. 또한 우주선의 움직임이 하나의 축으로 제한된다는 것을 알려준다. 이 요구 사항은 해당 한 축에 대한 입력 바인딩을 설정해야 함을 의미한다. 플레이어가 제한돼 있는 것을 알고 있기 때문에 카메라가 고정돼 있고 플레이어가 카메라를 제어하지 못한다고 가정할 수 있다. 또한 플레이어가 만나게 될 장애물과 발사체를 발사하는 데 필요한 입력이 필요하다고 볼 수 있다.

게임 프로젝트 만들기

새로운 게임을 만들 때 항상 해야 할 일은 UE4에 새로운 프로젝트를 만드는 것이다. UE4는 새로운 프로젝트를 위한 훌륭한 콘텐츠와 템플릿을 다수 제공하고 있다. 또한 프로젝트를 생성할 때 빈 프로젝트 템플릿을 사용해 처음부터 만들 수도 있다.

팁

시작 레벨 설정하기

Project Settings > Maps & Modes를 선택함으로써 기본 시작 레벨을 바꿀 수 있다. Editor Default Map을 바꿔 개발 속도를 빠르게 한다거나 Game Default Map을 바꿔 게임을 시작할 때 사용하는 맵을 바꿀 수 있다(스탠드얼론에서 플레이할 때).

다음 '직접 해보기'에서 새로운 빈 프로젝트를 만들고 빈 맵에서 게임 개발 경험을 쌓는 연습을 해보자.

직접 해보기

새로운 프로젝트와 기본 레벨 만들기

다음 단계들을 따라 새로운 빈 프로젝트를 만들고 기본 레벨을 새로운 빈 레벨로 교체해 아케이드 슈터 게임의 기초를 만들자.

1. UE4 프로젝트 브라우저를 실행하고 그림 20.1과 같이 **New Project** 탭으로 가자.

2. 빈 프로젝트(**Blank Project**) 템플릿을 선택한다.

3. 프로젝트의 타깃은 **Desktop/Console**로 설정한다.

4. 퀄리티 설정(Quality Setting)은 최대 퀄리티(Maximum Quality)로 설정한다.

5. 프로젝트가 저장될 위치를 설정한다.

6. 새로운 프로젝트의 이름은 ArcadeShooter로 한다.

7. **Create Project** 버튼을 눌러 새로운 프로젝트를 생성한다.

8. 새로운 프로젝트가 로드되면 File > New Level을 누른다(아니면 Ctrl + N 키를 눌러도 된다).

9. New Level 대화 상자에서 Default 템플릿을 선택한다.

10. File > **Save As**를 선택한다(Ctrl + Shift + S를 눌러도 된다).

11. Save Level As 대화 상자에 있는 Content 디렉터리에서 마우스 오른쪽 버튼을 누른 다음 **New Folder**를 선택한다. 그리고 폴더의 이름을 Maps로 설정한다.

12. Maps 디렉터리가 선택된 상태에서 **Name** 필드의 값을 Level_0으로 설정한다.

13. **Save**를 클릭한다.

14. 프로젝트 설정 패널에서 **Maps & Modes**를 클릭한다.

15. Game Default Map과 Editor Startup Map을 Level_0로 설정한다.

그림 20.1 UE4 프로젝트 브라우저에서 새로운 프로젝트 탭

팁

Maps 폴더

콘텐츠 디렉터리 내의 모든 디렉터리에 레벨 UAssets를 저장할 수 있지만 모든 레벨 파일들은 Maps 디렉터리에 저장하는 것이 좋다. 레벨이 Maps라는 폴더 안에 있으면 게임 기본 맵과 같은 드롭다운 목록에 레벨이 표시된다. 또한 배포를 위한 UE4 프론트엔드 실행 파일을 사용하면 레벨을 자동으로 찾아준다.

이제 기본적인 빈 레벨을 만들었으니 게임 로직과 시스템을 설정해보자.

사용자 정의 게임 모드 만들기

이제 게임 로직^{logic}과 동작^{behavior}들을 저장할 장소가 필요하다. UE4에서 각 레벨은 게임 로직을 저장할 수 있는 장소인 자체 블루프린트를 가지고 있지만, 레벨 블루프린트에 스크립트를 너무 많이 넣으면 로직을 새로운 레벨과 맵으로 보내기 위해 많은 복사 및 붙여넣기 작업이 필요하다. 대신에 UE4는 게임 모드라는 개념을 가지고 있는데, 이것은 레벨 블루프린트와 같이 게임과 관련된 복잡한 동작들을 가지고 있지만 레벨 블루프린트와 달리 여러 레벨에서 동작들을 공유할 수 있다.

게임 모드는 실행 중인 게임의 동작을 정의하고 규칙을 적용하는 일을 담당한다. 게임 모드에는 플레이어가 게임을 시작할 때 가지고 있는 아이템 정보, 플레이어가 죽거나 게임이 끝났을 때 어떤 일이 발생하는지, 게임 시간 제한 및 점수와 같은 정보들을 가지고 있다.

게임 모드는 게임 내 여러 시스템들 사이에서 연결 고리 역할을 한다. 게임 모드 블루프린트는 캐릭터, 폰을 가지고 있으며 HUD 클래스, 관찰자spectator 클래스, 게임 상태 및 멀티 플레이어 경험을 위한 플레이어 상태 클래스를 참조한다.

가장 기본적인 레벨에서 게임 모드는 현재 게임의 규칙을 설정한다. 예를 들어 플레이어의 수, 레벨 전환 처리 방법, 게임의 일시 정지, 재개 또는 특정 게임의 승리/패배 조건을 설정한다.

새로운 게임 모드를 만드는 것은 매우 쉽다. 콘텐츠 브라우저에서 마우스 오른쪽 버튼을 클릭한 후 Blueprint Class를 선택해 부모 클래스 선택 윈도우를 연다. 그리고 그림 20.2와 같이 Game Mode를 선택한다.

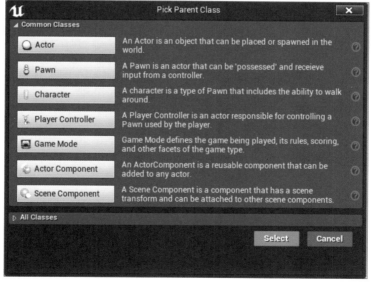

그림 20.2 부모 클래스 선택 윈도우. 일반적으로 사용되는 이 창은 지금 필요로 하는 게임 모드 옵션을 포함해 몇 가지 다른 클래스 옵션들을 제공한다.

▼ 직접 해보기

새로운 게임 모드 블루프린트 클래스 만들기

다음 단계를 따라 게임 로직을 담아낼 새로운 게임 모드 블루프린트 클래스를 만들어보자.

1. 콘텐츠 브라우저에서 마우스 오른쪽 버튼을 누른 후 **Folder**를 선택한다.

2. 이 폴더의 이름을 Blueprints로 설정한다.

3. Blueprints 폴더를 더블 클릭해 연다.

4. 콘텐츠 브라우저에서 마우스 오른쪽 버튼을 누른 후 **Blueprint Class**를 선택한다.

5. 부모 클래스 선택 윈도우에서 **Game Mode**를 선택한다.

6. 새로운 게임 모드의 이름을 ArcadeShooter_GameMode로 설정한다.

7. File ➤ Save All을 누른다(**Ctrl + S**를 눌러도 된다).

이제 새로운 게임 모드를 생성했으니 UE4가 기본 게임 모드가 아닌 새로운 게임 모드를 사용하도록 설정해야 한다. 프로젝트 설정 패널에서 이것을 설정할 수 있다.

팁

레벨 재정의

때때로 게임의 다른 부분에서 다른 게임 모드를 사용해야 할 때도 있다. 각 레벨은 게임 모드 및 클래스 설정을 재정의할 수 있다. 이 설정을 레벨 단위로 변경하려면 **Window ➤ World Settings**를 선택하고 **Game Mode Override** 속성을 찾는다. 이 속성은 프로젝트 설정 패널과 똑같이 동작한다. 또한 **Game Mode Override** 설정을 추가하면 폰, HUD 클래스와 같은 다른 속성들도 재정의할 수 있다. 이것은 새 기능을 프로토타이핑할 때 특히 유용하게 사용된다.

게임 모드는 프로젝트 설정 패널에서 설정된 기본 게임 모드 또는 레벨 단위로 설정된 게임 모드 중 오직 하나만 있다. 멀티플레이어 게임에서 게임 모드는 서버에서만 실행되며 규칙의 결과, 상태들은 각 클라이언트에 복제Replicated된다.

직접 해보기 ▼

새로운 기본 게임 모드 설정하기

다음 단계들을 따라 프로젝트 설정 패널의 **Maps & Modes** 섹션에서 기본 게임 모드를 설정해보자.

1. **Edit ➤ Project Settings**를 선택한다.

2. 프로젝트 설정 패널에서 **Maps & Modes**를 클릭한다.

3. **Default Modes** 섹션에서 **Default GameMode** 필드를 클릭해 모든 게임 모드를 검색한다.

4. 이전에 만든 **ArcadeShooter_GameMode** 게임 모드를 선택한다.

사용자 정의 폰, 플레이어 컨트롤러 만들기

UE4에서 플레이어, 인공지능이 제어하는 액터를 폰^{Pawn}이라고 한다. 이러한 폰은 공룡, 인간, 몬스터, 차량, 튕기는 공, 우주선, 심지어 애니메이션되는 음식이 될 수도 있다. 게임 내 어떠한 플레이어 또는 AI에 의해 제어되는 객체도 폰이 될 수 있다. 일부 게임에서 플레이어는 물리적 또는 시각적 표현이 없을 수도 있지만, 폰은 여전히 게임 월드에서 플레이어의 물리적인 위치를 나타내는 데 사용된다.

폰은 제어되는 오브젝트의 시각적인 표현을 정의하고 이동, 물리, 능력을 제어할 수 있다. 게임 월드에서 플레이어의 육체라고 생각하는 것이 종종 유용하다.

플레이어의 비물리적 표현은 바로 컨트롤러^{Controller}다. 컨트롤러는 폰과 플레이어 또는 AI 사이를 제어하는 인터페이스다.

컨트롤러는 액터며 폰을 소유할 수 있다. 다시 말해, 컨트롤러는 비물리적이며 보통 소유하고 있는 폰의 물리적인 특성들(예를 들어 외형, 움직임, 물리 같은)은 직접 결정하지 않는다. 대신 컨트롤러는 플레이어의 의지나 의도를 표현한다.

컨트롤러와 폰은 일대일 관계가 있다. 다른 말로 표현하자면 컨트롤러당 하나의 폰을 가지고 있으며 폰당 하나의 컨트롤러를 가진다. 이것을 염두에 두고 폰은 AI 컨트롤러 또는 플레이어 컨트롤러를 통해 AI 또는 플레이어에게 소유된다.

기본 플레이어 컨트롤러는 게임에 필요한 대부분의 동작을 처리하지만 우리의 경우에는 새로운 폰을 만들 필요가 있다.

기본 폰을 상속하기

폰을 만들기 위해 새로운 블루프린트 클래스를 만들 수 있다. 하지만 이번에는 부모 클래스 선택 윈도우의 All Classess 섹션에서 이미 만들어진 기능을 사용해보려고 한다. 블루프린트 클래스를 만들 때 All Classess를 확장하면 프로젝트에서 사용할 수 있는 모든 클래스들을 볼 수 있다. 그림 20.3과 같이 여기서 DefaultPawn 클래스를 선택한다. 이것은 우리가 만들 게임에서 필요한 기본적인 동작들을 이미 가지고 있기 때문이다.

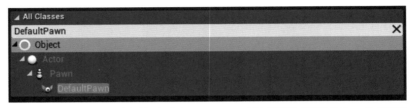

그림 20.3 부모 클래스 선택 윈도우에서 All Classess 서브 섹션을 확장하고 Pawn을 검색해 DefaultPawn과 같은 폰을 찾는다.

팁

클래스 상속

기존 클래스를 상속하면 일반화된 동작들을 매우 쉽게 공유할 수 있다. 예를 들어 DefaultPawn 클래스를 상속하면 일반화된 여러 동작들을 상속하지만 특정 작업에서 다른 동작을 하는 클래스를 만들 수 있다. 이후에 DefaultPawn 클래스(또는 그 부모 중 하나)가 개선되면 폰은 자동으로 이러한 개선점을 상속받는다.

프로젝트 전체에서 상속을 사용하면 일관성 없는 반복된 작업을 피할 수 있다.

▼ 직접 해보기

사용자 정의 폰, 플레이어 컨트롤러 클래스 만들기

다음 단계들을 따라 DefaultPawn 클래스와 Player Controller를 상속한 새로운 블루프린트 클래스들을 만들어보자.

1. 콘텐츠 브라우저에서 Blueprints 폴더로 간다.

2. 콘텐츠 브라우저에서 마우스 오른쪽 버튼을 누른 후 **Blueprint Class**를 선택한다.

3. 부모 클래스 선택 윈도우에서 **All Classes** 카테고리를 확장한다.

4. 검색 필드에서 defaultPawn을 입력하고 DefaultPawn 클래스를 결과에서 선택한다. 다음에 윈도우의 아래쪽에 있는 **Select**를 클릭한다.

5. 새로운 폰 블루프린트 클래스의 이름을 Hero_Spaceship으로 변경한다.

6. 콘텐츠 브라우저에서 마우스 오른쪽 버튼을 누른 후 **Blueprint Class**를 선택한다.

7. 부모 선택 클래스 윈도우에서 **Common Classes** 카테고리를 확장한 후 **Player Controller**를 선택한다.

8. 새로운 플레이어 컨트롤러 블루프린트 클래스의 이름을 Hero_PC로 변경한다.

이제 새로운 폰 클래스가 생겼으므로 클래스를 구성하는 다른 부분들을 이해할 필요가 있다. 콘텐츠 브라우저에서 Hero_Spaceship 클래스를 더블 클릭해 블루프린트 클래스 에디터를 연다.

컴포넌트 계층을 보자. 기본적으로 DefaultPawn 클래스에는 세 개의 컴포넌트가 있다. CollisionComponent, MeshComponent, MovementComponent가 그것이다(그림 20.4 참조). 이 세 가지 컴포넌트는 폰이 담당하는 주요 기능들의 동작을 처리한다.

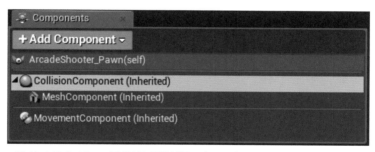

그림 20.4 DefaultPawn 클래스를 위한 블루프린트 클래스 에디터의 컴포넌트 계층 구조

CollisionComponent는 폰의 물리 충돌, 볼륨 또는 액터와의 오버랩을 모두 처리한다. 이것은 폰의 물리적 볼륨을 표현하며 폰을 단순하게 표현한 형식에 맞게 설정될 수 있다. CollisionComponent는 게임에서 보이지 않기 때문에 시각적 표현을 가지고 있지 않는다.

MeshComponent는 게임 내 비주얼을 제어한다. 현재 게임에서 메시 컴포넌트 클래스는 구Sphere다. 즉, 폰의 시각적 표현이 구라는 뜻이다. 메시 컴포넌트를 교체하거나 수정해 폰의 모양을 원하는 형태로 표현할 수 있다. 여기에 다른 종류의 컴포넌트들, 가령 파티클 이미터, 스케레탈 메시, 2D 스프라이트, 복잡한 계층 구조를 가진 스태틱 메시들을 추가해 비주얼을 추가할 수 있다.

MovementComponent는 폰의 움직임을 제어한다. MovementComponent를 사용하면 플레이어의 움직임을 편리하게 처리할 수 있으며 편리한 인터페이스를 통해 복잡한 작업(예를 들어, 충돌 및 속도 처리와 같은)들을 단순화시킬 수 있다.

아직 아무것도 변경하지 않았으므로 폰은 단순한 구로 돼 있다. 메시 컴포넌트를 교체하거나 스태틱 메시 참조를 변경해 모양을 변경할 수 있다. 다음 '직접 해보기'에서 UE4 콘텐츠 예제에서 사용되는 UFO 메시를 가져와 현재 폰의 메시를 교체해보자.

▼ 직접 해보기

우주선을 보기 좋게 만들기

현재 우리의 폰은 재미없는 구 모양이다. 다음 단계들을 따라 모양을 개선시켜보자.

1. 콘텐츠 브라우저의 루트 폴더에서 마우스 오른쪽 버튼을 누른 후 **New Folder**를 선택해 새로운 폴더를 생성한다.

2. 폴더의 이름을 Vehicles로 바꾼다.

3. Vehicles 폴더를 열고 **Import**(가져오기) 버튼을 클릭한다.

4. 가져오기 대화 상자에서 예제에서 제공하는 Hour_20/RawAssets/Models 폴더로 간다.

5. UFO.FBX 파일을 선택하고 연다.

6. FBX Import Options 대화 상자가 나타나면 모든 설정을 기본으로 두고 **Import All**을 선택한다.

7. 콘텐츠 브라우저에서 **Save All**(단축키 **Ctrl + S**)을 클릭한다.

8. 콘텐츠 브라우저에서 Blueprints 폴더로 간 후 Hero_Spaceship 블루프린트 클래스 Uasset을 더블클릭해 블루프린트 클래스 에디터를 연다.

9. 에디터가 **Class Default** 패널만 보여주고 있다면 패널의 이름 아래에 있는 메모에서 **Open Full Blueprint Editor** 링크를 클릭한다.

10. 컴포넌트 패널에서 **MeshComponent**를 선택하고 디테일 패널에서 **Static Mesh** 드롭다운을 선택한다. 그리고 검색 바에서 UFO를 입력하고 검색 결과에서 **UFO UAsset**을 선택한다.

11. 디테일 패널에서 **Scale** 속성은 각각 0.75로 설정해 UFO의 크기를 CollisionComponent의 반지름 안에 맞도록 조절한다.

12. 툴바에서 컴파일, 저장을 클릭한다.

폰의 움직임 제어하기

UE4는 폰의 움직임을 매우 쉽게 제어할 수 있도록 한다. DefaultPawn 클래스에서 폰을 상속했기 때문에 모든 복잡한 작업들이 이미 만들어져 있다. 폰의 움직임을 제어하는 것이 얼마나 간단한지 알아보자.

먼저 게임 모드가 플레이어를 스폰할 때 Hero_Spaceship 폰을 스폰하도록 설정해야 한다. 게임 모드의 블루프린트 클래스 에디터의 Class Default 패널에서 또는 프로젝트 설정 패널의 **Maps & Modes** 섹션에서 이것을 변경할 수 있다.

다음 '직접 해보기'에서 Hero_Spaceship 폰 클래스를 ArcadeShooter_GameMode의 기본 폰 클래스로 설정하고 플레이어 컨트롤러 클래스는 Hero_PC로 설정한다.

직접 해보기 ▼

기본 폰, 플레이어 컨트롤러 클래스 설정하기

게임 모드는 게임이 시작될 때 어떤 폰과 플레이어 컨트롤러를 사용할 것인지 알아야 한다. 다음 단계들을 따라 이것들을 설정해보자.

1. 콘텐츠 브라우저에서 Blueprints 폴더로 간 후 ArcadeShooter_GameMode 블루프린트 클래스 UAsset을 더블 클릭한다.

2. **Class Default** 패널의 **Classes** 카테고리에서 **Default Pawn Class** 속성을 찾은 후 화살표를 클릭한다.

3. 목록에서 Hero_Spaceship 블루프린트 클래스를 선택한다.

4. **Class Default** 패널에서 **Player Controller** 옆에 있는 화살표를 클릭한 후 Hero_PC 블루프린트 클래스를 선택한다.

5. 툴바에서 컴파일, 저장 버튼을 클릭한다.

Hero_Spaceship이 게임 모드의 기본 폰으로 설정되고 나면 이제 폰의 움직임을 테스트할 준비가 된 것이다. 그림 20.5와 같이 레벨 에디터 툴바에서 **Play**를 눌러 게임을 테스트해보자. 게임이 시작되고 나면 **WASD** 키를 눌러 이동할 수 있고, 마우스를 사용해 주위를 둘러볼 수 있다. 모든 작업이 끝나면 **ESC** 키를 눌러 플레이 테스트를 멈추자.

플레이어 스타트 사용하기

만일 무언가 제대로 동작하지 않는다면 씬에 플레이어 스타트(Player Start) 액터가 없어서 그럴 수도 있다. 월드 아웃라이너 패널에 플레이어 스타트가 없다면 **Modes ➤ Basic ➤ Player Start**를 선택하고 월드에 드래그해 배치할 수 있다. 플레이어 스타트 액터를 회전하면 폰은 회전한 방향으로 설정돼 화면에 나타날 것이다.

그림 20.5 툴바에서 Play 버튼을 클릭하면 에디터에서 게임을 테스트해볼 수 있다.

폰은 자유롭게 움직일 수 있지만 몇 가지 사항은 디자인 요약과 일치하지 않고 있다. 첫 번째로 카메라가 1인칭 모드로 돼 있다. 우리가 원하는 것은 탑다운^{top-down}이면서 고정이어야 한다. 두 번째는 폰이 앞뒤로 이동하고 있다는 점이다. UE4가 제공하는 기능 중에서 이러한 부분들은 뺄 필요가 있으며 일부 로직들은 잠가야 한다.

기본 움직임 비활성화

DefaultPawn 클래스는 많은 부분을 자동으로 처리하지만 이번 경우에는 더 많은 제어를 필요로 한다. 다행히 이 작업은 매우 쉽다. DefaultPawn 클래스의 **Defaults** 패널에 **Add Default Movement Bindings**라는 속성이 기본으로 체크돼 있다. 이 속성의 선택을 취소하면 DefaultPawn 클래스의 기본 움직임을 비활성화할 수 있으며 원하는 동작으로 교체할 수 있다(그림 20.6 참조).

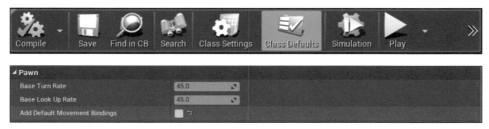

그림 20.6 클래스의 Class Default에서 Add Default Movement Bindings 체크박스를 끄고 있다.

기본 움직임 비활성화

우리가 만들고 있는 게임에서는 기본 폰이 우리가 원하는 것보다 더 많은 것들을 하고 있다. 다음 단계들을 따라 Hero_Spaceship 폰의 블루프린트 클래스에서 제공하는 기본 기능들을 비활성화해보자.

1. 콘텐츠 브라우저에서 Blueprints 폴더로 간 후 Hero_Spaceship 블루프린트 클래스를 더블 클릭하자.

2. 클래스 기본(Class Default) 패널에서 폰 카테고리로 간 후 **Add Default Movement Bindings** 속성 체크박스의 체크를 해제해 기능을 끈다.

3. 툴바에서 컴파일, 저장 버튼을 클릭한다.

4. 레벨을 테스트하면 카메라는 여전히 1인칭 모드로 돼 있지만 더 이상 움직일 수 없다는 것을 확인하자.

입력 액션과 액션 매핑 설정하기

현재 움직이지 않은 우주선은 우리가 원하는 우주선이 아니다. 우주선을 움직이려면 사용자 컨트롤을 추가해야 한다. 추가하는 방법 중 하나는 키 누르기를 다른 액션에 바인딩하는 것이다. 조이스틱, 키 누르기, 트리거와 같은 입력을 취하고 이것을 특정 액션에 등록하는 것을 바인딩^{binding}이라 하며, 이것을 프로젝트 수준에서 수행하면 된다.

입력 바인딩을 설정하려면 Settings ❯ Project Settings를 선택한 후 프로젝트 설정 패널의 Input Section을 연다. 이 섹션의 맨 위에 있는 Bindings 섹션에는 Action Mapping과 Axis Mapping이 있다. 이 두 매핑의 차이점은 미묘하지만 중요하다. 액션 매핑은 단일 입력의 누르기, 떼기를 위한 것이다. 이들은 일반적으로 점프, 슈팅, 기타 이산적인 이벤트에 사용된다. 축 매핑은 연속적인 입력, 예를 들어 이동, 턴, 카메라 제어를 위한 것이다. 두 가지 유형의 매핑은 동시에 사용할 수 있으며 액션에 적합한 바인딩 유형을 선택하면 복잡하고 풍부한 플레이어 상호작용을 좀 더 쉽게 만들 수 있다.

축 매핑은 입력을 만들어내는 하드웨어에 따라 약간 다르게 작동할 수 있다. 일부 하드웨어(마우스, 조이스틱, 게임패드와 같은)는 입력 값을 –1에서 1까지의 범위로 UE4에 반환하는데 사용자는 게임에 영향을 미치게 할 정도의 입력 비율을 조정할 수 있다. 하지만 키보드의 경우에는 상, 하, 좌, 우 모두 서로 다른 키로 구분되며 연속적인 입력 범위를 제공하지 않기 때문에 축 매핑으로 키를 바인딩할 때는 UE4가 눌려진 키를 –1에서 1 값으로 해석할 수 있어야 한다.

아케이드 슈터에서는 이동을 위해 축 매핑을 사용하고 플레이어의 움직임이 단일 축으로 제한되므로 왼쪽, 오른쪽으로만 이동할 수 있다. 다음 '직접 해보기'에서 입력 바인딩을 설정해 폰의 왼쪽, 오른쪽 움직임을 설정해보자.

▼ 직접 해보기

MoveRight 매핑 세트 만들기

다음 단계들을 따라 사용자가 입력할 수 있도록 게임을 설정해보자. 사용되는 모든 키와 게임패드의 왼쪽 스틱을 왼쪽 및 오른쪽 이동으로 바인딩하고 왼쪽으로 이동하는 바인딩의 그 비율 값을 −1.0으로 설정해야 한다.

1. **Edit > Project Settings**를 선택한다.

2. **Project Settings** 패널에서 **Input** 카테고리를 선택한다.

3. **Bindings** 카테고리 아래에서 **Axis Mappings** 속성을 찾고 옆에 있는 **+** 아이콘을 클릭한다.

4. **Axis Mappings** 필드의 왼쪽에 있는 화살표를 클릭해 필드를 확장한다. 그리고 매핑의 이름을 MoveRight로 설정한다.

5. MoveRight의 왼쪽에 있는 화살표를 클릭해 키 바인딩 리스트를 확장한다.

6. MoveRight의 옆에 있는 **+** 아이콘을 네 번 클릭해 다섯 개의 설정되지 않은 매핑을 추가한다.

7. **None** 필드의 아래 화살표를 클릭해 그림 20.7과 같이 설정한다.

8. 모든 필드의 스케일 값들이 그림 20.7과 같도록 설정한다.

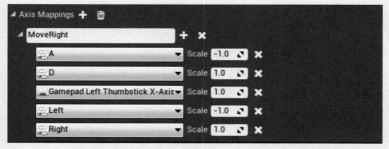

그림 20.7 MoveRight를 위한 축 매핑 설정은 세 개의 파트로 나눠져 있다. 매핑 이름, 바인딩되는 키 또는 축, 매초마다 누적돼야 하는 입력의 음/양

프로젝트 설정 패널의 축 매핑 속성 상단에 수행돼야 할 작업의 이름을 입력하는 필드가 있다. 작업 이름 옆에 있는 + 기호를 클릭해 새 바인딩을 추가한다. 각 바인딩은 바인딩되는 입력, 결과 값을 변경하는 스케일 두 부분으로 구성된다.

게임에서 A와 D 키의 누르기는 연속적으로 처리하려고 한다. 이렇게 하려면 축 매핑을 사용해야 하고 두 키 중에 하나는 음수 값을 가져야 한다. 다시 말해 왼쪽을 누르면 축의 값이 내려가고, 오른쪽을 누르면 축의 값이 올라가야 한다.

엄지 스틱 축(예를 들어 게임패드의 왼쪽 엄지 스틱 X축)의 경우 음수 값이 이미 계산돼 있기 때문에 스케일은 1.0이어야 한다.

이 예제에서 A와 D, 왼쪽 화살표 키, 오른쪽 화살표 키, 게임패드 왼쪽 엄지 스틱 모두 MoveRight 액션에 바인딩된다. 이것은 중요한 차이점을 나타낸다. 액션 매핑과 축 매핑을 사용해 여러 개의 다른 입력 메소드를 동일한 이벤트에 바인딩할 수 있다. 즉, 프로젝트에서 블루프린트 스크립트의 테스트 및 복제가 적어지고 모든 것이 더 읽기 쉽게 된다. 블루프린트 스크립트에서 A 키가 눌러졌는지 여부를 확인하는 대신 MoveRight 이벤트가 트리거되면 블루프린트가 움직임을 업데이트하면 된다.

하지만 입력 바인딩을 만든다고 해서 움직이는 것은 아니다. 이제 실제로 MoveRight 액션을 사용해보자.

입력 이벤트를 사용해 폰 움직이기

이제 움직임을 설정해보자. 현재 우리는 MoveRight라 불리는 입력 축을 가지고 있으며 움직임이 필요한 폰을 가지고 있다. 먼저 블루프린트 클래스 에디터를 열고 이벤트 그래프로 간다. 여기서 MoveRight 액션이 트리거되면 실행될 로직을 작성하면 된다.

이벤트 그래프에서 마우스 오른쪽 버튼을 누른 후 MoveRight를 검색한다. InputAxis MoveRight 이벤트를 선택해 그래프에 그림 20.8과 같이 추가한다.

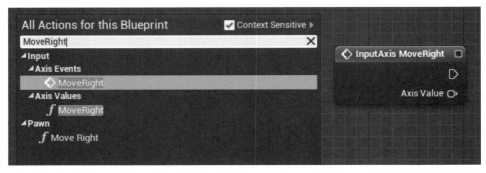

그림 20.8 축 매핑은 축 이벤트 아래에 이름별로 표시된다. Axis Values 함수와 Pawn 함수가 있는데 이러한 함수들은 현재 필요로 하진 않는다.

축 이벤트가 발생하면 축 값을 쿼리해 이동으로 변환할 수 있다. 이 작업을 하려면 몇 가지 블루프린트 노드들이 필요하다. 먼저 Add Movement Input을 알아보자. 이 함수는 MovementComponent와 함께 작동하며 이동 값과 월드 공간 방향으로 폰을 움직이게 한다.

InputAxis MoveRight 이벤트의 실행 핀과 Axis Value를 Add Movement Input에 연결하면 MovementComponent가 플레이어의 입력을 사용해 폰을 월드 방향으로 이동할 수 있다.

우주선이 입력에 따라 왼쪽이나 오른쪽으로 움직이길 원하므로 폰의 오른쪽 축에서 오는 벡터를 가져와야 한다. 이 벡터는 Get Actor Right Vector 노드를 사용하면 되고 Return Value를 Add Movement Input의 World Direction에 연결해 얻을 수 있다(그림 20.9 참조).

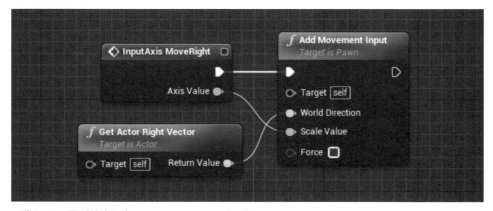

그림 20.9 모든 작업이 끝난 Add Movement Input의 모습

직접 해보기 ▼

폰의 움직임에 MoveRight 축 매핑 연결하기

MoveRight 축 매핑을 사용할 경우 폰이 매핑에서 가져온 값을 어떻게 사용해야 하는지 알아야 한다. 다음 단계를 따라 플레이어 입력으로 이동하는 방법을 알려주기 위한 간단한 그래프를 만들어보자.

1. 콘텐츠 브라우저에서 Blueprints 폴더로 간 후 Hero_Spaceship 폰 블루프린트 클래스를 더블 클릭해 블루프린트 클래스 에디터를 열자.

2. 이벤트 그래프에서 마우스 오른쪽 버튼을 누른 후 검색 바에서 moveright를 입력한다.

3. 검색 결과에서 **Axis Events ＞ MoveRight**를 선택한다.

4. InputAxis MoveRight 이벤트 노드의 출력 실행 핀을 클릭하고 드래그해 Add Movement Input 노드를 추가한다.

5. InputAxis MoveRight 이벤트 노드의 Axis Value 출력 핀을 Add Movement Input 노드의 Scale Value 입력 핀에 연결한다.

6. Add Movement Input 노드의 World Direction 입력 핀을 클릭하고 드래그해 Get Actor Right Vector 노드를 추가한다.

7. 툴바에서 컴파일, 저장 버튼을 클릭한다.

8. 모든 작업이 끝나고 나면 게임을 테스트해보자. 입력 키(A, D, 왼쪽 화살표, 오른쪽 화살표)를 누르거나 게임패드의 왼쪽 엄지 스틱을 움직여 카메라가 왼쪽이나 오른쪽으로 움직이는 것을 확인해보자.

팁

기본 폰의 장점

게임에서 월드 방향을 사용하는 Add Movement Input을 사용하면 어떠한 방향으로든 폰을 움직일 수 있다. DefaultPawn 클래스는 상황별로 편리하게 사용할 수 있는 함수를 제공하는데, Add Movement Input과 Get Actor Right Vector를 사용하지 않고 오른쪽으로 움직일 수 있는 MoveRight 함수가 있다. 이 함수를 사용해도 똑같은 결과를 얻지만 그림 20.10과 같이 그래프를 더 깔끔하게 만들 수 있다.

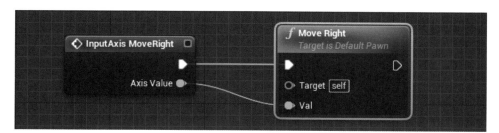

그림 20.10 DefaultPawn 클래스의 MoveRight는 Add Movement Input 노드의 대안으로 사용할 수 있다.

고정 카메라 설정하기

현재 게임의 카메라는 폰을 따라다니지만 우리가 원하는 모양으로 움직이진 않는다. 우리는 우주선을 내려다보고 있는 고정 카메라를 사용하고 싶다. 그리고 폰이 움직일 때 이동하지 않게 하고 싶다.

이 문제를 해결하려면 카메라 액터와 플레이어가 보는 뷰를 설정하기 위해 PlayerController 클래스가 필요하다. 이러한 설정은 레벨 블루프린트에서 할 수 있지만, 이렇게 하면 게임 로직을 새로운 레벨로 이식하는 것에 어려움이 따를 수 있다. 우리는 카메라 로직을 게임 모드에 넣을 것이다. 게임이 실행되면 게임 모드가 카메라를 스폰하고 PlayerController 클래스를 사용해 새로운 카메라를 사용하도록 설정한다.

다음 '직접 해보기'에서 BeginPlay 이벤트와 Spawn Actor from Class 노드를 사용해 새로운 카메라를 만들고 Make Transform 노드를 사용해 위치를 설정한 다음 PlayerController 클래스의 뷰 대상으로 설정해보자.

▼ 직접 해보기

고정 위치 카메라 만들고 설정하기

다음 단계들을 따라 ArcadeShooter_GameMode가 새로운 카메라를 생성하게 하고 PlayerController 클래스의 뷰 타깃으로 설정해보자.

1. 콘텐츠 브라우저에서 Blueprints 폴더로 간 후 ArcadeShooter_GameMode를 더블 클릭해 블루프린트 클래스 에디터를 연다.

2. 에디터가 **Class Defaults** 패널만 보여준다면 패널 제목에 있는 **Open Full Blueprint Editor** 링크를 클릭한다.

3. 이벤트 그래프에서 Event BeginPlay 노드로 가자. 만일 없다면 마우스 오른쪽 버튼을 누른 후 begin play를 검색해 노드를 추가한다.

4. Event BeginPlay 노드의 출력 실행 핀을 클릭하고 드래그 앤 드롭해 Spawn Actor from Class 노드를 추가한다.

5. Spawn Actor from Class 노드에서 **Class** 필드의 아래 화살표를 클릭한 후 **CameraActor**를 선택한다.

6. SpawnActor CameraActor 노드의 Spawn Transform 속성을 클릭하고 드래그 앤 드롭해 Make Transform 노드를 배치한다.

7. Make Transform 노드의 Location 속성 값을 각각 0.0, 0.0, 1000.0으로 설정한다.

8. Make Transform 노드의 Rotation 속성 값을 각각 0.0, −90.0, 0.0으로 설정한다.

9. SpawnActor CameraActor 노드의 오른쪽에 Get Player Controller 노드를 추가해 배치한다.

10. Get Player Controller 노드의 Return Value 출력 핀을 클릭하고 드래그 앤 드롭해 Set View Target with Blend 노드를 배치한다.

11. SpawnActor Camera 노드의 Return Value 출력 핀을 Set View Target with Blend 노드의 New View Target 입력 핀과 연결한다.

12. SpawnActor CameraActor 노드의 출력 실행 핀을 Set View Target with Blend 노드의 입력 실행 핀과 연결한다. 그림 20.11에서 모든 작업이 끝난 게임 모드 이벤트 그래프를 볼 수 있다.

13. 툴바에서 컴파일, 저장 버튼을 누른다.

14. 게임을 실행해 테스트해보자. 이제 카메라는 폰을 아래로 바라보고 있으며 입력 키가 눌리면 폰이 왼쪽, 오른쪽으로 이동한다.

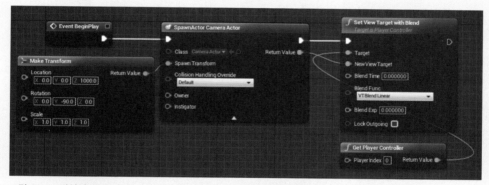

그림 20.11 작업이 끝난 이벤트 그래프는 게임 모드에서 고정 카메라를 설정한다.

요약

이번 시간에는 UE4에서 새로운 프로젝트를 처음부터 만들어보는 방법과 사용자 정의 레벨, 새로운 게임 모드를 만드는 방법을 배웠다. 폰, 플레이어 컨트롤러의 사용법과 DefaultPawn 클래스의 기본 움직임 기능을 끄는 방법과 프로젝트 설정 패널을 통해 새로운 입력을 이용함으로써 폰을 이동하는 방법을 배웠다. 마지막으로 고정 카메라를 구현하는 방법을 알아봤다.

질문 및 답변

질문. 모든 게임 로직을 레벨 블루프린트에 넣지 않고 게임 모드에 넣는 이유는 무엇인가?

답변. 게임 로직의 위치를 결정하는 데 제한은 없다. 다만 나중에 반복 작업을 피하기 위해 분리 작업을 하는 것이 좋다. 모든 레벨에서 공유되는 로직은 게임 모드나 개별적인 액터에 있어야 하며 레벨별 로직(문을 열거나 불이 켜지게 하는 트리거)은 일반적으로 레벨 블루프린트에 있어야 한다. 모든 로직을 레벨 블루프린트에 넣게 되면 새로운 레벨을 만들 때 모든 것이 제대로 동작하게 하기 위해 최신 로직들을 잘 관리해줘야 하며, 이는 게임 모드로 분리했을 때보다 훨씬 힘든 작업이 될 것이다.

질문. 폰은 반드시 DefaultPawn에서 상속해야만 하는가?

답변. 그렇지 않다. DefaultPawn은 그냥 편리한 클래스일 뿐이다. UE4는 스켈레탈 메시 컴포넌트와 로코모션 전용 로직을 포함하고 있는 캐릭터 클래스와 같은 편리한 폰 클래스들을 제공한다.

질문. 숫자를 입력해 카메라의 위치를 설정하는 방법은 어렵다. 카메라를 생성하려면 이 방법만 가능한가?

답변. 그렇지 않다. 레벨에 카메라를 배치하는 다른 방법은 카메라를 레벨에 배치한 다음 Set View Target with Blend로 뷰 대상을 설정할 때 이것을 레벨 스크립트에서 참조하는 것이다. 이렇게 하면 로직을 게임 모드 외부로 빼낼 수 있고 카메라 조정을 아티스트가 할 수 있게 해준다.

질문. 폰의 움직이는 속도가 마음에 들지 않는다. 어떻게 하면 바꿀 수 있는가?

답변. 폰의 이동 속도를 바꾸려면 폰의 블루프린트 클래스를 열고 MovementComponent를 선택한다. 그다음에 디테일 패널에서 폰의 최대 속도, 가속도, 감속도를 바꿀 수 있다.

질문. Hero_Spaceship 폰 블루프린트 클래스에서 MeshComponent는 오직 하나만 가질 수 있는가?

답변. 그렇지 않다. 원하는 개수만큼 컴포넌트를 폰에 추가할 수 있다. 다만 여러 컴포넌트를 추가했을 때 각 스태틱 메시 컴포넌트의 물리 시뮬레이션은 비활성화할 필요가 있다. 디테일 패널에서 각 컴포넌트의 Collision Presets를 No Collision으로 설정해

물리 계산이 최대한 비싸지 않게 설정한다. CollisionComponent가 Pawn Preset
을 가지고 있는지, Generate Overlap Events가 활성화돼 있는지 확인하자. 이 작업
을 하지 않으면 다음 시간에 작업할 어떤 것들도 동작하지 않을 것이다. 또한 각 스
태틱 메시 또는 시각적 컴포넌트를 비활성화했을 때 CollisionComponent의 구가
보이는 만큼 적절한 크기를 가지고 있는지 확인해야 한다.

연구

이번 시간을 끝냈으니 다음 질문들에 답할 수 있는지 확인해보자.

퀴즈

1. 참 또는 거짓: 폰은 플레이어 또는 AI가 직접 제어하는 액터다.

2. 참 또는 거짓: UE4는 게임에서 사용할 게임 모드를 콘텐츠 브라우저에서 자동으로
   인식한다.

3. 참 또는 거짓: 액션 바인딩과 축 바인딩은 MoveRight와 같은 고정된 이름으로만
   작동한다.

4. 참 또는 거짓: 축 바인딩은 키를 누르고 있거나 조이스틱을 움직이는 것과 같은 연
   속적으로 눌리는 입력에 사용된다.

해답

1. 참. 플레이어 또는 AI에 의해 제어되는 씬에 있는 모든 액터를 폰이라고 한다.

2. 거짓. 게임 모드는 Project Settings 패널 또는 레벨의 World Settings 패널에서 설정돼
   야 한다.

3. 거짓. 입력 바인딩의 이름은 문자열이라면 무엇이든 가능하다. 예를 들어
   MoveRight를 Strafe로 설정할 수 있다.

4. 참. 간단한 On 또는 Off 스위치보다 많은 입력 정보가 필요할 때 축 바인딩을 사용
   해야 한다.

연습

이번 연습에서는 폰을 제어하고, 수정하고, 레벨을 커스터마이징하기 위해 새로운 입력 바인딩을 설정해볼 것이다. 마우스 입력으로 폰의 좌, 우 움직임을 입력으로 연결하고 벽이나 다른 효과를 레벨에 추가해보자. 그런 다음 바닥과 벽을 보이지 않게 해보자. 다음 단계들은 이번 시간에 만들어진 동일한 프로젝트 및 레벨에서 수행돼야 한다.

1. Project Settings ➤ Input을 선택하고 Move Right 바인딩을 찾아 새로운 축을 추가한다.

2. 새로운 축의 이름은 Mouse X로 하고 Scale 속성은 1.0으로 설정한다.

3. 게임을 미리보기해 마우스로 폰을 움직일 수 있는지 확인해보자.

4. 폰의 블루프린트 클래스 에디터에서 폰의 MovementComponent를 선택한다.

5. MovementComponent의 Max Speed와 Acceleration을 수정해 폰이 움직이는 속도를 변경한다.

6. 레벨의 바닥을 선택하고 Ctrl + W 키를 눌러 여러 번 복제한다.

7. 레벨의 왼쪽과 오른쪽에 복제된 바닥을 배치해 폰이 카메라 뷰를 벗어날 수 없도록 한다.

8. 복제된 모든 바닥을 선택하고 Rendering 카테고리에서 Actor Hidden in Game 속성을 활성화해 게임이 실행 중일 때 화면에 보이지 않게 설정한다.

HOUR 21
아케이드 슈터 만들기: 장애물과 픽업

이번 시간에 배우는 것들

▶ 장애물 기본 클래스 만들기

▶ 장애물 움직이기

▶ 폰에 데미지 주기

▶ 플레이어 사망 시 게임 다시 시작

▶ 헬스 픽업 만들기

▶ 다른 액터를 스폰하는 블루프린트 만들기

▶ 오래된 장애물 정리하기

이전 한 시간 동안 새로운 게임 모드를 만들고 앞뒤로 움직일 수 있는 우주선을 만들어 봤다. 하지만 현재 버전은 게임이 아니다. 이것을 개선하려면 플레이어의 우주선을 폭파 시킬 수 있는 장애물을 도입해 게임에 몇 가지 도전 과제를 추가하면 된다. 또한 플레이어가 데미지로부터 회복할 수 있는 방법을 만들어야 한다. 이번 시간에는 장애물들이 상속할 장애물 기본 블루프린트 클래스를 만들고 데미지 처리를 하기 위한 폰 설정, 회복을 담당하는 블루프린트 클래스와 스포너 블루프린트 클래스를 만들어 다양한 액터의 생성을 자동화하는 방법을 알아보자.

노트

Hour 21 설정

이번 시간에는 Hour 20, '아케이드 슈터 만들기: 입력 시스템과 폰'에서 만든 ArcadeShooter 프로젝트에 이어서 작업할 것이다. 필요하다면 Hour_20 폴더에서 제공되는 H20_ArcadeShooter 프로젝트를 사용해도 된다(www.sty-ue4.com에서 다운로드할 수 있다). 이 단원을 끝내고 나면 Hour_21 폴더에 있는 H21_ArcadeShooter 프로젝트와 결과를 비교해보자.

장애물 기본 클래스 만들기

게임에는 플레이어가 도전할 만한 무언가가 필요하다. 장애물obstacle은 다양한 모양과 형태로 나타난다. 어떤 액터들은 단순히 플레이어의 진행을 방해하는 용도일 수도 있고, 또다른 액터는 플레이어에게 데미지를 주거나 행위 상태를 변경시킬 수도 있다. 우리는 우주선 게임을 만들고 있으므로 소행성이 첫 번째 장애물로 적합하다. 이는 스태틱 메시 컴포넌트를 가지고 있으며, 플레이어와 부딪히기 위한 충돌체, 이동해서 플레이어를 지나갈 수 있는 새 액터를 만들어야 한다.

이러한 장애물 클래스의 여러 변형본을 만들려면 동일한 로직을 반복해서 만들지 않도록 블루프린트 클래스 상속을 활용해야 한다. 방향을 가진 이동은 장애물과 픽업의 주요 기능 중 하나이므로 이동 기능을 가진 기본 클래스를 만들어야 한다. 다음 '직접 해보기'에서 장애물 클래스를 만들 때 상속받을 모든 필수 컴포넌트들이 포함된 새로운 블루프린트 클래스를 설정해보자.

▼ 직접 해보기

장애물 기본 클래스 설정

장애물은 스태틱 메시처럼 단순할 수도 있고 미사일 런처처럼 복잡할 수도 있다. 비슷한 기본 기능들이 필요한 다양한 옵션들이 있으므로 이동 및 충돌에 필요한 기본 기능을 만들고 이후에 사용자 정의 로직을 추가할 수 있다. 다음 단계들을 따라 장애물 기본 클래스를 설정하자.

1. 콘텐츠 브라우저에서 Blueprints 폴더로 이동한다.

2. 콘텐츠 브라우저에서 마우스 오른쪽 버튼을 클릭하고 블루프린트 클래스를 선택한다.

3. 부모 클래스 선택 윈도우에서 **Common Classes** 카테고리에 있는 **Actor**를 선택한다.

4. 액터 블루프린트 클래스의 이름을 Obstacle로 변경한 후 저장한다. 그리고 블루프린트 클래스 에디터를 연다.

5. 컴포넌트 패널에서 새로운 구 충돌(sphere collision) 컴포넌트를 추가한다.

6. 구 충돌 컴포넌트를 DefaultSceneRoot에 드래그 앤 드롭해 액터의 루트로 만든다.

7. 구 충돌 컴포넌트의 디테일 패널에서 **Sphere Radius** 속성을 50.0으로 설정하고 **Collision Presets** 속성을 **Overlap All Dynamic**으로 설정한다.

8. 컴포넌트 패널에서 구 스태틱 메시(Sphere Static Mesh) 컴포넌트를 추가한다.

9. 새로운 스태틱 메시 컴포넌트를 선택하고 현재 Sphere1으로 돼 있는 이름을 StaticMesh로 변경한다.

10. StaticMesh의 디테일 패널에서 **Collision Presets** 속성을 **No Collision**으로 설정한다.

11. 컴포넌트 패널에서 새로운 회전 운동(rotating movement) 컴포넌트를 추가한다.

잠시 이번 '직접 해보기'에서 한 모든 것을 살펴보자. 첫 번째로는 여러 컴포넌트들을 만들었다(그림 21.1 참조). 하지만 모든 컴포넌트에 분명한 목적이 있는 것은 아니다.

스태틱 메시 컴포넌트는 설명이 필요 없을 정도로 자명하다. 장애물은 볼 수 있어야 하므로 그것을 표현하기 위해 메시가 필요하다. 현재 UE4의 기본 구 메시를 사용하고 있지만 다른 메시를 가져와서 스태틱 메시로 교체해도 된다.

그림 21.1 장애물 블루프린트 클래스의 컴포넌트들

구 충돌 컴포넌트는 게임 내 모든 충돌 및 중첩 정보를 처리하는 데 사용할 것이다. 이것을 추가할 때 Collision Presets 속성은 Overlap All Dynamic으로 바꿔야 한다. 우리는 액터가 폰에 겹친 시점을 알길 원하고 이후에는 다른 장애물에 겹쳤을 때 그 시점을 알고 싶을 것이다. 스태틱 메시가 아닌 구를 테스트하는 경우 스태틱 메시 컴포넌트의 Collision Presets 속성은 No Collision으로 설정해야 한다.

▶ Collision Presets 속성에 대해 더 자세히 알고 싶다면 **Hour 4, '스태틱 메시 액터 작업하기'**를 참고하자.

마지막으로, 이전 시간에 폰에 추가한 떠다니는 폰의 이동 컴포넌트와 유사한 회전 운동 컴포넌트를 추가한다. 이것은 액터가 임의의 방향으로 회전하게 하는 데 필요한 동작을 포함하는 컴포넌트다. 장애물을 생성할 때마다 임의의 방향으로 장애물을 회전시키려면 컨스트럭션 스크립트를 사용하면 된다.

▼ 직접 해보기

각 장애물을 고유하게 만들기

지금 장애물을 레벨에 배치하면 아무 일도 일어나지 않는다. 또한 레벨에 여러 개의 장애물을 배치하면 모두 똑같이 보인다. 다음 단계들을 따라 회전 운동 컴포넌트와 컨스트럭션 스크립트를 사용해 개선해보자.

1. 콘텐츠 브라우저에서 Blueprint 폴더로 이동한다.

2. Obstacle 블루프린트 클래스를 더블 클릭해 블루프린트 에디터를 연다.

3. 회전 운동 컴포넌트를 컴포넌트 패널에서 드래그해 컨스트럭션 스크립트에 드롭함으로써 컴포넌트 참조를 만든다.

4. 회전 운동 참조 노드의 출력 핀을 클릭하고 드래그해 Set Rotation Rate 노드를 배치한다.

5. 컨스트럭션 스크립트 노드의 출력 실행 핀을 Set Rotation Rate 노드의 입력 실행 핀에 연결한다.

6. Set Rotation Rate 노드의 아래에 Random Rotator 노드를 배치한다.

7. Random Rotator 노드의 Return Value 출력 핀을 Set Rotation Rate 노드의 Rotation Rate 입력 핀에 연결한다.

8. 내 블루프린트 패널에서 새로운 플로트 변수를 만들고 이름은 Random Scale Min으로 변경한다.

9. 내 블루프린트 패널에서 새로운 플로트 변수를 만들고 이름은 Random Scale Max로 변경한다.

10. 툴바에서 컴파일(Compile)을 클릭한다.

11. Class Defaults(클래스 기본값) 패널에서 **Random Scale Min**을 0.7로 설정한다.

12. 클래스 기본값 패널에서 **Random Scale Max**를 1.5로 설정한다.

13. Set Rotation Rate 노드의 출력 실행 핀을 클릭하고 드래그 앤 드롭해 Set Actor Scale 3D 노드를 추가한다.

14. Set Actor Scale 3D 노드의 아래에 Random Float in Range 노드를 배치한다.

15. 내 블루프린트 패널에서 Random Scale Min 변수를 드래그해 Random Float in Range 노드의 Min 입력 핀에 연결한다.

16. Random Scale Max 변수를 드래그해 Random Float in Range 노드의 Max 입력 핀에 연결한다.

17. Random Float in Range 노드의 출력 핀을 Set Actor Scale 3D 노드의 New Scale 3D 입력 핀에 연결한다. 이때 Float to Vector 변환 노드가 자동으로 중간에 배치된다.

회전 운동 컴포넌트가 장애물이 생성될 때 임의의 회전 방향을 선택하도록 로직을 수정했고 장애물 액터의 범위를 기본 크기의 70%에서 150%로 설정했다(그림 21.2 참조).

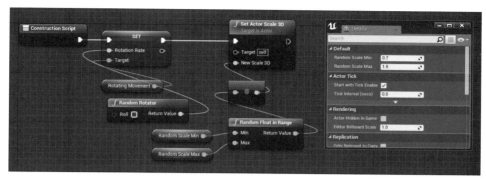

그림 21.2 장애물 블루프린트 클래스의 컨스트럭션 스크립트. 각 장애물 클래스 인스턴스의 랜덤 회전 속도와 랜덤 스케일을 설정하고 있다.

장애물 움직이기

회전만 하고 고정된 소행성으로는 어려운 게임을 만들 수 없다. 이러한 장애물들은 움직여야 한다. 우리가 현재 만들고 있는 게임은 하나의 축에 고정돼 있기 때문에 요구 사항은 매우 간단하다. 하지만 모든 것을 원활하게 진행하기 위해서는 약간의 노력을 기울일 필요가 있다.

> **노트**
>
> **월드 이동시키기**
>
> 이번 시간에는 플레이어에 대해 설정된 축으로 움직임을 제한하고 월드(또는 월드 내 요소들)가 플레이어를 지나치도록 한다. 완성된 버전의 게임에서는 배경 요소와 파티클 효과를 통해 플레이어의 폰이 움직이는 것처럼 보이게 만든다. 물론 월드를 움직이는 대신 캐릭터를 앞으로 움직이게 함으로써 같은 효과를 만들 수도 있다.
>
> 월드를 움직이는 속임수를 사용함으로써 행동과 상호작용을 좀 더 쉽게 처리할 수 있고 여기에 정답은 없다. 또 다른 예로 폰을 움직이는 방식을 채택하면 레벨의 복잡성에 따라 레벨을 만드는 과정이 더 쉽고 효율적일 수 있다.

폰의 경우 Flying Pawn Movement 컴포넌트를 사용해 모션을 처리했다. 장애물과 픽업은 폰이 아니며 아주 간단한 움직임만 필요로 한다. 컴포넌트를 추가하는 대신 Event Tick 이벤트를 사용해 장애물을 매 프레임마다 아래쪽으로 이동시킨다. 또한 모든 장애물이 정확히 같은 속도로 움직이는 것을 피하기 위해 컨스트럭션 스크립트를 통해 각 소행성마다 다른 속도를 부여해야 한다.

다음 '직접 해보기'에서 Event Tick 이벤트, Range in Random Float 노드 및 Add ActorWorldOffset 노드를 사용해 장애물을 이동시켜보자.

▼ 직접 해보기

장애물 움직이기

현재 장애물은 움직임이 없고 고정적이다. 다음 단계를 따라 블루프린트 이벤트 그래프와 컨스트럭션 스크립트를 사용해 장애물을 움직여보자.

1. 콘텐츠 브라우저에서 Blueprint 폴더로 이동한다.

2. Obstacle 블루프린트 클래스를 더블 클릭해서 블루프린트 클래스 에디터를 연다.

3. 이벤트 그래프를 클릭한다.

4. 내 블루프린트 패널에서 새로운 플로트 변수를 만들고 이름은 Speed Min으로 바꾼다.

5. 내 블루프린트 패널에서 새로운 플로트 변수를 만들고 이름은 Speed Max로 바꾼다.

6. 내 블루프린트 패널에서 새로운 플로트 변수를 만들고 이름은 Current Speed로 바꾼다.

7. 내 블루프린트 패널에서 새로운 벡터 변수를 만들고 이름은 Movement Direction으로 바꾼다.

8. 툴바에서 컴파일을 클릭한다.

9. 클래스 기본값 패널에서 **Speed Min**을 200으로 설정한다.

10. 클래스 기본값 패널에서 **Speed Max**를 500으로 설정한다.

11. 클래스 기본값 패널에서 **Movement Direction**을 -1.0, 0.0, 0.0으로 설정한다.

12. Event Tick 노드의 Delta Seconds 출력 핀을 클릭하고 드래그 앤 드롭해 Float * Float 노드를 추가한다.

13. Current Speed 변수를 Float * Float 노드의 두 번째 입력 핀에 연결한다.

14. Float * Float 노드의 출력 핀을 클릭하고 드래그 앤 드롭해 Vector * Float 노드를 배치한다.

15. Movement Direction 변수를 드래그해 Vector * Float 노드의 Vector 입력 핀에 연결한다.

16. Event Tick 노드의 출력 실행 핀을 클릭하고 드래그 앤 드롭해 AddActorWorldOffset 노드를 추가한다.

17. Vector * Float 노드의 출력 핀을 AddActorWorldOffset 노드의 Delta Location 핀에 연결한다.

18. 컨스트럭션 스크립트(Construction Script)를 클릭한다.

19. Set Actor Scale 3D 노드에서 클릭하고 드래그 앤 드롭해 Set Current Speed 노드를 추가한다.

20. Set Current Speed 노드의 아래에 Random Float in Range 노드를 배치한다.

21. Speed Min 변수를 드래그해 Random Float in Range 노드의 Min 입력 핀에 연결한다.

22. Speed Max 변수를 드래그해 Random Float in Range 노드의 Max 입력 핀에 연결한다.

23. 노드의 Return Value 출력 핀을 Set Current Speed 노드의 Current Speed 입력 핀에 연결한다.

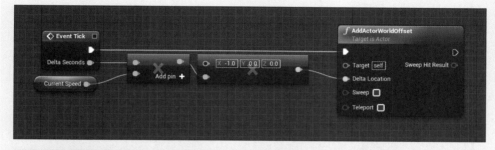

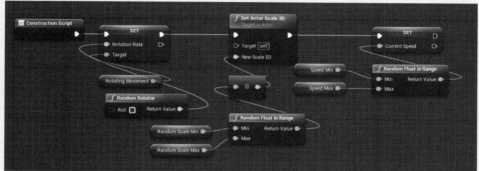

그림 21.3 이벤트 그래프와 컨스트럭션 스크립트를 함께 사용하면 장애물 액터가 매 프레임마다 음의 X 방향으로 임의의 속도로 이동한다. 이 임의의 속도는 각 액터가 만들어질 때 한 번만 계산된다. 즉, 각 액터는 고유의 속도를 갖지만 개별 액터의 속도는 일정하게 유지된다.

이제 각 장애물들은 각각 다른 속도를 가지지만 같은 방향 X축 아래로 움직인다. 여러 장애물 액터를 레벨에 배치하고 뷰포트에서 게임을 실행하면 모든 장애물들이 화면 아래로 움직여야 한다.

게임을 테스트해보면, 우주선을 움직여 소행성에 부딪혀도 아무런 일이 발생하지 않는다. 우주선과 소행성이 충돌을 가지고 있더라도 오버랩 동작을 작성하지 않았기 때문이다.

이제 장애물 클래스들의 공유 가능한 동작들을 구현했으므로 소행성 클래스를 만들 수 있다. 다음 '직접 해보기'에서 장애물 블루프린트 클래스를 상속받은 새로운 블루프린트 클래스를 만들어보자.

▼ 직접 해보기

소행성 자식 클래스 만들기

장애물 클래스에 정의된 대부분의 동작들과 함께 상속을 통해 변화를 만들 수 있다. 다음 단계를 따라 소행성(Asteroid) 버전의 장애물 클래스를 만들고 스태틱 메시를 다음과 같이 변경해보자.

1. 콘텐츠 브라우저에서 Blueprint 폴더로 이동한다.

2. 콘텐츠 브라우저에서 마우스 오른쪽 버튼을 클릭하고 **Blueprint Class**를 선택한다.

3. 부모 클래스 선택 윈도우에서 **All Classes** 카테고리를 확장하고 검색 바에서 obstacle을 입력한다.

4. 목록에서 **Obstacle**을 선택하고 윈도우의 아래쪽에 있는 **Select**를 클릭한다.

5. 새로운 장애물 블루프린트 클래스의 이름을 Asteroid로 변경한다.

6. Asteroid 블루프린트 클래스를 더블 클릭해 블루프린트 클래스 에디터를 연다.

7. 컴포넌트 패널에서 스태틱 메시 컴포넌트를 선택한다.

8. 디테일 패널에서 스태틱 메시 속성 필드의 아래 화살표를 클릭하고 sm_rock을 검색해 **SM_Rock**을 선택한다.

9. 속성의 옆에 있는 노란색 Reset to Base Material 화살표를 클릭해 스태틱 메시에 할당돼 있는 Element 0 머티리얼 속성을 재설정한다.

10. 스태틱 메시 컴포넌트의 **Location** 속성을 0.0, 0.0, −30.0으로 설정한다.

11. 스태틱 메시 컴포넌트의 **Scale** 속성을 0.5, 0.5, 0.3으로 설정한다.

이제 기본이 되는 장애물 블루프린트 클래스를 기반으로 새로운 블루프린트를 만들어봤다. 새로운 블루프린트에는 돌 모양의 스태틱 메시와 구 충돌체를 설정했다. 모든 충돌 테스트에는 구 컴포넌트를 사용할 것이므로 이전 '직접 해보기'에서와 같이 구 충돌체가 돌 모양의 스태틱 메시 전체를 감싸게 해야 한다. 충돌체의 크기를 메시에 맞추지 않고 메시의 크기를 충돌체의 크기에 맞게 작게 조절해 소행성의 충돌체 크기와 스태틱 메시의 크기가 크게 다르지 않도록 설정한다.

폰에 데미지 주기

게임에서 데미지를 주거나 체력을 감소시키는 것은 일반적인 개념이다. 일부 게임에서는 시각적 효과와 사용자 인터페이스를 통해 캐릭터의 체력을 회복시켜주는 복잡한 시스템이 있다. 또한 다른 게임에서는 한 번 맞으면 죽게 되는 게임도 있다. 물론 이때 하나 이상의 생명을 가지고 있거나 재시도할 수 있게 돼 있다. 그리고 어떤 게임은 이러한 개념들이 서로 섞여 있는 게임들도 있다.

우리의 게임에서 플레이어는 한 번 데미지를 입으면 괜찮지만, 두 번째 데미지를 입으면 죽게 된다. 이후에 플레이어의 체력을 회복하는 옵션을 제공할 것이다. 체력 픽업과 소행성은 장애물 클래스를 기본으로 사용하기 때문에 둘 사이를 구별할 수 있는 방법이 필요하다. 데미지 상태를 설정하려면 플레이어가 데미지를 입었는지 체크할 수 있는 폰의 속성이 필요하며 플레이어에게 이것을 보여줘야 한다. 다음 두 개의 '직접 해보기'에서 폰을 데미지 상태로 설정하고 소행성 클래스가 폰에 부딪혔을 때 알 수 있도록 해보자.

데미지 상태 및 데미지 처리 함수 준비하기

우주는 위험한 공간이다. 폰은 데미지를 입을 수 있고 플레이어에게 그 데미지의 상태를 알릴 수 있어야 한다. 다음 단계들을 따라 그림 21.4와 같이 이벤트 그래프를 작성해보자.

1. 콘텐츠 브라우저에서 Blueprints 폴더로 이동한다.
2. Hero_Spaceship 블루프린트 클래스를 더블 클릭한다.
3. 내 블루프린트 패널에서 새로운 Boolean 변수를 작성하고 이름은 Is Damaged로 변경한다.
4. 툴바에서 컴파일을 누른다.
5. Is Damaged의 기본값이 **False**로 설정돼 있는지 확인한다.
6. 컴포넌트 패널에서 우주선이 데미지를 입었을 때 표시할 새로운 파티클 시스템 컴포넌트를 추가하고 이름은 Damage Particle System으로 변경한다.
7. Damage Particle System의 **Template** 속성을 **P_Fire**로 설정한다.
8. Damage Particle System의 **Auto Activate** 속성을 **False**로 설정한다.
9. 내 블루프린트 패널에서 **Add New** 버튼을 클릭해 새로운 함수를 추가하고 이름은 Take Damage로 변경한다.
10. 내 블루프린트 패널에서 Take Damage 함수를 더블 클릭해 함수의 이벤트 그래프를 연다.

11. Take Damage 노드의 출력 실행 핀을 클릭하고 드래그 앤 드롭해 분기(Branch) 노드를 추가한다.

12. Is Damaged 변수를 드래그하고 분기 노드의 Condition 입력 핀에 연결한다.

13. 분기 노드의 False 핀을 클릭하고 드래그 앤 드롭해 Set Is Damaged 노드를 배치한다.

14. Set Is Damaged 노드의 입력 핀을 True로 설정한다.

15. Damage Particle System을 드래그해 Set Is Damaged 노드의 오른쪽에 배치한다.

16. Damage Particle System 참조 노드의 출력 핀을 클릭하고 드래그 앤 드롭해 Activate 노드를 배치한다.

17. Set Is Damaged 노드의 출력 실행 핀을 Activate 노드의 입력 실행 핀에 연결한다.

18. 툴바에서 컴파일 및 저장을 클릭한다.

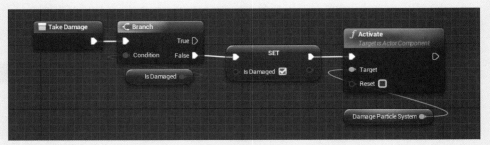

그림 21.4 Take Damage Function의 모습. 폰이 데미지를 입을 때 이 함수가 실행되며 폰은 이미 데미지를 입고 있었는지 체크한다. 그렇지 않으면 Is Damage 변수의 값을 True로 설정한다. 그 결과 Damage Particle System이 활성화된다.

이제 데미지 상태를 위한 준비 작업을 마쳤다. 하지만 현재 플레이 버튼을 클릭하면 아무 일도 일어나지 않는다. 폰이 데미지를 입게 하려면 소행성 액터를 연결해야 한다. 이렇게 하려면 두 개의 노드 Event ActorBeginOverlap과 Cast To를 사용해야 한다. 이러한 이벤트들은 소행성이 우주선과 부딪힐 때 데미지를 처리할 수 있도록 해준다. 이벤트 ActorBeginOverlap은 Event Begin Play 또는 Event Tick과 같이 동작하며 액터가 다른 액터에 겹칠 때 발생한다. 겹쳐진 액터의 참조를 알 수 있기 때문에 부딪힌 것이 소행성인지 아닌지 구분할 수 있다. 이때 Cast To 노드가 사용된다.

Cast To 노드 사용하기

Cast To 노드 집합은 대상 객체를 다른 클래스로 변환한다. Cast To 노드를 배치할 때 특정 클래스(예를 들어 Cast To Pawn, Cast To Game Mode와 같은)를 선택해야 한다. 그런 다음 Cast To 노드는 대상 오브젝트가 특정 타입으로 변환을 시도한다. 오브젝트가 상속된 경우와 같이 특정 클래스로 변환 가능하면 성공한다.

타깃 오브젝트가 특정 클래스로 변환 가능하다면(조건이 참인 경우) Cast To 노드는 Success(성공) 실행 핀을 통해 요청된 클래스와 함께 계속해서 실행이 진행된다. 이 시점에서 요청된 클래스의 변수나 함수를 사용할 수 있게 된다.

타깃 오브젝트가 특정 클래스로 변환될 수 없는 경우 Cast To 노드는 Failed 실행 핀을 통해 실행이 진행되며 반환된 오브젝트는 널 참조[null reference] 포인터가 된다.

Cast To 노드를 사용할 때 추가 데이터는 변환되지 않는다는 점을 유의하자. Cast To 노드는 동일한 객체를 제공하지만 다르게 해석된다고 이해하면 좋다. 대상 객체는 여전히 캐스팅되기 이전의 객체와 같으며 반환된 참조를 통해 더 많거나 적게 객체에 대해 알고 있다고 보면 된다.

예를 들어 Hero_Spaceship 클래스는 액터 클래스를 상속하는데 액터는 Take Damage라는 함수에 대해 모른다. Event ActorBeginOverlap은 겹쳐진 액터를 액터 참조로 반환하며 Cast To 노드를 사용해 이것을 Hero_Spaceship 노드로 변경하고 Hero_Spaceship의 함수를 호출할 수 있다. 가령 Hero_Spaceship의 Take Damage 함수를 호출할 수 있다. 겹쳐진 액터가 우주선이 아닌 경우에는 그냥 무시하면 된다.

다음 직접 해보기에서 Event ActorBeginOverlap과 Cast To Hero_Spaceship 노드를 사용해 Hero_Spaceship에 있는 Take Damage 함수를 호출해보자.

직접 해보기 ▼

겹치기 처리하기

소행성 액터는 폰과 겹칠 때마다 Take Damage 함수를 호출해야 하며 스스로 파괴할 수 있어야 한다. 다음 단계를 따라 그림 21.5와 같이 이벤트 그래프를 만들어보자.

1. 콘텐츠 브라우저에서 Blueprints 폴더로 이동한다.

2. Asteroid 블루프린트 클래스를 더블 클릭한다.

3. 이벤트 그래프를 클릭한다.

4. Event Actor Begin Overlap 노드의 Other Actor 출력 핀을 클릭하고 드래그 앤 드롭해 Cast To Hero_Spaceship 노드를 배치한다.

5. Event ActorBeginOverlap 노드의 출력 실행 핀을 Cast To Hero_Spaceship 노드의 입력 실행 핀에 연결한다.

6. Cast To Hero_Spaceship 노드의 As Hero Spaceship 출력 핀을 클릭하고 드래그 앤 드롭해 Take Damage 노드를 배치한다.

7. Cast To Hero_Spaceship 노드의 출력 실행 핀을 Take Damage 노드의 입력 실행 핀에 연결한다.

8. Take Damage 노드의 출력 실행 핀을 클릭하고 드래그 앤 드롭해 Spawn Emitter at Location 노드를 배치한다.

9. Spawn Emitter at Location 노드의 Emitter Template 입력 핀에 P_Explosion을 설정한다.

10. Spawn Emitter at Location 노드 아래에 GetActorLocation 노드를 배치한다.

11. GetActorLocation 노드의 Return Value 출력 핀을 Spawn Emitter at Location 노드의 Location 핀에 연결한다.

12. Spawn Emitter at Location 노드의 출력 실행 핀을 클릭하고 드래그 앤 드롭해 DestroyActor 노드를 배치한다.

13. 툴바에서 컴파일, 저장 버튼을 클릭한다.

14. 레벨에 있는 플레이어 스타트 앞쪽에 소행성 몇 개를 배치한다.

15. 레벨 툴바에서 **Play in Viewport** 버튼을 클릭해 지금까지의 작업을 테스트한다. 소행성이 Hero_Spaceship 폰과 충돌하면 폭발하고 사라져야 하며 우주선에는 불이 붙게 된다.

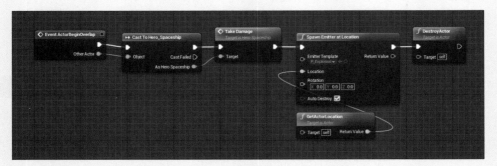

그림 21.5 소행성 블루프린트 클래스의 Event ActorBeginOverlap 노드. 액터가 소행성과 부딪히면 먼저 Hero_Spaceship 블루프린트 클래스로 변환한다. 변환이 가능하다면 Hero_Spaceship은 Take Damage 함수를 통해 데미지를 입고 소행성이 사라지기 전에 폭발 파티클 이미터를 생성한다.

주의

장애물 높이 결정

소행성이 우주선과 충돌하지 않는다면 폰과 같은 수직면에 있지 않을 가능성이 크다. 문제를 해결하는 가장 쉬운 방법은 소행성의 Z축 높이 값을 폰과 똑같이 설정하는 것이다.

죽었을때 게임 다시 시작하기

현재 게임에서 데미지는 눈에 보이는 역할만 할 뿐이다. 플레이어에 부딪힌 장애물의 개수에 상관없이 우주선은 절대로 파괴되지 않는다. 이러한 문제를 개선하려면 Take Damage 함수를 수정해 우주선을 죽음 상태로 만들 수 있어야 한다. 또한 타이머와 게임 모드의 Restart Game 함수를 이용해 레벨을 재시작할 수 있도록 해야 한다.

노트

타이머

때때로 지정된 시간 이후에 함수 또는 이벤트를 실행해야 할 때가 있는데 타이머(timer)를 사용하면 지정된 시간 이후에 작업을 실행할 수 있다. 예를 들어 우주선을 날려버린 후 게임이 재시작하기 전에 일정 시간 기다리게 할 수 있다. 타이머를 사용하면 Restart Game 함수를 실행하기 전에 파티클 효과를 화면에 나타내고 무슨 일이 발생했는지 알 수 있는 시간을 제공할 수 있다.

블루프린트에서 타이머는 여러 가지 방법으로 설정할 수 있다. 예를 들어 Set Timer by Function 노드를 통해 특정 함수를 트리거할 수 있다. 또는 Set Timer by Event 노드에 사용자 정의 이벤트를 연결할 수 있다. 타이머는 액션을 실행하기 전에 기다려야 하는 대기 시간을 의미하는 플로트 타임 값을 가지고 있다. 타이머는 또한 Boolean 값을 사용해 반복하도록 설정할 수 있다.

다음 '직접 해보기'에서 우주선이 많은 데미지를 입었을 때 호출될 On Death 함수를 만들고, 게임을 재시작하기 전에 몇 초간 대기하기 위해 타이머를 사용해보자.

▼ 직접 해보기

죽음 상태 만들기

우주선이 소행성과 두 번 부딪히고 나면 우주선이 폭발하고 게임을 재시작하도록 할 것이다. 다음 단계들을 따라 그림 21.6과 같이 이벤트 그래프를 만들어보자.

1. 콘텐츠 브라우저에서 Blueprints 폴더로 이동한다.

2. Hero_Spaceship 블루프린트 클래스를 더블 클릭한다.

3. 내 블루프린트 패널에서 **Add New** 버튼을 눌러 새로운 함수를 만들고 이름은 On Death로 바꾼다.

4. 내 블루프린트 패널에서 On Death 함수를 더블 클릭해 함수의 이벤트 그래프를 연다.

5. On Death 노드의 출력 실행 핀을 클릭하고 드래그 앤 드롭해 Spawn Emitter at Location 노드를 배치한다.

6. Spawn Emitter at Location 노드의 아래에 GetActorLocation 노드를 배치한다.

7. GetActorLocation 노드의 Return Value 출력 핀을 Spawn Emitter at Location 노드의 Location 입력 핀에 연결한다.

8. Spawn Emitter at Location 노드의 출력 실행 핀을 클릭하고 드래그 앤 드롭해 Set Actor Hidden in Game 노드를 배치한다.

9. Set Actor Hidden in Game 노드의 New Hidden 입력 핀 값을 True로 설정한다.

10. Set Actor Hidden in Game 노드의 출력 실행 핀을 클릭하고 드래그 앤 드롭해 Set Actor Enable Collision 노드를 배치한다.

11. Set Actor Enable Collision 노드의 출력 실행 핀을 클릭하고 드래그 앤 드롭해 Set Timer by Function Name 노드를 배치한다.

12. Set Timer by Function Name 노드의 아래에 Get Game Mode 노드를 배치한다.

13. Get Game Mode 노드의 Return Value 핀을 Set Timer by Function Name 노드의 Object 입력 핀에 연결한다.

14. Set Timer by Function Name 노드의 Function Name 입력을 RestartGame으로 설정한다.

15. Set Timer by Function Name 노드의 Time 입력 값을 3.0으로 설정한다.

16. 내 블루프린트 패널에서 Take Damage 함수를 더블 클릭해 함수의 이벤트 그래프를 연다.

17. 분기 노드의 True 실행 핀을 클릭하고 드래그 앤 드롭해 On Death 노드를 배치한다.

18. 레벨 툴바에서 **Play In Viewport** 버튼을 클릭해 게임을 테스트한다. 소행성 액터가 Hero_Spaceship 과 부딪히면 폭발한 후 사라진다. 그리고 우주선은 불에 탄다. 두 번째 충돌이 발생하면 우주선은 폭발하고 사라지며 3초가 지난 후에 게임이 재시작된다.

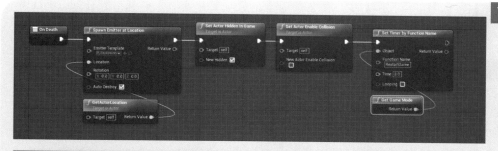

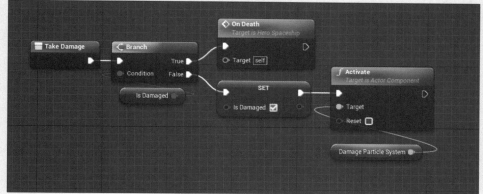

그림 21.6 Hero_Spaceship 블루프린트 클래스의 On Death와 Take Damage 함수 기능. On Death 함수는 타이머를 사용해 게임 모드에 내장된 RestartGame 함수를 호출한다. Take Damage 함수에서 On Death 노드는 Branch 노드의 True 핀에 연결돼 있고, 분기 노드의 조건으로서 폰이 이미 데미지를 입은 상태인지 체크한 후 손상된 경우에 On Death를 호출한다.

체력 픽업 만들기

우리는 플레이어가 데미지를 입게 만들었다. 하지만 현재로선 회복할 수 있는 방법이 없다. 이 절에서는 소행성 클래스를 복제한 후 몇 가지 수정을 해서 체력 픽업을 만들어볼 것이다.

이전에 만든 소행성 클래스와 체력 픽업의 주된 차이점은 폰과 부딪혔을 때 어떻게 반응하는지다. 모션, 회전, 충돌은 모두 동일하게 유지할 수 있기 때문에 모든 것을 처음부터 만들지 않고 앞에서 만든 장애물 클래스에서 상속하면 된다.

다음 몇 가지 '직접 해보기'를 통해 장애물 클래스를 상속한 후 새로운 Health_Pickup 클래스를 만들고 컨스트럭션 스크립트 변수들과 외형을 바꿔보자.

▼ 직접 해보기

체력 픽업 추가

우리의 폰은 살아남기 위해 힘든 시간을 보내고 있다. 불을 없애기 위해 수리 팩 픽업을 만들어주자. 다음 단계를 따라 새로운 블루프린트 클래스를 만들고 구의 내부에 십자가를 만들어보자.

1. 콘텐츠 브라우저에서 Blueprints 폴더로 이동한다.

2. 콘텐츠 브라우저에서 마우스 오른쪽 버튼을 클릭하고 **Blueprint Class**를 선택한다.

3. 부모 클래스 선택 윈도우에서 **All Classes** 카테고리를 확장한 후 검색 바에서 obstacle을 입력한다. 그리고 **Obstacle**을 목록에서 선택한 후 윈도우의 하단에 있는 **Select**를 클릭한다.

4. 새로운 장애물 블루프린트 클래스의 이름을 Health_Pickup으로 변경한다.

5. 클래스 기본값 패널에서 **Random Scale Min**의 기본값을 1.0으로 설정한다.

6. 클래스 기본값 패널에서 **Random Scale Max** 기본값을 1.0으로 설정한다.

7. 에디터가 클래스 기본값 패널만 표시되는 경우 패널 제목 아래에서 **Open Full Blueprint Editor** 링크를 클릭한다.

8. 컴포넌트 패널에서 **Add Component** 드롭다운을 이용해 두 개의 스태틱 메시 큐브를 추가한다.

9. 첫 번째 큐브 스태틱 메시 컴포넌트를 선택하고 **Scale** 속성을 0.2, 0.2, 0.6으로 설정한다.

10. 두 번째 큐브 스태틱 메시 컴포넌트를 선택하고 **Scale** 속성을 0.6, 0.2, 0.2로 설정한다.

Health_Pickup 클래스가 있지만, 겉으로 보기에는 그냥 구로 보이기 때문에 특수한 머티리얼을 생성해 픽업처럼 보이게 만들어보자.

픽업을 위한 머티리얼 만들기

아직 Health_Pickup은 체력 픽업 아이템으로 보이지 않는다. 우리는 두 개의 새로운 머티리얼을 만들어 하나는 구를 위해 사용하고, 나머지 하나는 안쪽에 있는 십자가를 위해 사용할 것이다. 다음 단계를 따라 그림 21.7과 같이 머티리얼 이벤트 그래프를 만들어보자.

1. 콘텐츠 브라우저에서 루트에 새로운 폴더를 만들고 이름은 Pickups로 정한다.

2. 콘텐츠 브라우저에서 마우스 오른쪽 버튼을 누르고 **Material**을 선택한다.

3. 새로운 머티리얼의 이름을 M_Pickup_Orb로 바꾼다.

4. M_Pickup_Orb를 더블 클릭해 머티리얼 에디터를 연다.

5. 디테일 패널에서 **Blend Mode** 속성을 **Translucent**로 설정한다.

6. 디테일 패널에서 **Shading Model** 속성을 **Unlit**로 설정한다.

7. 머티리얼 이벤트 그래프에서 마우스 오른쪽 버튼을 누른 후 Constant3Vector 노드를 배치한다.

8. Constant3Vector 노드의 출력 핀을 M_Pickup_Orb의 Emissive Color 핀에 연결한다.

9. 디테일 패널에서 Constant3Vector 노드의 Constant 속성을 0.0, 10.0, 0.0으로 설정한다.

10. 머티리얼 이벤트 그래프에서 마우스 오른쪽 버튼을 누른 후 Fresnel(프레넬) 노드를 추가해 배치한다.

11. 프레넬 노드의 출력 핀을 M_Pickup_Orb의 Opacity 핀에 연결한다

12. 툴바에서 저장 버튼을 클릭한다.

13. 콘텐츠 브라우저에서 마우스 오른쪽 버튼을 누른 후 **Material**을 선택한다.

14. 새로운 머티리얼의 이름을 M_Pickup_Cross로 변경한다.

15. M_Pickup_Cross를 더블 클릭해 머티리얼 에디터를 연다.

16. 머티리얼 이벤트 그래프에서 마우스 오른쪽 버튼을 누른 후 Constant3Vector 노드를 추가해 배치한다.

17. Constant3Vector 노드의 출력 핀을 M_Pickup_Cross 노드의 Base Color 핀에 연결한다.

18. 디테일 패널에서 Constant3Vector 노드의 Constant 속성을 0.0, 1.0, 0.0으로 설정한다.

19. 툴바에서 저장 버튼을 클릭한다.

그림 21.7 M_Pickup_Orb와 M_Pickup_Cross 머티리얼 이벤트 그래프 속성들

새로운 머티리얼을 만들었으니 Health_Pickup 블루프린트 클래스의 스태틱 메시 컴포넌트에 머티리얼을 지정해줘야 한다.

픽업 머티리얼 적용하기

픽업에 사용할 머티리얼은 생성했고 이제 픽업의 스태틱 메시 컴포넌트에 머티리얼을 적용해줘야 한다. 다음 단계를 따라 그림 21.8과 같은 외관을 만들어보자.

1. 콘텐츠 브라우저에서 Blueprints 폴더로 이동한다.

2. Health_Pickup 블루프린트 클래스를 더블 클릭한다.

3. 컴포넌트 패널에서 StaticMesh 컴포넌트를 선택한다.

4. Element 0 머티리얼을 M_Pickup_Orb로 설정한다.

5. 컴포넌트 패널에서 첫 번째 큐브 컴포넌트를 선택한다.

6. Element 0 머티리얼을 M_Pickup_Cross로 설정한다.

7. 컴포넌트 패널에서 Cube1 컴포넌트를 선택한다.

8. Element 0 머티리얼을 M_Pickup_Cross로 설정한다.

9. 툴바에서 컴파일과 저장 버튼을 클릭한다.

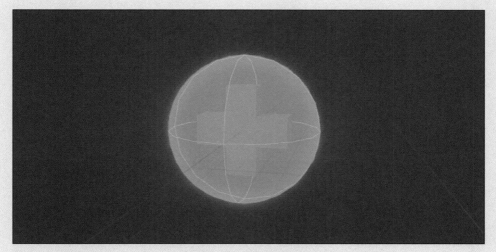

그림 21.8 각각의 스태틱 메시 컴포넌트에 머티리얼을 지정한 체력 픽업의 모습

이제 체력 픽업의 외관은 볼 만하므로 체력 픽업이 폰의 Is Damaged 상태를 바꾸도록 하는 로직을 작성할 차례다. 소행성의 데미지 처리 로직을 작성할 때와 비슷한 방식으로 이것을 구현할 수 있다. 다만 이번에는 Heal Damage 함수를 만들어 Is Damaged 변수를 False로 만들고 Damage Particle System 컴포넌트를 비활성화하자.

다음 두 개의 '직접 해보기'에서 Heal Damage 함수를 만들어 폰이 스스로 회복하고 화염 파티클을 비활성화시키도록 한다. 그리고 Event ActorBeginOverlap을 사용해 Heal Damage 함수를 호출해보자.

▼ 직접 해보기

Heal Damage 함수 만들기

새로운 Health_Pickup을 만들고 적당히 움직이도록 설정한다. 그리고 우주선이 스스로 회복할 수 있게 하자. 다음 단계를 따라 그림 21.9와 같이 이벤트 그래프를 만들어보자.

1. 콘텐츠 브라우저에서 Blueprints 폴더로 이동한다.

2. Hero_Spaceship 블루프린트 클래스를 더블 클릭한다.

3. 내 블루프린트 패널에서 **Add New**를 클릭해 새로운 함수를 만들고 이름은 Heal Damage로 변경한다.

4. 내 블루프린트 패널에서 Heal Damage 함수를 더블 클릭해 함수 그래프를 연다.

5. Heal Damage 노드의 출력 실행 핀을 클릭하고 드래그 앤 드롭해 Set Is Damaged 노드를 배치한다.

6. Set Is Damaged 노드의 Is Damaged 입력 핀을 False로 설정한다.

7. Damage Particle System 컴포넌트를 드래그 앤 드롭해 Set Is Damaged 노드의 오른쪽에 놓는다.

8. Damage Particle System 참조 노드의 출력 핀을 클릭하고 드래그 앤 드롭해 Deactivate 노드를 배치한다.

9. Set Is Damaged 노드의 출력 실행 핀을 Deactivate 노드의 입력 실행 핀에 연결한다.

10. 툴바에서 컴파일, 저장 버튼을 클릭한다.

그림 21.9 Hero_Spaceship 블루프린트 클래스의 Heal Damage 함수 이벤트 그래프 모습

Heal Damage 함수를 작성했으니 이제 언제 Heal Damage 함수를 호출해야 하는지 알아야 한다.

겹쳤을 때 Health Damage 함수 호출하기

폰은 이제 스스로 회복 가능하지만 언제 회복할지 알려줘야 한다. 다음 단계를 따라 그림 21.10과 같이 이벤트 그래프를 만들어보자.

1. 콘텐츠 브라우저에서 Blueprints 폴더로 이동한다.

2. Health_Pickup 블루프린트 클래스를 더블 클릭한다.

3. 이벤트 그래프를 클릭한다.

4. Event Actor Begin Overlap 노드의 Other Actor 핀을 클릭하고 드래그 앤 드롭해 Cast To Hero_Spaceship 노드를 배치한다.

5. Event ActorBeginOverlap 노드의 출력 실행 핀을 Cast To Hero_Spaceship 노드의 입력 실행 핀에 연결한다.

6. Cast To Hero_Spaceship 노드의 As Hero Spaceship 출력 핀을 클릭하고 드래그 앤 드롭해 Heal Damage 노드를 배치한다.

7. Cast To Hero_Spaceship 노드의 출력 실행 핀을 Heal Damage 노드의 입력 실행 핀에 연결한다.

8. Heal Damage 노드의 출력 실행 핀을 클릭하고 드래그 앤 드롭해 DestroyActor 노드를 배치한다.

9. 툴바에서 컴파일, 저장 버튼을 클릭한다.

10. 레벨에 있는 플레이어 스타트 앞쪽에 소행성 액터를 배치하고 Health_Pickup 액터는 멀리 배치한다.

11. 레벨 툴바에서 **Play In Viewport** 버튼을 클릭해 레벨을 테스트한다. 소행성 액터가 Hero_Spaceship과 부딪히면 우주선은 불길을 내뿜고 Health_Pickup을 먹고 나면 불길이 사라지는 것을 볼 수 있다.

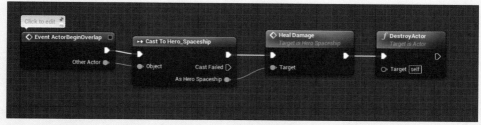

그림 21.10 Health_Pickup 클래스의 Event ActorBeginOverlap 이벤트 그래프. 액터가 Hero_Spaceship 폰과 부딪히면 Heal Damage 함수가 실행된다.

액터 스포너 만들기

이 시점에서 소행성과 픽업 아이템들을 레벨에 배치함으로써 간단한 수준의 게임은 만들 수 있다. 이것은 일반적으로 레벨을 만드는 유용한 방법이며, 훌륭한 게임들이 이미 이러한 방식으로 게임플레이 경험을 제공한다. 그러나 이런 방식의 개발은 게임 레벨의 수준을 높이기 위해 굉장히 노동 집약적일 수밖에 없으며 우리는 조금은 덜 노동 집약적인 개발 방식을 원한다.

한 가지 간단한 방법은 액터를 생성하는 블루프린트 클래스를 만드는 것이다. 우리는 이것을 스포너^{spawner}라고 하며, 이 블루프린트는 새로운 액터가 추가되는 빈도와 무작위적으로 요소를 선택하는 로직을 가진다. 현재 게임에서는 소행성 또는 체력 픽업을 무작위로 생성해야 한다.

새로운 액터를 생성하는 임의의 시간을 선택하는 것과 이러한 시스템을 만드는 것은 꽤나 어려운 개념일 수 있다. 여기에는 타이머와 이벤트 또는 함수, 재귀적인 함수의 사용과 같이 여러 솔루션이 있다. 간단하면서도 허술한 방법 중 하나는 자신만의 카운트다운 타이머를 만들고 Event Tick 이벤트를 사용해 새 객체를 생성해야 하는지 여부를 지속적으로 확인하는 것이다. 즉, 플로트 변수가 무작위로 생성된 카운트다운 시간을 저장하고 모든 틱에서 프레임의 시간을 뺀다. 그리고 변수가 0이 되면 액터를 생성하고 다시 카운트다운을 임의의 시간으로 설정한다. 그리고 이것은 무한정 반복된다. 이 시스템의 문제점은 성능 집약적이며 빈번하게 사용되면 게임에서 실제 성능 문제를 일으킬 수 있다는 점이다. 또한 유지하기도 어려울 수 있다. 틱 기반 카운트다운은 처리가 간단하지만, 게임 규칙이 복잡해지면 모든 이벤트가 한 번의 이벤트 틱에서 처리되므로 게임 흐름을 관리하기가 어려울 수 있다.

틱 기반 패턴을 만드는 대신 Set Timer by Function Name 노드와 사용자 정의 함수를 사용해 끊임없이 액터를 만들어낼 수 있다. 다음 두 개의 '직접 해보기'에서 다른 액터를 생성하고 임의로 액터를 결정하는 블루프린트 클래스를 만들어본다. 새로운 함수는 Set Timer by Function Name을 사용해 새로운 액터를 지속적으로 생성한다.

스폰 함수 준비하기

우리의 게임에는 소행성과 우주선이 있지만 이것들을 손으로 배치하는 것은 큰 고통이 될 수 있다. 다음 단계를 따라 UE4가 우리 대신 이러한 작업들을 해주도록 만들어보자. 이벤트 그래프를 그림 21.11과 같이 만들어보자.

1. 콘텐츠 브라우저에서 Blueprints 폴더로 이동한다.

2. 마우스 오른쪽 버튼을 클릭하고 부모 클래스로 Actor를 사용하는 새로운 블루프린트 클래스를 생성한다. 그리고 이름은 Obstacle_Spawner로 변경한다.

3. Obstacle_Spawner 블루프린트 클래스를 더블 클릭한다.

4. 내 블루프린트 패널에서 새로운 플로트 변수를 만들고 이름은 Spawn Time Min으로 변경한다.

5. 내 블루프린트 패널에서 새로운 플로트 변수를 만들고 이름은 Spawn Time Max로 변경한다.

6. 내 블루프린트 패널에서 새로운 플로트 변수를 만들고 이름은 Health Pickup Probability로 변경한다.

7. 툴바에서 컴파일을 클릭한다.

8. 클래스 기본값 패널에서 **Spawn Time Min**을 5.0으로 설정한다.

9. 클래스 기본값 패널에서 **Spawn Time Max**를 10.0으로 설정한다.

10. 클래스 기본값 패널에서 **Health Pickup Probability**를 0.1로 설정한다.

11. 내 블루프린트 패널에서 **Add New**를 클릭해 새로운 함수를 만들고 이름은 Spawn으로 변경한다.

12. 이벤트 그래프에서 Event BeginPlay 노드의 출력 실행 핀을 클릭하고 드래그 앤 드롭해 Set Timer by Function Name 노드를 배치한다.

13. Set Timer by Function Name 노드의 Function Name 입력 핀을 Spawn으로 설정한다.

14. Set Time by Function Name 노드의 아래에 Random Float in Range 노드를 배치한다.

15. Spawn Time Min 플로트 변수를 Random Float in Range 노드의 Min 입력 핀에 드래그한다.

16. Spawn Time Max 플로트 변수를 Random Float in Range 노드의 Max 입력 핀에 드래그한다.

17. Random Float in Range 노드의 Return Value 출력 핀을 Set Timer by Function Name 노드의 Time 입력 핀에 연결한다.

18. 툴바에서 컴파일, 저장 버튼을 클릭한다.

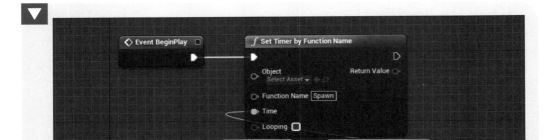

그림 21.11 Obstacle_Spawner 블루프린트 클래스의 Event BeginPlay 이벤트. Min, Max의 구간 사이에 있는 임의의 시간 값으로 스폰하는 함수

이 시점에서 스폰 함수는 로직이 포함돼 있지 않으므로 게임을 테스트해도 아무런 반응이 없을 것이다. 이제 액터를 생성하기 위해 스폰 기능을 작성해보자.

▼ 직접 해보기

스폰할 클래스 결정하기

스폰 함수는 아직 아무것도 하지 않지만 분기(Branch) 노드를 사용해 생성할 블루프린트 클래스를 결정하고 타이머를 이용해 재귀 패턴을 만들 수 있다. 다음 단계를 따라 이벤트 그래프를 그림 21.12와 같이 만들어보자.

1. 콘텐츠 브라우저에서 Blueprints 폴더로 이동한다.

2. Obstacle_Spawner 블루프린트 클래스를 더블 클릭한다.

3. 내 블루프린트 패널에서 Spawn 함수를 더블 클릭해 함수의 이벤트 그래프를 연다.

4. Spawn 노드의 출력 실행 핀을 클릭하고 드래그 앤 드롭해 분기(Branch) 노드를 배치한다.

5. 분기 노드 아래에 Random Float 노드를 배치한다.

6. Random Float 노드의 Return Value 출력 핀을 클릭하고 드래그 앤 드롭해 Float 〈 Float 노드를 배치한다.

7. Health Pickup Probability 변수를 드래그해 Float 〈 Float 노드의 두 번째 입력에 연결한다.

8. Float 〈 Float 노드의 Boolean 출력 핀을 Branch 노드의 Condition 입력 핀에 연결한다.

9. 분기 노드의 True 실행 핀을 클릭하고 드래그 앤 드롭해 Spawn Actor by Class 노드를 배치한다.

10. Spawn Actor by Class 노드의 Class 입력을 Health_Pickup으로 설정한다.

11. SpawnActor Health Pickup 노드의 아래에 GetActorTransform 노드를 배치한다.

12. GetActorTransform 노드의 Return Value 출력 핀을 SpawnActor Health Pickup 노드의 Spawn Transform 입력에 연결한다.

13. 분기 노드의 False 실행 핀을 클릭하고 드래그 앤 드롭해 Spawn Actor by Class 노드를 배치한다.

14. Spawn Actor by Class 노드의 Class 입력 핀을 Asteroid로 설정한다.

15. SpawnActor Asteroid 노드의 아래에 GetActorTransform 노드를 배치한다.

16. GetActorTransform 노드의 Return Value 출력 핀을 SpawnActor Asteroid 노드의 Spawn Transform 입력에 연결한다.

17. SpawnActor Health Pickup 노드의 출력 실행 핀을 클릭하고 드래그 앤 드롭해 Set Timer by Function Name 노드를 배치한다.

18. SpawnActor Asteroid 노드의 출력 실행 핀을 Set Timer by Function Name 실행 핀과 연결한다.

19. Set Timer by Function Name 노드의 Function Name 입력 핀을 Spawn으로 설정한다.

20. Random Float in Range 노드를 Set Time by Function Name 노드의 아래에 배치한다.

21. Spawn Time Min 플로트 변수를 Random Float in Range 노드의 Min 입력 핀에 드래그한다.

22. Spawn Time Max 플로트 변수를 Random Float in Range 노드의 Max 입력 핀에 드래그한다.

23. Random Float in Range 노드의 Return Value 출력 핀을 Set Timer by Function name 노드의 Time 입력 핀에 연결한다.

24. 툴바에서 컴파일, 저장 버튼을 클릭한다.

25. 레벨에 배치돼 있는 소행성 액터 또는 Health_Pickup 액터를 제거한다.

26. Obstacle_Spawner 액터를 한두 개 정도 레벨에 배치한다.

27. 레벨 툴바에서 **Play In Viewport** 버튼을 클릭해 게임을 테스트한다. 약 5초 후에 Obstacle_Spawner 액터가 소행성이나 체력 픽업 액터를 스폰할 것이다.

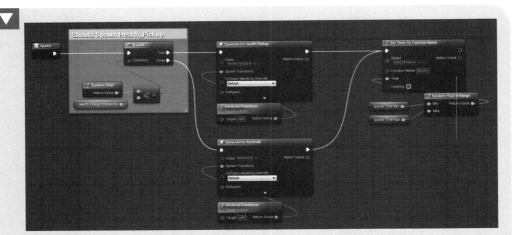

그림 21.12 Obstacle_Spawner 블루프린트 클래스의 Spawn 함수는 임의의 플로트 값을 비교해 생성할 블루프린트 클래스를 결정한다. 임의의 플로트 값이 확률 임계값보다 작으면 Health_Pickup 블루프린트 클래스가 스폰되고, 그렇지 않으면 소행성 블루프린트 클래스가 스폰된다. 다음으로 어떠한 블루프린트 클래스가 결정됐는지에 관계없이 함수는 무작위로 생성된 시간으로 자체 호출하도록 타이머를 설정한다.

Obstacle_Spawner를 만들고 나면 이제 더 이상 소행성이나 체력 픽업을 스스로 배치할 필요가 없다. 대신 Obstacle_Spawner 액터를 배치해 장애물을 만들어내는 다양한 장소를 결정해야 한다. 그림 21.13과 21.14는 스포너의 잠재적인 위치를 보여주고 게임 내 결과가 어떻게 되는지 보여준다.

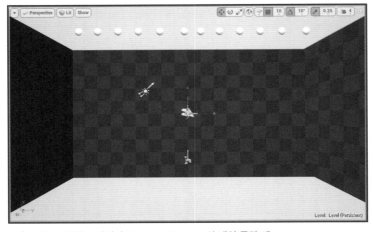

그림 21.13 플레이 공간에서 Obstacle_Spawner의 배치 공간 예

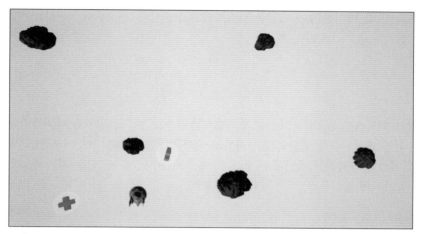

그림 21.14 그림 21.13에서 배치된 Obstacle_Spawner 액터가 실행됐을 때 모습

직접 Obstacle_Spawner 액터를 레벨에 배치해 게임을 테스트해보자.

오래된 장애물 정리하기

지금 스포너는 소행성과 픽업을 계속해서 생성하기 때문에 너무 많이 생성되면 성능에 문제가 생길 수 있다. 다행히 언리얼 엔진은 이러한 상황을 쉽게 해결할 수 있다.

모드 패널에서 Kill ZVolume을 화면 아래쪽 가장자리에 배치하면 액터가 Kill ZVolume 에 들어갈 때 파괴돼 지워진다(그림 21.15 참조).

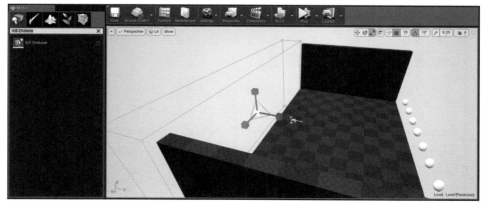

그림 21.15 화면을 벗어난 소행성을 없애기 위한 Kill ZVolume의 배치된 모습

Kill ZVolume을 배치한 후에 게임을 테스트하고 소행성이 Kill ZVolume에 들어갈 때 실제로 지워지는지 확인해보자.

요약

이번 시간에는 폰과 상호작용하는 블루프린트 클래스를 만드는 방법을 배워봤다. 데미지 상태와 회복 메커니즘을 만들었고 무작위로 액터들을 생성하는 스포너와 킬 존에 들어갔을 때 액터를 삭제하는 방법을 배웠다. 이제 우리는 게임을 만들 수 있는 훌륭한 프레임워크를 가지게 됐다.

질문 및 답변

질문. 소행성과 픽업이 폰과 상호작용하지 않는다. 왜 그런가?

답변. 몇 가지 문제가 있을 수 있다. 먼저 각 장애물과 픽업에 있는 충돌체의 Collision Presets가 OverlapAll로 설정돼 있는지 확인한다. 다음에는 폰에 충돌이 있는지 확인한다. 마지막으로 폰과 장애물이 같은 높이에 있고 실제로 부딪힐 수 있는 조건인지 검사한다. 이와 같이 하향식 관점에서 문제를 찾는 것은 꽤 어려울 수 있다.

질문. Health_Pickup 액터의 컨스트럭션 스크립트에 더 구체적인 동작을 추가하길 원하는데, 이것이 소행성 액터에 영향을 주게 하고 싶진 않다. 어떻게 해야 하는가?

답변. 동일한 부모 클래스의 여러 자식들을 서로 구분하는 두 가지 기본 방법이 있다. 첫 번째 방법은 Health_Pickup을 임의로 변경했던 방법과 같다. 스케일 로직은 부모 클래스의 컨스트럭션 스크립트에 구현돼 있지만 크기를 설정하는 변수를 자식 클래스에서 수정하는 것이다.

다른 방법은 Health_Pickup 클래스의 컨스트럭션 스크립트 그래프에서 컨스트럭션 스크립트 노드 위를 마우스 오른쪽 버튼으로 클릭한 후 Add Call to Parent Function을 선택한다. 이렇게 하면 특별한 Parent: Construction Script 노드가 만들어진다. 이 노드는 자식 클래스의 로직이 동작하기 전에 부모 클래스(예를 들어 Obstacle 클래스)의 컨스트럭션 로직을 먼저 실행시킨다.

질문. 충돌 관련된 로직을 Hero_Spaceship 블루프린트에 작성하지 않고 Obstacles에 작성한 이유는 무엇인가?

답변. 모든 상호작용 로직은 Hero_Spaceship 블루프린트 클래스에 작성할 수 있지만 그 방법은 권장하지 않는다. 문제는 폰에 무엇이 영향을 줬는지 검사하는 로직을 작성하기 시작하면 로직을 유지 보수하기가 점점 어려워진다는 것이다. 폰의 관점에서 동일한 두 가지 상호작용을 처리하려면 여러 가지 분기 노드가 있는 훨씬 길고 복잡한 단일 그래프를 만들어 여러 동작들을 처리해야 한다.

게임이 더 복잡해짐에 따라 이러한 단일 그래프는 유지하기가 훨씬 어려워진다. 대신 적용 가능한 동작을 논리적 단위로 분리하는 것이 좋다. 예를 들어 소행성은 우주선에 데미지를 준다는 것이 무엇을 의미하는지 모른다. 알고 있는 것은 Hero_Spaceship과 부딪히면 Take Damage 함수를 호출한다는 점뿐이다. 한편 Hero_Spaceship 역시 무엇이 Take Damage를 호출하는지 모른다. 다만 이 함수가 호출됐을 때 무엇을 해야 하는지만 알면 된다.

질문. 이벤트 그래프의 Begin Play에서 타이머 자체의 Looping Boolean을 사용하는 대신 Spawn 함수에서 다른 타이머를 사용하는 이유는 무엇인가?

답변. 함수 자체에서 타이머를 다시 호출하는 대신 Set Timer by Function Name 노드의 Looping Boolean을 사용할 수 있다. 이것은 동작하기는 하지만 동작의 결과는 사뭇 다르다. 각 스포너의 인스턴스들은 새로운 장애물을 스폰하는 데 임의의 시간 값을 가지고 있지만 간격은 일정하다. 스폰 함수를 호출할 때 임의의 시간 값을 새로 설정하면 Obstacle_Spawner 액터가 항상 새로운 장애물을 임의의 시간 값으로 설정하므로 게임을 더 임의적으로 만들 수 있다.

연구

잠시 시간을 내서 다음 질문들에 답할 수 있는지 확인해보자.

퀴즈

1. 참 또는 거짓: 회전 운동 컴포넌트는 축에 부착된 액터를 설정된 속도로 회전시킨다.

2. 참 또는 거짓: DefaultPawn 클래스에는 데미지와 체력 정보를 처리하는 로직이 포함돼 있다.

3. 참 또는 거짓: Cast To 노드는 액터를 다른 액터로 변환하는 용도로만 사용된다.

4. 참 또는 거짓: Set Timer by Function Name 노드는 호출하려는 함수의 정확한 이름이 필요하다.

해답

1. 참. 하지만 이 컴포넌트는 그 이상의 기능을 수행할 수 있다. 시간을 내서 이 컴포넌트의 모든 기능을 활용해보자.

2. 거짓. DefaultPawn 클래스는 많은 일을 하지만 데미지와 회복에 관한 동작은 여러분에게 달려 있다.

3. 거짓. Cast To 노드는 모든 타입에서 동작한다. 모든 타입(예를 들어 텍스처, 머티리얼, 파티클 이펙트 등)은 공통 클래스 계층 구조를 공유하는 한 다른 타입으로 변환될 수 있다.

4. 참. Set Timer by Function Name 노드는 이름이 틀리면 어떤 기능을 하는 함수를 호출할 것인지 예측할 수 없다. 함수의 이름은 공백도 중요하다.

연습

스스로 다른 타입의 픽업이나 간단한 충돌 기반의 액터를 게임에 추가해보자. 그런 다음 Hour 20과 이번 시간에 배운 것을 활용해 플레이어가 키를 눌러 소행성을 파괴할 수 있는 장애물을 만들어보자. 더 어려운 것을 해보고 싶다면 라이팅도 바꿔보고 배경을 개선해 더 좋은 게임으로 개선해보자.

1. Obstacle 클래스를 상속하는 새로운 블루프린트 클래스를 만들고 이름은 Plasma_Bolt로 변경한다.

2. 스태틱 메시 컴포넌트에 머티리얼을 설정한다. 이것은 무기이므로 방사성이 강한 빨간색 혹은 파란색 머티리얼이 좋을 것이다.

3. Plasma_Bolt 클래스의 클래스 기본값 패널에서 Movement Direction Vector를 -1.0, 0.0, 0.0에서 1.0, 0.0, 0.0으로 변경한다.

4. Random Scale Min과 Random Scale Max 값을 0.2로 설정한다.

5. **Speed Min**과 **Speed Max** 값을 1000으로 설정한다.

6. 장애물 이벤트 그래프에 Event ActorBeginOverlap 노드를 추가하고 소행성의 충돌을 감지하기 위해 Cast To Asteroid 노드를 사용한다.

7. Plasma_Bolt가 소행성과 부딪히면 폭발 파티클 이미터를 생성하고 DestroyActor를 사용해 소행성과 Plasma_Bolt 액터를 삭제한다.

8. 스페이스바, 다른 키 또는 게임패드를 연결해 총 쏘기 액션을 위한 새로운 입력 액션 바인딩을 추가한다.

9. 폰의 이벤트 그래프에서 액션 바인딩을 위한 새로운 이벤트를 만든다.

10. Pressed 실행 핀에서 SpawnActor를 사용해 Plasma_Bolt 액터를 생성하고 초기 위치는 폰의 위치로 설정한다.

11. 게임을 테스트하고 8단계에서 연결한 키 또는 게임패드를 사용해 성가신 소행성을 쏴보자!

UMG 작업하기

이번 시간에 배우는 것들

▶ 언리얼 모션 그래픽스 UI 디자이너 사용하기

▶ 위젯 블루프린트 만들기

▶ 시작 메뉴 게임 모드 만들기

▶ 메뉴 인터페이스 만들기

언리얼 모션 그래픽스^{UMG, Unreal Motion Graphics} UI 디자이너는 사용자 인터페이스와 HUD 기능을 디자인, 애니메이션, 스크립팅하는 데 사용되는 UE4의 에디터다. 이번 시간에는 UMG를 소개하고 어떻게 시작 메뉴를 만드는지 알아볼 것이다.

노트

Hour 22 설정

이번 시간에는 Flying 템플릿과 스타터 콘텐츠를 사용해 새로운 프로젝트를 만든다. 프로젝트가 만들어진 후에는 콘텐츠 브라우저에서 새로운 폴더를 만들고 이름은 StartMenuGame으로 변경한다.

위젯 블루프린트 만들기

블루프린트에는 인터페이스와 HUD를 만드는 두 가지 일반적인 방법들이 있다. 첫 번째 방법은 게임 모드에 할당된 블루프린트 HUD 클래스를 코딩하는 것이다. 두 번째 방법은 UI 디자이너에게 더 친숙한 방법으로 UMG UI 디자이너를 사용하는 것이다. UMG를 사용하면 인터페이스 애셋인 위젯과 코드 기능을 가진 블루프린트와 함께 대화식으로 배치할 수 있다. UMG의 기본에 대해 이해하고 나면 인터페이스를 만드는 작업이 매우 쉬워질 것이다.

우선 UMG를 사용하기 전에 위젯 블루프린트Widget Blueprint를 만들 필요가 있다. 다음 '직접 해보기'를 따라 해보자.

▼ 직접 해보기

위젯 블루프린트 애셋 만들기

UMG 인터페이스를 보려면 다음 단계를 따라 위젯 블루프린트 애셋을 만들어보자.

1. StartMenuGame 폴더에서 마우스 오른쪽 버튼을 누른 후 **Widget Blueprint**를 선택해 새로운 위젯 블루프린트를 콘텐츠 폴더에 추가한다.

2. 위젯 블루프린트의 이름을 StartMenuWidget_BP로 바꾼다.

3. StartMenuWidget_BP를 더블 클릭해 UMG를 연다.

UMG 인터페이스 살펴보기

UMG 인터페이스에는 그림 22.1과 같이 이미지 및 텍스트와 같은 위젯을 배치하는 디자이너 모드와 블루프린트에 기능을 추가하기 위한 그래프 모드가 있다. UMG를 처음 열면 디자이너 모드로 설정돼 있다.

그림 22.1 UMG 모드들

디자이너 모드

디자이너 모드Designer mode에는 사용할 수 있는 모든 위젯을 나열하고 기능별로 나뉘어져 있는 팔레트Palette 패널이 있다(그림 22.2 참조). 계층 구조Hierarchy 패널은 인터페이스에 배치된 모든 위젯을 표시하고, 필요에 따라 서로 다른 위젯들을 연결하고 분리할 수 있다. 위젯 블루프린트 루트는 캔버스Canvas 패널이고 인터페이스에 배치되는 모든 위젯이 붙어있다. 디테일 패널에서는 인터페이스에 배치된 현재 선택된 위젯의 속성들을 보여준다. 디자이너 모드에서는 애니메이션Animation 패널과 위젯의 애니메이션을 만들고 관리하고 수정할 수 있는 타임라인Timeline이 있다. 디자이너 패널의 가운데에 디자이너 패널이 있고 팔레트 패널에서 원하는 요소를 드래그해 디자이너 패널에 배치할 수 있다.

그림 22.2에 번호로 식별되는 영역들은 1) 툴바, 2) 팔레트 패널, 3) 계층 구조 패널, 4) 디자이너 패널, 5) 디테일 패널, 6) 애니메이션 패널 등이다.

그림 22.2 UMG 디자이너 모드 인터페이스

노트

기본 루트 위젯

새로운 위젯 블루프린트에는 캔버스 패널이 있는데, 이것은 기본 루트 위젯으로서 다른 위젯들을 여기에 붙일 수 있다. 물론 원한다면 이 캔버스 패널을 지울 수 있으며 다른 위젯을 루트로 만들 수도 있다. 보통 이런 경우에는 해당 위젯 블루프린트가 다른 위젯 블루프린트의 부품으로서 사용될 때 설정된다.

그래프 모드

그래프 모드Graph mode는 위젯 블루프린트를 위한 블루프린트 에디터다(그림 22.3 참조). 이곳에서 함수 또는 이벤트 시퀀스를 사용해 배치된 위젯에 기능을 제공한다. 그래프 모드 블루프린트 에디터에는 그래프, 함수, 매크로, 변수, 이벤트 디스패처를 관리하기 위한 **My Blueprint** 패널, 선택한 노드의 속성을 볼 수 있는 디테일 패널, 스크립팅을 위한 이벤트 그래프가 있다. 일반적으로 디자이너 모드에 배치된 위젯은 여기에 변수로 표시된다.

┌─────────┐
│ 노트   │
└─────────┘
위젯 참조 변수

디자이너 모드에서 배치한 위젯이 그래프 모드에서 변수로 나타나지 않고 이것을 필요로 한다면, 디자이너 모드로 돌아와 해당 위젯을 선택하고 디자이너 모드의 디테일 패널에서 IsVariable 속성이 켜져 있는지 체크하자.

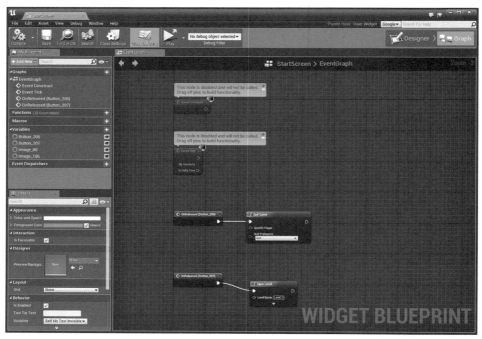

그림 22.3 UMG 그래프 모드 인터페이스

해상도 설정하기

디자이너 모드에서는 인터페이스 또는 HUD를 위한 해상도를 설정할 수 있다. UE4가 타깃 플랫폼이 지원할 수 있는 해상도로 게임을 크게 하더라도 인터페이스는 일반적인 해상도와 종횡비 설정을 중심으로 디자인돼야 한다.

디자이너 모드에서 인터페이스의 해상도 설정을 하려면 오른쪽 상단 구석의 **Screen Size** 드롭다운을 선택하고 공통 해상도 프리셋 목록에서 해상도를 선택하면 된다(그림 22.4 참조).

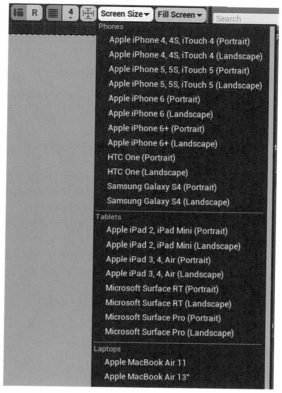

그림 22.4 미리 설정된 스크린 사이즈 목록

PC나 콘솔을 타깃 플랫폼으로 하는 게임을 개발할 때는 최종 사용자가 가지고 있는 모니터를 알 수 없으므로 다양한 화면 해상도와 종횡비에 맞게 인터페이스를 만들어야 한다. 표 22.1은 최종 사용자의 하드웨어에 의해 해상도가 결정되기 때문에 위젯 블루프린트 또는 프로젝트의 실제 설정이 아닌 일반적인 미리보기 해상도를 보여준다. 미리보기 설정은 UI를 작성하기 위한 '작업 규모'를 제공한다.

노트

해상도 설정

플랫폼 해상도와 종횡비에 관계없이 모든 화면의 왼쪽 상단 모서리는 0,0 좌표며 X는 가로, Y는 세로다. HD 및 HUD는 전체 픽셀 수를 곱한 총 픽셀 수를 픽셀 밀도라 하는데, 예를 들어 1280 × 720 = 921,600픽셀이다.

표 22.1 일반적인 화면 비율과 해상도

화면 비율	일반적인 해상도
4:3 (1.33)	320 × 240, 640 × 480, 1024 × 768, 2048 × 1536 (HD)
16:10 (1.6)	1280 × 800, 1440 × 900, 2560 × 1600 (UHD)
16:9 (1.77)	1280 × 720 (HD), 1920 × 1080 (HD), 3840 × 2160 (4K UHD)

노트

화면 비율

화면 비율(종횡비)은 와이드 스크린(16:9)에서 작업하고 있는지, 아니면 NTSC/PAL(4:3)에서 작업하고 있는지 결정한다. 화면 비율은 모니터에서 아래로 내려가는 픽셀 수만큼 모니터에서 가로지르는 픽셀 수를 나타낸다. 예를 들어 16:9라는 의미는 가로로 16픽셀마다 아래로 9픽셀 내려간다는 것을 의미한다.

게임에서 지원할 각각의 해상도에 대한 인터페이스를 만들 수 있지만 더 많은 아트 애셋과 위젯 블루프린트가 필요하므로 프로젝트의 메모리와 복잡성이 증가한다.

경험 법칙에 의하면 가장 높은 목표 해상도와 게임에서 지원할 가장 일반적인 종횡비로 인터페이스 하나를 설계하는 것이다. 그런 다음 해상도를 낮추고 다양한 종횡비로 인터페이스를 축소하면 된다. 이를 위해 에픽은 앵커 포인트^{anchor point}와 DPI 스케일링 같은 도구를 제공한다.

앵커 포인트와 DPI 스케일링

캔버스 패널을 루트로 해서 위젯 블루프린트 작업을 할 때 앵커를 사용한다. 배치된 모든 위젯에는 화면에 위젯 배치를 위한 표준화된 참조 점을 설정하는 앵커 포인트가 있다. 앵커 포인트의 위치는 픽셀 기반이 아니라 백분율 기준이므로 해상도와 종횡비에 독립적이다. 예를 들어 X, Y 위치가 .5라면 해상도와 종횡비에 상관없이 항상 화면 중앙에 나타나며 1, 1을 가지고 있다면 오른쪽 하단에 나타난다. 이때 위젯과 앵커 포인트의 관계는 백분율이 아니라 픽셀 기반인데, 인터페이스의 해상도 또는 종횡비가 무엇이든 상관없이 항상 앵커 포인트에서 설정된 거리가 된다.

DPI 스케일링은 대상 플랫폼 해상도 및 종횡비에 따라 인터페이스 해상도를 위 또는 아래로 조정하는데 모든 앵커 포인트가 그에 따라 조정되고 화면 위젯의 위치가 조정된다. DPI 스케일링 값을 조정하려면 Edit ➤ Project Settings ➤ Engine ➤ User Interface를 선택하면 된다.

그림 22.5와 같이 DPI 곡선은 미세 조정할 수 있지만 기본값이 이미 충분히 좋다. 변경할 필요가 있는 유일한 항목은 DPI 스케일 규칙 속성인데, 이 속성은 인터페이스 조정 방법을 결정하는 데 사용할 축을 설정한다. 가로는 항상 X고 세로는 항상 Y다. 게임이 세로 모드인지 가로 모드인지에 따라 가장 짧은 쪽과 가장 긴 쪽이 바뀐다.

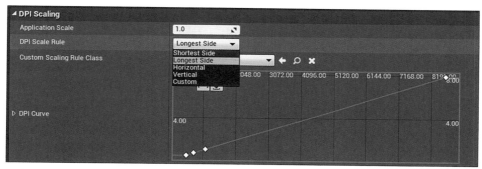

그림 22.5 DPI 스케일링 설정

시작 메뉴 만들기

남은 시간 동안 우리는 시작 메뉴를 만들어볼 것이다. 우선 빈 레벨뿐 아니라, 새 게임 모드와 플레이어 컨트롤러 블루프린트를 생성해야 한다. 플레이어 컨트롤러는 마우스 커서를 표시하도록 설정하고 새 게임 모드가 레벨에 지정돼 레벨이 로드될 때마다 자동으로 시작 메뉴가 표시된다. 마지막으로 레벨을 기본 맵으로 설정해 게임 실행 파일이 실행될 때마다 레벨을 로드할 첫 번째 레벨이 되도록 한다.

애셋 가져오기

인터페이스를 만들기 전에 작업할 이미지와 오디오 파일이 필요하다.

이 책과 함께 제공되는 Hour_22 폴더에 시작 메뉴 인터페이스를 만들기 위해 필요한 모든 자산이 들어있는 InterfaceAssets 폴더를 찾는다. 이미지는 텍스처로 가져오고 오디오는 사운드 웨이브로 가져온다.

이미지를 가져올 때 세 가지 주요한 사항들이 있는데 밉맵 생성, 텍스처 스트리밍, 텍스처 그룹에 텍스처 할당이 있다. 인터페이스에 사용할 이미지를 만들고 가져올 때 2의 거듭제곱수가 적용되지 않는데, 즉 인터페이스에 사용되는 텍스처에는 이러한 제약 조건이 없다.

▶ 텍스처, 머티리얼, 2의 거듭제곱에 대해 더 자세히 알고 싶다면 **Hour 6, '머티리얼 사용하기'**를 참고 하자.

이미지를 가져올 때 UE4는 텍스처 그룹에 할당되기를 원한다. 그렇게 해야 에디터가 이 것을 어떻게 처리하는지 알 수 있기 때문이다. 텍스처 에디터에서 텍스처 애셋을 열려면 콘텐츠 브라우저에서 텍스처 애셋을 더블 클릭한다. 인터페이스에서 사용될 텍스처를 사 용하려면 텍스처 그룹 속성을 UI로 설정해야 한다(그림 22.6 참조).

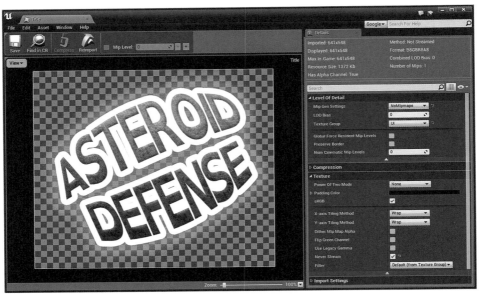

그림 22.6 텍스처 에디터에서 텍스처의 Min Gen Settings와 텍스처 그룹 할당을 보여주고 있다.

밉맵^{mipmap}에서 mip은 multum in parvo의 약자고('작은 공간에서 많이 사용') 맵 매핑은 큰 이미지에서 더 낮은 해상도의 이미지 시퀀스를 생성하는 프로세스다. UE4에서 밉맵 은 거듭제곱수로 돼 있는 이미지를 가져올 때 자동으로 생성된다. 이것은 3D 그래픽스 에서 효율적인 기술이며, 물체가 카메라에서 멀어지면 물체의 해상도(또는 표현 범위)가 점점 낮아지므로 물체에 더 낮은 해상도의 텍스처를 사용할 수 있다. 그러나 인터페이스 에서 사용되는 이미지는 일반적으로 mips가 필요하지 않다. 화면의 전경에 표시되기 때 문에 일반적으로 다른 모든 것들 앞에 표시되기 때문이다. 텍스처 스트리밍$^{texture\ Streaming}$ 은 런타임에 텍스처를 메모리에 로드하는 프로세스를 의미한다. 이것은 게임 레벨이 즉 석에서 로드될 때 눈에 띈다. 맵 매핑으로 생성된 저해상도 이미지는 메모리에 로드돼 모델의 표면에 먼저 표시되는데 저해상도 텍스처는 결국 고해상도 텍스처가 로드될 때 바뀐다. 저해상도에서 고해상도 텍스처로 전환될 때 텍스처가 튀는 현상이 생길 수 있다. 이것이 대부분의 게임이 레벨을 표시하기 이전에 먼저 로딩 화면을 보여주는 이유이기도 하다. 텍스처가 튀는 현상은 인터페이스에서 보이지 않도록 해야 하기 때문에 Never Stream을 체크해줘야 한다.

주의

텍스처 스트리밍

인터페이스에서 사용 중인 텍스처에 대해서만 Never Stream을 켜는 것이 좋다. 텍스처의 **Never Stream** 설정은 텍스처 에디터 디테일 패널의 **Texture** 카테고리에 있다. 이 설정을 찾으려면 카테고리를 확장해야 한다.

2의 거듭제곱이 아닌 텍스처를 가져오려고 하면 Never Stream이 자동으로 설정되고 Mip Gen Settings가 자동으로 NoMipmaps로 설정된다. 물론 텍스처 에디터에서 Texture Group은 UI로 설정해야 한다.

제공된 InterfaceAsset 폴더에는 배경 텍스처, 제목 텍스처, 버튼 텍스처와 두 개의 오디오 파일들(Mouse Hover, Mouse Pressed를 위한)이 있다. 제공된 모든 자산을 가져오고 이미지가 콘텐츠 브라우저에 추가되면 텍스처 에디터에서 각 텍스처를 열고 텍스처 그룹 설정을 UI로 설정한 후 Never Stream 옵션을 켜준다.

팁

텍스처 해상도

가져온 이미지의 해상도를 알고 싶다면 콘텐츠 브라우저에서 마우스를 가져온 이미지 위에 올려다 놓아 관련 정보를 보거나 텍스처 에디터에서 열면 된다.

이전에 작성한 프로젝트의 콘텐츠 브라우저에 있는 StartMenuGame 폴더에서 모든 애셋들을 가져와 새로운 폴더에 넣도록 한다.

캔버스에 위젯 배치하기

애셋을 가져오면 이제 위젯 블루프린트에서 인터페이스를 설정해야 한다. 먼저 UMG에서 배경 이미지와 게임 타이틀 이미지를 배치해야 한다.

▼ 직접 해보기

이미지 위젯 배치

다음 단계들을 따라 이미지 위젯을 추가하고 텍스처를 할당해보자.

1. StartMenuWidget_BP를 두 번 클릭해 UMG를 연다.

2. 디자이너 모드에서 화면 크기를 1080p(HDTV, Blu-ray)로 설정한다.

3. 이미지 위젯을 팔레트 패널에서 디자이너 모드 윈도우의 계층 패널에 있는 캔버스 패널로 드래그한다.

4. 배치된 이미지 위젯을 선택하고 디테일 패널의 슬롯(Slot) 섹션에서 Preset을 사용하거나 **Minimum X, Y**를 .5, .5 그리고 **Maximum X, Y**를 0.5, 0.5로 설정해 앵커 포인트를 화면 중앙으로 설정한다(그림 22.7 참조).

5. 콘텐츠 브라우저의 Background Image Texture 애셋을 디테일 패널의 **Appearance** 섹션에 있는 **Image** 속성으로 드래그한다.

6. 디테일 패널의 슬롯 섹션에서 Size X 속성을 1920으로 설정하고 Size Y 속성을 1080으로 설정한다.

7. 디자이너 뷰포트에서 전체 **Canvas** 패널을 채울 수 있도록 이미지를 배치한다.

8. 다른 이미지 위젯을 드래그하고 3~6단계를 반복해 Title Image Texture 애셋을 배치한다. 이 위젯의 앵커 포인트도 가운데에 있어야 하지만 **Size X, Y** 속성은 새 이미지 크기인 641, 548로 해야 한다.

9. 위젯 블루프린트를 저장한다. 이 시점에서 시작 메뉴는 그림 22.7과 같다.

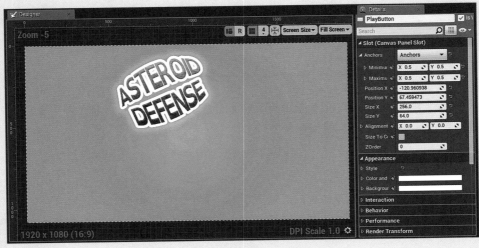

그림 22.7 배경 이미지 및 제목 이미지를 표시하는 UMG 디자이너 패널

다음에는 버튼과 텍스트 위젯을 사용해 Play 버튼과 Quit 버튼을 만들어야 한다. 버튼 위젯은 버튼의 기본적인 기능으로서 마우스 처리, 예를 들어 MouseOver, MouseDown 이벤트를 처리한다. 이를 사용하기 위해서는 캔버스 패널에 위젯을 배치하고 올바른 애셋을 지정하기만 하면 된다. 다음 '직접 해보기'에서 이 과정을 설명할 것이며 표 22.2는 버튼 위젯과 마우스가 상호작용하는 버튼 상태를 보여준다.

표 22.2 버튼 위젯 스타일 속성들

버튼 상태	설명
Normal	마우스 조작이 없을 때 표시될 이미지
Hovered	마우스 커서가 버튼 위에 있을 때 표시될 이미지
Pressed	마우스 버튼을 눌렀을 때 마우스 커서가 이미지 위에 있을 때 표시될 이미지
Disabled	버튼이 블루프린트에서 비활성화된 경우 표시될 이미지

직접 해보기 ▼

버튼 및 텍스트 위젯 배치

이제 시작 메뉴의 **Play** 및 **Quit** 버튼을 만들어보자. 버튼 위젯은 버튼을 나타내는 이미지를 가지고 있으며 텍스트 위젯은 버튼의 텍스트를 표시한다. 텍스트 위젯은 버튼 위젯에 연결돼 있어야 버튼의 위치를 변경했을 때 텍스트 위젯이 따라가게 된다. 다음 단계를 따라 해보자.

1. StartMenuWidget_BP를 두 번 클릭해 UMG를 연다(아직 열려 있지 않은 경우).

2. 팔레트 패널에서 버튼 위젯을 드래그해 계층 구조 패널의 캔버스 패널 섹션에 배치한다.

3. 디테일 패널 상단에 배치된 위젯을 선택하고 이름을 PlayButton으로 바꾼다.

4. 디테일 패널에 배치된 위젯을 선택하고 슬롯 섹션에서 앵커 포인트를 화면 가운데로 설정한다. **Minimum X, Y**를 각각 .5로 설정하고 **Maximum X, Y**도 역시 .5로 설정한다.

5. 디테일 패널의 슬롯 섹션에 있는 버튼 텍스처와 일치하도록 위젯의 크기를 설정하기 위해 **Size X** 속성을 256, **Size Y** 속성을 64로 한다.

6. 디테일 패널에서 **Appearance** 섹션으로 간 후 **Normal Image** 속성에 NormalButton 텍스처를 지정한다.

7. 디테일 패널에서 **Appearance** 섹션으로 간 후 **Hovered Image** 속성에 HoverButton 텍스처를 지정한다.

8. 디테일 패널에서 **Appearance** 섹션으로 간 후 **Pressed Image** 속성에 PressedButton 텍스처를 지정한다.

9. 버튼에 사운드를 설정하기 위해 디테일 패널에서 **Appearance** 섹션으로 간 후 **Pressed Sound** 속성을 MPressed_sw 사운드 웨이브로 지정한다.

10. 디테일 패널에서 **Appearance** 섹션으로 간 후 MHover_sw를 **Hovered Sound** 속성에 지정한다.

11. 버튼에 텍스트를 추가하기 위해 텍스트 위젯을 팔레트 패널에서 가져와 디자이너 뷰포트에 있는 PlayButton 위젯 위에 드래그한다.

12. 텍스트 위젯을 선택한 상태에서 디테일 패널로 간 후 **Content** 섹션으로 이동해 Default Text를 PLAY 로 설정한다.

13. **Quit** 버튼을 만들기 위해 2~11단계를 반복하는데 버튼의 이름은 QuitButton으로 하고 텍스트는 QUIT 로 설정한다.

모든 작업이 끝나면 시작 메뉴는 그림 22.8과 같다.

그림 22.8 UMG 디자이너 패널이 디테일 패널에서 버튼의 Appearance 속성들을 보여준다.

스크립팅 기능

이제 만들어진 각 버튼들의 기본적인 블루프린트 기능을 스크립팅해야 한다. 버튼에 할당할 수 있는 일반적인 이벤트 타입들에는 OnClicked, OnPressed, OnReleased가 있다.

버튼을 위한 이벤트 작성하기

디자이너 모드에서 PlayButton 위젯을 선택하면 디테일 패널의 **Events** 섹션에서 버튼을 위한 세 개의 이벤트 타입들을 볼 수 있다. 다음 단계들을 따라 **Play**, **Quit** 버튼을 위한 OnReleased 이벤트 스크립트를 작성해보자.

1. 디자이너 모드의 디자이너 뷰포트에서 PlayButton 위젯을 선택한다.

2. 디테일 패널에서 이벤트 섹션으로 이동한 후 그림 22.9와 같이 **OnReleased** 옆에 있는 **+** 기호를 클릭한다. 그러면 UMG가 그래프 모드로 전환되고 OnReleased 이벤트가 이벤트 그래프에 배치된다.

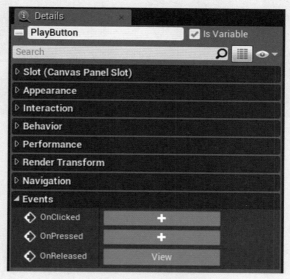

그림 22.9 디테일 패널의 버튼 위젯 이벤트 속성들

3. OnReleased 이벤트 노드의 출력 실행 핀을 클릭하고 드래그 앤 드롭해 컨텍스트 메뉴를 띄운다. 검색 바에서 open을 입력한 후 **Open Level**을 선택해 노드를 추가한다.

4. Open Level 함수를 배치한 후에 Level Name을 FlyingExampleMap으로 설정한다.

5. 디자이너 뷰포트에서 QuitButton 위젯을 선택한 후 디테일 패널로 이동해 **Events** 섹션에서 **OnReleased** 옆에 있는 **+** 기호를 클릭해 OnReleased 이벤트 노드를 이벤트 그래프에 추가한다.

6. OnReleased 이벤트 노드의 출력 실행 핀을 클릭하고 드래그 앤 드롭해 컨텍스트 메뉴를 띄우고 검색 바에서 quit를 입력해 **Quit**를 추가한다. 모든 작업이 끝나면 위젯 블루프린트는 그림 22.10과 같다.

7. 위젯 블루프린트를 컴파일하고 저장한다.

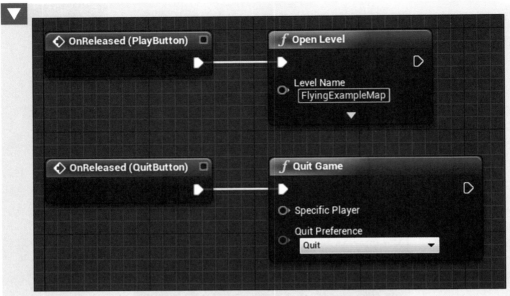

그림 22.10 UMG 이벤트 그래프는 OnReleased 이벤트가 할당된 버튼 위젯을 보여준다.

마우스 커서의 모양을 바꾸는 기능은 플레이어 컨트롤러 블루프린트에서 처리한다. 이제 시작 메뉴 위젯을 만들었으므로 게임 시작 시 뷰포트에 위젯 블루프린트를 추가해줘야 한다. 이렇게 하려면 게임이 시작될 때 로드될 첫 번째 레벨에 지정될 게임 모드 클래스와 컨트롤러 클래스를 만들어야 한다. 시작 메뉴 위젯 블루프린트가 설정됐으니 새로운 게임 모드를 만들고 플레이어 컨트롤러를 사용해 마우스 커서를 표시해보자.

▼ 직접 해보기

간단한 게임 모드 만들기와 마우스 커서 표시

다음 단계를 따라 게임 모드와 컨트롤러 블루프린트를 만들어 마우스 커서를 표시하자.

1. 새로운 게임 모드 블루프린트를 만들려면 콘텐츠 브라우저에서 StartMenuGame 폴더로 이동한다.

2. 콘텐츠 브라우저 애셋 관리 영역에서 마우스 오른쪽 버튼을 누르고 대화 상자에서 **Blueprint Class**를 선택한다.

3. 부모 선택 클래스 윈도우에서 **Common Classes** 카테고리에 있는 **Game Mode**를 선택한다.

4. 게임 모드의 이름을 StartMenuGameMode로 설정한다.

5. 새로운 플레이어 컨트롤러를 만들려면 콘텐츠 브라우저에서 StartMenuGame 폴더로 이동한다.

6. 콘텐츠 브라우저에서 마우스 오른쪽 버튼을 누른 후 **Blueprint Class**를 선택한다.

7. 부모 선택 클래스 윈도우에서 **Common Classes** 카테고리에 있는 **Player Controller**를 선택한다.

8. 플레이어 컨트롤러의 이름을 StartMenuController로 설정한다.

9. 플레이어 컨트롤러를 게임 모드에 할당하고 StartMenuGameMode 블루프린트를 연 후 블루프린트 에디터 툴바에서 **Class Defaults**를 선택한다. 디테일 패널에서 **Classes** 섹션 아래에 있는 **Player Controller Class** 속성을 StartMenuController로 설정한다(그림 22.11 참조).

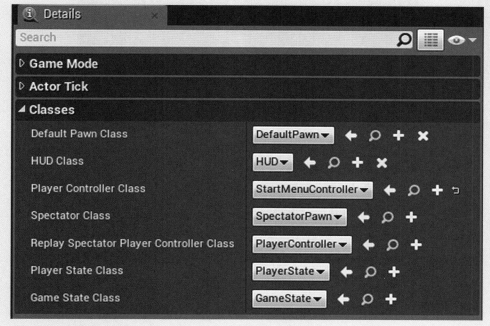

그림 22.11 블루프린트 디테일 패널의 StartMenuGameMode Class Default 속성들

10. StartMenuGameMode 블루프린트를 컴파일하고 저장한다.

11. 그다음에는 플레이어 컨트롤러 블루프린트가 마우스 커서를 표시하도록 해야 한다. StartMenuController 블루프린트를 열고 디테일 패널로 간 후 **Mouse Interface**에 있는 **Show Mouse Cursor, Enable Click Events, Mouse Over Events**를 켠다(그림 22.12 참조).

그림 22.12 블루프린트 디테일 패널의 StartMenuController Class Default 속성들

12. StartMenuController 블루프린트를 컴파일하고 저장한다.

노트

마우스 표시 설정

마우스 커서를 표시하는 기능은 플레이어 컨트롤러에서 처리하지만 플레이어 컨트롤러 내부뿐만 아니라 모든 블루프린트에서 설정할 수 있다. 임의의 블루프린트 클래스에서 GetPlayerController 노드를 클릭하고 드래그해 SetShowMouseCursor 노드를 사용하면 커서의 표시를 토글시킬 수 있다.

게임 모드를 설정했으니 위젯 블루프린트를 플레이어 뷰포트에 추가하는 블루프린트 시퀀스를 만들어야 한다.

플레이어 뷰포트에 위젯 블루프린트 추가

다음 단계를 따라 위젯 블루프린트를 뷰포트에 추가해보자.

1. 블루프린트 에디터에서 StartMenuController 블루프린트를 열고 이벤트 그래프로 이동한다.

2. 이벤트 그래프에서 Event BeginPlay 이벤트 노드를 찾는다.

3. Event BeginPlay 이벤트 노드의 출력 실행 핀을 클릭하고 드래그 앤 드롭해 컨텍스트 메뉴를 띄운다. 검색 바에서 widget을 입력한 후 **Create Widget**을 목록에서 선택해 노드를 추가한다.

4. 새로 추가된 Create Widget 함수 노드의 Class를 클릭해 StartMenuWidget_BP를 선택한다.

5. Create Widget 노드의 출력 실행 핀을 클릭하고 드래그 앤 드롭해 컨텍스트 메뉴를 띄운다. 검색 바에서 add to viewport를 입력한 후 **Add to Viewport**를 선택해 노드를 추가한다.

6. Create Widget의 Return Value를 Add to Viewport 노드의 Target에 연결한다. 모든 작업이 끝나면 블루프린트는 그림 22.13과 같다.

7. StartMenuController 블루프린트를 컴파일하고 저장한다.

그림 22.13 위젯 블루프린트를 뷰포트에 추가하는 시작 메뉴 플레이어 컨트롤러 블루프린트 시퀀스

마지막으로 해야 할 일은 게임을 시작할 때 로드할 첫 번째 레벨을 만드는 것이다. 프로젝트 설정 패널의 **Maps & Modes**에서 게임의 기본 맵을 지정할 필요가 있다. 이렇게 하면 게임이 실행됐을 때 해당 레벨이 시작되고 게임 모드가 로드돼 시작 메뉴가 화면에 나타난다.

▼ 직접 해보기

게임 기본 맵 추가

다음 단계를 따라 게임 모드를 레벨에 할당한 후 게임 기본 맵으로 레벨을 설정하자.

1. 콘텐츠 브라우저에서 새로운 폴더를 만들고 이름은 Maps로 한다.

2. 새로운 빈 레벨을 생성하고 그것을 Maps 폴더에 저장한다. 맵의 이름은 StartLevel로 설정한다.

3. 레벨 에디터 툴바에서 **Setting** 버튼을 누른 후 **World Setting** 패널을 선택한다.

4. 월드 설정 패널에서 **Game Mode** 아래에 있는 **GameMode Override** 속성을 StartMenuGameMode 블루프린트로 설정한다.

5. 레벨을 저장한다.

6. 레벨 에디터 툴바의 **Setting** 버튼을 누른 후 **Project Setting** 패널을 연다.

7. 프로젝트 설정 패널의 **Maps & Modes**에서 Default Maps에 있는 **Game Default Map**을 **StartLevel** 로 설정한다.

8. 레벨을 미리보기한다. 시작 메뉴와 마우스 커서가 나타날 것이다. 버튼 위에 마우스를 올리면 이미지 가 바뀌고 사운드가 재생되는 것을 확인하자.

9. **Play** 버튼을 클릭해보자. FlyingExampleMap 레벨이 로드될 것이다.

샘플 메뉴 시스템

Hour_22 폴더에는 살펴볼 수 있는 완전한 메뉴 시스템을 갖춘 샘플 프로젝트가 들어있 다. 시스템은 Flying 템플릿을 사용해 설정돼 있고, 앞서 보여준 방법들을 이용해 만든 시작 메뉴, 일시 정지 메뉴 및 간단한 HUD를 만드는 데 사용되는 두 가지 위젯 블루프 린트를 가지고 있다. 일시 정지 메뉴 위젯 블루프린트는 Flying Game Mode 템플릿에 있는 FlyingController 블루프린트에 의해 뷰포트에 추가되며 HUD 위젯 블루프린트는 FlyingPawn 블루프린트에 의해 뷰포트에 추가된다.

FlyingController 블루프린트를 열면 플레이어가 Q나 **ESC** 키를 눌렀을 때 뷰포트에 추 가되는 일시 정지 위젯 블루프린트를 볼 수 있다. **ESC** 키는 에디터의 미리보기에서 제어 되기 때문에 에디터에서는 제대로 동작하지 않는다. 게임을 패키징해 실행 파일로 만들 고 난 후 Q 키 입력을 끊는다. **ESC** 키는 이제 정상적으로 동작할 것이다.

PawnHUD 위젯 블루프린트는 FlyingPawn으로 캐스팅해 FlyingPawn 블루프린트로부터 변수 데이터를 얻는다. 이것은 두 가지 함수로 이뤄지는데 하나는 Speed고, 나머지 하나는 플레이어의 Health다. 두 텍스트 위젯 속성들이 함수에 바인딩돼 있다.

요약

이번 시간에는 위젯 블루프린트를 만들고 UMG를 사용해 이미지, 버튼, 텍스트 위젯을 배치해봤다. 인터페이스에서 사용하기 위한 텍스처를 준비하는 방법과 마우스 상호작용을 위한 게임 모드 설정 방법을 배웠고, 늘 그렇듯이 배워야 할 것이 많다. 예를 들어 다른 위젯 블루프린트에 위젯 블루프린트를 내장해 메뉴를 복잡하게 만드는 방법들이 있다. 지금은 모든 게임에서 사용할 수 있는 간단한 메뉴 시스템을 만드는 방법만 알아봤다.

질문 및 답변

질문. 레벨이 처음으로 로드될 때 인터페이스 텍스처가 픽셀화되는 이유는 무엇인가?

답변. 사용 중인 에디터의 버전에 따라 경고 메시지가 표시될 수도 있다. 대부분의 텍스처는 일반적으로 스태틱 메시에 지정된 머티리얼로 사용되며 2의 거듭제곱이어야 한다. 인터페이스 텍스처는 이 조건에 구속되지 않는다.

질문. 블루프린트 캐스팅Casting은 무엇인가?

답변. 전통적인 프로그래밍 또는 스크립팅 환경에서 캐스팅을 사용하면 하나의 변수 타입을 다른 타입으로 변환할 수 있다. 블루프린트에서 캐스팅을 사용하면 한 액터가 다른 액터를 참조해 함수를 호출하거나 변수를 가져오거나 설정할 수 있게 된다.

질문. 내가 만든 텍스처를 UE4로 가져올 때 이미지가 투명성을 가질 수 있으면 좋겠다. 무엇을 해야 하는가?

답변. 텍스처가 투명성을 가지려면 이미지 에디팅 도구에서 알파 채널을 만들어줘야 한다. 그런 후 이미지를 32비트로 저장하면 투명화 또는 마스크 처리된다. 파일 타입 tga, psd 모두 알파 채널을 가지고 있으며 UE4에서 가져올 수 있다.

연구

이번 시간을 마쳤으니 다음 질문들에 답할 수 있는지 확인해보자.

퀴즈

1. 참 또는 거짓: 인터페이스 텍스처는 2의 거듭제곱이어야 한다.

2. _____은 이미지를 가져올 때 여러 해상도를 생성하는 프로세스다.

3. 참 또는 거짓: 인터페이스에서 사용할 텍스처를 가져올 때 월드 텍스처 그룹에 텍스처를 지정해야 한다.

4. mip는 무엇의 약자인가?

5. 버튼 위젯의 네 가지 스타일 속성은 무엇인가?

해답

1. 거짓. 인터페이스의 텍스처는 2의 거듭제곱일 필요가 없다.

2. 밉 매핑은 이미지를 가져올 때 여러 해상도를 생성하는 프로세스다.

3. 거짓. 인터페이스의 텍스처는 UI 텍스처 그룹에 지정해야 한다.

4. Mip은 Multum in parvo의 약자다.

5. 버튼 위젯의 네 가지 스타일 속성으로는 Normal, Hovered, Pressed, Disabled가 있다.

연습

이번 연습을 위해 제공된 이미지와 오디오 애셋을 사용해 Hour 20, '아케이드 슈터 만들기: 입력 시스템과 폰'과 Hour 21, '아케이드 슈터 만들기: 장애물과 픽업'에서 만든 아케이드 슈터의 시작 메뉴를 만들어보자. 이전 시간에 작업을 하지 않았다면 이번 시간에 제공되는 아케이드 슈팅 프로젝트를 사용하자.

1. Hour 20, 21을 진행하면서 만든 아케이드 슈터 프로젝트를 열거나 이번 시간에 제공한 ArcadeShooter22를 사용한다.

2. 시작 메뉴 게임 모드와 위젯 블루프린트를 만들고 제공되는 애셋을 사용해 시작 메뉴 인터페이스를 만든다. 이번에 수행한 '직접 해보기'를 따라 해보자.

실행 파일 만들기

이번 시간에 배우는 것들

▶ 쿠킹된 콘텐츠와 쿠킹되지 않은 콘텐츠 비교하기

▶ 윈도우용 프로젝트 패키징

▶ 안드로이드 및 iOS를 위한 리소스 패키징

▶ 고급 패키징 설정

독창적인 사용자 경험을 만들기 위해 많은 노력을 들인 이후의 다음 단계는 사용자의 손에 우리의 창작물을 쥐어주는 것이다. 많은 게임 엔진에서 이 과정은 매우 복잡하고 어려운 과정일 수 있다. 고맙게도 UE4는 패키지 빌드를 쉽게 해주는 처리 과정을 가지고 있다. 이번 시간에는 쿠킹된 콘텐츠가 무엇인지, 배포 설정을 통해 UE4에서 어떻게 실행 파일을 만들어내는지 배워보자.

노트

Hour 23 설정

이번 시간에 사용된 방법은 모든 윈도우 또는 OSX 호환 UE4 프로젝트에서 수행할 수 있다.

Hour 20에서 시작한 ArcadeShooter 프로젝트를 바탕으로 Hour 21, 22에서 작업한 내용을 계속 작업한다. 필요하다면 Hour_22 폴더에서 제공되는 H22_ArcadeShooter 프로젝트를 사용할 수도 있다(www.sty-ue4.com에서 다운로드할 수 있다).

이 단원을 마치고 나면 최종 결과물을 책에서 제공하는 Hour_23 폴더에 있는 H23_ArcadeShooter 프로젝트와 비교해보자.

쿠킹 콘텐츠

언리얼 엔진 4는 UAsset 파일 내부에서 사용할 수 있는 형식으로 콘텐츠를 저장한다. 이 포맷은 UE4 에디터에서 작동하도록 보장되지만 모든 플랫폼 또는 에디터가 설치돼 있지 않을 때 사용할 수 있는 것은 아니다. 개발자는 서로 다른 플랫폼에 대해 서로 다른 버전의 애셋을 요구하는 대신 쿠킹cooking 단계를 사용해 대상으로 하는 기기에서 콘텐츠를 사용할 수 있도록 한다.

개발 프로세스에서 쿠킹 과정은 기능적으로 변환 단계다. 여기에는 에디터 전용 데이터 애셋을 무수히 많은 플랫폼에서 사용할 수 있는 애셋으로 변환하는 데 필요한 데이터 처리 작업이 포함된다. 이 단계에서는 불필요하거나 중복되는 정보를 제거하는 등의 다른 작업도 포함된다.

쿠킹은 또한 게임 프로젝트가 준비돼 있고 나중에 문제를 일으킬 수 있는 정보들이 누락되지 않도록 한다. 쿠킹 프로세스는 블루프린트의 컴파일 오류를 비롯해 모든 셰이더들이 완전히 컴파일됐는지 확인하고, 쿠킹 중인 레벨에서 누락된 자산을 확인하는 등의 버그를 방지하는 데 도움이 되는 여러 단계가 포함된다.

쿠킹 과정에서 소요되는 시간은 쿠킹하는 콘텐츠의 양에 따라 다르다. 기본적으로 UE4는 기본 게임 레벨부터 시작해 게임을 실행하는 데 필요한 모든 콘텐츠를 만든다. 다행히 UE4는 마지막으로 쿠킹한 이래로 어떤 정보가 변경됐는지 알기 때문에 이후 단계부터는 처리가 더 빨리 수행될 수 있다.

팁

윈도우용 쿠킹

개발할 때와 동일한 플랫폼을 목표로 하는 경우에도 콘텐츠를 쿠킹해야 한다. 언리얼 엔진은 현재 쿠킹되지 않은 콘텐츠로 작업하는 독립형 프로젝트를 지원하지 않는다. 쿠킹에는 오랜 시간이 걸릴 수 있으므로 일찍 시작하는 것이 좋다. **File > Cook Content for Windows**를 선택해 패키징하기 전에 쿠킹을 시작할 수 있다.

윈도우용 프로젝트 패키징

콘텐츠를 사전 준비하는 것은 프로젝트를 사용자에게 제공하는 과정 중 단 한 단계에 불과하다. 다음 단계는 쿠킹된 모든 콘텐츠를 취해 사용자가 실행할 수 있는 실행 파일과 함께 멋지게 패키징packaging(묶음)하는 것이다. 패키징은 대상 플랫폼에 따라 다르다. 윈도우 운영체제를 사용하고 마이크로소프트 시스템에서 게임을 하기 위해 게임을 타기팅하는 경우 언리얼 엔진 4는 콘텐츠 및 코드의 배포 준비 패키지를 간단하게 만든다.

UE4 에디터는 실행하기 위해 64비트 프로세서를 필요로 하지만 UE4는 32비트 및 64비트 프로세서 패키징 프로젝트를 지원한다. 대부분의 프로젝트에서 그 차이는 눈에 띄지 않고 64비트 프로세서는 32비트 프로젝트를 실행할 수 있다. 오늘날 64비트 프로세서는 현대적인 하드웨어로 더 많이 채택돼 사용되고 있으며 32비트 컴퓨터를 지원해야 하는 필요성은 계속해서 줄어들고 있다. 64비트용으로 개발하면 현대적인 하드웨어의 많은 기능을 활용할 수 있다.

일반적으로 오래된 하드웨어를 대상으로 하거나 다른 명시적 이유가 있는 경우에만 32비트용으로 개발한다.

프로젝트를 패키징하는 것은 매우 간단하다. 파일 메뉴에서 Shipping과 Windows (64-bit)를 선택하면 된다(그림 23.1 참조).

그림 23.1 윈도우용 프로젝트를 빠르게 패키지화하는 데 필요한 두 가지 메뉴 옵션. 왼쪽 이미지는 빌드 구성을 Shipping으로 설정하고 오른쪽 이미지는 Windows (64-bit) 옵션을 표시하고 있다.

노트

배송 설정

그림 23.1의 첫 번째 이미지는 프로젝트의 빌드 구성이 **Shipping**으로 설정된 것을 보여준다. 이 옵션을 사용하면 많은 디버그 명령들이 비활성화된다. **Development** 설정을 사용하면 활성화된 일부 디버그 기능을 사용자가 부적절하게 사용할 수 있으며 이로 인해 게임 버그가 발생할 수 있다. 따라서 모든 배포될 패키지는 배송 설정(Shipping configuration)을 사용해야 한다.

물론 로컬에서 테스트할 때는 **Development**가 좋은 선택이다.

File ▶ Package Project ▶ Windows ▶ Windows (64-bit)를 선택하면 그림 23.3과 같이 폴더 찾아보기 대화 상자가 나타나 패키지의 위치를 지정한다. 하드 드라이브에 패키지를 저장할 때 프로젝트 전체를 저장할 충분한 공간이 있는지 확인하고 프로젝트의 명시적인 이름을 설정하는 것이 중요하다.

그림 23.2 폴더 찾아보기 대화 상자에서 새 프로젝트를 배치할 위치를 지정한다.

OK를 클릭하면 패키징 단계의 진행 상태를 나타내는 메시지가 화면의 오른쪽 하단에 나타난다(그림 23.3 참조).

그림 23.3 프로젝트가 패키징되는 동안 나타나는 진행 메시지

콘텐츠가 쿠킹될 필요가 있을 때 패키징 프로세스는 다소 시간이 걸릴 수 있다. 프로세스의 자세한 정보는 출력 로그$^{Output Log}$ 패널에 표시되지만, 화면에 표시되는 로그의 양이 너무 많기 때문에 읽을 수 없는 경우도 있다.

메시지 로그$^{message log}$를 통해서도 간단한 출력 로그를 볼 수 있다. Window ➤ Developer Tools ➤ Message Log를 선택해서 메시지 로그를 열 수 있다. 그림 23.4에 메시지 로그 패널이 있다. 오류가 발생했을 때 Packaging Results 카테고리로 메시지 로그 패널을 보여준다. 그림 23.5는 출력 로그 패널에서 동일한 오류를 더 자세히 보여준다.

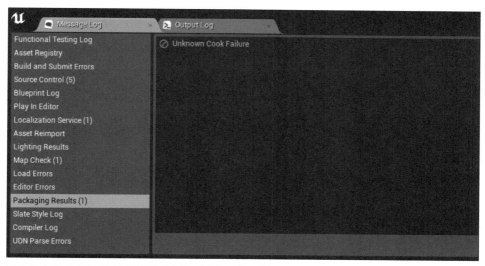

그림 23.4 알 수 없는 쿡 실패로 인한 오류를 나타내고 있는 메시지 로그 패널

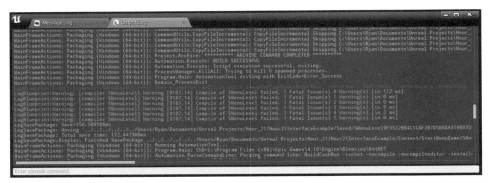

그림 23.5 출력 로그 패널에 표시된 쿡 실패 메시지(그림 23.4 참조). 이 오류는 제대로 컴파일할 수 없는 블루프린트 네트워크 문제 때문이다.

쿠킹과 패키징이 완료되면 콘텐츠는 폴더 찾아보기 대화 상자에서 지정한 위치에 저장된다. 파일 탐색기에서 해당 폴더로 이동하면 패키지를 볼 수 있다. 기본적으로 이 폴더에는 윈도우에서 실행하는 데 필요한 패키징된 프로젝트 전체가 들어있는 WindowsNoEditor라는 새 폴더가 있다.

WindowsNoEditor 폴더에서 ProjectName.exe를 두 번 클릭하면 그림 23.6과 같이 게임이 실행된다.

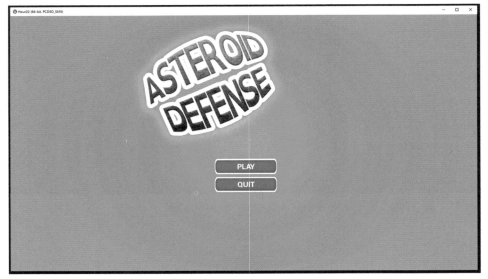

그림 23.6 Hour 23 프로젝트. 스탠드얼론 버전으로 실행 중이다.

프로젝트 패키징

다음 단계를 따라 윈도우용 프로젝트 패키징을 연습하자.

1. Hour 23 프로젝트(또는 선택한 프로젝트)를 연다.

2. File ❯ Package Project ❯ Build Configuration ❯ Shipping을 선택한다.

3. File ❯ Package Project ❯ Windows ❯ Windows (32–bit)를 선택한다.

4. 폴더 찾아보기 대화 상자가 나타나면 선택한 위치에 새 폴더를 만들고 관련된 이름(예: Hour23_packaged)으로 바꾼다.

5. 새로운 폴더를 선택하고 OK를 클릭한다.

6. 오른쪽 하단의 알림 메시지 Package Success가 나타났다가 사라질 때까지 기다린다.

7. 파일 탐색기를 열고 4단계에서 만든 폴더로 이동한다.

8. 패키지 폴더에서 WindowsNoEditor 폴더를 연다.

9. 이 폴더에서 .exe 파일을 더블 클릭한다(예: Hour23.exe).

10. 독립적(Standalone)으로 만들어진 게임을 플레이한다.

안드로이드 및 iOS 패키징용 리소스

두 개의 모바일 플랫폼인 안드로이드와 iOS는 패키징과 배포를 약간 다르게 처리한다. 안드로이드 및 iOS를 위한 프로젝트를 가져오는 방법은 약간 어려울 수 있으며 사전에 일정량의 설정이 필요하다.

이 과정을 수행하려면 먼저 Android Works SDK 또는 iTunes로 환경을 설정해야 한다. 가장 최신 정보를 얻으려면 https://docs.unrealengine.com/latest/INT/Platforms/Android/GettingStarted 및 https://docs.unrealengine.com/latest/INT/Platforms/iOS/QuickStart를 참고하자. 이런 부분은 자주 바뀌기 때문에 인터넷에서 가장 최신 버전으로 업데이트되고 있는 문서를 참고하는 것이 좋다.

iOS의 앱 스토어^{App Store}나 안드로이드의 구글 플레이 스토어^{Google Play Store}에 앱을 등록하려면 각 서비스의 등록된 개발자가 돼야 한다. 두 서비스 모두 스토어에 게임을 올리기 위해 일회성 등록비가 필요하다. 게임을 스토어에 올려서 서비스하기 전까지는 스토어에

요금을 지불할 필요가 없다. 등록하지 않고 iOS에서 앱을 테스트하려면 OSX 시스템에서 Xcode 7 이상을 사용해 프로젝트를 직접 배포할 수 있으며, 윈도우에서 개발하는 경우에는 먼저 개발자 프로그램에 참여해 등록비를 지불해야 한다.

추가로 두 서비스는 프로젝트를 배포하기 전에 따라야 하는 앱에 대한 인증 단계를 제공한다. UE4는 Quick Start 문서에 설명된 모든 정보를 제공하고 나면 배포 모드Distribution mode를 앱으로 설정해야 한다. 배포 모드를 바꾸기 위해 File ➤ Package Project ➤ Packaging Settings를 선택하고 Packaging 카테고리를 선택한 후에 For Distribution 옵션을 토글한다. 이렇게 하면 UE4에서 필요한 각 스토어에서 요구하는 인증서를 패키징하게 된다.

고급 패키지 설정

이전 절에서 언급한 단계가 대부분의 경우에는 충분하지만 때로는 프로세스에 대한 더 많은 제어가 필요하다. UE4의 패키징 설정을 통해 고급 설정들을 사용할 수 있다. 이러한 옵션들을 사용하면 특히 여러 플랫폼을 위한 게임을 준비할 때 원활한 패키징 프로세스를 갖추는 데 핵심이 된다.

패키징 설정을 위해 File ➤ Package Project ➤ Packaging Settings를 선택하고 Packaging 카테고리를 선택한다(그림 23.7 참조).

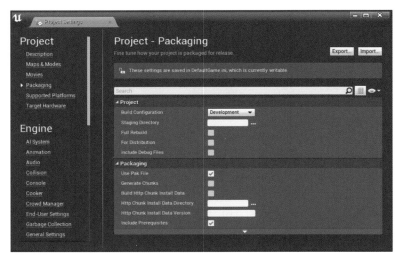

그림 23.7 Packaging 탭의 일반적인 속성들

패키징 탭은 다음과 같은 속성들을 설정할 수 있다.

▶ Build Configuration(빌드 구성): 코드 기반 프로젝트를 컴파일하기 위한 빌드 구성을 설정할 수 있다. 블루프린트 프로젝트를 사용한다면 테스트를 위해 Development 구성을 사용하는 것과 Shipping 구성을 사용하는 데 별다른 차이점이 없다.

▶ Staging Directory(스테이징 디렉터리): 파일 찾아보기 대화 상자에서 File ▶ Package Project를 사용해 패키지 빌드를 저장할 디렉터리를 지정할 수 있다. 새로운 디렉터리를 지정할 때마다 자동으로 업데이트된다.

▶ Full Rebuild(전체 다시 빌드): 코드 기반 프로젝트의 경우 이 속성은 모든 코드를 다시 빌드할 것인지 수정된 코드만 빌드할 것인지 결정한다. 블루프린트 프로젝트에서는 이 항목을 선택하지 않은 채로 두는 것이 안전하다.

▶ For Distribution(배포용): 이 옵션은 게임이 배포 모드인지 여부를 결정한다. 애플 앱 스토어, 구글 플레이 스토어에 게임을 업로드하려면 이 옵션을 사용하도록 패키징해야 한다.

▶ Use Pak File(Pak 파일 사용): 이 옵션은 프로젝트의 모든 애셋을 개별 파일 또는 하나의 묶음으로 처리할 것인지 결정한다. 이 옵션을 활성화하면 모든 애셋이 단일 .pak 파일에 묶인다. 프로젝트에 많은 파일들이 있는 경우 이 옵션을 사용하면 배포가 훨씬 쉬워진다.

▶ Include Prerequisites(필수 구성 요소 포함): 이 옵션을 사용하면 패키지 게임에 필요한 모든 필수 구성 요소들이 패키지 자체에 포함된다. 이는 대상 시스템에 모든 필수 구성 요소가 설치돼 있음을 보장할 수 없는 시스템에 배포할 때 중요하다.

요약

이번 시간에는 프로젝트를 에디터에서 벗어나 독립적으로 실행되도록 하는 방법을 배웠고, 콘텐츠를 만드는 방법과 윈도우용 콘텐츠를 미리 쿠킹하는 방법, 독립 실행형 폴더에 패키지로 배포하는 방법도 배워봤다.

질문 및 답변

질문. 독립형 게임을 실행할 때 이상한 맵이 로드된다. 어떻게 고치는가?

답변. Edit > Project Settings를 선택한 후 Maps & Modes 탭에서 Default Game Level 속성이 제대로 설정돼 있는지 확인한다. 로드하려는 맵이 설정돼 있지 않다면 변경한다.

질문. 패키지된 디렉터리를 새 컴퓨터에 복사한 후 실행하면 오류가 나는데 내 컴퓨터에서는 정상적으로 동작한다. 왜 그런가?

답변. 이런 일이 발생하는 데는 많은 이유가 있지만 일반적으로 UE4 프로젝트를 실행하는 데 필요한 필수 구성 요소들이 없기 때문일 수 있다. Include Prerequisites 속성이 체크돼 있는지 확인하자.

질문. 쿠킹 프로세스가 메시지 로그에 알 수 없는 오류를 보여주고 있다. 무슨 일인가?

답변. 프로젝트를 쿠킹할 때 굉장히 많은 문제가 발생할 수 있다. 메시지 로그에 알 수 없는 오류가 나타나면 출력 로그를 살펴보는 것이 좋다. 출력 로그 색상은 빨간색을 사용해 오류를 보여준다. 일반적으로 문제는 오브젝트 또는 파일을 삭제하는 것으로 해결될 수 있기 때문에 출력 로그를 확인해 수정 사항을 확인하자.

연구

이번 시간을 마쳤으니 다음 질문들에 답할 수 있는지 확인해보자.

퀴즈

1. 에디터 전용 타입의 콘텐츠를 대상 플랫폼에서 작동하도록 변환하는 과정의 이름은 무엇인가?

2. 참 또는 거짓: 64비트 프로세서는 언리얼 엔진 4에서 만들어진 32비트 실행 파일을 실행할 수 있다.

3. 참 또는 거짓: 에디터에서 프로젝트를 패키지화하면 현재 열려 있는 레벨이 먼저 로드된다.

해답

1. 쿠킹^{cooking}. 이것은 스테이징^{staging}과는 다르며 대상 플랫폼에 배포하기 전에 쿠킹된 데이터를 로컬 위치에 저장하는 프로세스다.

2. 참. 64비트 프로세서는 32비트 프로그램을 실행할 수 있지만 32비트 프로세서는 64비트 프로그램을 실행할 수 없다.

3. 거짓. 독립형 패키지가 만들어질 때 사용되는 레벨은 Project Settings 대화 상자의 Maps & Modes 탭에서 설정된 레벨로 결정된다.

연습

패키지 연습을 할 수 있는 새로운 프로젝트를 만들고 패키징하자.

1. 런처에서 새로운 UE4 프로젝트를 만들고 빠르게 작업하기 위해 스타터 콘텐츠를 포함하지 않는다.

2. 새로운 프로젝트를 연다.

3. File ➤ Package Project ➤ Build Configuration ➤ Shipping을 선택한다.

4. File ➤ Package Project ➤ Windows ➤ Windows (32-bit)를 선택해 윈도우를 타깃으로 한다.

5. 프로젝트의 위치를 선택한다.

6. 프로젝트의 패키징이 완료되면 파일 탐색기에서 해당 폴더로 이동한 후 프로젝트의 실행 파일 .exe를 찾고 더블 클릭해 실행해보자.

HOUR 24
모바일 작업하기

이번 시간에 배우는 것들

- ▶ 모바일 기기(mobile device)를 위한 개발
- ▶ 터치 사용
- ▶ 기기의 모션 데이터 사용

현재 가장 크고 빠르게 성장하고 있는 시장은 콘솔이나 PC 시장이 아니다. 지금은 모바일 게임이다. 최근 몇 년 동안 휴대전화 시장이 폭발적으로 증가했으며 다양한 모바일 플랫폼에서 게임이 만들어지고 수익을 창출하는 것이 매우 놀랍다. 모바일 기기는 PC나 콘솔에 비해 하드웨어의 힘이 강력하지 않기 때문에 모바일에서 게임을 실행하려면 상당한 주의가 필요하다. 이번 시간에는 대부분의 모바일 플랫폼의 한계, 터치 이벤트로 게임에서 상호작용하는 방법, 가상의 조이스틱을 사용해 폰을 제어하는 방법, 자이로스코프 gyroscope를 사용해 모바일 전용 컨트롤러 체계를 만드는 방법을 배워보자.

> **노트**
>
> **Hour 24 설정**
>
> 이번에는 Hour 20에서 시작한 ArcadeShooter 프로젝트를 Hour 21, 22, 23에 이어 계속 작업할 것이다. 물론 Hour_23 폴더에 있는 미리 제공된 H23_ArcadeShooter 프로젝트를 시작 프로젝트로 사용해도 된다. 이것은 www.sty-ue4.com에서 다운로드할 수 있다.

> **노트**
>
> **모바일에서의 테스트**
>
> 모바일 게임을 만들 때는 실제 하드웨어에서 추가 테스트를 수행해야 한다. 이 프로세스는 뒤죽박죽이므로 계속해서 변하고 있는 중이다. 안드로이드 장치를 제대로 설정하려면 https://docs.unrealengine.com/latest/INT/Platforms/Android/GettingStarted/를 참고하고, iOS를 위한 설정은 https://docs.unrealengine.com/latest/INT/Platforms/iOS/QuickStart/index.html을 참고하자.

모바일 기기를 위한 개발

일반적으로 모바일 기기는 여러 측면에서 콘솔 및 PC보다 열등하다. 속도가 느리고 그래픽 기능이 약하고 메모리가 적으며 저장 공간이 작고 화면이 작다. 하지만 하드웨어 장치는 매년 더 많이 발전하고 있으므로 해마다 그 한계가 크게 줄어들고 있다.

어떤 면에서는 모바일 하드웨어 분야에서 이뤄지는 발전이 콘솔 및 PC에서 이뤄지는 발전을 능가하고 있다. 그렇기 때문에 모바일 기기의 트렌드를 예측하기가 더 어렵다. 가장 최근의 아이폰이나 삼성의 제품들은 고급 그래픽 및 기능을 처리할 수 있지만 최신 하드웨어가 광범위하게 사용되는 것은 즉각적으로 이뤄지지 않는다. 대다수의 잠재적인 사용자들은 2~3년 정도 지난 기술들을 사용한다. 문제를 더욱 혼란스럽게 만드는 것은 태블릿과 터치 지원 랩톱의 등장이다. 일부 기기들은 데스크톱 PC와 견줄 만하지만 여전히 모바일 카테고리에 속하게 된다.

이러한 기기들이 빠른 속도로 개선되고 있기 때문에 프로젝트의 최소 요구 사항을 알아내는 것은 매우 중요하다. 언리얼 엔진 4는 다양한 품질과 기능을 제공하므로 마이크로소프트 서피스 또는 아이패드에서 최신 그래픽 기술을 활용할 수 있지만 휴대전화에서는 동일한 기능을 사용할 수 없다.

모바일 산업이 매우 빠르게 변화하고 있다는 사실을 인지하고 이번 절에서는 모바일 기기를 다룰 때 고려할 만한 몇 가지 모범 사례를 다뤄본다.

모바일로 미리보기

모바일 기기를 위해 개발할 때는 몇 가지 모범 사례들을 기억할 필요가 있다. 에디터에서 작업하는 동안 기기의 제약이 프로젝트의 외관에 어떤 영향을 미치는지 알기 어려울 수 있다. 운좋게도 언리얼 엔진 4를 사용하면 모바일 기기에서 렌더링 수준이나 중요 기능 세트들을 미리 볼 수 있다.

시각화 기능을 사용하려면 뷰포트 툴바에서 Settings ❯ Preview Rendering Level ❯ Mobile/HTML 5 ❯ Default Mobile/HTML5 Preview를 선택한다(그림 24.1 참조).

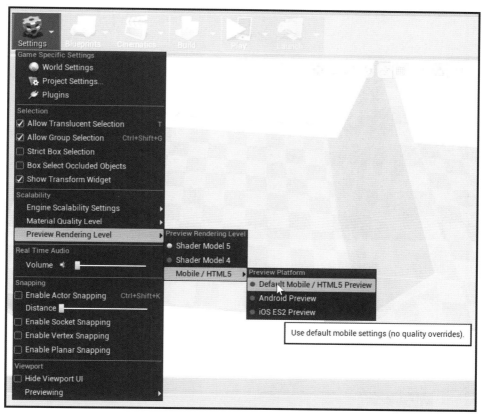

그림 24.1 미리보기 렌더링 레벨을 설정하면 모든 머티리얼과 셰이더가 실제 모바일 기기에서 사용되는 것과 유사한 디스플레이 설정으로 다시 컴파일된다.

HTML5 Preview 옵션을 선택하면 레벨의 미리보기가 실제 모바일 기기에서 보는 화면처럼 표현된다. 그러나 렌더링 수준이 실제 모바일 기기의 최종 결과와 완전히 같지는 않으며 실제 하드웨어에서 테스트하도록 노력해야 한다.

모바일 하드웨어는 매우 다양하기 때문에 자동 머티리얼 최적화로 충분하지 않을 수 있다. 이런 경우 비싼 머티리얼은 Quality Switch(품질 스위치) 노드를 사용해 비용이 많이 드는 작업을 제거해야 한다. 그림 24.2에서 최고급 구성을 제외하는 머티리얼 기능을 볼 수 있다.

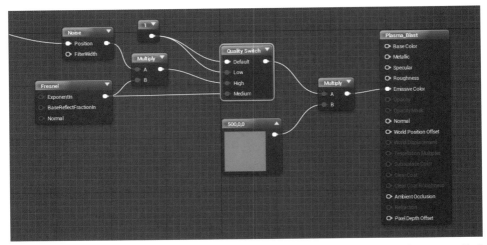

그림 24.2 Quality Switch 노드는 품질 수준이 보통 또는 낮음으로 설정된 경우 재료에서 값 비싼 Noise 노드를 제거하는 데 사용된다. 즉, Fresnel(프레넬) 노드는 머티리얼 설정이 낮음으로 돼 있으면 사용되지 않는다.

머티리얼 전반에 품질 스위치를 사용해 값비싼 작업을 제거한 경우 Settings > Material Quali Level을 선택해 프로젝트의 머티리얼 품질 수준을 설정할 수 있다. 낮음, 보통, 높음 세 가지 옵션은 프로젝트의 머티리얼에 대해 품질 스위치 노드를 사용한 경우에만 차이가 있다.

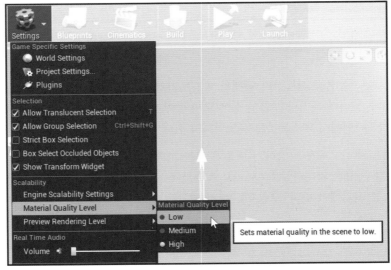

그림 24.3 설정 메뉴를 사용해 프로젝트의 머티리얼 품질 레벨을 낮음, 보통, 높음 중 하나로 설정할 수 있다.

다양한 장치들은 서로 다른 종횡비와 해상도를 가진다. 프로젝트를 출시할 때 사용할 장치와 동일한 해상도로 프로젝트를 테스트하는 것이 매우 중요하다.

그림 24.4는 에디터 환경 설정 패널의 Play in Standalone Game에서 모바일 해상도를 설정하는 방법을 보여준다. 모바일 기기의 공통 해상도는 Common Window Sizes 드롭다운을 통해 설정할 수 있다. 그런 다음 툴바를 사용해 Play ▶ Mobile Preview를 선택할 수 있다.

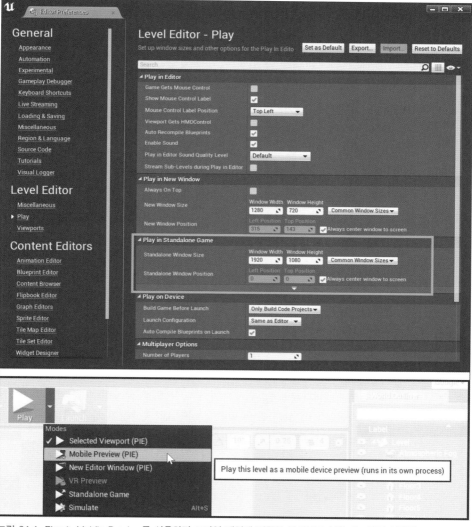

그림 24.4 Play ▶ Mobile Preview를 사용하면 모바일 게임에 적합한 해상도로 실행되는 독립 실행형 프로세서 버전의 게임을 실행할 수 있다.

모바일 최적화

모바일용으로 개발할 때 고려해야 할 몇 가지 모범 사례가 있다. 가끔씩은 프로젝트 설계 시 이러한 권장 사항 중 하나 정도는 무시해야 하지만 이러한 최적화를 무시하면 프로젝트 성능이 크게 저하될 수 있으므로 매우 주의해야 한다.

▶ **조명은 항상 굽는다.** 동적 라이팅은 모든 플랫폼에서 렌더링 비용에 큰 영향을 줄 수 있으며 대부분의 모바일 기기에서 동적 라이팅은 느리다. 가능한 한 라이팅은 정적으로 설정하고 동적 라이트를 사용해야 한다면 정지 상태로 설정하자. 그러나 상위 수준의 모바일 기기에서는 Project Settings 패널의 Rendering 섹션에서 Max Dynamic Point Lights를 사용해 더 많은 개수의 동적 포인트 라이트를 사용할 수 있다. Max Dynamic Point Lights는 한 번에 픽셀에 영향을 줄 수 있는 포인트 라이트의 개수를 제한해 장면의 동적 라이트를 훨씬 더 저렴하게 만들 수 있다.

▶ **모바일에서 이동 가능한 라이트는 사용하지 않는다.** Max Dynamic Point Light가 있어도 이동 가능한 라이트는 항상 정적이거나 스태틱 라이트보다 비싸다.

▶ **대부분의 포스트 프로세스를 비활성화한다.** Temporal AA, Vignettes, Film 포스트 이펙트 설정은 켜져 있을 수 있지만 성능 손실이 발생할 수도 있다. 특히 Bloom, Depth of Field, Ambient Occlusion은 비활성화하자.

▶ **가려진 것과 반투명한 머티리얼을 가능한 한 적게 사용한다.** 오버드로우^{overdraw}는 하드웨어가 동일한 픽셀을 두 번 이상 그릴 때 발생하는 프로세스며 매우 비싸다. 반투명 또는 마스크 처리된 머티리얼을 사용할 때는 화면의 작은 부분만 마스크 처리해야 한다. Shader Complexity(셰이더 복잡도) 뷰 모드(그림 24.5 참조)를 사용해 너무 많은 오버드로우가 있거나 너무 복잡한 머티리얼을 식별할 수 있고, 다른 방법으로 모바일 미리보기에서 콘솔 명령 viewmode shadercomplexity를 사용할 수도 있다.

Shader Complexity 뷰 모드는 뷰의 픽셀 단위 명령 비용을 표시한다. 뷰는 밝은 녹색(매우 값싼)에서 빨간색(값비싼), 흰색(매우 값비싼)으로 색상이 지정돼 있다. 반투명 마스크 머티리얼을 사용하면 같은 픽셀을 여러 번 계산해야 하기 때문에 오버드로우가 많은 비용을 초래할 수 있으며 이 부분은 자주 흰색으로 나타난다.

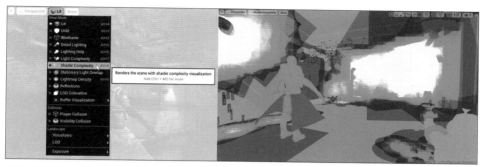

그림 24.5 Shader Complexity 뷰 모드는 프로젝트에서 값비싼 머티리얼과 오버드로우를 찾는 데 매우 유용하다.

▶ **머티리얼은 적은 명령어와 텍스처를 사용하도록 가능한 한 작게.** 대부분의 모바일 기기가 사용할 수 있는 샘플러의 개수는 다섯 개뿐이지만 가능한 한 적은 텍스처 샘플러를 사용하는 것이 좋다.

▶ **불투명한 머티리얼은 두 개의 텍스처만 사용.** UE4의 물리 기반 셰이딩 모델을 사용하면 텍스처 패키징을 통해 최적화를 구현하는 간단한 방법이 있다. 첫 번째 텍스처에서 RGB 채널은 Base Color 핀이어야 하고 Alpha는 Roughness 핀을 사용한다. 첫 번째 텍스처의 경우 TC_Default 압축을 사용해야 한다. 두 번째 텍스처는 Normal Map을 RGB로 가지고 TC_NormalMap 압축을 사용해야 하며 Alpha는 비어있어야 한다. 이것은 스펙큘러^{Specular}와 메탈릭^{Metallic}을 위한 텍스처 샘플러가 없다는 의미다. 대신 이 핀들은 상수가 사용돼야 하며 그림 24.6은 이 형식을 따르는 머티리얼을 보여준다.

이 예제의 암석은 금속이 아니기 때문에 물리 기반 셰이딩 모델에서 반사가 주로 러프니스^{Roughness}(거칠기)로 제어되므로 메탈릭 및 스펙큘러 입력 핀을 상수로 바꿀 수 있다. 한편 러프니스 입력은 RGB 기본 색상을 유지하는 동일한 텍스처로 패킹될 수 있다. 마지막으로 노말 입력은 암석 표면의 변이를 설명하기 위해 자체 RGB 텍스처가 필요하다.

이 기술은 금속 및 비금속 부품이 혼합된 오브젝트에서는 잘 동작하지 않는다. 이 경우 머티리얼의 금속성을 제어하기 위해 다른 텍스처 샘플러$^{Texture\ Sampler}$가 필요할 수도 있다.

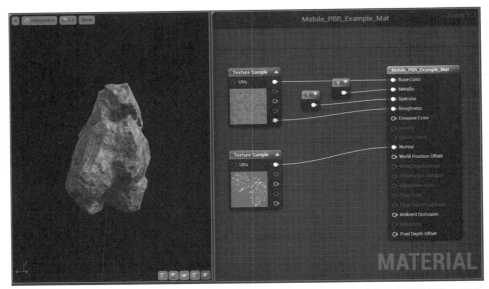

그림 24.6 대부분의 머티리얼에서 두 텍스처 샘플 설정은 효율적이면서 고품질의 물리 기반 머티리얼을 만들 수 있다.

▶ **UV 그래프**(스케일링과 같은)**를 머티리얼 그래프의 텍스처 샘플러에 연결하지 않는다.** 대신 머티리얼의 Num Customized UVs 옵션을 활성화해 정점에서 UV 스케일링을 수행한다(그림 24.7 참조). 머티리얼 그래프에서 아무것도 선택되지 않은 경우 디테일 패널을 통해 사용자 정의 UV를 활성화할 수 있다. 이렇게 하면 UV는 픽셀당 계산되지 않고 정점당 계산돼 모바일 그래픽 프로세서에서 더 효율적으로 동작한다. 스케일된 텍스처 좌표를 Customized UV 입력에 연결하면 정점 셰이더는 그래프를 처리하고 각 정점의 텍스처 좌표를 스케일된 결과로 바꾼다.

이렇게 하면 각 픽셀을 렌더링할 때 크기를 조정하지 않고 3D 패키지(마야, 맥스, 후디니, 블렌더)에서 크기를 조정하는 불편함 없이 UV를 스케일할 수 있다.

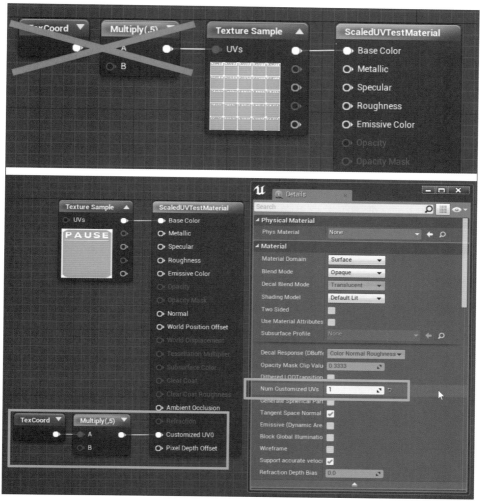

그림 24.7 이 그림의 두 그래프는 시각적으로 동일한 결과를 만들어내지만 두 번째 그래프가 여러 장치에서 훨씬 저렴하게 동작한다.

▶ **모든 뷰에서 삼각형 개수를 가능한 한 낮게 유지한다.** 단순화된 아트 스타일을 사용하는 것은 프로젝트에서 삼각형 개수를 줄이는 한 가지 방법이다. 이것이 불가능해 폴리곤 개수가 많은 메시를 필요로 한다면 액터와 메시 컴포넌트의 개수를 줄인다. 모바일 미리보기에서 Stat RHI 콘솔 명령어를 통해 장면 내 삼각형 개수를 볼 수 있다. Counters 섹션에서 Triangle Drawn 라인은 현재 장면에서 그려진 삼각형의 개수를 표시한다(그림 24.8 참조).

드로우 콜(단일 프레임에서 화면에 렌더링되는 객체의 수)은 모든 뷰에서 가능한 한 낮게 유지해야 한다. DrawPrimitive 콜의 개수는 Stat RHI를 통해 볼 수 있다(그림 24.8 참조).

각 프로젝트의 최대 드로우 콜의 개수는 하드웨어에 따라 다르다. 하지만 장치에 상관없이 그리기 횟수를 적게 유지하면 항상 안정적인 프레임 속도를 보장하는 데 도움이 된다.

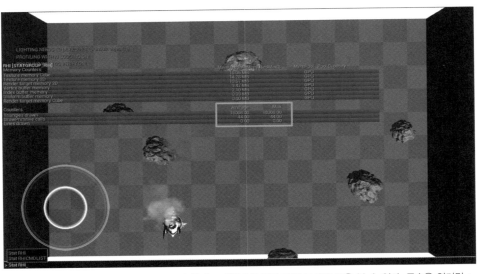

그림 24.8 Stat RHI를 사용해 삼각형 개수와 현재 프레임에서 처리 중인 드로우 콜을 볼 수 있다. 콘솔을 열려면 ~ 키를 누른다.

▶ **언제나 2의 거듭제곱인 정사각형 텍스처를 사용한다**(예: 32×32, 64×64, 128×128, 256×256, 512×512, 1024×1024). 이렇게 하면 메모리 낭비를 최소화할 수 있다. 모바일 미리보기 콘솔에서 listtextures 명령을 사용해 사용 중인 텍스처 메모리의 위치를 확인할 수 있다.

에디터 타깃 설정

언리얼 엔진 4는 프로젝트가 콘솔, PC, 모바일, 태블릿 시장을 타깃으로 하는지 여부에 따라 프로젝트용 일반 프리셋을 포함하고 있다. 이 프리셋은 여러 가지 렌더링 및 입력 기능을 제공하며 언리얼 엔진에 어떤 플랫폼을 개발할지 알려줌으로써 골칫거리들을 덜 어낼 수 있다.

프로젝트를 처음 만들 때 Console/PC를 선택할 수 있다. 나중에 모바일/태블릿 중심의 프로젝트를 만들어야 한다고 결정한 경우에는 설정을 모바일/타깃으로 변경할 수 있다. 이렇게 하려면 프로젝트 설정 패널로 간 후 Target Hardware 카테고리에서 Optimize Project Settings For를 Mobiel/Table과 Scalable 3D or 2D로 설정한다. 이 윈도우의 Pending Changes 섹션에 일부 변경 사항이 표시되며 에디터를 다시 시작해야 모든 변경 사항을 볼 수 있다(그림 24.9 참조).

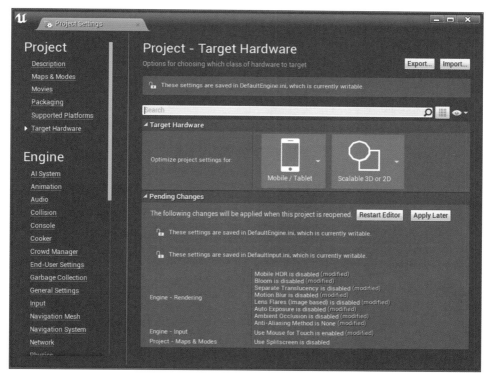

그림 24.9 Target Hardware에서 Optimize Project Settings For를 Mobile/Table과 Scalable 3D or 2D로 설정한 모습

Pending Changes 섹션에는 자동으로 설정되는 모든 프로젝트 설정들이 표시된다. 이러한 변경 사항들을 확정하려면 Restart Editor 버튼을 클릭해야 한다. 변경을 확정하면 콘텐츠 브라우저 내 모든 라이트 머티리얼들이 재컴파일돼야 한다. 시간은 조금 걸리지만 한 번만 수행된다.

Mobile/Tablet 프리셋 설정은 렌더링과 후처리 효과 중 몇 가지를 사용하지 않도록 한다.

▶ Separate Transparency(투명도 분리): 포스트 프로세스 이후에 반투명 재질을 렌더링 하는 기능이다. Depth of field(피사계 심도)와 함께 유리를 렌더링하는 데 주로 사용 되며 모바일 기기에는 포함되지 않는 매우 고가의 기능이다.

▶ Motion Blur(모션 블러): 이것은 상대 움직임에 따라 화면과 액터를 흐리게 하는 포스트 프로세스다. 이 기능에는 상당한 비용이 소모되므로 모바일용으로 너무 비싸다. 따라서 모바일 기기에서는 사용할 수 없다.

▶ Lens Flares(이미지 기반 렌즈 플레어): 장면의 HDR에 기반해 렌즈 플레어 근사를 렌 더링하는 포스트 프로세스다. 전체 화면 평가 과정이 상대적으로 비용이 많이 들기 때문에 휴대 기기에는 포함되지 않는다.

▶ Auto Exposure(자동 노출): 이 기능은 현재 장면의 조명 값을 평가한 후 노출을 조정 해 가시성을 조절한다. 다른 후처리 효과들과 마찬가지로 이 기능은 모바일 기기에 서 사용할 수 없다. 참고로 Auto Exposure Bias 설정이 지원된다.

▶ Ambient Occlusion(앰비언트 오클루전): 이 기능도 다른 포스트 프로세스와 마찬가 지로 비용이 비싼 기능이다. 스크린 스페이스 앰비언트 오클루전screen-space ambient occlusion이라고 하며 컨택트 섀도우를 생성하기 위해 깊이 버퍼를 여러 번 샘플링하 기 때문에 모바일 기기에서 그 비용이 너무 비싸므로 사용할 수 없다.

▶ Anti-Aliasing Method(앤티 앨리어싱 제거 방법): 이 기능은 톱니 모양의 가장자리를 제거하고 서브 픽셀의 아티팩트들을 제거하는 포스트 프로세스다. 앤티 앨리어싱 도 모바일 기기에서는 포함되지 않는다. Temporal anti-aliasing은 모바일에서 사용 가능하지만 오브젝트가 움직일 때 작은 지터링 아티팩트가 발생할 수 있다.

다양한 고비용 기능을 비활성화하는 것 외에도 Mobile/Tablet 프리셋을 사용하면 마우스가 손가락 터치를 에뮬레이트할 수 있게 해주는 입력 기능인 Mouse for Touch를 사용할 수 있다.

Scable 3D or 2D 프리셋은 두 가지 고비용 기능을 추가로 비활성화한다.

▶ Mobile HDR(모바일 HDR): 이 기능을 통해 모바일 기기에서 HDR 버퍼를 렌더링할 수 있다. 이것은 모든 라이팅 효과가 작동하도록 하는 기능이다. 이러한 HDR 렌더 버퍼는 다양한 렌더링 효과에 사용되며 이 옵션을 제거하면 렌더러에서 사용하는 메모리가 상당히 줄어든다. 하지만 부작용으로 HDR 버퍼에 의존하는 모든 렌더링 기능이 더 이상 같은 방식으로 작동하지 않는다.

▶ Bloom(블룸): 이 포스트 프로세스는 장면에 있는 하이라이트의 흐릿한 형태를 취해 렌더링 위에 배치한다. 이 기능은 과도하게 방사하는 또는 밝은 조명의 오브젝트가 빛나는 것처럼 보이게 할 수 있다. 모바일 HDR 렌더링의 활성화에 의존하며 대부분의 경우 1.0보다 큰 픽셀만 블룸될 것으로 예상된다.

주의

Scalable 3D or 2D와 모바일에서의 라이팅

Scalable 3D or 2D 프리셋 설정을 선택하면 Mobile HDR 렌더링 기능이 비활성화된다. 그 결과 라이팅 기능(정적 라이팅을 포함한)이 모바일 기기에서 비활성화된다.

에디터의 모바일 미리보기에는 이 변경 내용이 표시되지 않으므로 프로젝트의 모습이 실제 기기에서의 모습과 다를 수 있다. 에디터에서도 모바일 기기에서의 모습과 똑같이 하려면 장면 내 모든 라이트를 비활성화하거나 삭제해야 한다.

다시 말하지만 모바일 프로젝트에서 라이트 효과가 필요한 경우에는 **Scalable 3D or 2D** 프리셋 설정을 하면 안 된다.

터치 사용

모바일 기기의 주요 혁신 중 하나는 바로 터치[touch] 입력이다. 손가락 누르기와 화면상 동작 사이의 일대일 관계는 분명히 모바일 기기를 위한 큰 혁신이다.

터치의 특성으로 인해 동일한 입력을 기반으로 무수히 많은 상호작용 스타일을 만들 수 있다. 일부 상호작용 스타일은 하드웨어 입력, 가상 키보드 및 조이스틱을 모방한 것이지만 다른 형식의 터치는 완전히 새로운 것이다.

가상 조이스틱

프로젝트를 모바일 프로젝트로 전환하면 UE4는 가상 조이스틱 세트를 생성해 복잡한 입력 스타일 중 하나를 처리한다. 이러한 조이스틱(그림 24.10 참조)은 축 입력의 두 가지 디지털 표현이다. 내부 원은 조이스틱을 표현하고 외부 원은 조이스틱을 얼마나 멀리 이동할 수 있는지 보여준다.

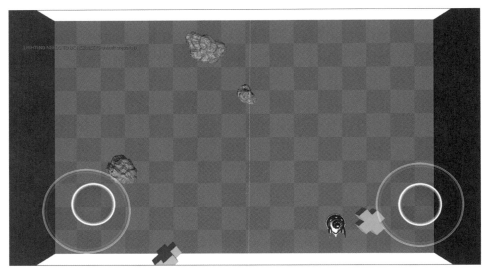

그림 24.10 모바일 버전의 Hour 23 프로젝트. 흰색 동그라미 두 가지 세트는 왼쪽과 오른쪽에 조이스틱으로 표현된다. 왼쪽 조이스틱은 움직임을 처리한다.

이러한 가상 조이스틱은 트윈 스틱 제어 체계의 게임을 만들 때 특히 편리하다. 프로젝트 설정 패널의 Input 카테고리에서 Default Touch Interface 드롭다운 메뉴를 선택하고 Clear(그림 24.11 참조)를 선택해 조이스틱을 비활성화할 수 있다.

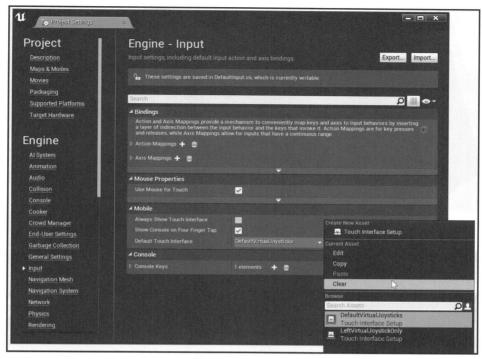

그림 24.11 프로젝트 설정 패널의 Input 카테고리, 터치 인터페이스를 Clear 옵션으로 설정

터치 인터페이스는 사용자가 인터페이스를 만들고 표시할 수 있는 UAsset이다. 이러한 인터페이스를 사용해 가상 조이스틱 및 버튼을 만들 수 있다.

예를 들어 아케이드 슈터 게임에서 방향 제어를 하나만 사용해 움직임을 제어하므로 조이스틱을 필요로 하지 않는다. 프로젝트 설정 패널의 Input 카테고리에서 Default Touch Interface를 LeftViertualJoystickOnly로 설정해 조이스틱을 제거할 수 있다.

▼ 직접 해보기

오른쪽 조이스틱 제거

게임에는 하나의 가상 조이스틱만 있으면 된다. 사용 가능한 기본 설정을 사용해 듀얼 조이스틱을 단일 조이스틱으로 교체하자.

1. Hour 23 프로젝트에서 **Project Settings** 패널을 연다.

2. **Input** 카테고리로 이동한다.

3. **Default Touch Interface** 필드를 찾는다.

4. 속성 필드에서 아래쪽 화살표를 클릭한다.

5. 선택 드롭다운의 오른쪽 하단에서 **View Options**의 눈 모양 아이콘을 클릭한다.

6. **Show Engine Content**가 선택돼 있는지 확인한다. 이것으로 UE4가 제공하는 기본 엔진 터치 인터페이스를 찾아 선택할 수 있다.

7. 선택 드롭다운에서 LeftVirtualJoystickOnly 인터페이스 UAsset을 찾는다.

8. 툴바를 사용해 변경 내용을 미리 보고 조이스틱 하나만 나타나는지 확인한다.

터치 이벤트

터치 인터페이스가 가상 조이스틱을 설정하는 데 적합하지만, 일부 입력은 블루프린트를 통해 직접 처리하는 것이 좋다. 이 책에서는 새로운 입력을 추가할 때 액션 매핑^Action Mapping을 사용했다. 터치 이벤트는 블루프린트에서 직접 처리된다는 점에서 조금 다르다.

팁

버튼 누르기에 터치 인터페이스 사용

터치 인터페이스를 사용해 컨트롤러 버튼을 에뮬레이션할 수 있지만 축 매핑의 경우에나 가능하다. 터치 인터페이스를 만들고 싶은 경우 모든 입력은 액션 매핑이 아닌 축 매핑이어야 한다.

가장 정밀하게 조정하려면 이벤트 그래프의 InputTouch 노드로 터치 이벤트를 설정하자. 그림 24.12에 InputTouch 노드와 속성을 보여주고 있다.

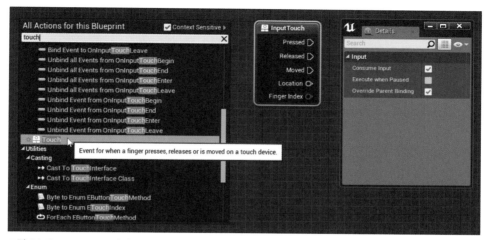

그림 24.12 InputTouch 이벤트 노드는 블루프린트 컨텍스트 메뉴에서 touch를 검색해 찾을 수 있다. 입력과 세부
사항들은 다른 이벤트 노드와 비슷하다.

InputTouch 이벤트 노드에는 세 개의 실행 핀과 두 개의 속성 핀이 있다.

▶ Pressed: 손가락이 닿을 때마다 한 번씩 발동한다.

▶ Released: 손가락이 터치 센서에서 떨어질 때 발생한다.

▶ Moved: 손가락으로 눌린 후 위치가 바뀌는 동안에 매 틱당 발생한다.

▶ Location: 화면 공간에서 손가락의 현재 위치. [0,0]은 왼쪽 상단이고 단위는 픽셀이
   다. 이 위치는 Deproject Screen to World 노드를 사용해 월드 공간으로 변환할
   수 있다.

▶ Finger Index: 현재 어느 손가락의 입력이 처리되고 있는지 식별하는 고유 인덱스다.
   이것은 사용자의 실제 손가락이 아닌 터치 순서를 기반으로 한다. 분기 노드, 비교
   노드와 함께 사용돼 여러 입력을 처리할 수 있다.

추가로 다음과 같은 속성이 있다.

▶ Consume Input(입력 소비): 둘 이상의 액터가 터치에 바인딩될 때, 플래그가 체크된
   첫 번째 액터만 터치 이벤트를 처리한다. 서로 다른 액터들이 터치 이벤트를 처리
   할 수 있게 하려면 각 액터의 모든 InputTouch 노드의 Consume Input 플래그가
   꺼져 있어야 한다.

▼ 직접 해보기

탭으로 발사하기 설정

모바일 기기는 마우스나 트리거가 없으므로 아케이드 슈터에서는 사용자가 누를 때마다 발사체를 발사하도록 폰을 설정해야 한다. 다음 단계를 따라 설정해보자.

1. Hour 23 프로젝트의 콘텐츠 브라우저에서 Blueprints 폴더에 있는 **Hero_Spaceship**을 더블 클릭한다.

2. InputAction Shoot 노드의 아래에 새로운 InputTouch 이벤트를 추가해 배치한다.

3. InputTouch 이벤트 노드의 Released 핀을 클릭하고 드래그해 InputAction Shoot 노드에 연결돼 있는 SpawnActor 노드를 연결한다. 두 이벤트 모두 동일한 노드에 연결돼야 한다. 그림 24.13은 이벤트 그래프의 모양을 보여준다. 작업한 결과를 비교해보자.

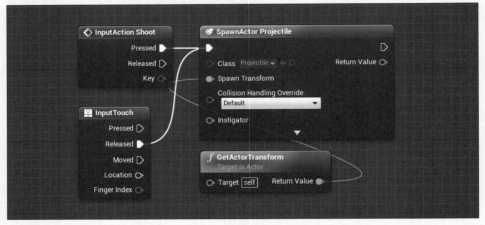

그림 24.13 InputAction Shoot과 InputTouch Released 이벤트는 같은 Spawn 노드에 연결돼 있다.

노트

UMG와 터치 상호작용

Hour 22, 'UMG 작업하기'에서 시작 화면을 만들었다. 다행히 UMG는 터치 이벤트를 마우스 클릭처럼 처리하므로 여전히 기본 메뉴를 사용할 수 있다.

장치의 모션 데이터 사용

대부분의 휴대용 장치들은 자이로스코프 및 가속도계를 내장하고 있다. 이 작은 센서들은 모바일 기기가 방향의 변화를 감지할 수 있게 한다. 이러한 차별화 요소는 모바일 기기의 또 다른 장점이다.

언리얼 엔진 4는 프로젝트 설정 패널의 Inputs 섹션을 통해 매우 간단하게 이러한 센서를 사용할 수 있게 해준다. 기존 축 매핑에 틸트^Tilt(기울이기) 옵션을 추가해 이미 만들어놓은 입력 컨트롤을 사용할 수 있는 또 다른 방법을 제공할 수 있다.

그림 24.14는 MoveRight 축 매핑에 추가된 틸트 옵션을 보여주고 있다. 이 경우 틸트에서 나오는 값을 반전시키고 크기를 축소해 움직임을 제어하고 있다.

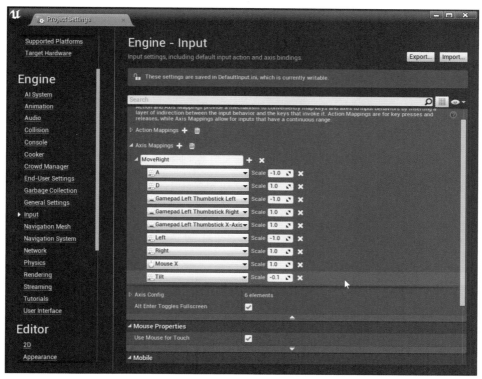

그림 24.14 틸트 축 매핑이 기존 MoveRight 축 매핑에 추가됐다.

축 입력은 매우 편리하지만 가끔 자이로스코프 또는 가속도계의 값을 직접 얻어야 할 때도 있다. InputTouch 이벤트 노드와 마찬가지로 이벤트 그래프를 통해 자이로스코프가 현재 처리 중인 값을 얻을 수 있다.

하지만 InputTouch 이벤트와 달리 장치의 모션 데이터는 이벤트가 아니다. 대신 플레이어 컨트롤러Player Controller를 통해 Get Input Motion State 함수를 사용해 값을 얻는다. 이 노드를 그림 24.15에 나타냈다.

그림 24.15 Get Input Motion State 노드가 플레이어 컨트롤러로부터 데이터를 얻고 있다.

Get Input Motion State 함수 노드는 네 가지 모션 상태를 제공한다.

▶ Tilt(기울기): 장치의 X축 및 Z축을 중심으로 회전한다.

▶ Rotation Rate(회전 속도): 각 축의 속도 또는 초당 회전 수

▶ Gravity(중력): 플레이어 컨트롤러의 관점에서 지구를 가리키는 정규화되지 않은 벡터

▶ Acceleration(가속도): 각 축의 초당 기기의 회전 속도 변화. 예를 들어 지속적으로 회전하는 장치는 가속도가 0이지만 회전율은 0이 아니다.

입력 매핑을 사용하는 것은 기능상으로 필요한 모든 제어를 할 수 없다. 주요한 문제는 입력 매핑에 데드 존dead zone이 없다는 점인데, 즉 모바일 기기의 센서 데이터를 보정하지 않고 캐릭터의 움직임에 연결하면 장치가 평범하게 놓여 있어도 항상 움직이게 된다. 대신 Event Tick 노드와 Get Input Motion State를 사용해 우주선에 대한 중력 기반 컨트롤 체계를 만들 수 있다.

장치의 중력 사용하기

폰에서 Get Input Motion State와 Event Tick 노드를 사용해 플레이어가 장치를 왼쪽이나 오른쪽으로 기울일 때 작동하는 컨트롤 체계를 만들어보자. 이것을 테스트하려면 호환되는 모바일 기기가 있어야 한다. 다음 단계를 따라 중력 벡터를 장치의 이동 컨트롤에 연결하자.

1. Hour 23 프로젝트의 콘텐츠 브라우저에서 Blueprints 폴더로 간 후 Hero_Spaceship을 연다.

2. 새로운 Event Tick 노드를 추가한다(이미 Event Tick 노드가 있는 경우 기존 노드를 사용한다).

3. Event Tick 노드 근처에 Get Actor Right Vector와 Get Player Controller 노드를 추가한다.

4. Get Player Controller 노드의 Return Value 핀을 클릭하고 드래그 앤 드롭해 Get Input Motion State 노드를 추가해 배치한다.

5. Gravity 핀을 클릭하고 드래그한 후 Normalize 노드를 추가해 배치한다.

6. Vector * Vector 노드를 추가한 후 Get Actor Right Vector와 Normalize 노드의 Return Value들을 연결한다.

7. 새 벡터 변수를 만들고 이름은 Internal Gravity Vector로 설정한다.

8. Internal Gravity Vector를 Vector * Vector 노드의 결과에 설정한 후 Event Tick 노드의 출력 실행 핀에 연결한다.

9. 새로운 분기(Branch) 노드를 만들고 Internal Gravity Vector Set 노드의 출력 실행 핀에 연결한다.

10. Internal Gravity Vector의 Set 노드에서 노란색 Vector 핀을 새로운 VectorLength 노드에 연결한다.

11. VectorLength 노드의 Return Value를 클릭하고 드래그 앤 드롭해 Float > Float 노드를 추가한 후 B 플로트 값을 0.1로 설정한다.

12. Float > Float 노드의 Boolean 출력 핀을 Branch 노드의 Condition 핀에 연결한다.

13. 분기 노드의 True 출력 실행 핀을 클릭하고 드래그 앤 드롭한 후 Add Movement Input 노드를 추가해 연결한다.

14. Internal Gravity Vector를 Get 모드로 추가해 Add Movement Input 노드의 World Direction 입력에 연결한다.

15. 장치를 기울일 때 폰의 가속도를 높이려면 Add Movement Input 노드의 Scale Value 값에 2.0을 입력한다. 그림 24.16은 지금까지 작업한 그래프의 모습을 보여준다.

16. 응용프로그램을 개인용 모바일 기기에 배포해 새로운 동작을 테스트해보자. 결과물을 Hour 24 프로젝트의 결과와 비교해보자.

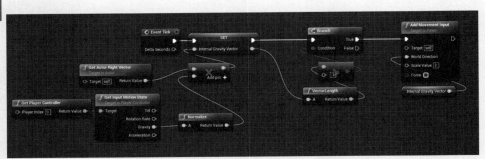

그림 24.16 폰의 모션 데이터를 사용해 왼쪽 오른쪽으로 이동하기 위한 이벤트 그래프의 모습

이 이벤트 그래프에서 사용하고 있는 수학은 매우 간단하다. Get Input Motion State의 Gravity 핀은 실세계의 정규화되지 않은 월드 공간 방향의 중력 벡터다. 우리는 폰이 실제 세계를 향해 움직이길 원한다. 폰이 전, 후, 좌, 우로 이동하는 것을 원하지 않으므로 중력 벡터를 폰의 오른쪽 벡터에 곱한다. 이렇게 하면 폰의 오른쪽 축과 정렬되지 않은 중력의 영향을 제거할 수 있다.

결과 벡터의 길이를 이용해 데드 존을 설정했고 벡터의 길이가 0.1보다 큰 경우에만 해당 방향으로 이동하도록 했다.

요약

모바일 프로젝트 개발은 급성장하는 분야며 언리얼 엔진 4를 사용하는 것은 신속한 모바일 개발을 시작하는 훌륭한 방법이다. 이번에는 현재 모바일 기기가 가진 하드웨어적인 제약과 터치, 가상 조이스틱, 자이로스코프 입력 방법을 배웠다. 이러한 핵심 입력 모델은 터치를 지원하는 모바일 경험을 주는 데 핵심 요소다.

질문 및 답변

질문. 이전 프로젝트를 모바일로 변환했는데, 모바일 기기에서 테스트할 때 여러 머티리얼들이 회색 바둑판 모양으로 바뀌었다. 왜 그런가?

답변. 이런 문제가 발생하는 데는 여러 가지 이유가 있겠지만, 텍스처 샘플러를 줄였을 때 머티리얼을 컴파일하지 못하는 현상이 발생했을 가능성이 높다. 에디터에서 깨진 머티리얼을 열고 툴바에서 Mobile Stats 버튼을 클릭해 모든 컴파일 오류를 표시하고 체크하자.

질문. Get Input Motion State에서 Gravity 핀을 사용하고 있는데 폰이 너무 빨리 움직여서 제어하기 힘들다. 무엇이 문제인가?

답변. Gravity 핀에서 나오는 값은 정규화되지 않을 가능성이 크다. Gravity 벡터가 정규화돼 있지 않다면 값은 아마 1보다 커서 가속도를 제어할 수 없는 상황일 것이다.

질문. 틸트와 같은 모션 컨트롤과 함께 입력 바인딩을 사용하는 데 문제가 있다. 내가 원하는 동작으로 적절하게 매핑하도록 하려면 어떻게 해야 하는가?

답변. 모션 바인딩이 있는 입력 바인딩에 어려움이 있을 때는 그림 24.14와 같은 방법으로 전환하는 것이 좋다. 입력을 이벤트 그래프로 이동시키면 원하는 방식대로 신중하고 정확하게 매핑할 수 있다. Print String 노드를 사용해 Get Input Motion State의 결과를 출력함으로써 장치에서 어떤 값을 출력하고 있는지 디버깅할 수 있다.

질문. 윈도우에서 InputTouch 이벤트를 사용해 멀티터치 입력을 설정하려고 하는데 작동하지 않고 있다. 뭐가 잘못됐나?

답변. 불행하게도 이 글을 쓰는 시점에서 UE4는 윈도우 장치에서 멀티터치를 지원하지 않고 있다. 아직은 좋은 해결 방법이 없다.

질문. 내가 가지고 있는 머티리얼들은 에디터에서 제대로 표시되지만 기기에서 테스트하면 바둑판으로 나오고 있다. 뭐가 잘못됐나?

답변. 기본 머티리얼인 바둑판이 보이는 경우에는 대상으로 하는 기기에서 지원되지 않는 노드를 사용하고 있을 가능성이 크다. 콘텐츠 브라우저에서 이상하게 렌더링되는 머티리얼을 찾고 더블 클릭해서 에디터를 연다. 머티리얼 툴바에서 Mobile Stats를 클릭하면 Stats 패널이 나타날 것이고 여기에서 컴파일 에러를 볼 수 있다.

연구

이제 이번 시간을 마쳤으니 다음 질문에 답할 수 있는지 확인하자.

퀴즈

1. 참 또는 거짓: 모바일 기기는 전화기 전용이다.

2. 참 또는 거짓: 언리얼 엔진 4는 iOS 모바일 기기에서만 작동한다.

3. 참 또는 거짓: 프로젝트 설정 패널의 입력 바인딩 카테고리를 통하지 않고 이벤트 그래프에서만 직접 터치 입력을 처리할 수 있다.

4. 참 또는 거짓: InputTouch 이벤트 노드의 Finger Index 속성은 사용자의 손가락이며, 엄지 손가락이 0이고 새끼 손가락이 4다.

해답

1. 거짓. 태블릿과 같은 많은 새로운 랩톱에는 터치 입력이 있어 모바일 기기의 정의는 전화기 이상을 포함하고 있다. 그러나 그래픽의 한계와 관련해 일반적으로 스마트폰 또는 저가형 태블릿을 목표로 한다.

2. 거짓. 언리얼 엔진 4는 안드로이드, iOS, 윈도우 10 기기를 지원한다.

3. 참. 터치 입력(탭 또는 드래그)은 입력 바인딩 카테고리를 통해 사용할 수 없다.

4. 거짓. Finger Index 속성은 사용 중인 손가락을 식별하지 않는다. 이것은 순서에 따라 다른 손가락 탭을 식별한다. 예를 들어 화면을 터치하는 첫 번째 손가락에 인덱스 0이 주어지며, 첫 번째 손가락이 제거되기 전에 다른 손가락이 화면에 닿으면 그 경우 인덱스는 1이 된다.

연습

이제 액션 바인딩과 모바일 기기 특성에 대해 배운 것을 활용해 Hero_Spaceship 폰의 이벤트 그래프를 수정하고 매번 탭할 필요 없이 일정한 발사체를 발사하도록 만들어보자.

1. Hero_Spaceship 블루프린트 클래스의 Event Graph를 연다.

2. InputAction Shoot 이벤트를 찾아 모든 출력을 새로운 함수 Shoot로 이동한다.

3. InputAction Shoot 이벤트 옆에 새로운 Shoot 함수를 배치하고 출력 핀을 연결한다.

4. 이벤트 터치 노드의 모든 출력을 떼어낸다.

5. 이벤트 터치 노드의 Pressed 실행 핀에서 클릭하고 드래그 앤 드롭해 Set Timer by Function Name 노드를 배치한다.

6. Function Name 입력을 Shoot로 설정한다.

7. Time 입력을 0.1로 설정한다.

8. Looping 입력을 True로 설정한다.

9. Set Timer by Function Name 노드의 Return Value 출력 핀을 클릭하고 드래그 앤 드롭해 Promote to Variable 옵션을 선택한다.

10. 새로운 변수의 이름을 ShootTimerHandle로 변경한다.

11. Event Touch 노드의 Released 출력 핀에서 클릭하고 드래그 앤 드롭해 Clear Timer by Handle 노드를 배치한다.

12. ShootTimerHandle 변수를 드래그해 Clear Timer by Handle 노드의 Handle 입력 핀에 연결한다.

512

찾아보기

에이콘출판의 기틀을 마련하신 故 정완재 선생님 (1935-2004)

하루 만에 혼자서 배우는

언리얼 엔진 4

한 시간씩 단계별로 배우는 언리얼 엔진 4 마스터 과정

발 행 | 2017년 10월 12일

지은이 | 아람 쿡슨 · 라이언 도울링소카 · 클린턴 크럼플러
옮긴이 | 문 기 영

펴낸이 | 권 성 준
편집장 | 황 영 주
편 집 | 조 유 나
디자인 | 박 주 란

에이콘출판주식회사
서울특별시 양천구 국회대로 287 (목동)
전화 02-2653-7600, 팩스 02-2653-0433
www.acornpub.co.kr / editor@acornpub.co.kr

한국어판 ⓒ 에이콘출판주식회사, 2017, Printed in Korea.
ISBN 979-11-6175-061-3
ISBN 978-89-6077-144-4 (세트)
http://www.acornpub.co.kr/book/unreal-engine-4-24hours

이 도서의 국립중앙도서관 출판시도서목록(CIP)은 서지정보유통지원시스템 홈페이지(http://seoji.nl.go.kr)와
국가자료공동목록시스템(http://www.nl.go.kr/kolisnet)에서 이용하실 수 있습니다.(CIP제어번호: CIP2017024560)

책값은 뒤표지에 있습니다.